高等学校**美容化妆品专业**规划教材
美容化妆品行业职业培训教材

化妆品
营销原理与实务

第二版

何平月　主编

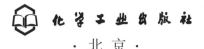
·北京·

内容简介

本书以培养高等院校大学生的职业素养为目的，以提高学生的从业能力为目标，循序渐进地介绍了市场营销和化妆品市场营销的概述；化妆品市场营销的环境、市场调研以及化妆品消费者的购买心理和行为分析和化妆品企业营销战略的制订；同时详述了化妆品营销策略和营销理论的最新发展，深入浅出地阐述了市场营销理论，结合众多营销实例指导读者应该如何策划化妆品的产品策略、价格策略、渠道策略和促销策略，如何使一个化妆品企业的化妆品更适销对路。

本书可作为化妆品专业学生的教材，又可作为化妆品营销的培训用书以及化妆品生产经营企业的营销人员和化妆品销售人员的参考用书。

图书在版编目（CIP）数据

化妆品营销原理与实务/何平月主编．—2版．—北京：化学工业出版社，2020.6（2024.11重印）
高等学校美容化妆品专业规划教材
ISBN 978-7-122-36488-3

Ⅰ.①化⋯　Ⅱ.①何⋯　Ⅲ.①化妆品-市场营销学-高等学校-教材　Ⅳ.①F767.9

中国版本图书馆 CIP 数据核字（2020）第 046892 号

责任编辑：张双进　提　岩　　　　　　装帧设计：王晓宇
责任校对：盛　琦

出版发行：化学工业出版社（北京市东城区青年湖南街13号　邮政编码100011）
印　　装：河北延风印务有限公司
710mm×1000mm　1/16　印张20½　字数412千字　2024年11月北京第2版第8次印刷

购书咨询：010-64518888　　　　　　　　售后服务：010-64518899
网　　址：http://www.cip.com.cn
凡购买本书，如有缺损质量问题，本社销售中心负责调换。

定　　价：49.00元　　　　　　　　　　　　　　　　　　版权所有　违者必究

编写人员名单

主　　编　何平月

副 主 编　李晶晶　李思彦　缪济东

编写人员　（以姓名汉语拼音为序）

　　　　　　何平月　何　月　黄丽洁　李晶晶

　　　　　　李思彦　李叶红　李毅彩　马秀杰

　　　　　　缪济东　曲志涛

前言

本书自 2015 年 5 月出版后，经国内数所高职院校 5 年的使用，受到众多同行的好评，并列入了高等院校美容化妆品类专业规划教材和美容化妆品行业职业培训教材。根据化妆品产业发展需要，为了更好地发挥规划教材的作用，我们对全书内容进行了修订和补充。

这次再版除保留了第一版教材的特色外，所作的修订有近百处，更新了一些最新的图表和数据；增添了很多新的案例；增加了新的章节；补充和更新的内容涉及化妆品市场的发展趋势、化妆品销售渠道的分化以及最炙手可热的社交电商；最后还增加了拓展阅读。

本教材是集体智慧的结晶，由长期从事营销学一线教学工作的老师编写，还特邀了有丰富营销实战经验的企业大咖加盟，为本书注入了最前沿的资讯。本教材一共分为四篇十四章，全书何平月负责拟定总体框架和编写大纲。具体分工如下：第一章马秀杰编写；第二章马秀杰和缪济东编写；第三章李叶红和李思彦编写；第四章李叶红编写；第五章何平月和李思彦编写；第六章和第九章何平月编写；第七章李毅彩和李晶晶编写；第八章黄丽洁编写；第十章曲志涛和缪济东编写；第十一章曲志涛和李晶晶编写；第十二章李毅彩和缪济东编写；第十三章和第十四章何月编写。

本书还提供了体系完整的配套教学资料，为教学和学习提供便利（邮箱：156021392@qq.com）。

本次修订坚持上一版的指导思想，面向培养化妆品应用型人才的高等院校，以满足高等院校学生掌握应用化妆品营销的教学需要。希望广大读者对本书不足给予指正，以便我们把本书修改得更加适用。

编者
2020 年 3 月

第一版前言

21世纪是人类面临众多挑战的世纪，随着经济全球化、信息化发展，企业面临的环境发生了重大改变，企业为了使自己在激烈的竞争中处于优势地位，必须顺应历史发展、适应时代潮流，因此所采用的化妆品营销战略、营销技巧和方法必须适应现代市场营销的要求；与此同时，职业教育改革正当时，适应潮流才是硬道理。所以，现代意义上的化妆品营销知识的学习和传播具有重要的理论意义和实际意义。

本书比较全面系统地阐述了化妆品营销的基本原理和方法，并结合案例分析指导理论和方法的运用，同时也吸收了市场营销最新的研究成果和经验。本书的特色主要体现以下几个方面。

一、指导思想——"零距离"原则

本书主要是作为高职高专化妆品市场营销的教学用书，在课程体系和教学内容方面突出职业技术教学特点，以能力培养为导向，注意实践技能的培养，注重实用性。无论是初学者还是自学者都能通过本书的学习达到与化妆品营销岗位的"零距离对接"。

二、课程定位

教材是教师传授知识的载体，是学生学习知识的依据。营销学本身就是集多学科为一体的复合型学科，化妆品营销作为营销学的学科分支，正是随着时代的发展应运而生的，是营销学的理论知识在化妆品行业中的实际应用。因此，在本书编写中，弱化了理论内容，强化了实训部分，也增加了管理和策划素质的培养。

三、编写思路

"模块式"编写思路独特，有助于"项目教学法"的实施。本教材的编写共分为四个篇章：营销概述、营销战略、营销策略、营销管理。在每一章节后都附有小结、实训项目、实战演练，体现"教、学、做"合一。

四、编排特色

架构独特：本教材在内容上编排上"弱化理论，强化实训"，教材内容和岗位设置对接，构建了"教、学、做"三位一体的组织结构，从理论讲解—实训模仿—实战演练。

案例精新：为课堂教学提供了必要的素材，在理论、实训和实战的有机结合上提出了许多方案和思路让学生和读者均有所悟。

内容精练：引用国内外最新理论，最新理念，力求语言精练通俗化。

实战经典：角色扮演，情景训练，立体式培养学生营销能力。

本教材是集体智慧的结晶，由长期从事化妆品营销的一线教学工作的老师编写。共分为四篇十四章，全书由何平月负责拟定总体框架和编写大纲。具体分工如下：第一章、第二章马秀杰编写；第三章、第四章李叶红编写；第五章、第六章、第九章何平月编写；第七章、第十二章李毅彩编写；第八章黄丽洁编写，第十章、第十一章曲志涛编写；第十三章、第十四章何月编写。

本书提供了完整的配套教学资料，这些教学资料和教材将形成一个完整的体系，为教学和学习提供便利。

由于时间仓促、学识有限，书中不足之处难免，恳请广大读者将意见和建议反馈给我们，以便在后续版本中不断改进和完善。

编者
2015 年 1 月

目录

第一篇 营销概述

第一章 市场营销概述 / 001
  第一节 市场营销及其核心概念 / 002
  第二节 市场营销学的产生和发展 / 009
  第三节 营销观念及其演变史 / 013

第二章 化妆品营销概述 / 017
  第一节 化妆品概述及化妆品营销概述 / 018
  第二节 化妆品行业发展历程 / 022
  第三节 化妆品行业 SCP 分析 / 026
  第四节 化妆品行业发展趋势 / 030
  第五节 中国化妆品消费市场产品需求现状 / 032

第二篇 营销战略

第三章 化妆品营销环境 / 040
  第一节 化妆品营销环境概述 / 041
  第二节 化妆品宏观营销环境 / 043
  第三节 化妆品微观营销环境 / 050
  第四节 化妆品营销环境分析 / 052

第四章 化妆品市场调研 / 059
  第一节 化妆品营销调研概述 / 060
  第二节 化妆品营销调研的方法 / 064
  第三节 化妆品营销调研的程序 / 069

第五章 化妆品消费者的购买心理和行为 / 076
  第一节 化妆品消费者的购买心理 / 077
  第二节 化妆品消费者的购买行为 / 081
  第三节 化妆品消费者的购买决策 / 090

第六章 化妆品营销的顾客价值导向 / 096

第一节　顾客价值 / 097
　　第二节　顾客满意 / 100
　　第三节　顾客忠诚 / 102
　　第四节　最大化顾客价值 / 106
第七章　化妆品营销战略的制定（STP 理论）/ 111
　　第一节　化妆品市场细分 / 112
　　第二节　化妆品目标市场 / 118
　　第三节　化妆品市场定位 / 122

第三篇　营　销　策　略

第八章　化妆品的产品策略 / 132
　　第一节　化妆品的产品组合策略 / 133
　　第二节　化妆品的生命周期与营销策略 / 137
　　第三节　化妆品的品牌策略 / 141
　　第四节　化妆品的包装策略 / 145
第九章　化妆品的价格策略 / 150
　　第一节　化妆品价格的概述 / 151
　　第二节　化妆品定价的目标 / 155
　　第三节　化妆品定价的程序 / 157
　　第四节　化妆品的定价方法 / 159
　　第五节　化妆品的定价策略 / 164
第十章　化妆品的销售渠道策略 / 173
　　第一节　化妆品销售渠道的概述 / 174
　　第二节　化妆品销售渠道的设计 / 180
　　第三节　化妆品销售渠道的管理 / 186
　　第四节　化妆品销售渠道的分化 / 190
第十一章　化妆品的促销策略 / 196
　　第一节　促销与促销组合 / 197
　　第二节　广告促销 / 202
　　第三节　营业推广 / 211
　　第四节　公共关系 / 215
　　第五节　人员推销 / 220
第十二章　化妆品的创新营销 / 228
　　第一节　营销理论的演变 / 230
　　第二节　整合营销 / 238
　　第三节　直接营销 / 243

第四节　网络营销 / 247
第五节　绿色营销 / 252
第六节　社交电商 / 258

第四篇　营　销　管　理

第十三章　化妆品服务营销 / 270
　第一节　化妆品服务营销的概述 / 271
　第二节　化妆品服务营销的人员 / 276
　第三节　化妆品服务营销的有形展示 / 283
　第四节　化妆品服务营销的过程 / 287
　第五节　顾客异议及处理 / 293
第十四章　化妆品营销管理 / 300
　第一节　化妆品营销组织 / 301
　第二节　化妆品营销计划 / 302
　第三节　化妆品营销控制 / 305
拓展阅读材料　流量突变时代的营销关键 / 308
参考文献 / 318

第一篇 营销概述

第一章 市场营销概述

学习目标

知识目标

1. 掌握市场和市场营销、需要、欲望、需求、产品、服务、交易和交换等核心概念
2. 了解市场营销学的产生和发展以及在中国的发展
3. 树立科学的市场营销观念

技能目标

1. 培养学生形成现代市场营销观念
2. 培养学生对企业经营管理活动有较强的观察力、领悟力和敏感度

> **案例导入**

一个乡下来的小伙子去应聘城里百货公司的销售员。老板问他:"你以前做过销售员吗?"他回答说:"我以前是村里挨家挨户推销的小商贩。"老板喜欢他的机灵:"你明天可以来上班了。等下班的时候,我会来看一下。"

一天的光阴对这个乡下来的穷小子来说太长了,而且还有些难熬。但是年轻人还是熬到了5点,在差不多该下班的时间,老板真的来了,问他:"你今天做了几单买卖?""一单。"年轻人回答。"只有一单?"老板很吃惊地说,"我们这儿的售货员一天基本上可以完成20到30单生意呢。你卖了多少钱?""30万美元。"年轻人回答道。"你怎么卖到那么多钱的?"半晌才回过神来的老板问道。

"是这样的,"乡下来的年轻人说,"一个男士进来买东西,我先卖给他一个小号的鱼钩,然后又卖给他中号的鱼钩,最后大号的鱼钩。接着,我卖给他小号的渔线,中号的渔线,最后是大号的渔线。我问他去哪儿钓鱼,他说海边。我建议他买条船,所以我带他到卖船的专柜,卖给他长20英尺有两个发动机的纵帆船。然后他说他的大众牌汽车可能拖不动这么大的船。于是我带他去汽车销售区,卖给他一辆丰田新款豪华型'巡洋舰'。"

老板后退两步,难以置信地问道:"一个顾客仅仅来买个鱼钩,你就能卖给他这么多东西?""不是的,"乡下来的年轻售货员回答道,"他是来给他妻子买卫生棉的。我就告诉他'你的周末算是毁了,干吗不去钓鱼呢?'"

营销启示:李嘉诚曾经说:"我一生最好的经商锻炼是做推销员,这是我用10亿元也买不来的。"

引言:

成功的市场营销不是偶然发生的,而是企业成功制定战略规划和有效实施的必然结果。就营销的实质而言,市场营销既是一门科学,又是一门艺术,是传统模式与创新的有机结合。在企业的众多职能中,市场营销发挥着最重要、最独特的功能。在经济全球化的今天,理解和掌握市场营销及市场营销的核心概念是十分重要的,营销会有助于您分析未来的形势并作出正确的决策,从而实现企业的营销目标。

第一节 市场营销及其核心概念

一、市场营销

(一)市场营销的概念

如今,市场营销已经得到了广泛的运用。有人说:"市场营销就是推销。"还有人说:"电视中播出的各种商品的广告,就是营销。"最后,有个人说道:"市场营销就是企业在市场上经营销售自己生产的产品的过程。"只有最后一个回答接近市场营销定义。

美国市场营销协会（AMA）定义委员会于1960年给市场营销下的定义："市场营销是引导货物和劳务从生产者流向消费者或用户的企业商务活动过程。"

科特勒于1984年对市场营销下的定义："市场营销是指企业的这种职能，认识目前未满足的需要和欲望，估量和确定需求量大小，选择和决定企业能最好地为其服务的目标市场，并决定适当的产品、劳务和计划（或方案），以便为目标市场服务。"此定义具有一定的代表性，我国高职高专院校所编著的教材大多采用这个定义。

美国市场营销协会于1985年对市场营销下了更完整和全面的定义："市场营销是对思想、产品及劳务进行设计、定价、促销及分销的计划和实施的过程，从而产生满足个人和组织目标的交换。"

2004年夏天在美国波士顿AMA夏季营销教学者研讨会上重新审视和修订了关于市场营销的官方定义："市场营销既是一种组织职能，也是为了组织自身及利益相关者的利益而创造、传播、传递客户价值，管理客户关系的一系列过程。"新定义引起了广大营销者的普遍重视，这也是近20年来关于市场营销定义的首次修订。

综上所述，可以从以下五个方面来理解市场营销。

① 市场营销是一个综合的经营管理过程，贯穿于企业经营活动全过程。

② 市场营销与推销不同。市场营销包括市场调研、产品开发、定价、分销渠道、促销等一系列经营活动。而推销只是市场营销活动中的一个组成部分，而且不是最重要的部分。

③ 市场营销以交换为核心。交换连接着生产与消费两个环节，交换的目的是满足市场需求和欲望。

④ 以顾客为中心。市场营销是以满足顾客需求为中心来组织企业的经营活动，通过满足顾客需要来实现企业的经营目标。

⑤ 市场营销的含义不断地发展。市场营销的内涵随着经济的发展变化，一直在丰富和修订，并且还会进一步发展和完善。

总之，市场营销是企业以顾客需要为出发点，有计划地组织各项经营活动，为顾客提供满意的产品和服务，从而实现企业目标的过程。

（二）市场营销的特点

1. 以消费需求为出发点

企业要以研究和分析消费者的需求决定企业的经营方向，按照需求来组织产品的生产和销售，从而才能保证企业盈利。

2. 以营销组合为手段

市场营销强调如何从满足消费者需要出发，通过整体营销策略即产品策略、价格策略、渠道策略和促销策略的综合运用，更好地实现企业的经营目标。

3. 以满足需要为目标

在市场营销观念的支配下，企业在决定生产之前要了解产品或服务对消费者的最终效果，消费者满意了，才能给企业带来利润，实现企业目标。

二、市场营销的核心概念

（一）市场

市场（Market）是企业营销活动的出发点和归宿，正确分析市场是制定企业营销战略的前提。

1. 市场的内涵

狭义的市场是指商品交换的场所。如农贸市场、集市、商场。这是时空（时间和空间）市场概念。

广义的市场由不同的学者从不同的角度对市场概念进行界定。

（1）经济学家从揭示经济实质角度提出市场概念　市场是一个商品经济范畴，由社会分工和商品交换而产生和发展起来的，是社会生产力发展到一定阶段的产物。市场的基本关系是商品供求关系；基本的活动则是商品交换；基本的经济内容是商品供求和商品买卖。

（2）管理学家侧重从具体的交换活动及其运行规律认识市场　市场是供需双方在共同认可的一定条件下进行商品或劳务的交换活动。

（3）站在经营者的角度　人们常常把卖方称为行业，而将买方称为市场。

（4）站在市场营销的角度　市场是指那些具有特定需要和欲望，而且愿意并能够通过交换来满足特定需要和欲望的全部顾客所构成的整体。

2. 市场的条件

市场的形成必须具备以下三个基本条件。

① 有可供交换的商品（包括有形的产品和无形的服务）；

② 存在买方和卖方；

③ 具备买卖双方都能接受的交易价格、行为规范及其他条件。

只有满足这三个条件，才能实现商品的让渡，形成现实意义的市场。

3. 市场的构成

市场的容量大小取决于三个要素：有需求的人、购买能力和购买欲望。构成市场的三个要素缺一不可，且相互制约，只有三者结合起来，才能形成有现实意义的市场，如图1-1所示。

用公式表示就是：市场＝有需求的人＋购买能力＋购买欲望。

（1）有需求的人　这是构成市场的最基本要素，消费者人口的多少，决定着市场的规模和容量的大小，而人口的构成及其变化则影响着市场需求的构成和变化。因此，有需求的人是市场三要素中最基本的要素。

（2）购买能力　购买能力是指消费者支付货币以购买商品或服务的能力，是构成现实市场的物质基础。一定时期内，消费者的可支配收入水平决定了购买能力水平的高低。购买能力是市场三要素中最物质的要素。

（3）购买欲望　购买欲望是指消费者购买商品或服务的动机、愿望和要求，是由消费者心理需求和生理需求引发的。产生购买欲望是消费者将潜在购买力转化为现实购买力的必要条件。

（二）需要、欲望和需求

人类的各种需要和欲望是市场营销思想的出发点，而需求则是市场营销过程的起点和落脚点。"需要"（needs）、

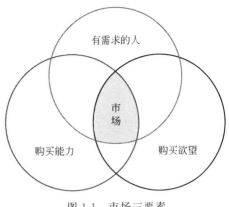

图 1-1　市场三要素

"欲望"（wants）和"需求"（demands）三个看起来十分接近的词汇，其真正的含义是有很大差别的。

1. 需要

需要是指人类与生俱来的"基本要求"，是人没有得到某些基本满足的感受状态。需要是人脑对生理需求和社会需求的反映——人的物质需要和精神需要两个方面。它既是一种主观状态，也是一种客观需求的反映。

人为了求得个体和社会的生存和发展，必须要求一定的事物。例如，食物、衣服、睡眠、劳动、交往等。这些需求反映在个体头脑中，就形成了他的需要。需要被认为是个体的一种内部状态，或者是一种倾向，它反映个体对内在环境和外部生活条件的较为稳定的要求。

美国社会心理学家、人格理论家马斯洛（Abraham Harold Maslow）提出，人有一系列复杂的需要，他的理论被称为"需要层次论"（图 1-2）。马斯洛理论把需要分成生存需要、安全需要、社交需要、尊重需要和自我实现需要五个层次，生存需要是最低的层次，自我实现需要是最高的层次。当较低层次的需要得到满足后，人们才会由低逐步向高去实现其他的需要。

（1）生存需要　人类维持自身生存最基本的需要。对衣、食、住、行等方面的需要就是人类得以生存的物化形式。

（2）安全需要　安全需要是指人类希望受到保护，避免自身生命、财产遭受威胁而产生的需要。安全需要比生存需要高一个层次。

（3）社交需要　社交需要是指被人接纳、得到友谊、结识朋友等方面的需要。安全需要是当人们生理需要、安全需要得到满足后所产生的第三层次的需要。

（4）尊重需要　尊重需要是指维护个人自尊和获取别人尊重的意愿。尊重可分为内部尊重和外部尊重。当一个人能胜任本职工作，充满自信地处理各种问题，个人自尊就会得到满足，这属于内部尊重。当一个人地位显赫，能受到别人的尊重和信任，这就属于外部尊重。马斯洛认为，尊重需要得到满足，能使人对自己充满信

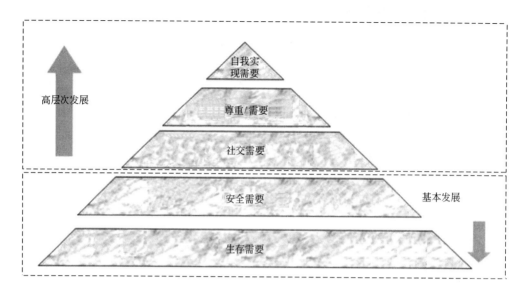

图 1-2 马斯洛的"需要层次论"

心,对社会充满热情,体验到自己活着的用处和价值。

(5)自我实现需要 自我实现需要是人类最高层次的需要,是人所追求的最高目标,是指实现个人理想、抱负,发挥个人的最大能力,成为自己所期望的人物。

需要层次从低到高逐层递升,当人的某一层次的需要得到相对满足后,就会产生驱使其追求更高层次需要的动力。其中生存上的需要、安全上的需要和社交上的需要都属于基本需要,这些需要通过外部条件就可以满足,而尊重需要和自我实现需要是高级需要。

2. 欲望

欲望是指对拥有满足需求的具体满足物的愿望。它是因个人受不同文化及社会环境影响所表现出来的对基本需要的特定追求,表现为对消费的选择。

例如,不同背景下的消费者欲求不同,中国人需求食物则欲求大米饭,法国人需求食物则欲求面包,美国人需求食物则欲求汉堡包。人的欲求受社会因素及机构因素,诸如职业、团体、家庭、教会等影响。因而,欲求会随着社会条件的变化而变化。市场营销者能够影响消费者的欲求,如建议消费者购买某种产品。

3. 需求

需求是有购买能力并且愿意购买某种物品的欲求。

需求是由需要转化而来的,例如,饥饿了想寻找食物,但并未指向是面包、米饭还是馒头,这为需要;而当这一指向一旦得到明确,需要就变成了欲望;对企业的产品而言,有购买能力的欲望才是有意义的,才能真正构成对企业产品的需求。

由此可见,消费者的欲望在有购买能力作后盾时就变成为需求。许多人想购买宝马牌轿车,但只有具有支付能力的人才能购买。因此,市场营销者不仅要了解有多少消费者欲求其产品，还要了解他们是否有能力购买。

市场营销不能创造需求，因为需求产生于市场营销之前。但是市场营销可以引导、影响需求。

4. 需要、欲望和需求的关系

人类需要有限，但欲望却很多。需要是人的一种主观状态，存在于人类生理和社会之中。市场营销者不可能创造需要，但营销者可以影响人的欲望，并通过各种方式激发和满足人们的欲望。当某种具体的商品能够用来满足需要的时候，需要就转化为欲望。当具有购买能力时，欲望就变成需求。

对于化妆品企业而言，能够区分和理解人的需要、欲望和需求，不是一件容易的事情。一方面，人的需要会不断变化；另一方面，有些人并不知道自己的真正需要。所以，化妆品企业就要认真进行调查研究，发现人的需要，激发人的欲望，挖掘潜在需求。

（三）产品和服务

（1）产品　是指能够满足人们需要或欲望的任何有形或无形的东西。如一名35岁的女性想保持皮肤的弹性、肤色润泽，那么能够满足这一需要的产品包括一套面膜、定期的皮肤护理或者是美容咨询。这些产品并非具有同等的价值，但越是比较容易买到的和效果好的产品，就越可能首次购买，产品达到顾客所期望的效果，顾客就会忠实于该产品。

（2）有形的商品和无形的服务都是产品　产品既可能是有形的实体商品，如前面讲到的面膜，也可能是无形的服务，比如前面提到的美容咨询。女性在购买化妆品及做皮肤护理时，其重要性不仅在于拥有化妆品实体，更在于能够保持其青春靓丽。如果化妆品生产及经营企业关心产品超过了产品能够带给顾客的价值，就会陷入困境。作为营销者一定要记住，人们不是为了要得到产品的实体而产生购买行为，而是为了满足其某种需要。

（四）效用、价值和满意

消费者如何选择所需的产品，主要是根据对满足其需要的每种化妆品的效用进行估价而决定的。效用是消费者对满足其需要的产品的全部效能的估价。

价值是指顾客对满足其某种需要的产品或服务进行整体综合的评价。

假定某人每晚需要化妆品滋润皮肤。她可以通过下列措施来满足这个需求：一瓶滋润霜、一张面膜、一套普通品牌化妆品、一套著名品牌化妆品。这些化妆品构成了可供选择的产品组。她如何进行选择呢？她使用的产品要达到她所追求的目标，即质量、便利、效果和经济。产品组中每种产品都可以满足她的不同需求，她必须购买最适合的产品。所以，效用、价值以及满意等概念在化妆品市场营销学中就十分重要了。

满意是对顾客而言，顾客是否满意取决于顾客实际感知与其先前的期望进行比较的结果。如果产品的实际效果低于之前的期望，顾客就会不满意；两者相同，顾客就会满意；如果高于期望，顾客就会非常满意。对于化妆品企业而言，不仅要为顾客提供产品，更要使顾客在交换过程中获得更大的满足，这样才能使产品在市场中有好的销路，企业才能在市场中建立稳定的顾客群体。

（五）交换和交易

1. 交换

交换是市场营销的核心概念。人们有了需求和欲求，企业亦将产品生产出来，还不能解释为市场营销，产品只有通过交换才使市场营销产生。

交换是指通过提供某种东西作为回报，从他人那里取得所需物品的行为。比如想得到化妆品，需要支付货币给化妆品销售人员。

交换，必须符合以下五个条件：

① 至少要有两方；
② 每一方都有被对方认为有价值的物品；
③ 每一方都有沟通信息与交换物品的能力；
④ 每一方都可以自由接受或拒绝对方的物品；
⑤ 每一方都认为与对方进行交换是有价值的。

具备上述五个条件，就有可能发生交换行为。但交换能否真正产生，取决于双方能否找到交换的条件，即交换后使双方觉得比交换前更好。

2. 交易

交易是市场营销的度量单位，是等价交换的代名词，指买卖双方有价值的交换。交易是以货币为媒介，而交换则不一定以货币为媒介，它可以是物物交换。交换活动的基本单元是由双方之间的价值交换所产生的行为。

一次交易包括三个可以度量的实质内容：至少有两个有价值的事物，买卖双方所能接受的条件、协议时间与地点。通常应建立一套法律制度来支持和强制交易双方执行，如合同法。

（六）关系营销与网络营销

1. 关系营销

关系营销（Relationship Marketing）。所谓关系营销，是把营销活动看成是一个企业与消费者、供应商、分销商、竞争者、政府机构及其他公众发生互动的过程，其核心是留住顾客，提供产品和服务。精明的营销组织都会努力同有价值的客户、分销商和供应商建立长期的、互相信任的"双赢"关系。其目的是保持长期的成绩和业务。

2. 网络营销

网络营销（On-line Marketing 或 E-Marketing）是以互联网为核心平台，以网络用户为中心，以市场需求和认知为导向，利用各种网络应用手段去实现企业营销目的的一系列行为。营销网络由公司与所有它的利益攸关者组成，其中包括顾客、员工、供应商、分销商、零售商、广告代理人和其他人，建立互利的业务关系。

（七）市场营销组合

所谓市场营销组合是指企业针对目标市场的需要，综合考虑环境、能力、竞争状况，对自己可控制的各种营销因素（产品、价格、渠道、促销等）进行优化组合和综合运用，使之协调配合，扬长避短，发挥优势，以取得更好的经济效益和社会效益。

（1）4Ps组合

麦卡锡教授把企业开展营销活动的可控因素归纳为四类，即产品（Product）、价格（Price）、渠道（Place）和促销（Promotion），因此，提出了市场营销的4Ps组合。这是企业营销活动所采取的基本手段。

（2）6Ps组合和10Ps组合

1984年，菲利普·科特勒提出了"大市场营销"理论，增加了政治（Politics）和公共关系（Public relations）两类。营销组合从"4Ps"发展到了"6Ps"。

1986年，菲利普·科特勒在我国对外贸易大学演讲时，又进一步把"6Ps"发展为"10Ps"。他把已有的6Ps称为战术性营销组合，新提出的4Ps：研究（Probing）、划分（Partitioning）即细分（Segmentation）、优先（Prioritizing）即目标选定（Targeting）、定位（Positioning），称为战略营销，他认为，战略营销计划过程必须先于战术性营销组合的制订，只有在搞好战略营销计划过程的基础上，战术性营销组合的制订才能顺利进行。

后来，考虑到人员（People）在市场营销中的作用，于是形成了市场营销的11Ps组合。

（3）4Cs组合

20世纪90年代，美国市场学家罗伯特·劳特伯恩（Robert Lauterborn）提出了4Cs理论，4Cs组合为：顾客（Customer）、成本（Cost）、便利（Convenience）、沟通（Communication）。

（4）4Rs组合

21世纪初，美国学者唐·E·舒尔茨（Don E Schultz）提出4Rs理论，受到广泛的关注。4Rs阐述了一个全新的市场营销四要素，即关联（Relevance）、反应（Reaction）、关系（Relationship）和报酬（Reward）。

总之，4Rs理论以竞争为导向，在新的层次上概括了营销的新框架，强调顾客——人的因素，注重营销过程中对顾客的长期关怀和对顾客关系的长期维系，体现并落实了关系营销的思想。

第二节　市场营销学的产生和发展

一、市场营销学的形成和发展历程

市场营销古时已有，它是随着社会分工和商品生产的产生而出现的。有关市场营销的论述也可以追溯到很久以前。市场营销学于20世纪初创立于美国，后来传到了欧洲、日本和其他国家，在实践中不断地完善和发展。

（一）萌芽时期（1900~1920年）

这一时期是美国资本主义迅速发展时期，已经从自由资本主义发展到垄断资本主义阶段，西部开发运动和铁路向全国各地的延伸，使美国国内市场急剧扩大，市场竞争日趋激烈，促使企业日益重视广告、分销活动。专业化广告代理商在全美国日渐活跃，发挥着相当重要的市场营销职能。连锁商店、邮购商店的产生与发展，给市场营销带来了薄利多销的新观念。

1902年，美国的密歇根大学、加利福尼亚州立大学和伊利诺伊大学正式设置了市场营销学课程；1905年，克罗西在宾夕法尼亚大学讲授了名为产品市场营销的课程；1910年，巴特勒在威斯康星大学讲授了市场营销方法的课程；1912年，哈佛大学的赫杰特齐出版了第一本名为《市场营销学》的教科书。所有这些标志着市场营销学作为一门独立的学科产生。所以，这一时期被称为市场营销理论的萌芽时期。

（二）职能研究时期（1921~1945年）

在这一时期，美国等西方国家，随着科学技术的进步，社会政治经济状况的不断发展变化，特别是1929~1933年资本主义国家爆发了严重的经济危机，市场开始由卖方市场向买方市场过渡。美国消费经济结构的变化，再度引起学术界和企业界研究市场营销理论的热潮。这一时期的研究以市场营销的职能研究为主。至此，市场营销学才逐步形成了自己的体系，作为一门较为系统的应用科学逐步建立起来并进入了实际应用阶段。

美国全国市场营销教师协会定义委员会在1934年提出，这一时期的市场营销研究主要集中在职能研究上。

（三）形成和巩固时期（1946~1955年）

第二次世界大战以后，社会主义国家纷纷诞生，殖民地国家相继独立，导致了资本主义世界市场相对狭小，而战时膨胀起来的生产力又急需寻找新的出路，市场竞争日趋激烈。为适应这种情况的变化，市场营销学者除了继续从经济学中吸取养料外，还开始转向社会科学的其他领域寻觅灵感。此时，职能研究仍占据重要地位。1952年，有两部重要著作问世，一部是由范利、格雷瑟和柯克斯合著的《美国经济中的市场营销》；另一部是由梅纳德和贝克曼合著的《市场营销原理》。

由此可见，市场营销理论在这一时期开始形成。市场营销已被明确为是满足人类需要的行为，市场营销调研也在现实经济生活中受到了越来越广泛的重视，甚至连市场营销的社会效益也开始受到人们的重视。

（四）市场营销管理导向时期（1956~1965年）

在此期间，美国国内生产和生活方式发生了巨大变化，市场营销理论研究也开始迈向一个新的里程，即市场营销管理导向阶段。其间对市场营销思想作出卓越贡献的代表人物有奥德逊（Wroe Alderson）、霍华德（John A. Howard）和麦卡锡

(Eugene J. Mc Carthy)。奥德逊在《市场营销活动和经理行动》（1957年）一书中提出了"职能主义"。

霍华德的《市场营销管理：分析和决策》一书主张从市场营销管理的角度论述市场营销理论和应用。当时，以"管理"为题的论文、专著屡见不鲜，但在"管理"之前冠以"市场营销"尚属首创。

麦卡锡在《基础市场营销》一书中描述了研究市场营销的三种方法：商品研究法、机构研究法和职能研究法。此外，他还对美国市场营销协会定义委员会于1960年给市场营销所下的定义进行了修正，进而提出自己的定义："市场营销就是指将商品和服务从生产者转移到消费者或用户所进行的企业活动，以满足顾客需要和实现企业的各种目标。"

总之，霍华德只是从企业环境和市场营销策略两者的关系来讨论市场营销的管理问题，强调企业必须适应外部条件。而麦卡锡则提出了以消费者为中心，全面考虑企业内外部条件，以促成企业各项目标实现的市场营销管理体制。

（五）协同和发展时期（1966～1980年）

经过前几个时期的历程，市场营销学逐渐从经济学中独立出来，又吸收了行为科学、管理科学以及心理学、社会学等学科的若干理论，开始统合。在此期间，市场营销理论进一步成熟，市场营销概念和原理的运用日益普及。乔治·道宁（George S. Downing）和菲利普·科特勒等学者为市场营销理论的发展作出了突出贡献。

道宁的主要贡献，就在于他首次提出了系统研究法。他在《基础市场营销：系统研究法》（1971年）一书中提出，市场营销是企业活动的总体系统，通过定价、促销、分销活动及各种渠道把产品和服务供应给现实顾客和潜在顾客。道宁强调说，市场营销并非仅仅是某种职能，它是一个贯穿始终的过程。

菲利普·科特勒是当代市场营销学界最有影响的学者之一。他所著的《市场营销管理》一书在1967年出版后，成为美国管理学院最受欢迎的教材，并多次出版，译成十几国文字，受到各国管理学界和企业界的高度重视。科特勒提出，市场营销管理就是通过创造、建立和保持与目标市场之间的有益交换和联系，以实现组织的各种目标而进行的分析、计划、执行和控制过程。

（六）分化和扩展时期（1981～1993年）

在此期间，市场营销领域又出现了大量丰富的新概念，使得市场营销这门学科出现了变形和分化的趋势，其应用范围也在不断地扩展。

进入20世纪90年代以来，关于市场营销、市场营销网络、政治市场营销、市场营销决策支持系统、市场营销专家系统等新的理论与实践问题开始引起学术界和企业界的关注。

二、市场营销学在中国的传播和发展

我国市场营销学的引进，最早出现在20世纪30年代。现存最早的教材是丁馨伯编译的《市场学原理》，于1934年由复旦大学出版。我国当时实行的是计划经济体制，市场经济在理论上没有得到认可，市场营销学也就没有立足之地。

1978年改革开放后，我国的经济体制由计划经济逐步走向市场经济，非国有的经济成分几乎占据了民用的生产、销售、流通的整个领域，市场经济基本形成，为市场营销学的引进和研究创造了良好的条件。市场营销学的形成和发展经历了引进、传播、应用、扩展和国际化等阶段。

（一）引进阶段（1978~1982年）

世界著名市场营销权威，被誉为"现代营销学之父"的菲利普·科特勒的两部著作《市场营销原理》《市场营销管理》引起了学者们的高度重视，对中国市场营销学的建立产生了重要的影响。

暨南大学、中国人民大学等从1979年起开设了市场营销课程，在以后的二三年时间里，全国有300多所中高等学校陆续开设了市场营销课，但从事该学科引进和研究工作的人数还很有限，对西方市场营销理论的许多基本观点的认识也比较肤浅，大多数企业对于该学科还比较陌生。

（二）传播时期（1983~1985年）

经过一段时间的积累，专家和学者开始意识到，成立各地的市场营销学研究团体是非常有必要的，以便相互交流和切磋研究成果。从1984年起，全国高等综合大学、财经院校市场学教学研究会成立，中国高校市场学会连续多次开办市场学研究班，在为企业培训营销人才的同时，为大专院校和中专学校培训了大量市场学教师。

在以后的十多年时间里，全国各地各种类型的市场营销学研究团体如雨后春笋般纷纷成立。各团体在做学术研究和学术交流的同时，还做了大量的传播工作，团体的力量不仅扩大了市场营销学的影响，同时还推进了市场营销学研究的进一步发展。

（三）应用时期（1986~1988年）

1985年以后，我国经济体制改革的成果显著，市场环境的改善为企业应用市场营销学理论指导经营管理实践提供了有利条件，但由于受经济体制及地域和经济条件的影响，市场营销理论用于指导实践的情况有所不同，多数企业应用市场营销原理时，偏重于分销渠道、促销、市场细分和市场营销调研部分。

（四）扩展时期（1988~1994年）

在此期间，无论是市场营销教学研究队伍，还是市场营销教学、研究和应用的内容，都有了极大的扩展。1992年前后高校开设营销方向博士生；1994年市场学的教材、专著和译著，累计已出版约300种，市场营销学教材发行量之大，有的还相当突出。

1987年修订学会章程，研究会改名为"中国高等院校市场学研究会"。在此期间，市场营销理论的国际研讨活动进一步发展，这极大地开阔了学者们的眼界。

（五）国际化时期（1995年至今）

1995年6月，由中国人民大学、加拿大麦吉尔大学和康克迪亚大学联合举办的第五届市场营销与社会发展国际会议在北京召开。从此，中国市场营销学者开始全方位、大团队地登上国际舞台，与国际学术界、企业界的合作进一步加强。

中国市场营销发展史经历了从初步引进后的认知时期，到盲目效仿、盲目跟进的实践时期，再到痛苦回顾、理性反思的探索时期的演变过程。

第三节　营销观念及其演变史

一、营销观念的内涵及核心

（一）营销观念的内涵

营销观念又称营销理念，是指企业从事市场营销活动及管理过程的基本指导思想，也就是企业在开展市场营销活动的过程中，在处理企业、顾客和社会三方利益方面所持的态度和指导思想。它在企业营销活动中起支配和指导作用，故称"营销哲学"。它是企业一切经营活动的出发点和落脚点。

（二）营销观念的核心

营销观念的核心是正确处理企业、顾客和社会三者之间的利益关系。这些利益既相辅相成，又相互矛盾。企业必须正确处理三者之间的利益，确定自己的原则和基本取向。

因此，奉行正确的营销理念，是企业组织市场营销实践的核心和关键所在。

二、营销观念演变史

营销观念是一定社会经济运行的产物，它会随着经济的发展而不断演变。纵观西方发达国家的市场营销历史，可以发现市场营销观念的演变可大致分为五个阶段：生产观念，产品观念，推销观念，市场营销观念和社会营销观念。

以生产者为中心的观念（Production orientation）称为传统营销观念，包括生产观念、产品观念和推销观念三种。

（一）生产导向型——生产观念

生产观念（Production Concept）产生于19世纪末20世纪初期，是在卖方市场的背景下产生的，该观念是以生产为中心的指导思想。企业的重心在于大量生产，力求产品标准化，通过降低成本而获利。其主要表现是"我生产什么，就卖什么"，也就是说"皇帝的女儿不愁嫁"。企业经营管理的主要任务是改善生产技术，改进劳动组织，提高劳动生产率，降低成本，增加销售量。

生产观念产生的条件是：短缺经济、卖方市场。在这种观念的指导下，生产和销售的关系必然是"以产定销"。

（二）产品导向型——产品观念

产品观念（Product Concept）认为，消费者最喜欢质量好、多功能和有特色的产品，企业致力于产品创新和不断提高产品的质量，它产生于卖方市场的背景下。

以产品观念为指导的企业主要任务是提高产品质量，精益求精，日臻完善。其主要表现是只要产品好，不怕卖不掉；只要产品有特色，自然会顾客盈门。这种观念可以概括为："我们会做什么，就努力做好什么。"当产品由于供过于求或者销路不对而受挤压时，企业就不知所措了，最终导致"市场营销近视症"。

（三）推销导向型——推销观念

推销观念（Selling Concept）认为，随着科技的进步和科学的管理，市场也从卖方市场向买方市场过渡，逐渐出现产品供过于求，此观念盛行于20世纪30~40年代。企业推销部门的任务就是采用各种可能的手段和方法，去说服和诱导消费者购买商品。这种观念可以概括为："我们会做什么，就努力去推销什么。"

推销观念的产生，说明销售工作在企业管理中占有重要地位，但是从生产者和市场的角度来看，仍然没有跳出"以生产者为中心"。

（四）市场营销导向型——市场营销观念

以消费者为中心的营销观念，又称现代市场营销观念（Marketing Orientation），是以顾客为导向的观念。该观念形成于20世纪50年代，是以消费者的需求和欲望为导向的经营哲学。一切以消费者为中心，坚持"顾客至上"的原则。

消费者的需求是市场营销活动的起点及中心，这种观念概括起来就是："顾客需要什么，企业就生产什么。"这要求企业必须将管理的重心放在发现和了解目标顾客的需要上，满足顾客需求，从而实现企业目标。

市场营销观念是现代企业营销观念的重大变革，堪称商业哲学的一场革命。从"以物为中心"转向了"以人为中心"的营销观念。

（五）社会市场营销导向型——社会营销观念

社会市场营销观念（Societal Marketing Concept）是以社会长远利益为中心的观念，是对市场营销观念的补充和发展。

从20世纪70年代起，西方资本主义国家出现环境恶化、能源危机、通货膨胀、失业人数增加，消费者权益运动蓬勃兴起，而企业为了牟取暴利，打着"为消费者谋利益"的旗号，做着坑害顾客，危害社会的行为，从而导致资源浪费、环境污染等诸多弊端。

社会营销观念的基本核心是以实现消费者满意以及社会公众的长期福利作为企业的根本目的与责任。这不仅要求企业满足目标顾客的需求与欲望，而且还要统筹兼顾三方利益，即企业利润、消费者需要的满足和社会利益。

三、市场营销观念新论

营销观念在不断地发展变化，并会随着实践的发展不断深化、丰富，产生新的观念，这些新的观念相互交融，共同构成现代营销观念的新特色。

20世纪80年代之后，是各类营销观念的繁荣发展期，出现了大市场营销、整合营销、关系营销、满意营销、体验营销、服务营销等众多的营销观念。其中，整合营销理念最具影响力，甚至有人认为整合营销理念是对市场营销理念的颠覆。

（一）关系营销观念

关系营销是20世纪80年代末在西方企业界兴起的一种观念，它以管理企业的市场关系为出发点，核心思想是建立发展良好的关系，使顾客保持忠诚。关系营销的核心是发展双方关系，指在双方之间建立一种联系，这是一个长期的概念。关系型营销观念的基础和关键是"承诺"与"信任"。

（二）服务营销观念

服务营销也称有形商品的无形性营销。该观念认为在现有科技的发展水平下，化妆品的功能、品质、特征等方面的差距较小，顾客对化妆品的判断和选择，不再单单依据化妆品的有形属性，而是取决于该产品的服务属性，未来的市场竞争，就是"优质产品＋优质服务"的竞争。

（三）文化营销观念

文化营销观念是指企业成员共同默认并在行动中付诸实施，从而使企业营销活动形成文化氛围的一种营销观念。

文化渗透于整个营销活动的始终，主要表现在以下两个方面。

1. 产品中蕴含文化

商品不仅有使用价值，同时凝聚审美价值、知识价值、社会价值等。

2. 经营中凝聚文化

即企业文化是企业中所有人信奉的价值观、思维方式，其可以具有尊重人性，重视文化熏陶，管理中求新、求精等文化内涵。

文化营销是商品营销发展到最高层次的表现，也是国际市场营销发展的必然趋势。

（四）绿色营销观念

绿色营销观念是在当今环境破坏严重、污染加剧、生态失衡、自然灾害频发的生存和发展状况下提出的新的观念。伴随着环保意识的日趋增强，在世界范围内掀起了绿色浪潮、绿色革命，21世纪是绿色世纪，因此绿色营销观念应运而生。

绿色营销观念强调把消费者需求、企业利益和环保利益三者有机结合统一起来。最突出的特点是充分顾及资源利用和环境保护，做到安全、卫生、无公害。因此开发绿色产品，获取绿色标志，发展绿色产业是绿色营销的基础。

（五）整合营销观念

美国西北大学舒尔茨教授于1993年出版的《整合营销传播》一书，从理论上建立起来整合营销传播的思想。

整合营销传播（Integrated Marketing Communication，IMC）兴起于商品经济

最发达的美国。其内涵是："以消费者为核心重组企业行为和市场行为，综合协调使用各种形式的传播方式，以统一的目标和统一的传播形象，传递一致的产品信息，实现与消费者的双向沟通，迅速树立产品品牌在消费者心目中的地位，建立品牌与消费者长期密切的关系，更有效地达到广告传播和产品营销的目的。"

整合营销观念的核心是从长远利益出发，公司的营销活动应该包括企业内、外部环境在内的所有个体建立起密切的关系，整合各方面的利益，综合前面所有的营销理念，最终完成整合营销。

舒尔茨教授用一句话总结了这种理论，他说："过去的座右铭是'消费者请注意'，现在则应该是'请注意消费者'。"

本章小结

市场是商品经济中生产者和消费者之间的价值交换关系、条件和过程。市场营销则是个人和群体通过创造并同他人交换产品和价值，以满足需求和欲望的一种社会过程。其核心概念是交换，基本目标是满足需求和欲望。市场营销是企业最重要的职能。

市场营销作为一门学科于20世纪初创建于美国，经过漫长的发展历程并不断充实提高和创新，已经成为具有系统理论、策略和方法的一门现代管理学科。学习研究市场营销学，对于迎接21世纪的各种挑战、促进经济快速健康地发展、促进企业发展具有重大的理论意义和现实意义。

复习思考题

1. 市场的概念是什么？组成市场的三个要素是什么？
2. 市场营销的核心概念有哪些？
3. 市场营销学的形成和发展历程是什么？
4. 营销观念有哪些？有什么主要特征？

第二章
化妆品营销概述

学习目标

知识目标

1. 掌握化妆品的内涵、作用及其分类
2. 了解化妆品行业的发展历程
3. 掌握化妆品行业 SCP 分析
4. 了解化妆品市场的发展趋势

技能目标

1. 能够熟练地运用营销的功能从事化妆品营销工作
2. 能够运用所学知识根据化妆品的分类情况选择合适的营销手段
3. 能运用所学的原理选择采用恰当的模式实现营销目标

案例导入

Vichy——创新理念

　　Vichy（薇姿）是欧莱雅集团的一个品牌，其新推出了针对年轻女性的油脂调护系列产品。Vichy 新产品的主要对象是具有创新意识的年轻女性，企业以引起用户强烈兴趣，进而产生购买欲作为整个营销方案的着力点，采用突破性的特殊广告形式，如投放独特的 CrazyAD（疯狂广告）、醒目的双 LOGO 广告等，同时，在女性用户比例高的网站投放醒目的大幅面广告形式，进行软性宣传。

　　这些打破常规的独特广告传播方式，快速引爆了用户的兴趣点，吸引了大量喜爱创新的年轻女性去了解新品功效及相关信息，并争相到各大指定药房领取产品试用装。

第一节 化妆品概述及化妆品营销概述

一、化妆品概述

"化妆品"按照词义的解释是为"修饰"和"装扮"而使用的制品,在希腊语中"化妆"的词义是"装饰的技巧",意思是把人体自身的优点多加发扬,而把缺陷加以弥补。目前,国际上对化妆品尚无统一的定义,各国依据本国的情况,定义均有所不同。

(一)化妆品的定义

美国食品药品监督管理局(U.S. Food and Drug Administration,FDA)对化妆品的定义为用涂擦、散布、喷雾或其他方法使用于人体的物品,能起到清洁、美化、促使有魅力或改变外观的作用。其中不包括肥皂,并对特种化妆品做了具体要求。

我国《化妆品卫生监督条例》中定义化妆品为:"以涂擦、喷洒或者其他类似的方法,散布于人体表面任何部位(皮肤、毛发、指甲、口唇等),以达到清洁、消除不良气味、护肤、美容和修饰目的的日用化学工业产品。"

无论是一般化妆品,或是特殊用途化妆品,都不同于医药用品,其使用目的在于清洁、保护和美化修饰,并不是为了达到影响人体构造和机能的目的。为方便起见,常将两者统称为化妆品。

对于化妆品的定义可做如下概述:化妆品是指以涂敷、揉擦、喷洒等不同方式,涂加在人体皮肤、毛发、指甲、口唇和口腔等处,起清洁、保护、美化、促进身心愉快等作用的日用化学工业产品。

(二)化妆品的作用

洁肤化妆品对人体的作用必须缓和、安全、无毒、无副作用,并且主要以清洁、保护、美化为目的。化妆品的作用可概括为如下五个方面。

1. 洁肤

洁肤作用。温和地去除皮肤、毛发、口腔和牙齿上面的脏物,以及人体分泌与代谢过程中产生的不洁物质。如清洁霜、清洁乳液、净面面膜、清洁用化妆水、泡沫浴液、洗发香波、牙膏等。

2. 护肤

护肤作用。保护皮肤及毛发等处,使其滋润、柔软、光滑、富有弹性,以抵御寒风、烈日、紫外线辐射等损害,增加分泌机能活力,防止皮肤皲裂、毛发枯断。如雪花膏、冷霜、润肤霜、防裂油膏、乳液、防晒霜、润发油、发乳、护发素等。

3. 养肤

养肤作用。维系皮肤水分平衡,补充皮肤及毛发营养,增加组织活力,减少皮肤皱纹,减缓皮肤衰老以及促进毛发生理机能,防止脱发。如人参霜、维生素霜、珍珠霜等各种营养霜、营养面膜、生发水、药性发乳、药性发蜡等。

4. 美容

美容作用。美化皮肤及毛发，使之增加魅力或散发香气。如粉底霜、粉饼、香粉、胭脂、唇膏、发胶、摩丝、染发剂、烫发剂、眼影、眉笔、睫毛膏、香水等。

5. 特殊功能

特殊功能作用。预防或治疗皮肤及毛发、口腔和牙齿等部位影响外表或功能的生理病理现象，其具有育发、脱毛、美乳、健美、除臭、祛斑、防晒等作用。如雀斑霜、粉刺霜、抑汗剂、祛臭剂、生发水、痱子水、药物牙膏等。

（三）化妆品的分类

化妆品不是纯粹的化学制品，且种类很多，性、态交错，因此很难科学地、系统地进行划界分类。目前国际上对化妆品尚没有统一的分类方法，各国的分类方法也各有差异，有按化妆品功用分类的，有按化妆品使用部位分类的，有按化妆品剂型分类的，也有按化妆品内含物成分分类的，以及按使用年龄、性别分类等。

1. 按化妆品功用分类

① 清洁类，如清洁霜、清洁乳液、清洁面膜、磨砂膏、去死皮膏、洗发膏、牙膏等。

② 护理类，如雪花膏、冷霜、乳液、防裂膏、化妆水、发油、发蜡、发乳、护发素等。

③ 美容类，如香粉、胭脂、唇膏、唇线笔、眉笔、眼影、鼻影膏、睫毛膏、烫发剂、染发剂、发胶、摩丝、定型发膏等。

④ 营养类，如人参霜、维生素霜、荷尔蒙霜、珍珠霜、丝素霜、胎盘膏、营养头水、人参发乳等。

⑤ 芳香类，如香水、花露水、古龙水等。

⑥ 特殊用途类，如雀斑霜、粉刺霜、祛臭剂、抑汗剂、脱毛剂、减肥霜、祛屑止痒香波、奎宁头水、药性发乳等。

2. 按化妆品使用部位分类

即按化妆品施与人体的主要部位及使用目的进行分类。

（1）毛发用化妆品类

① 洁发用品，如洗发膏、洗发香波、调理香波、二合一香波等。

② 护发用品，如护发素、发露、焗油膏等。

③ 整发用品，如发油、发蜡、发乳、啫喱膏、发胶、摩丝等。

④ 美发用品，如烫发剂、染发剂、漂白剂等。

⑤ 剃须用品，如剃须露、剃须乳（霜）等。

（2）皮肤用化妆品类

① 洁肤用品，如清洁霜、清洁乳液、清洁面膜、磨砂膏、卸妆油等。

② 护肤用品，如雪花膏、润肤乳、早晚霜（露）等。

③ 美肤用品，如粉底、遮盖霜、胭脂等。

(3) 唇、眼用化妆品类

① 唇部用品，如防裂唇膏、彩色唇膏、亮唇油、唇线笔等。

② 眼部用品，如眼影、睫毛膏、眼线液（笔）等。

(4) 指甲用化妆品类

① 修护用品，如去皮剂、柔软剂、抛光剂、增强剂、指甲霜等。

② 上色用品，如指甲油等。

③ 卸除用品，去光水、漂白剂等。

3. 按化妆品剂型分类

即按产品的外观性状、生产工艺和配方特点进行分类。

① 水剂类产品，如香水、花露水、化妆水、营养头水、奎宁头水、冷烫水、祛臭水等。

② 油剂类产品，如发油、发蜡、防晒油、浴油、按摩油等。

③ 乳剂类产品，如清洁霜、清洁乳液、润肤霜、营养霜、雪花膏、冷霜、发乳等。

④ 粉状产品，如香粉、爽身粉、痱子粉等。

⑤ 块状产品，如粉饼、胭脂等。

⑥ 悬浮状产品，如香粉蜜等。

⑦ 表面活性剂溶液类产品，如洗发香波、浴液等。

⑧ 凝胶状产品，如抗水性保护膜、染发胶、面膜、指甲油等。

⑨ 气溶胶制品，如喷发胶、摩丝等。

⑩ 膏状产品，如泡沫剃须膏、洗发膏、睫毛膏等。

⑪ 锭状产品，如唇膏等。

⑫ 笔状产品，如唇线笔、眉笔等。

⑬ 珠光状产品，如珠光香波、珠光指甲油等。

4. 按使用年龄、性别分类

如婴幼儿化妆品、青少年化妆品、男用化妆品、女用化妆品、中老年化妆品等。

二、化妆品营销概述

(一) 化妆品市场的概念

化妆品市场的概念有狭义和广义之分。

① 狭义的化妆品市场即化妆品聚集和销售的场所。

② 广义的化妆品市场就是化妆品的买方、卖方、中间商之间的关系，物流、仓储、批发、零售等一切与化妆品营销活动相关的机构之间的关系。

化妆品市场既可以是化妆品销售的实物市场，也可以是虚拟市场，化妆品的交易并不局限于某一具体的时间和地点。

（二）化妆品市场具备的条件

化妆品市场需要具备以下三个基本条件。

① 可供交换的化妆品；

② 化妆品的卖方和化妆品的买方（有购买欲望和购买能力）；

③ 化妆品的价格买卖双方都能接受。

（三）化妆品营销的性质和特点

化妆品营销是市场营销学的一个分支，它的研究对象是与化妆品市场相关的商业活动以及这些活动的规律性。

化妆品营销是一门以经济学、行为科学、现代管理学和化学工业理论相结合的综合应用学科，它具有综合性、边缘性、实用性的特点。综合性是由于它包含了几门学科的基本理论；边缘性是由于它使用的是几门学科的交叉部分，并在综合和交叉的基础上发展成一门新的学科；实用性是由于化妆品营销所有的理论都来源于实践，并在实践中得到不断的完善和发展，这一理论又反过来能有效地指导实践，使各项工作做得更好。

（四）化妆品营销的作用

化妆品营销在社会生活中的基本作用有以下三点。

① 指导化妆品企业更好地经营企业，是化妆品企业的"生意经"。

② 增加化妆品企业的竞争优势。在当前化妆品市场发展的环境下，企业面临产品供过于求，化妆品同质化严重，价格市场化、成本透明化等问题，化妆品营销的重要性就凸显出来，如何增强企业的核心竞争力尤为重要。

③ 增强了化妆品营销学生的就业优势。化妆品专业的学生既具备扎实的化妆品专业知识和技能，又具备化妆品营销的理论知识和实践技能，其就业的前景更加广阔。

（五）化妆品营销的功能

化妆品市场营销的功能分为四类：交换功能、物流功能、信息功能和预测功能。

1. 交换功能

交换功能包括销售和购买两个方面。把化妆品销售出去，购买进来，交换完成，化妆品的所有权发生了转移。

2. 物流功能

物流功能包括化妆品的运输、包装、储存、配送等功能。物流功能是化妆品实现交换功能的保证。

3. 信息功能

化妆品市场信息的搜集、加工、传递，对生产者、中间商、消费者或用户来说都很重要。没有信息的沟通，交换功能、物流功能都难以实现。信息功能可以加快化妆品的交换和资金流动。

4. 预测功能

预测功能是指通过对化妆品市场的调查、研究、分析，描绘出消费者的需求和对化妆品的预期，以及化妆品市场的供求态势、竞争状况等，对化妆品企业及时推出适销对路的化妆品发挥指向和预测功能。这项功能更具有战略意义。

（六）市场对化妆品的要求

市场对化妆品有以下四个方面的要求。

① 化妆品的功效；

② 化妆品的质量符合相应的技术标准、质量指标，安全可靠；

③ 化妆品售前售后的服务，明确交货期和付款方式；

④ 化妆品的价格，其不完全取决于社会的必要劳动时间，而往往取决于化妆品的功效和服务，同一种化妆品在市场上的售价可能存在很大的差异。

第二节 化妆品行业发展历程

"爱美之心，人皆有之"，自有人类文明以来，就有了对美化自身的追求。现在已经很难考证出化妆品出现的具体时间，通常采用的说法是在古埃及（约公元前3050年），为了防止热和干燥的侵扰，在摸索中开始使用动物油脂涂抹皮肤。随着时间的推移，化妆品经历了几千年的发展，慢慢演变成为一门集动物学、植物学、矿物学、医学、物理学、化学、生物工程、基因学等多门学科为一体的综合性特殊学科。

一、全球化妆品行业发展历程

现在，正值化妆品行业迅速发展的时代，化妆品行业大致经历了以下五个时期。

（一）普通油脂护肤时代

其特点是只利用化妆品的纯物理性质，如动物油，主要达到保湿和防止皲裂，取自天然未加工过的油脂（最多是加热）。

在原始社会，一些部落在祭祀活动时，会把动物油脂涂抹在皮肤上，使自己的肤色看起来健康而有光泽，这也算是最早的护肤行为了。由此可见，化妆品的历史几乎可以推算到自人类的存在开始。

在公元前5世纪到公元7世纪期间，各国有不少关于制作和使用化妆品的传说和记载。如古埃及人用黏土卷曲头发；古埃及皇后用铜绿描画眼圈，用驴乳浴身；古希腊美人亚斯巴齐用鱼胶掩盖皱纹等，并且还出现了许多化妆用具。

对于中国而言，有记载的化妆品发展史是从春秋时铜镜的使用开始的，而从历史上的文献传说中，有关化妆品的使用从大禹（公元前2070～公元前2026年）时就开始了。中国古代的女子也喜好用胭脂抹腮，用头油滋润头发，衬托容颜的美丽和魅力。中国古代化妆品的代表有胭脂、鸭蛋粉、头油、香囊。

（二）矿物油化妆品时代

其是工业集成化生产的第一代化妆品，同样具有保湿和防止皲裂的作用，但比起第一代就显得更加卫生、方便、纯净，代表产品有凡士林、棒棒油等。

早期化妆品起源于化学工业，那个时候从植物中提炼天然原料还很难，而石油、石化合成工业很发达，所以很多化妆品的原料来源于化学工业，截至目前仍然有很多国际国内的化妆品企业在用那个时代的原料，其价格低廉，原料相对简单，成本低。而矿物油化妆品时代也就是日用化学品时代。目前看来，所有化妆品中的致癌物、有害物质全部来自那个时代。

（三）天然植物化妆品时代

其是高科技植物提纯技术生产的第一代化妆品，这一代的化妆品才真正完整地诠释了化妆品的概念。其特点是卫生、方便、美观、纯度高，有一定功效，原料复杂繁多。代表产品有早先的黄瓜洗面奶等。

从20世纪80年代开始，皮肤专家发现，在护肤品中添加各种天然原料，对肌肤有一定的滋润作用。这个时候大规模的天然萃取分离工业已经成熟，此后，市场上在护肤品的成分中慢慢能够找到天然成分。从陆地到海洋，从植物到动物，提取了各种天然成分。有些人甚至到人迹罕至的地方，试图寻找特殊的原料，创造护肤的奇迹，其中包括热带雨林。

当然，此时所宣传的天然化妆品有很多是噱头，可能大部分底料还是沿用化学工业原料，只是偶尔添加些天然成分，因为这里面的成分混合，防腐等问题很难攻克。也有的公司已经能完全抛弃原来的工业流水线，生产纯天然的化妆品了，于是慢慢形成了一些顶级、专注的品牌。

（四）生物激素生态化妆品时代

也称为零负担化妆品，是高科技生物工程技术生产的第一代化妆品。其特点是卫生、方便、美观、高纯度、功效强、原料复杂繁多、容易吸收、香味纯正。

2010年以前，生物激素生态化妆品观念开始在欧美及中国台湾等地流行。因为社会的发展，为了满足更多人特殊肌肤的需求，追寻零负担即将成为现阶段护肤发展史中最实质性的变革。

以中国台湾婵婷化妆品为主。零负担化妆品将主导减少没必要的化学成分，增加纯净护肤成分为主题，给频繁使用化妆品的女性朋友带来全新的变革。零负担产品的主要特点在于，产品减少了很多无用成分，增添了护肤成分，例如玻尿酸、胶原蛋白等，均可直接被肌肤吸收，产品性能极其温和，哪怕再脆弱的肌肤只要使用妥当，一般也没有问题。

（五）基因化妆品时代

随着人体25000个基因的完全破译，其中与皮肤和衰老有关的基因亦不再是秘密，潜藏在大企业之间的并购暗流涌动，许多药厂介入其中，罗氏大药厂斥资468亿美金收购基因科技，葛兰素史克用7亿2千万美金收购Sirtris的一个抗衰老基因技术。还有很多企业开始以基因为概念来宣传,当然也有企业已经进入产品化。

这个时代的特点就是更严密、更科学,作为新兴的先进技术,使用其必须要有严格的临床实验,严格检测,基因技术在世界各地都是严格控制的。而未来的趋势是每个人的体检都会有基因图谱扫描这项,根据图谱的变化来验证产品的功效,美国有些地方已经开始这方面的工作了。

化妆品走过的这几个时代并不是完全割裂的,而是逐渐演变的,各个公司之间也有互相代替,企业就是在这种时代更替和标准重新规划的进程中找到自己的定位的,没有永远独大的企业,大企业不断地收购也是为了在下一个时代中能继续站在最高处。

二、中国化妆品行业发展历程

(一) 中国古代化妆品

我国是一个文明古国,有着几千年灿烂的历史,化妆品的使用与其他古老文明一样,源远流长。据说在远古时代,我国的妇女就已经懂得"妆扮"。在公元前 11 世纪的商朝,即有"纣烧铅作粉"涂面美容(晋《博物志》);在春秋战国时期,已经有粉黛、胭脂、眉墨、兰膏等各类化妆品;到了汉朝、三国时期,化妆品的使用就更广泛了。

唐朝以后,化妆品的花样品种日趋增多。白居易的《长恨歌》中有这样的诗句:"回眸一笑百媚生,六宫粉黛无颜色。"可见当时在宫中化妆品非常流行。宋朝时期,我国化妆品工业已有所发展。南宋时的杭州已成为生产化妆品的重要基地。杭州生产的脂粉被称为"杭粉",久负盛名,在明末清初时更远销日本。

清道光九年(1829 年),扬州的谢宏业创建谢馥春香号生产香佩、香囊、香珠、薰香、棒香及宫粉、水粉、胭脂、桂花油、冰麝头油等品种。与扬州谢馥春香号齐名的是杭州孔凤春香粉号,由杭州清河坊富绅孔传鸿创建于清同治元年(1862 年),生产鹅蛋粉、水粉、扑粉、雪花粉、玳玳粉、茉莉花粉等。孔凤春香粉号的产品中,尤以鹅蛋粉最为著名,它细腻滑爽,留香经久,成为宫廷用品,因此被称为"宫粉"或"贡粉"。

(二) 中国现代化妆品

进入 20 世纪后,我国的化妆品工业有了长足的发展。

1. 确立阶段

1905 年,香港创办了我国第一家用机器生产化妆品的工厂——广生行,开始生产双妹牌花露水、双妹牌雪花膏和双妹牌香粉。广生行的创建,标志着我国从作坊式生产发展到机械化生产。1916 年广生行的双妹牌化妆品在美国赛会上荣获特奖金牌。

1911 年中国化学工业社在上海建立,该社为上海牙膏厂的前身。1913 年在上海又建立了中华化妆品厂,生产菊霜、发蜡等产品。

20 世纪 30~40 年代,又相继建立了上海明星花露水厂、上海家庭工业社、富贝康化妆品厂、宁波凤苞化妆品厂等,使我国的化妆品工业逐渐形成了一定的规模。

20 世纪 50 年代,我国的化妆品行业经过充分调整,进一步得到发展,如创建于清咸丰十一年（1861年）的上海老妙香室粉局改为东凤日用化工厂，广生行改为上海家用化学品厂，生产规模和产品种类都有了很大的发展。

2. 起步阶段

20世纪80年代初的一段时间，是中国美容化妆品产业的起步阶段。在这一时期，以中国本土的轻工业和化工厂最初生产的一些简单和基础的洗涤护理产品为主，主要以生产型为导向的市场模式为代表，这一时期内主要的厂家和代表品牌有：上海家化的"青春""郁美净"，北京日化的"大宝""中华"，重庆的"奥妮"，长沙化工的"马头""长沙"等。

3. 竞争阶段（1982~1996年）

20世纪80年代后期到90年代中期，中国市场经济发展初显成果，国民消费水平有了很大提升，美容和化妆在最初由影视明星的带动下，越来越被生活中的人们所关注和重视，加上外资品牌如宝洁、联合利华、强生等纷纷进入中国，在大量消费引导和广告宣传的带动下，中国市场的美容消费观念开始成熟，品牌之间竞争也由此产生，宝洁、奥妮、联合利华的三足鼎立状态在这个阶段形成。

在这一时期，跨国公司抢滩中国，土洋品牌泾渭分明。美容化妆品也脱离了原来单一的洗涤品概念，个人肌肤护理产品和高档化妆品开始出现，在市场方面，零售终端格局正在从由以前单一的百货站转型为精品商场和超级市场，以提供高档次的化妆品专卖店和个人护理型的美容会所开始出现，市场开始变得精彩而丰富。

4. 发展阶段（1996~2002年）

20世纪90年代中期以后，中国营销步入了一个转型时期，典型的表现在更多的生产制作型厂家开始运用和借鉴品牌化的观念和思路运作。而中国的经济也得到了更进一步的发展，市场观念和消费观念在开放的市场和领域中进一步与西方文化和习惯融合，在大城市中，代表一种全新财富阶层的"金领贵族"和"中产阶级"开始出现，奢侈品开始在中国有了市场并不断扩大。

同一时期，以宝洁、资生堂、欧莱雅为代表的外资品牌开始在中国市场上全面竞争，而外资品牌的提前介入也促进了中国本土品牌的快速成熟与反击，本土品牌的最大优势是比外资品牌更懂得中国市场现状，更了解中国消费者心理，在这一时期，多品牌混战中促生了一大批在市场上家喻户晓的知名美容化妆品品牌。如SK-II、旁氏、欧柏莱、欧莱雅、倩碧、雅芳、兰蔻等。本土品牌专业化妆品开始细分市场，异军突围，本土化妆品在众多洋品牌的夹缝中艰难求生存。

5. 融合阶段（2002年至今）

2002年后，跨国品牌开始向中低端延伸，本土品牌向中高端跨越。

【案例】双妹牌化妆品：最高端的国货！（图2-1）

1898年，广生行创始人冯福田在香港创立双妹，融汇中西方美妆方略。1903年，双妹进驻上海，在唐山路成立上海发行所。七年后，双妹就入驻了南京路475号，占据了当时最高端的时尚地标。1915年，双妹不负众望，斩获美国巴拿马世博会金奖。黎元洪为其亲笔题词"材美工巧，尽态极妍"；当时的巴黎时尚界用"VIVE（极致）"盛赞双妹的完美。20世纪50年代，中国公私合营之后，双妹在大陆逐渐停产。直到国货潮兴起，上海家化于2010年重新启用"双妹"品牌。2010年，适逢世博盛会，上海家化携手国际品牌管理团队、法国产品开发团队和蒋友柏先生设计团队，重新激活这个拥有百年历史的国货品牌，用前瞻性的眼光，将双妹打造成以上海名媛文化为个性的中国首个高端时尚跨界品牌。

图 2-1　双妹化妆品

第三节　化妆品行业 SCP 分析

化妆品行业 SCP 分析就是结合我国化妆品行业发展的现状，从我国化妆品产业的市场结构（Structure）、市场行为（Conduct）和市场绩效（Perfomance）入手，全面分析我国化妆品行业的产业组织特征。

一、市场结构

化妆品市场结构是描述化妆品企业所处市场环境的综合性概念，其核心是化妆品企业面临的竞争强度。市场结构反映了市场上各种主体间的比例关系，可以从集中度、产品差异、进入壁垒等维度分析市场结构。

（一）集中度

化妆品市场集中度是度量市场结构的主要指标，反映了市场买者或卖者对产品的垄断程度。一般来说，产业的集中度越高，其市场支配力越高，市场竞争力也越强。近年来，我国化妆品市场迅速发展并渐趋稳定，化妆品牌越来越多。图 2-2 显示了 2016 年大众化妆品品牌检索量占比分析。

从图 2-2 可以看出，在我国化妆品市场上，大众品牌的品牌关注度较分散，悦诗风吟、兰芝和巴黎欧莱雅排名前三势均力敌。化妆品品牌发源地集中度高，中美法和日韩五个国家的品牌检索量占比超 90%。

中国的化妆品市场已不再只属于中国人自己，而是汇集国内外先进技术、特色品牌于一体的化妆用品大熔炉。国内弱小的民族化妆品企业面临着前所未有的压力和挑战，所处环境十分严酷。

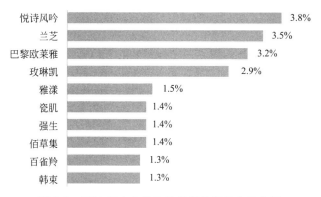

图 2-2 2016 年大众化妆品品牌检索量占比分析

（二）产品差异

化妆品企业通常通过提供差异化的化妆品来引发顾客的偏好，影响市场集中度，形成一定的进入壁垒，从而在竞争中取得有利的地位。而不同品牌知名度带来的产品差异化，对消费者的消费行为有重要的影响。我国化妆品护肤品牌关注度如图 2-3 所示。

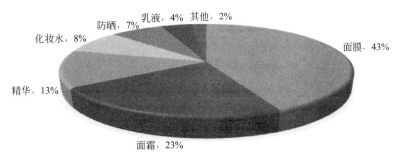

图 2-3 我国化妆品护肤品牌关注度（2017 年）

从图 2-3 可以看出，面膜在各类护肤品中的关注度最高，达 43%。我国面膜在护肤品中的市场规模占比也逐年走高，数据显示，2017 年已高达 43%。此外，我国面膜的渗透率也呈现稳步成长的态势。

化妆品行业是产品差异化效果明显的行业。化妆品产品本身的属性要求其产品差异化，但纵观现阶段我国化妆品市场，中高端化妆品市场几乎被跨国品牌占领。产品组合单一、同质化现象严重、市场定位重复、营销手段单一，这些成为制约众多本土化妆品企业发展的因素，一定程度上造成了化妆品企业在同一技术水平上的资源重复配置。但是不同品牌知名度带来的产品差异化，对消费者的消费行为有重要的影响。

（三）进入壁垒

1. 规模经济

化妆品产业属于规模报酬递增产业，规模越大，获利的可能性越大。

2. 政策法律制度

多部门管理构成行政制度壁垒。中国对化妆品行业生产以及相应的原料、成品进口实行的是多部门、多机构管理。

3. 品牌认知度

随着居民生活水平的提高和消费理念、消费方式的转变，品牌认知度和信赖度已经成为消费者选择化妆品的重要依据。

4. 绝对成本壁垒

在化妆品行业不同品牌知名度带来的产品差异化导致的绝对成本优势非常突出，进入者进入时必须付出比已有品牌企业更高的成本。

5. 销售渠道成熟度

作为直接面向终端消费者的行业，化妆品行业对销售环节的依赖程度很高，销售渠道的成熟度和稳定性对于化妆品企业非常重要。

6. 产品质量要求

随着政府和消费者对化妆品的质量安全愈加重视，化妆品行业的准入门槛也逐渐提高，产品质量已成为进入该行业的主要壁垒之一。

二、市场行为

（一）价格行为

市场结构决定市场行为，化妆品市场集中度不高，导致每个企业对市场价格的影响能力不强。外资企业对于中高端产品，通常根据一种产品档次的潜规则来定价，我国的中高端化妆品市场基本被外资企业控制，而低端市场上厂商众多，且以我国中小型民营企业为主，也不具备影响价格的能力。

（二）广告与促销行为

我国化妆品市场的广告投放量非常大，根据全国十大城市广告投放前五大类别的监测数据，化妆品广告投放占首位，而且广告投入还在不断地增加。而广告的最主要形式就是电视广告和平面广告。通过代言人、区域差别化等广告形式将产品、品牌和企业形象形成一个有机体，把产品性能与特色传播给消费者，最后影响消费者的购买决策。投放区域也主要集中在华北、华东、华南地区。但缺点是在广告宣传中产品意识不够强，消费者不能直观地找出产品差异。

（三）兼并行为

1. 外资企业为了占据较大的市场份额和充分展开品牌的延伸

对我国已有规模的化妆品企业进行收购，以此来占有二、三级市场，使我国化妆品市场的重组和整合形成不可阻挡的趋势。如欧莱雅在几个月内先后收购了国内三大护肤品牌之一的小护士和羽西，用小护士和羽西的品牌中的低端市场定位弥补欧莱雅产品线的缺陷，同时也提供了强有力的销售渠道。

2. 本土企业兼并为数甚少

主要是由于我国本土化妆品企业基本集中在低端市场，自身规模较小，要实现兼并必须具有资金优势。并且本土企业总体素质不高，即使兼并也是低端与低端的兼并。

三、市场绩效

（一）近十年我国化妆品的零售额及同比增长速度的变化（图 2-4）

数据显示出：2012~2017 年，我国化妆品零售整体保持平稳增长趋势。2012~2016 年全国化妆品零售额增速不断下降，到 2017 年增速明显提高。2017 年全国化妆品类零售总额达 2514 亿元，相比 2016 年的 2222 亿元增加了 292 亿元，2018 年全国化妆品零售额高达 2619 亿元，同比增加 9.6%，2019 年全国化妆品零售额 2992 亿元，同比增加 12.6%。从化妆品消费市场的走势看，行业整体形势看好。

图 2-4　2012—2019 年全国化妆品消费数据统计

（二）技术进步

国内一般企业科研投入占总销售额的 2.3%，但国内 3700 余家化妆品制造企业中，大部分为民营的小企业，科研投入情况很不乐观。本土化妆品的一大特色就是销售队伍庞大，研发队伍人数极少。

（三）产品质量

自从 1987 年国务院颁布《化妆品卫生督察条例》以来，化妆品的管理已经逐步纳入法制管理的轨道。随着各卫生管理部门对化妆品卫生管理力度的不断增强，化妆品的质量已经有了较大的提高。我国化妆品卫生标准已明令禁止在化妆品中任意添加汞的化合物，而且规定化妆品中汞含量不得超过 1mg/kg。为维护消费者合法权益，促进化妆品行业健康发展，国家市场监督管理总局组织对化妆品产品质量进行突击监督抽查。

（四）规模结构效率

从区域分布看，以东南沿海地区为主，主要以北京、上海、广州为中心。大中型的化妆品企业都相对集中于广东、上海、江苏等地。从品牌企业看，占主导地位的品牌基本都是外资（合资）品牌，本土品牌企业所占比例不高。

（五）利润

获取的利润是根据成本决定的。化妆品的营业税是 30%，消费税 40%，增值税 17%。虽然化妆品的原料成本比较便宜，约占售价的 5%，有些低档的产品更低，但是化妆品厂家还有研发成本、设备成本等，其相对较高。二三线品牌化妆品的出厂价为售价的 2.5～5 折不等，其实所有产品的主要成本都产生在销售流通环节。

第四节　化妆品行业发展趋势

随着经济的飞速发展和人民生活水平的不断提高，依托庞大的人口基数，中国已经成为全球最大的化妆品市场。

中国化妆品市场是全世界最大的新兴市场，在短短的几十年里，中国化妆品行业从小到大，由弱到强，从简单粗放到科技领先、集团化经营，全行业形成了一个初具规模、极富生机活力的产业大军。2019 年全国化妆品零售总额累计达 2992 亿元，同比增长了 12.6%。

一、本土化妆品企业的艰难处境

（一）国外企业大肆进入

进口化妆品关税逐步降低，市场的空间相当大，因此世界各国的一些著名企业都看好中国市场，纷纷以出口或合作的方式抢占地盘。

（二）国产化妆品缺乏国际竞争力

本土品牌市场份额大、利润却很小，给人高质低价、大陆货的形象。长期以来，国有品牌在与国际品牌的市场竞争中一直采用低价格策略，而业界对国有化妆品牌也素有"一流的品质、二流的包装、三流的品牌、四流的价格"之说。

二、中国化妆品行业发展趋势

（一）科技化

即化妆品产品的科技化。近年来，科学技术高速发展，所有的高新技术不同程度地应用到化妆品产业，如生物工程技术、生物化学技术、医药科学技术等。高新技术引入化妆品产业后，使化妆品的产品构造、功能、品质发生了很大变化，给新产品的竞争赢得了一个制高点。

随着生物技术的发展，许多高科技生物基因产品分别纷纷被应用于美容业，它们完全来源于天然生物，对人体无害，成了新世纪化妆品消费人群的宠儿。

法国欧莱雅化妆品公司早先建设研制出一种新型人造皮肤。据称，该种皮肤可以显示晒黑、晒伤，反映变应原以及皱纹等皮肤形态。这种人造皮肤适用于对人类各种不同类型的皮肤研究。据此，可以通过实验研制，制作出适用于不同类型皮肤使用的防紫外线的护肤化妆品。

据英国 DanlyTelegraph 报道，对人类皮肤细胞的研究可提高人们对皮肤生物学研究的认识，使人们了解到物质如何渗入皮肤并对皮肤细胞产生作用。这些研究与认识为研制并检验出抗皱、抗衰老膏霜系列产品提供了有价值的参考作用。

（二）天然化妆品

随着"草本""绿色""环保"理念深入人心，并形成一种时尚，以纯天然动植物为主要原料的"绿色化妆品""纯天然化妆品""环保化妆品"将成为化妆品市场上消费者的首选。中草药、海洋生物在化妆品中的应用，将成为绿色化妆品的主要形式，会越来越受消费者的青睐。

化妆品企业也考虑从环保角度控制氧化剂、防晒剂及色素的使用，由此开发的海洋植物、中草药、热带雨林作物等添加成分的新一代天然配方化妆品流行。生物工程学和仿生化学技术开发的功能性物质作为化妆品原料，更是市场发展趋向。例如，利用发酵法生产透明质酸，用酶转变法从红花中提取口红染料，用丝状菌糟式培养法取得亚麻酸，用组织培养法提取天然紫色染料等技术，已被国内外化妆品企业所关注。

同时，中老年化妆品市场的需求会增加；男性化妆品和儿童化妆品也是未来的发展趋势；运动型、功能性化妆品也有巨大的发展空间。

（三）渠道发展多元化趋势

化妆品渠道是多样性的，各种零售终端，以及整个流通渠道，呈现出各种各样的特点，都有自己相对应的市场、一部分目标客户群体。像传统的销售渠道、百货商店、化妆品的专业市场都在持续发展。

这些年来超市的渠道随着连锁经营超市的发展，商超化妆品终端也在呈现快速发展的趋势，形成了化妆品零售的主要渠道之一。专营连锁店的崛起，在三四线城市表现得更加突出，市场占有率不断提高，有些城市甚至成为化妆品销售的主流终端渠道。除此以外还有以生产厂商为主导的连锁企业的发展，对扩大消费、促进化妆品流通体系的创新变革发挥着重要的作用。

（四）售后服务个性化趋势

服务创新、引领消费也将是非常重要的方面，服务做得越好的企业会做得更好，消费文化和消费理念会渗透到化妆品的领域中。

消费者对于平等沟通、售后服务的要求急剧提高。在消费者最关注平等沟通与售后服务的时机，谁能把沟通与服务做成王牌，谁就能快速提升消费者对品牌的信任，在新一轮的竞争中占据有利位置，而不至于让机会白白溜走。企业要用系统规范的沟通体系与售后服务迅速赢得消费者。

（五）中国元素融入化妆品行业

中国元素，尤其是以中国千年不变的中草药文化为根基的中国元素将彻底融入化妆品行业。古朴雅致、清新高贵的中国设计类和颜色类元素将融入化妆品包装中。

（六）网络市场将成另一战场

21世纪是网络社会，网络不仅能使人们快速交流信息，更能促使财富的积累。目前，网络市场将成为化妆品行业的另一战场。

(七)美妆智能革命的迅猛发展

随着人工智能 AI 等前沿科技的高速发展,美容化妆品行业也正兴起一场美妆智能革命风潮。智能化的美妆仪器和工具不断涌现,冲击着传统的美妆护肤模式。比如各类智能美容仪、智能花卉面膜机、美容配方设计器等,相信越来越多智能美妆仪器和便携类工具将走进都市女性的日常生活之中。

【案例】中国老字号化妆品的发展:谢馥春(图 2-5)

谢馥春诞生于 1830 年,扬州。清道光十年,江南扬州一家香粉铺子的鸭蛋粉面世,飞速传遍大江南北,被奉为清廷贡粉。这家香粉铺子就是谢馥春。1915 年,谢馥春曾荣获美国巴拿马万国博览会的银质奖章,成为当时的中国化妆第一品牌。近两百年来,中国政权几经更迭,经济几番改制,但是这个中华老字号品牌并没有随着历史的洪流消失殆尽。1988 年,扬州谢馥春日用化工(行情专区)厂年度总产值 1000 万元,占扬州市化妆品行业的 80% 以上。1991 年,它曾被作为礼品赠送给朝鲜领导人金日成。2003 年,谢馥春曾因生产萎缩为歇业清算。但是短短两年之后,这个百年品牌重生,回归公众视野。

历经两百年,谢馥春几乎维持着原本的样貌:天然成分、纸盒素描、青花瓷瓶;似乎也没有变革的打算。现在的它当然不复当年风光,但是也并不衰败。二十岁的小姑娘也是为数不少的青睐者。现在谢馥春主要分布在中国各大古镇和景区商业街。另外,它也顺应了电商时代,在淘宝开了自家旗舰店。谢馥春虽未变革,却抓住了终端市场。这也是它的存活之道。

图 2-5　谢馥春化妆品

第五节　中国化妆品消费市场产品需求现状

中国化妆品市场经过 30 年的高速发展,近年来仍以 10.6% 的年复合增长率高于全球妆品市场的平均增幅(全球平均复合增长率 3.9%),在这样的增幅背景下,电商无疑是最强劲的驱动力。以天猫增幅数据为例，2018年天猫全年增幅达到60%，全国有超过3亿元的消费者通过天猫购买产品，随着互联网技术的飞速发展、消费者价值的崛起、线上购物习惯的成熟、资本市场的深度介入、各类电商平台的全新布局，线上线下融合趋势逐渐显现新零售的特征，中国化妆品市场正全面呈现迭代更替的局面。

重点表现在以下几方面。

一、消费者崛起

其一，消费者自由度提升，无论任何一个商品，消费者既可以在实体店购买，也可以在网上购买，消费的自由度空前提高。

其二，消费能力提升，其中一个具体的表现是城镇居民收入的增长，城镇居民每年总收入增长很显性。

其三，消费意识、消费主张得到提升，这点在化妆品市场，特别是护肤品类的消费意识提升幅度最大，近年来彩妆消费意识明显提升。

70后、80后是看电视长大的，受广告影响大，媒体杂志对其也有明显影响。年轻一代的消费者，消费意识显然更加理性，也更有自己的消费主张，受传统媒体的影响相对较小。消费需求多元化、消费体验科技化，新的生活理念和生活方式和70后、80后有着根本差别。

二、消费主体发生变化

90后、00后已经成为中国化妆品消费市场的主力人群。90后、00后已逐渐成为线上化妆品消费主力，贡献近五成的销售额，其中90后已成为线上消费力最高人群。

三、品类迭代成为新风口

消费需求多元化、个性化、商品迭代快速化成为常态，化妆品企业的研发能力、开发产品的效率成为取胜的关键。无论是从满足市场需求，还是引领市场需求的角度，品类的意义显得十分突出。中国化妆品市场面膜品类的高速增长，特别是面膜成为本土品牌唯一能够抗衡国际品牌的超级品类的事实，充分证明了品类在化妆品全球化竞争中的破局意义，也为国货崛起注入了强大的信心。值得研究的是中国市场面膜的品类崛起也催生出如诺斯贝尔、贝豪这样的超级面膜专业生产商，推动了本土制造业的专业化发展。此外，随着中国消费市场的持续升级，彩妆品类也将成为值得关注的新风口。

四、技术和消费意识迭代美妆新趋势

在产业集聚、行业新技术、产业链优化以及Z世代（Z世代是美国及欧洲的流行用语，意指在1995~2009年间出生的人，又称网络世代、互联网世代，统指受到互联网、即时通信、短讯、MP3、智能手机和平板电脑等科技产物影响很大的一代人）消费意识崛起的推动下，中国化妆品行业进入"新经济"全面觉醒的时代，未来中国化妆品行业随着技术的迭代更新，将呈现六大消费趋势。

（一）趋势一：天然系

植物草本原料，受年轻人追捧。MAT（Moving Annual Trend，指滚动年销售趋势，是一种计算方法）2019 线上护肤品各大成分消费趋势，MAT2017～MAT2019 线上护肤品各天然成分消费占比见图 2-6、图 2-7。

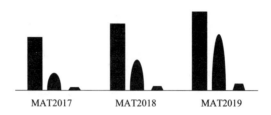

图 2-6　MAT2017～MAT2019 线上护肤品各大成分消费趋势

■ 天然原料　▲ 化学原料　■ 发酵原料

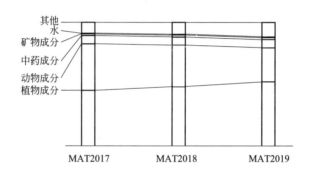

图 2-7　MAT2017～MAT2019 线上护肤品各天然成分消费占比

从天然原料细分品类的消费占比来看，"草本植物"是天然概念的核心成分，且重要性逐年提高；按消费者代际来看，90 后、95 后的年轻消费者更偏好选择主打植物成分的天然护肤品。

（二）趋势二：抗衰老

Z 世代领跑，"知识分子"领衔。MAT2017～MAT2019 线上抗衰老护肤品各代际消费人数及消费分布、线上抗衰老护肤品各代际人均消费见图 2-8、图 2-9。

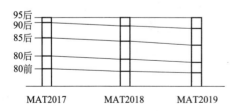

图 2-8　MAT2017～MAT2019 线上抗衰老护肤品各代际消费人数及消费分布

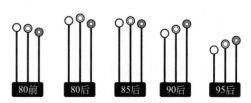

图 2-9　MAT2017～MAT2019 线上抗衰老护肤品各代际人均年消费

○ MAT2017　◎ MAT2018　● MAT2019

相关的抗氧化、抗糖、抗蓝光的概念也随之成为近年来抗衰老产品的大热门。从线上"抗衰老"护肤品成分来看，寡肽、胜肽、多肽成分大行其道，是占比及增速最高的主要热门成分。

（三）趋势三：极致妆容

新彩妆时代。MAT2017～MAT2019线上彩妆各品类销售、化妆刷各类销售见图2-10、图2-11。

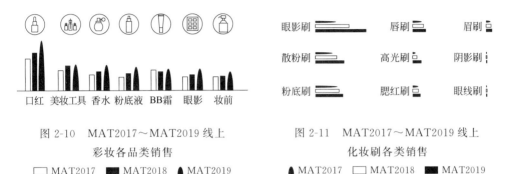

图2-10　MAT2017～MAT2019线上
彩妆各品类销售
□ MAT2017　■ MAT2018　▲ MAT2019

图2-11　MAT2017～MAT2019线上
化妆刷各类销售
▲ MAT2017　□ MAT2018　■ MAT2019

彩妆增长的驱动力来自消费意识的提升，更重要的来自线上渠道的引导，特别是网红直播带货这类新模式的引发。

（四）趋势四：国货美妆兴起

国货彩妆崛起，国货呈现高端范，从国货彩妆各细分品类看，头部品类如口红、眼影、香水的单价上涨明显，国货的散粉、唇蜜、高光等品类也在不断升级。MAT2017～MAT2019线上彩妆市场分产地国消费占比、线上彩妆国货品牌数见图2-12、图2-13。

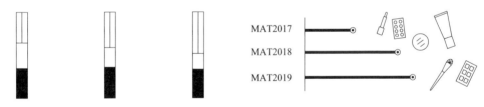

图2-12　MAT2017～MAT2019线上彩妆市场
分产地国消费占比
■ 欧美品牌　□ 日韩品牌　▢ 国货品牌

图2-13　MAT2017～MAT2019线上
彩妆国货品牌数

（五）趋势五：轻医美

黑科技加持，美容仪器大行其道。随着美容仪器技术的不断升级，搭配使用的精华产品也随之受到关注，也将会刺激着精华市场的发展。MAT2017～MAT2019线上美容仪消费趋势、消费人群渗透率见图2-14、图2-15。

（六）趋势六：口服美容

美白抗衰老为核心，"零食化"趋势渐显。产品形态除了传统的液体、胶囊、片剂/丸剂和粉剂/冲剂外，新型的果冻型和软糖型也崭露头角，逐渐展现"美容零食"的趋势。未来，可以预见新消费不断进化的征程，将以一定的模式对整个消费领域进行颠覆与重构，"化妆品消费"将在未来扮演愈加重要的角色。MAT2019 线上服装、化妆品、个人护理消费增速及 MAT2017～MAT2019 线上口服美容消费和人群趋势见图 2-16、图 2-17。

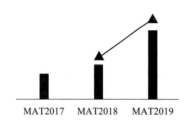

图 2-14　MAT2017～MAT2019 线上美容仪消费趋势

图 2-15　MAT2017～MAT2019 线上美容仪消费人群渗透率

 ■ 消费　▲ 同比增速

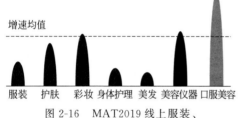

图 2-16　MAT2019 线上服装、化妆品、个人护理消费增速

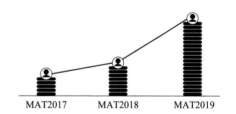

图 2-17　MAT2017～MAT2019 线上口服美容消费和人群趋势

—— 消费规模　👤 消费人数

本章小结

本章简述了化妆品的内涵、作用、种类，同时也概述了化妆品营销的内涵、化妆品市场的条件、性质、特点、作用、功能以及化妆品市场对化妆品的要求。本章还简要介绍了化妆品的发展历史。从化妆品市场现状入手，讲解了化妆品行业的基本状况以及化妆品行业呈现出的新变化，并对我国化妆品行业发展趋势进行了分析。通过对以上知识的了解，更加有利于化妆品生产企业、经营企业能够运用营销向消费者提供符合其提出的更多、更为个性化的产品要求。

实训项目

某品牌在中国化妆品市场发展趋势的研究

（一）行业背景

2013年，中国超越日本成为世界第二大化妆品消费国；2017年，中国化妆品的市场规模占到全球市场的11.5%，仅次于美国的18.5%。据统计数据，2018年11月，中国社会消费品零售总额35260亿元，同比名义增长8.1%。截止到2017年，国内化妆品市场规模达到3615.7亿元，同比增速达到8.79%，其中彩妆行业规模达到344亿元，同比增速21.55%，远高于全球同期增速。

1. 彩妆市场蓬勃发展

随着互联网的普及以及逐渐拓宽的彩妆产品销售渠道，加快了彩妆产品的渗透率，国内三四线城市购买彩妆品的人数逐渐增加。社交媒体上美妆博主和影视明星的"带货"，极大地刺激了彩妆消费主力军"90后""95后"的消费行为。同时，受日韩男团、网红"小鲜肉"的影响，男性化妆也在成为一股趋势。

国内的彩妆行业虽然起势较晚，但增长势头来势汹汹，市场潜力不容忽视。2017年，国内化妆品市场规模达到3615.7亿元，同比增速达到8.79%，其中彩妆行业规模达到344亿元，同比增速21.55%，远高于全球同期增速。同时，2018年中国化妆品市场规模突破4105亿元，其中彩妆市场规模或将达到428亿元，2019年中国化妆品市场规模突破4256亿元，其中彩妆市场规模达到450亿元，预计在2020年，中国化妆品市场规模将实现4562亿元，中国彩妆市场将突破500亿元，达到505.2亿元。如图2-18、图2-19所示。

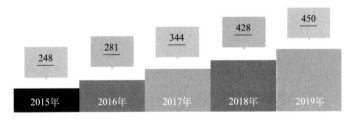

图2-18 国内彩妆市场规模（亿元）

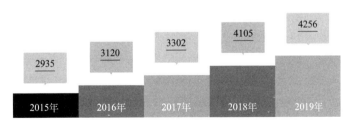

图2-19 国内化妆品行业市场规模（亿元）

在品牌力上，本土彩妆与国际彩妆品牌还存在一定的差距，但本土彩妆品牌更懂得中国消费者的喜好，在渠道建设、落地执行上更有优势。随着"网红经济""网络经济"的发展，本土彩妆品牌拥有了更多的宣传渠道，在营销方面也不再是以往的促销、低价，而开始学习以"人设"的方式售卖产品。这种营销意识上的转变，帮助本土彩妆品牌吸纳了更多新鲜创意，也同样能够打开市场格局。

2. 美妆类 app 需求旺盛

电商营销成主流与护肤品不同，彩妆因为其体验、试用属性强，因此更适合线下销售。因此，线下彩妆销售受到的挤压比护肤品要小。但随着美妆类 app 的下载量增多，未来的实体店也或许会成为彩妆"试用地"，在拓客、吸客上，线下门店还是面临较大的危机。

颜值时代用户的需求催生了各种各样的关于妆容的应用，有视频教学化妆类，也有化妆交流社区类，还有美妆时尚资讯类，以及相关美妆垂直电商。小红书、抖音等社交类平台，也在不断增加美妆产品的份额，不管是彩妆安利分享还是美妆手法视频教学，在美妆领域，消费者的热忱度都在不断升温。如图 2-20 所示。

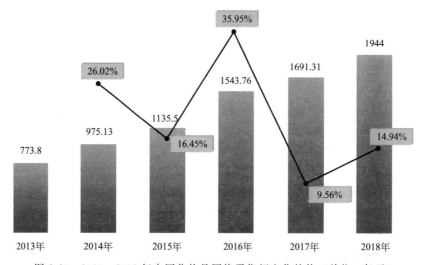

图 2-20　2013～2018 年中国化妆品网络零售额变化趋势（单位：亿元）

（二）实训内容

1. 调研对象

某一国内化妆品品牌。

2. 调研内容

以小组为单位，讨论该品牌化妆品在中国化妆品市场发展趋势，如"绿色""有机"产品、渠道多元化、服务个性化、中国元素、网络趋势、人工智能等。

3. 调研步骤

（1）选取并分析某一种趋势在中国化妆品市场的发展状况（可结合图表、数据）；

（2）以某一国内化妆品品牌为例，分析其在该中国化妆品市场趋势中的营销策略；

（3）形成一份图文结合的调研报告。

（三）实训组织

1. 以小组为单位，在课前做市场调研并完成研究报告；

2. 每组选派一名代表在课堂阐述本组观点；

3. 教师点评，小组互评。

复习思考题

1. 简述化妆品营销的内涵、性质、特点及作用。
2. 化妆品市场对化妆品的要求是什么？
3. 化妆品的发展历程是什么？
4. 如何对化妆品行业进行 SCP 分析？
5. 结合化妆品专业技术的科普学习，深入了解行业技术发展趋势。
6. 分析 Z 世代的消费特征以及对化妆品需求的变化趋势。

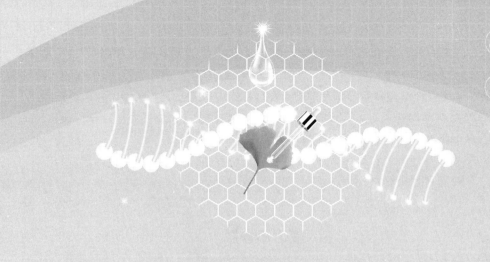

第二篇 营销战略

第三章 化妆品营销环境

学习目标

知识目标

1. 了解化妆品市场营销环境的概念与内容
2. 认识宏观营销环境的主要因素对企业营销的影响
3. 认识微观营销环境的主要因素对企业营销的影响
4. 掌握SWOT分析方法

技能目标

能运用所学的化妆品市场环境分析工具分析具体企业的宏微观环境

> **案例导入**

老年化妆品，下一座日化金矿？

继儿童化妆品、男士化妆品热潮浮现后，随着中国老龄化时代的到来，老年化妆品领域也逐渐被关注，在目前激烈拼杀的化妆品市场，老年化妆品是否将成为下一座日化金矿？据了解，在日本 60 岁左右的人口占全部人口的比例最大的时候，占据日本中老年化妆品最大市场份额的是日本佳丽宝公司的 EVITA 品牌系列。日本佳丽宝在 2000 年 9 月推出了面向 50 岁以上女性的自选护肤品牌 EVITA，率先在包装上明确标注了"50 岁"字样，并于 2007 年成长为年销售额超过 100 亿日元的大品牌。2005 年至今，其一直占有日本中老年自选护肤市场的最大份额。

反观老龄化现象同样严重的中国，其中老年化妆品市场却是一片空白。相关数据显示，中国现有老龄人口已超过 1.6 亿，老年人口由年均增加 311 万人，发展到年均增加 800 万人。中国社会科学院财政与贸易经济研究所发布《中国财政政策报告 2010/2011》指出，在以后的 30 年里，中国人口老龄化将呈现加速发展态势，到 2030 年，中国 65 岁以上人口占比将超过日本，成为全球人口老龄化程度最高的国家。到 2050 年，社会进入深度老龄化阶段，未来"老人"产业将非常可观，而老年化妆品也将迎来发展的春天。目前市场上销售的化妆品，尽管许多产品具有防皱、祛斑、保湿、抗衰老的功效，但适应的年龄段较为宽泛，而专攻于老年人特性和个性的专用化妆品，特别是专用化妆品品类，品牌几乎没有。

营销启示：企业的营销活动总会受到周围环境的制约和影响。环境的变化，既可以给企业带来机会，也可以形成某种威胁。企业要在激烈的市场竞争中求得生存和发展，就必须根据市场环境的变化及时调整自己的营销策略和行为，去适应不断变化的市场环境。

第一节 化妆品营销环境概述

一、化妆品营销环境的概念

化妆品市场营销环境泛指一切影响和制约化妆品企业市场营销决策和实施的内部环境和外部环境的总和。

二、化妆品营销环境的构成

一般而言，企业的市场营销环境主要由两部分组成，一方面是间接影响企业的宏观环境，即影响企业的巨大社会力量，包括人口、经济、政治、法律、科学技术、社会文化及自然地理等多方面的因素；另一方面是直接影响和制约企业的市场营销活动，即微观环境，这是与企业紧密相连、直接影响其竞争能力的各种参与者，包括企业的供应商、营销中介商、顾客、竞争者以及社会公众和影响营销管理决策的企业内部的各个部门。

化妆品市场营销环境也可以分为化妆品市场营销微观环境和宏观环境。微观环境直接影响化妆品企业的市场营销活动；而宏观环境主要以微观营销环境为媒介，间接影响化妆品企业的市场活动。两者非并列关系，而是主从关系，即微观营销环境受制于宏观营销环境。

三、化妆品营销环境的特点

与其他行业一样，化妆品市场营销环境具备客观性、动态性、复杂性以及不可控性四个特点。

1. 客观性

客观性是化妆品市场营销环境的首要特征。市场营销环境一直客观存在，是不以营销者的意志为转移的，有着自身的运行规律和发展趋势。营销者的任务在于适当安排营销组合，使之适应客观环境。

2. 动态性

动态性是市场营销环境的基本特征。任何一种环境因素都不是静止、一成不变的，而是动态发展的过程。因此，化妆品企业要密切关注市场营销环境的变化趋势，以便及时发现市场机会和监视可能存在的威胁。化妆品企业的营销活动必须适应市场营销环境的变化，不断调整和修正公司的营销策略。

3. 复杂性

市场营销环境包括微观环境和宏观环境，这些环境因素涉及多方面、多层次。市场营销环境是一个系统，在这个系统中，各个影响因素相互依存、相互作用和相互制约，既蕴含着机会，也潜伏着威胁，共同作用于企业的营销决策。虽然所处环境一样，但是企业所受的影响并不一定一样。

同时，各种环境因素总是程度不同地相互关联。比如市场价格不但受市场供求关系的影响，而且还受科技进步及财政税收、金融等因素的影响。

4. 不可控性

市场营销环境的多变性决定了其不可控性。化妆品企业一般不可能控制营销环境及其变化。例如，企业不可能改变国家方针政策、风俗习惯等，只能去调整自己适应环境。

市场营销环境的不可控性要求化妆品企业必须不断适应变化着的环境，企业对环境的适应不是被动适应，而是发挥自身主观能动性，不断在变化的环境中寻找新的市场机会，主动地调整市场经营战略，甚至在可能的条件下改变它，从而为企业创造一个良好的外部条件。

影响市场营销的环境因素有很多，各个因素的发展是不均衡的。比如说科技因素的变化最快，它是促使企业技术改造和创新的主要动力之一；人口因素变化相对较弱，但对化妆品营销的影响则相对较长期和稳定。

四、化妆品企业与市场营销环境的关系

市场营销环境是企业在其中开展营销活动并受之影响和冲击的不可控的社会力量，化妆品营销环境的内容既广泛又复杂，不同的因素对营销环境的影响也不尽相同。

营销环境的变化，或是给企业带来的营销机会，或是给企业带来威胁。所以，从这个意义上来讲：

$$营销环境＝机会＋威胁$$

市场营销环境的内容随着经济的发展不断变化着，对企业营销活动产生各种影响。

1. 营销环境是化妆品企业营销活动的基础资源

化妆品企业营销活动所需的各种资源，如资金、信息、人才都是由环境提供的，企业的营销活动必须依赖于这些环境才能正常进行。营销管理者必须注意营销决策，不得超越环境的限制，也要获得消费者的认可和接纳。

2. 营销环境是企业制定营销战略的依据

影响企业市场营销活动的因素是外部环境和内部条件，外部环境是不可控的，必须适应。而内部条件是企业可控的因素，企业在这方面可以享有主动权，制定有效的营销策略，在竞争中处于主动位置，占领更大的市场。

3. 营销环境给企业营销带来双重影响

营销环境的复杂和其动态的发展及变化对企业的影响包括两个：机会和威胁。对于威胁要果断地采取措施，变威胁为机会。对于机会，要好好地把握，结合自身资源和能力，及时将市场机会转化为企业机会，使企业获利。

第二节　化妆品宏观营销环境

化妆品宏观营销环境包括人口环境、自然环境、政治与法律环境、经济环境、社会文化环境、科技环境等。

一、人口环境

人口是市场构成的首要要素，没有人，没有购买者，就不可能有市场。人口环境对企业营销活动的影响直接反映在消费者需求的变化上。

（一）人口规模与增长速度对企业营销的影响

人口规模是影响基本生活消费品需求、基础教育需求的一个决定性因素。人口数量是决定市场规模和潜力的一个基本因素。人口规模会对市场需求规模产生影响，尤其是对基本消费需求及其派生出来的生产资料需求绝对量的影响。

人口的增长速度影响着营销市场的规模。人口增长越快，消费需求增加，市场容量就会增大。

（二）人口结构对企业营销的影响

人口构成主要包括年龄结构、性别结构（自然）、家庭结构、社会结构以及民族结构。

1. 年龄结构

不同年龄的化妆品消费者对商品的需求不同。

2. 性别结构

不同性别的消费者其市场需求有明显的差异。

3. 家庭结构

家庭是消费的基本单位，家庭的数量直接影响化妆品需求的数量和种类。目前，小家庭比较普遍。

4. 社会结构

我国绝大多数人口在农村，其占80%左右，因此农村是一个广阔的市场，有巨大的潜力。

5. 民族结构

我国有56个民族，民族不同，生活习性和文化传统不同，其反映在市场上也有差异，所以要注重民族市场的营销，开发符合民族特性、受各民族欢迎的化妆品。

（三）人口的地理分布与流动性对企业营销的影响

1. 人口的地理分布

农村与城市、东部与西部、南方与北方、热带与寒带、山区与平原等在不同地理环境的人口由于自然条件、经济、生活习惯等差异，其在消费需求方面有着显著的区别，从而要求企业根据不同的地域提供不同的产品和服务。与人口的地理分布相联系的人口密度同样是影响企业营销的重要因素。一般来说，人口密度越大，顾客越集中，营销成本相对越低。

2. 地区间的人口流动性

在市场经济条件下，会出现地区间人口数量的大量流动，这对营销者来说，意味着一个流动的大市场。而人口流动的总趋势是，人口从农村向城市流动，从内地向沿海地区流动，从欠发达地区向发达地区流动。企业营销者应及时注意人口流动的客观规律，实时采取相应的策略。

二、自然环境

自然环境是指影响企业生产和经营的物质因素，如企业生产需要的物质资料、生产过程中自然环境的影响等。

自然环境的动向包括自然资源日益短缺；能源成本趋于提高；环境污染日益严重；政府监管和干预加强。

自然环境的主要内容包含两个方面：一是自然资源的拥有状况及开发利用；二是环境污染与生态平衡。

（一）自然资源的拥有状况及开发利用

地球上的自然资源有三大类。第一类是"取之不尽用之不竭的资源"，如阳光、空气等；第二类是"有限但可更新的资源"，如森林、食品等；第三类是"有限又不能更新的资源"，如石油、煤等。目前第一类资源面临被污染的问题。第二类资源由于生产周期长，森林资源缺乏，导致生态失衡、水土流失、灾害频繁，影响其正常供给，企业应尽可能通过建立原料基地或改变原料储存的方式来减轻不利影响。第三类资源都是初级产品，且政府对其价格、产量、使用情况控制较严。对市场营销来说，这对企业的发展构成一种威胁，迫使企业面临两种选择：一是科学开采，综合利用，减少浪费；二是开发新的替代资源，如太阳能、核能。

（二）环境污染与生态平衡

工业污染日益成为全球性的环境问题，要求控制污染的呼声越来越高。这对那些污染防治不力的企业是一种压力，他们应采取有效措施治理污染。由于生态平衡被破坏，国家立法部门、社会组织等提出了"保护大自然"的口号。一些绿色产品被开发出来，营销学界也提出了"绿色营销"的概念。企业经营活动必须考虑生态平衡要求，以此来确定自己的营销方向及营销策略。

【案例】防晒霜也会污染环境？

"我们日常使用的个人护理品也是新型有机污染物。"论坛现场，国家环境分析测试中心专家列举出国内外最新监测研究中发现的5种新型污染物，其中，作为个人护理品的防晒霜、人造麝香香精、驱虫剂、防腐剂都成为新的污染源。

专家指出，这些护理品中都有大量的化学物质，例如，防晒化妆品中的紫外线有机滤剂，内部包含苯甲酮、奥克立林，还有驱虫剂中的胡椒基丁醚、防腐剂中的尼泊金甲酯等。

那么，这些化学物质为什么成了污染源呢？专家给记者描绘了"循环污染链"。"护理品中很多化学物质是人体所不能吸收的。这些不能吸收的物质通过人体的排泄物排出体外，会流进污水处理厂，但是现在的处理厂还没有专门配备处理这些有机污染物的工艺和意识，所以污染物会残留在污泥中。而污泥一般作为堆肥，用于农业生产，这些污染物会进入土壤渗透到地下水中，附着在农作物，再次进入人体。"

三、政治与法律环境

政治与法律环境主要是指国家的政治变动引起经济态势的变化及政府通过法律手段和各种经济政策来干预社会经济生活。其作用在于保障所有权、保护消费者权益、保护社会的长远利益。它往往是市场营销必须遵循的准则。政治与法律环境包括以下内容。

（一）国家的政治体制和经济体制

1. 政治体制

此项内容包括政治稳定性、社会治安、政府更迭、政策衔接、政府机构作风、政治透明度等。

2. 经济体制

是一个国家组织整个经济运行的模式，是该国基本经济制度的具体表现形式，也是该国宏观政策制定和调整的依据。它由所有制形式、管理体制、经济运行方式组成。

（二）经济立法

为了保证本国经济的良好运行，各国都颁布了相应的经济法律和法规来制约、维护、调整企业的活动。如合同法、公司法、商标法、专利法、广告法、反对不正当竞争法、产品质量法、证券法、保险法、票据法、海关法、劳动法等。

（三）政府的方针政策

政府的路线、方针、政策是根据政治经济形势及其变化的需要而制定的，往往带有扶持或抑制、扩展或控制、提倡或制止等倾向性特点，直接或间接影响着企业的营销活动。

（四）公众团体

如中国消费者协会、化妆品美容美发协会等都与企业的营销活动有密切的关系。

四、经济环境

经济环境是影响企业营销活动的主要环境因素，它主要包括经济发展阶段、地区发展状况、产业结构、货币流通状况、收入因素以及消费结构。经济方面最主要的影响因素是社会购买力。

市场规模的大小取决于社会购买力的大小，而社会购买力的大小又取决于国民经济的发展水平和人均国民收入水平。

（一）社会购买力

社会购买力是指在一定时期内，社会各方面用于购买商品的货币支付能力。包括居民购买力，社会集团购买力和农业生活资料购买力。社会购买力取决于以下三个方面。

1. 经济发展阶段

就消费品市场而言，处于经济发展水平较高阶段的国家和地区，在市场营销方面，强调产品款式、性能及特色，侧重广告及促销活动，其品质竞争多于价格竞争；而处于经济发展水平较低阶段的国家和地区，以发展劳动密集型产业为主，侧重于多用劳动力而节省资金的生产设备，以符合劳动力低廉和资金缺乏的现状。

2. 地区发展状况

我国各地区经济发展不平衡，在东部、中部、西部三大地带之间，其经济发展水平客观上存在着东高西低的总体趋势。同时，在各地带的不同省市，还呈现着多极化发展趋势。各地区经济的不平衡发展，对企业的投资方向、目标市场及营销战略的制定等会有巨大影响。

3. 产业结构

产业结构指各产业部门在国民经济中所处的地位和所占的比重及相互之间的关系。一个国家的产业结构可以反映出该国的经济水平。产业结构的演变表现在两个方面。一方面随着经济的发展和人均国民收入水平的提高，劳动力不断从第一产业中分化出来，向第二、第三产业转移；另一方面，随着科学技术的发展，企业由粗加工工业向精加工工业转变，并向技术集约化方向发展。

（二）消费者收入

消费者收入是指消费者个人从各种来源所得的货币收入，包括工资、奖金、其他劳动收入、红利、助学金、馈赠和出租收入等。消费者收入因素是构成市场的重要因素，甚至是更为重要的因素。

消费者收入分个人可支配收入和可任意支配收入。个人可支配收入指个人收入减去直接缴纳的各项税款和非税性负担（工会费、交通罚款）后的余额。可任意支配的收入指个人可支配的收入减去维持生活必需品的支出（食品、衣服、住房）和其他固定支出（分期付款、消费）所剩下的那部分收入。消费者收入是影响需求的最活跃的因素。

消费者收入可分为货币收入和实际收入。物价下跌，则实际收入上升；物价上涨，则实际收入减少。此外，不同时期，不同地区，不同阶层消费者的收入水平不同。

（三）消费者支出模式

即消费者的支出结构。它的变化对企业的营销也有重要的意义。消费者支出模式主要取决于其收入水平。对这个问题的衡量指标是恩格尔系数（Engel's Coefficient）。

恩格尔系数是食品支出总额占个人消费支出总额的比重。19世纪德国统计学家恩格尔根据统计资料，对消费结构的变化得出一个规律：一个家庭收入越少，家庭收入中（或总支出中）用来购买食物的支出所占的比例就越大，随着家庭收入的增加，家庭收入中（或总支出中）用来购买食物的支出比例则会下降。推而广之，一个国家越穷，每个国民的平均收入中（或平均支出中）用于购买食物的支出所占比例就越大，随着国家的富裕，这个比例呈下降趋势。

该系数越大，表明生活越贫困。一般划分为系数在59%以上是绝对贫困；50%～59%为勉强度日（温饱）；40%～50%为小康水平；20%～40%为富裕；20%以下是最富。

与恩格尔系数相联系的是消费结构，它是指居民在消费过程中所消耗的各种消费资料的构成，即各种消费支出占总支出的比例关系。优化消费结构是优化产业结构和产品结构的客观依据，也是企业开展市场营销的基本立足点。

【案例】一份关于2012中国奢侈品消费预测研究表明，高端化妆品正在以最大的吸引力吸引着中国逐渐壮大的奢侈品消费团体。这份调查研究的受访者年收入在人民币10万元（约合15600美元）至人民币20万元（约合31300美元）之间，年龄35岁以下的人占69%。

在接受访问的1135名消费者中，43%的人表示他们会增加在高端化妆品上的花费。

在奢侈品消费中，平均约10%的购买行为来自网络，在化妆品部分这个数字为17%。接近80%的受访者表示他们正在使用或打算使用社交网络平台去了解他们感兴趣的品牌及产品。

调查还发现一个正在增长的趋势，即中国大陆地区正逐渐取代中国香港、欧洲等地成为重要的奢侈品购买地点。

五、社会文化环境

社会文化环境是人类在社会发展过程中所创造的物质财富和精神财富的总和。它体现着一个国家或地区的社会文明程度。社会文化环境因素主要影响消费者的情感模式、思维模式和行为模式，包括人们的价值观念、信仰、态度、道德规范、民族风俗等。例如，春节、圣诞节、宗教节日、对服装的审美，社交礼仪、城乡差别、穿戴习惯等。

社会文化具体包含语言文字，它是人类交流的工具，是文化的核心组成部分之一。人们的价值观念，即人们对社会生活中各种事物的态度、评价和看法；人们的宗教信仰以及风俗习惯，指人们根据自己的生活内容、生活方式和自然环境，在一定的社会物质生产条件下长期形成，并世代相袭而成的一种风尚和由于重复、练习而巩固下来并变成需要的行动方式等的总称。

【例1】 有些国家或地区流行两种或以上的语言，所以要求营销者充分考虑，例如，加拿大部分地区原是法国殖民地，为此，销售到该地区化妆品的宣传、包装文字除英文外，最好还要求加注法文（图3-1）。

图3-1 例1附图

【例2】 当化妆品企业将要进入目标市场，需要把自己的品牌名称翻译成当地语言时，应充分考虑两者的一致性和当地的语言特点。化妆商标的翻译，比如，AVON（雅芳），Italina（伊泰莲娜），Vichy（薇姿），Maybelline（美宝莲）等商标的翻译，都是针对女性及其爱美心理，选用了"芳""莲""娜""姿"等女性喜爱的字眼，并且结合了商品的特性，都是比较成功的翻译例子。

【例3】 由于英语在全球的普遍使用，有些国际性大公司在全球绝大多数国家都用英语作广告，取得了较好的效果，但必然要求：广告语要简明、易懂。例如，巴黎欧莱雅的经典广告语"Because you're worth it. 你值得拥有"。

六、科技环境

科学技术是企业将自然资源转化为符合人们需要的物质的基本手段，是第一生产力。人类社会的文明与进步是科学技术发展的历史，是科技革命的直接结果。科学技术对企业市场营销的影响是多方面的。

（一）科学技术直接转化为生产力

每一种新技术一旦与生产相结合，都会直接或间接地影响国民经济各部门的变化与发展，带来产业部门间的演变与交替。随之而来的是新产业的出现，传统产业的改造，落后产业的淘汰。

（二）为营销管理提供物质基础

科学技术的发展为市场营销管理提供了更先进的物质技术基础，如电子计算机、传真机、办公自动化等提高了信息接收、分析、处理、存储能力，从而有利于营销决策。

（三）提供新产品

科技发展为消费者提供了大量的新产品。同时，使现有产品在功能、性能、结构上更趋于合理和完善，满足了人们的更高要求。

（四）影响营销战略的制定

科技发展影响到企业营销策略的制定。新材料、新工艺、新设备、新技术使产品生命周期缩短，企业需要不断研制开发新产品；先进通信技术、多媒体传播手段使广告更具影响力；商业中自动售货、邮购、电话订货、电子商务、电视购物等引起了分销方式的变化；科技应用使生产集约化和规模化、管理高效化，这些使生产成本、费用大幅度降低，为企业制定理想的价格策略提供了条件。

【案例】第一个把指甲油成功市场化的人——露华浓

1932年，Charles Revson和他的兄弟Joseph及化学家Charles Lachmann一起创立了化妆品公司露华浓。当时，指甲油并不是什么新鲜商品，但他们用颜料替代染料制成色泽艳丽的不透明指甲油，并调配出前所未有的缤纷色彩。这项成功的发明立即引起了巨大反响，给当时的女性带来了美丽与惊喜。

最初，露华浓指甲油只用于美容院中，随着人们对美甲需求的急增，使这项业务扩展到了零售店中，从而大大推动了露华浓公司的发展。当时的露华浓还打出一句吸引万千女性的广告语："我们能出300个不同颜色的甲油，以满足最精致女性独一无二的高要求！"看到这句话的女人，当然是忍不住要买买买了！

【知识拓展】PEST 模型的应用

PEST 为一种企业所处宏观环境分析模型，所谓 PEST，即 P 是政治（Politics），E 是经济（Economy），S 是社会（Society），T 是技术（Technology）。这些是企业的外部环境，一般不受企业掌握，这些因素也被戏称为"pest（有害物）"PEST 要求高级管理层具备相关的能力及素养。

PEST 有时也被称为 PESTEL 或 PESTLE（政治 Political、经济 Economic、社会文化 Socio-cultural、科技 Technological、法律 Legal、环境 Environmental）。2010 年后更被扩展为 STEEPLE 与 STEEPLED，增加了教育（Education）与人口统计（Demographics）。

2000 年，韩国一家生命科学公司 STC，收购了英国一家高科技化妆品品牌，这个化妆品品牌提供基于生物技术的皮肤护理。STC 的化妆品开发团队，经过审视 PEST 因素后，预见到产品有改善空间，年龄大的用户正在渴望最好的防衰老化妆品和优质的皮肤护理功能。

基于此，STC 提出了能量水创新解决方案（El Solutions，Energy Water Innovative Solutions），它是一系列基于"能量水"的产品，"能量水"是 STC 所申请专利的生物技术清污方案。EI Solutions 凭借 19 个生产线，包装突出高科技和独一无二的皮肤护理方案，在美国上市后，大获成功。

思考：试分析 PEST 应如何应用于我国化妆品行业？

第三节　化妆品微观营销环境

化妆品微观营销环境是指直接制约化妆品企业营销活动的、影响企业为目标顾客服务能力的因素的集合，也是直接影响企业营销效果的力量。构成企业微观营销环境的各种制约力量，与企业形成了合作、竞争、服务和监督的关系。一个企业能否成功地开展营销活动，不仅取决于能否适应宏观环境的变化，能否适应和改变微观环境也是至关重要的。

化妆品微观营销环境包括以下六个方面。

一、企业内部的力量

微观营销环境中的第一种力量是企业内部的环境力量。企业文化及企业内部的组织架构、决策权限的配置、管理流程和例行制度管理，不仅影响企业的营销管理决策与营销方案的实施，也影响着企业为顾客提供商品和服务的能力。

二、供应商

这些资源供应商及营销中介是企业上游与下游必不可少的角色，他们与企业之间既有冲突，也有着基于价值链的合作关系。资源供应商向企业提供为目标顾客服务所必需的原材料、零部件、能源、劳动力等；营销中介则为企业融通资金，销售产品，以及提供运输、储存、咨询、保险、广告、评估等种种便利营销活动的服务。如何在动态变化中与这些力量建立起稳定、有效的合作关系，对于企业服务于目标顾客能力的最终形成，具有重要的影响。

三、营销中介

营销中介就是中间商，企业与他们之间是协作关系。化妆品企业要与他们建立长期稳定的良好协作关系，但是不能形成依赖关系。在与中间商建立合作关系后，随时了解和掌握其经营活动，并可采取一些激励性合作措施，推动其业务活动的开展，而一旦中间商不能履行其职责或适应市场环境变化时，企业应解除与中间商的关系。

四、顾客

顾客，也是企业的目标客户，包括个人消费者、生产者、转卖者、政府和国际市场购买者。营销是旨在满足顾客需要的活动，营销的关键在于正确确定目标市场的需要，并且比竞争者更有效、更有利地提供满足目标市场需要的产品或服务。显然，在这个过程中，有效率的营销要受到目标市场，即顾客的约束和影响。

五、竞争者

竞争者可分为两类：不同行业竞争者——愿望竞争者、类别竞争者；同行竞争者——产品形式竞争者、品牌竞争者。

（一）愿望竞争者

愿望竞争者是指提供不同的产品以满足不同需求的竞争者。例如，消费者要选择一种万元消费品，他所面临的选择就可能有电脑、电视机、摄像机、出国旅游等，这时电脑、电视机、摄像机以及出国旅游之间就存在着竞争关系，成为愿望竞争者。

（二）类别竞争者

类别竞争者是指提供不同的产品以满足相同需求的竞争者。如面包车、轿车、摩托车、自行车都是交通工具，在满足需求方面是相同的，那么生产或经营各类交通工具的企业就是类别竞争者。

（三）产品形式竞争者

产品形式竞争者指生产同类但规格、型号、款式、价格等不同产品的竞争者。如自行车中的山地车与城市车，男式车与女式车，这就构成产品形式竞争者。

（四）品牌竞争者

品牌竞争者指生产相同规格、型号、款式的产品，但品牌不同的竞争者。以化妆品为例，雅诗兰黛、资生堂、迪奥、香奈儿等众多产品就互为品牌竞争者。

六、公众

公众是指能够对企业实现其营销目标的能力产生实际或潜在影响的所有社会公

众组织和群体。

（一）金融公众

指那些关心和影响企业取得资金能力的集团，包括银行、投资公司、证券公司、保险公司等。

（二）媒介公众

指联系化妆品企业与外界的大众媒介，包括报纸、杂志、电视台、电台等。

（三）政府公众

指负责企业的业务、经营活动的政府机构和企业的主管部门等。

（四）群众团体

包括消费者协会，保护环境团体等。

（五）一般公众

指对企业产品并不购买但深刻影响着消费者对企业及其产品看法的个人。

（六）内部公众

企业内部全体员工，包括领导者、经理、管理人员、职工等。

第四节　化妆品营销环境分析

市场营销环境的变化，既可以给企业带来市场机会，也可能对企业构成威胁，但并不是所有的市场机会对企业都具有同样的吸引力，也不是所有的环境威胁都一样，企业必须抓好市场环境分析，分清利弊，充分利用机会，利用自身优势，规避风险与自身劣势。

市场营销环境分析常用的方法是SWOT分析法和环境威胁矩阵与市场机会矩阵分析法。

一、SWOT分析法

市场营销环境分析常用的方法为SWOT分析法，SWOT分析法是指对化妆品企业外部环境和内部条件进行分析，寻找两者最佳可行战略组合的一种分析工具。它是英文Strengths（优势），Weaknesses（劣势），Opportunities（机会），Threats（威胁）的简称。SWOT分析法如图3-2所示。

	内部因素	
	优势	劣势
外部因素　机会	SO 依靠内部优势 利用外部机会	WO 克服内部劣势 利用外部机会
外部因素　威胁	ST 依靠内部优势 回避外部威胁	WT 克服内部劣势 回避外部威胁

图3-2　SWOT分析法示意

（一）外部环境分析——找出环境机会与环境威胁

1. 环境机会

环境机会的实质是指市场上存在着"未满足的需求"。它既可能来源于宏观环境也可能来源于微观环境。随着消费者的需求不断变化和产品寿命周期缩短，引起旧产品不断被淘汰，要求开发新产品来满足消费者的需求，从而市场上出现了许多新的机会。

环境机会对不同的企业是不相同的。同一个机会对一些企业可能成为有利的机会，而对另一些企业则可能造成威胁。环境机会能否成为企业的机会，具体要看此环境机会是否与企业目标、资源以及任务相一致，企业利用此环境机会能否比其竞争者带来更大的利益。

2. 环境威胁

环境威胁是指对企业营销活动不利或限制企业营销活动发展的因素。这种环境威胁，主要来自两方面。一方面，环境因素直接威胁着企业的营销活动，如政府颁布的某项法律，例如《中华人民共和国环境保护法》，它对造成环境污染的企业来说，就构成巨大的威胁；另一方面，企业的目标、任务及资源同环境机会相矛盾，如人们对自行车的需求转为对摩托车的需求，使自行车厂的目标与资源同这一环境机会相矛盾。

（二）内部环境分析——明确企业的优势与劣势

识别环境中有吸引力的机会是一回事，拥有在机会中成功所必需的竞争能力是另一回事。每个企业都要定期检查自己的优势与劣势，当然，公司不应去纠正它的所有劣势，而是对其劣势加以利用。更为重要的是公司应研究它究竟只是局限在已经拥有的优势机会中，还是去获取和发展一些优势以找到更好的机会。有时，企业发展慢并非因为其各部门缺乏优势，而是因为它们不能很好地协调配合。

波士顿咨询公司的负责人乔治·斯托克提出，能获胜的公司是取得公司内部优势的企业，而不仅仅是抓住公司的核心能力。虽然每一部门都可以拥有核心能力，但如何管理这些优势能力仍然是一个挑战。

表 3-1 为以联合利华为例进行 SWOT 分析。

联合利华的优势大于其劣势，机会大于其威胁，因此联合利华应着重采用 SO 战略和差异化战略。

二、环境威胁矩阵与市场机会矩阵分析法

（一）环境威胁分析

环境威胁是指对企业营销活动不利或限制企业营销活动发展的因素。这种环境威胁，主要来自两方面。一方面是环境因素直接威胁着企业的营销活动。另一方面，企业的目标、任务及资源同环境机会相矛盾。

表 3-1 联合利华的 SWOT 分析

项目		内部环境	
		优势	劣势
		1. 丰富的经验和技术 2. 企业品牌 3. 企业形象 4. 人力资源	1. 管理模式 2. 经营成本 3. 品牌认知度差 4. 产品缺乏创新
外部环境	机会 1. 汉高退出中国市场 2. 金融危机的影响 3. 中草药、天然产品越来越受青睐；男性产品的缺失	SO 战略 1. 提高市场的占有率(S_1O_1) 2. 收购其他公司(S_1O_2) 3. 开发新的市场(S_1O_3)	WO 战略 1. 稳定企业内部管理(W_1O_2) 2. 调整产品价格(W_2O_2) 3. 推出新产品(W_4O_3)
	威胁 1. 强有力的竞争者 2. 国家出台相关支持本土企业发展的政策 3. 本土企业的发展	ST 战略 1. 投入研发，提高自我技术水平，加强营销策略($S_1O_1O_3$) 2. 提高企业的公益形象，做好政府公关(S_3O_2)	WT 战略 1. 改进成本控制($W_2O_1O_3$) 2. 研发新产品($W_4O_1O_3$) 3. 提高顾客品牌认知度(W_3O_3)

环境威胁对企业的发展构成极大的威胁，如果不采取果断的营销行为，这种不利趋势对化妆品公司的市场地位也会构成威胁。化妆品公司可以从环境威胁对企业的影响程度和环境威胁出现的可能性大小两个方面入手评估与分析，最终将二者结合起来，从而勾画出化妆品公司所面临的威胁。

（二）市场机会分析

市场机会就是市场上存在尚未满足或尚未完全满足的显性或者隐性需求，也是该公司在该领域拥有的竞争优势，对企业营销活动富有吸引力的领域。对市场机会的分析、评价主要有两个方面。一方面考虑机会给企业带来的潜在利益的大小；另一方面考虑成功可能性的大小。

（三）环境分析综合评价

在企业实际面临的客观环境中，单纯的机会或者单纯的威胁是极少出现的，一般情况下都是机会和威胁并存、利益和风险结合在一起的综合环境，所以化妆品企业要综合分析机会环境和威胁环境。一般企业自身所面临的环境分为四种：理想环境、冒险环境、成熟环境和困难环境。环境分析综合评价如图 3-3 所示。

图 3-3 环境分析综合评价

（1）理想环境 是机会水平高，威胁水平低，利益大于风险。这是企业难得遇上的好环境，企业必须抓住机遇，扬长避短，开发新产品，创造营销佳绩。

（2）冒险环境 是机会和威胁同在，利益与风险并存。面临这样的环境，企业必须加强调查研究，进行全面分析，发挥专家优势，审慎决策，以降低风险，争取利益。

（3）成熟环境 是机会和威胁水平都比较低，是一种比较平稳的环境。面对这样的环境，企业一方面要按常规经营，规范管理，以维持正常运转，取得平均利润；另一方面，企业要积极寻找适合自己的生存环境，开拓新的营销领域。

(4) 困难环境　是风险大于机会，企业处境已十分困难。企业面对困难环境，必须想方设法扭转局面。如果无法扭转局势，则必须果断采取措施，退出在该环境中经营，另谋出路。

案例分析

宝洁 SK-Ⅱ"违禁门"的 SWOT 分析

一、案例背景

SK-Ⅱ是宝洁公司旗下的高端护肤产品系列。SK-Ⅱ原本是一个日本的区域小品牌，被宝洁收购后于 1999 年进入中国大陆市场。SK-Ⅱ专利的 Pitera 是根据微生物学（生命学、细胞学、细菌学）的理论，利用天然酵母发酵后，提炼萃取的珍贵成分，内含健康肤质不可或缺的游离氨基酸、矿物质、有机酸、无机酸等自然成分，具有优异的滋润及特殊保湿功能。

日本宝洁公司继 2005 年 SK-Ⅱ违禁门事件之后又曝丑闻，2006 年 9 月 16 日，国家质检总局宣布："在来自日本宝洁的 SK-Ⅱ品牌系列化妆品中，检出禁用物质铬和钕。"检验检疫部门在对一批 SK-Ⅱ重点净白素肌粉饼进行检验后发现，其钕成分含量高达 4.5mg/kg。事件发生后，引起国家质检总局的高度重视。SK-Ⅱ产品迅速下架封柜，宝洁承诺退货。至此 SK-Ⅱ事件引起国内外多家媒体的关注。

10 月 23 日，国家质检总局与卫生部发布联合声明称，SK-Ⅱ化妆品中所含违禁成分铬和钕系原料带入所致，正常使用含微量铬和钕的化妆品对消费者的健康危害较低。基于该声明对于 SK-Ⅱ产品安全性的澄清，宝洁公司决定，将在几周内恢复 SK-Ⅱ产品在中国内地的销售。

二、SWOT 分析过程

(一) 分析环境因素

1. S（优势）

SK-Ⅱ，是宝洁公司旗下的高端护肤产品系列，背后有宝洁公司强大的财力物力影响力做后盾。虽然 SK-Ⅱ产品现在的发展面临着巨大的考验，但是宝洁公司的市场影响力，以及有效的广告诉求，包括这次宝洁公司对此事件积极的反应，都对 SK-Ⅱ战胜困难、度过瓶颈阶段提供了重要的保障。宝洁公司旗下其他产品的销售没有受到影响就是一个有力的证明。下面归纳如下。

(1) 声誉与外部关系　SK-Ⅱ进入中国市场已经有七年之久，积累了较好的声誉。在此事件之前，未出现任何有关投诉案。甚至在此次事件中，其广告代言人，中国著名影星刘嘉玲接到控告一说也不了了之。法院审案也表示难度太大。这都与其强大的社会脉络、良好的外部关系分不开的。

(2) 多年的技术经验积累　宝洁公司有强大的生产力，对产品科技含量要求颇高。此次出现问题，宝洁公司迅速作出回应，能够很快调整生产。随着调查的深入，情势也逐渐向有利宝洁公司的方向发展。与大陆其他化妆品牌相比，SK-Ⅱ技术资金，运作机制上仍有较大优势，用中国古话讲：瘦死的骆驼比马大。

2. W（劣势）

此次事件中，虽然宝洁公司作出反应，但是仍然可以感觉到它是一个在危机反应中运作比较迟钝的巨人。它的危机管理体制远远没有达到标准。从事件的定性、反应速度、媒介应对策略、危机管理的组织保障等诸多环节上，宝洁犯下了一系列的致命错误。

(1) 事件的定性　宝洁在事件发生后，立即按国际惯例寻找和解人，却没有迅速弄清事件起因，使宝洁很快陷入被动局面。

(2) 媒介应对策略　SK-Ⅱ危机显得宝洁公司非常缺乏媒介关系支持。宝洁公司是中国媒介市场的采购大户，尽管媒介广告和传媒的内容没有直接相关性。但宝洁公司完全有条件和众多媒体沟通，争取在有关部门没有定论前尽可能少报道该事件或在报道中多体现公司的观点。但对该风波的报道根本看不到宝洁公司控制的痕迹。媒体的主要议题方向大多是偏向于公关对手设立的。宝洁公司只是应对，显得十分被动不利。

(3) 危机管理　事件发生后，宝洁公司提出了无条件退货的承诺，但是很多地区消费者反映退货渠道不畅，这对本身事件中牵涉的虚假广告问题更加不利。很多消费者对宝洁公司的诚信问题产生怀疑。这对一个大型知名公司形象有着巨大的损害。宝洁公司明确提出不承担伤害赔偿，很多消费者抗议宝洁公司的傲慢与偏见。

3. O（机会）

虽然SK-Ⅱ遭到致命打击，但SK-Ⅱ的宣传中较少提到宝洁公司，一部分消费者并没有将SK-与宝洁公司联系起来。主要机会如下。

(1) 技术　SK-Ⅱ背后有宝洁公司的强大支持。SK-Ⅱ没有伤及宝洁公司在中国的根基，可以迅速调整战略。

(2) 政府反应　中国政府对其采取了一定的保护态度。中国政府的最后表态很大程度上帮助宝洁公司恢复元气，使宝洁公司的自我辩护得到官方证据的支持。

(3) 行业危机　SK-Ⅱ事件提及化妆品行业的安全问题，并称微量的有害物质是行业正常现象，引发了化妆品行业的危机，使得公众注意力很大程度上转移。其他竞争对手无法趁火打劫。

(4) 知名度　宝洁公司指出质检有一定的问题。宝洁公司引起了广泛的关注。从一个层面来讲，对提高知名度未尝没有好处。宝洁公司回答了众多消费者的提问，目前已重新销售。中国仍是其最大的市场，其他产品的占有率依旧很高。

4. T（威胁）

SK-Ⅱ第一次引起人们广泛关注是在2006年的3月份。其质量问题与3月消费者保护的主题吻合,遭到了媒体的围攻和炒作。在事件越闹越大的时候,宝洁公司还搬出明星代言人琦琦和刘嘉玲进行声援。而明星的声援几乎起到了适得其反的作用,"明星缺乏公信力"的声音出现在很多媒体上。

资生堂、联合利华等其他的企业虎视眈眈。宝洁SK-Ⅱ的销售遭到毁灭性打击,包括近段时间产品恢复销售都无人问津。

(二)构造SWOT矩阵

SWOT矩阵如图3-4所示。

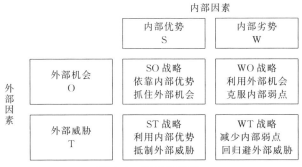

图 3-4 SWOT 矩阵

(三)分析及结论

① 在此次事件中对宝洁公司影响最大的是引发诚信问题的讨论。公众大多表示此次事件宝洁公司高傲和蛮横的态度使他们非常不悦。

② 无论宝洁公司怎样声称质检出现问题,引发事件动机不纯,但是化妆品含有一些有害物质是不争事实。这也督促宝洁公司需要改进生产过程。

③ 在改进过程中,对媒介的运用需要引起重视。应充分利用媒介。

④ 通过此事件,宝洁公司应该总结出广告中出现的问题。涉及数字问题容易引发虚假广告的争论。明星代言要注重明星的公信度。

三、市场运作建议

① 首先承认自己的失误,但承诺此事不会影响宝洁公司的销售。

② 完善危机应对体系。积极回应,对消费者利益的损害作出相应的赔偿,疏通退货渠道。坚决不可出现影响自己声誉的情形。

③ 仍然坚持原有的市场定位,走高端路线。不要因为出现失误而自掉身价。

④ 广告策略,删去明星代言策略。树立诚信形象,使公众相信宝洁公司仍然是把消费者放在第一位。

⑤ 媒介的运用上,可以广泛运用媒介,在电视网络杂志加强宣传。突出 SK-Ⅱ 改进后的优势。

⑥ 最根本的是改进生产技术,降低产品中不合格成分。提高技术把关。

⑦ 在拯救 SK-Ⅱ 品牌同时,研发建立在该品牌上的其他新品牌,以走出困境。

本章小结

本章阐述了化妆品行业的营销环境,其分为宏观营销环境和微观营销环境,宏观营销环境间接影响和制约企业营销活动,微观营销环境可以直接影响营销活动。化妆品宏观营销环境包括人口环境、自然环境、政治与法律环境、经济环境、社会文化环境、科技环境等;微观营销环境包括企业内部力量、供应商、营销中介、顾客、竞争者、公众等。

市场营销环境分析常用的方法是SWOT分析法和环境威胁矩阵与市场机会矩阵分析法。通过环境分析来评估企业环境的威胁和机会,从而有针对性地采取适当措施,消除或减轻威胁,利用市场机会,争取更大的利润空间。

复习思考题

1. 什么是市场营销环境?如何理解营销与市场环境的关系?
2. 什么是企业的宏观营销环境?其包含哪些内容?
3. 什么是企业的微观营销环境?其包含哪些内容?
4. SWOT分析法的内容有哪些?

实训项目

某化妆品市场营销环境SWOT分析报告

(一)实训目标

通过调研某类化妆品或某一化妆品品牌,分析其市场营销环境SWOT矩阵,并对该类产品或品牌给出市场营销建议。

(二)实训内容

调研对象:自选某类化妆品如男士护肤品、婴儿、孕妇用品等,或某一化妆品品牌;调研内容:分析并构造SWOT矩阵;提出市场运作建议。

(三)实训组织

1. 以小组为单位,分析并完成调研报告;
2. 每组选派一名代表在课堂阐述本组观点;
3. 教师点评,小组互评。

第四章
化妆品市场调研

学习目标

知识目标

1. 了解化妆品营销调研的含义和作用
2. 掌握化妆品营销调研的类型和方法
3. 掌握市场营销调研的程序

技能目标

1. 能熟练应用营销调研的程序和方法
2. 能正确进行调查问卷的设计
3. 能根据需要写出质量较好的市场营销调查报告

案例导入

咖啡杯的颜色

日本三叶咖啡店,有一次请了30名消费者喝咖啡。他们先后端出四杯浓度完全相同,而咖啡杯颜色不同的咖啡,请这30人试饮。结果是:当用咖啡色杯子喝时,有三分之二的人评论"咖啡太浓了";用青色杯子喝时,所有人异口同声地说:"咖啡太淡了";当用黄色杯子喝时,大家都说:"这次咖啡浓度正合适,好极了";而最后端上用红色杯子盛的咖啡时,十人中有九人喝过后都认为"太浓了"。

根据这一调查,三叶咖啡店把店里盛咖啡的杯子一律改用黄色,该店借助于杯子的颜色,既可省料、省成本,又能使大多数顾客感到满意。

营销启示：该咖啡店通过市场调研，利用咖啡杯的颜色给消费者以感官刺激，并对消费者产生心理、生理的影响。此方法巧用感官刺激，十分精妙。

引言：

现代社会是信息大爆炸的社会，关心市场就是关心信息。现代市场营销学理论把市场营销信息、市场调研、市场预测作为企业掌握经营环境、分析市场动态以及供求发展趋势相互关联的三大支柱。

第一节　化妆品营销调研概述

所有的市场营销活动都以各种营销信息为基础而展开，经营者进行决策也是基于各种市场信息，而且经营决策水平越高，外部的信息和对将来的预测信息就越重要。因此市场信息是进行决策的前提，是制订营销计划的依据，是实现营销控制的必要条件。"知己知彼，百战不殆"完全依赖市场信息。而最终营销信息的获得依赖于市场调研。

一、化妆品营销调研的含义和作用

（一）化妆品营销调研的含义

化妆品营销调研就是在化妆品行业中，运用科学的方法，有目的、有计划地收集、整理和分析研究有关化妆品市场营销方面的信息，提出解决问题的建议，作为化妆品市场预测和营销决策的依据。营销调研主要包括市场调查和市场研究。市场营销调研的核心问题如图4-1所示。

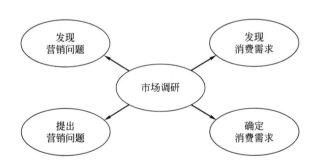

图 4-1　市场营销调研的核心问题

（二）化妆品营销调研的作用

化妆品营销调研贯穿于整个营销过程之中，起到帮助营销人员及时掌握各种所需信息，作出正确判断和决策的作用。化妆品营销调研的作用主要表现在以下方面。营销调研在整个营销体系中的作用模型如图4-2所示。

1. 开拓新的市场的前提

通过营销调研可以获取有关市场营销历史背景与现状的数据和资料，准确把握顾客需求,积极开拓新的市场。

2. 科学制定营销规划的基础

化妆品企业的管理者或决策者,通过营销调研获取有关市场中机会与威胁的信息,为决策者提供参考依据。

3. 优化营销组合的依据

化妆品企业根据市场调研的结果,制定产品最佳的化妆品营销组合。

4. 开发新产品的必要环节

科技是第一生产力,营销调研有助于企业及时了解新科技,为设计产品或者技术研发提供数据支撑。

5. 增强企业核心竞争力的重要手段

知己知彼,方能成竹在胸。企业要及时掌握产业发展和竞争动态,才能在激烈的社会竞争中处于优势地位。

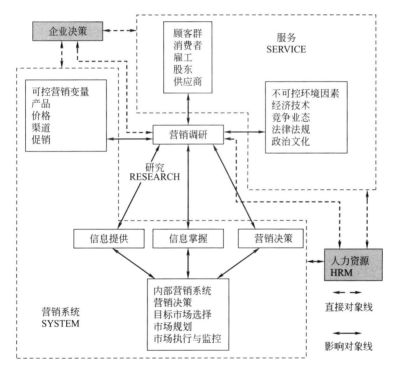

图 4-2 营销调研在整个营销体系中的作用模型

二、化妆品营销调研的类型

由于主体、客体、范围、时间、功能等方面存在差异,市场调研不同的类型表现不同的特征。

(一)按照信息搜集的范围不同来分

普查、重点调查、典型调查、抽象调查。

1. 普查

普查，就是对被研究对象中的所有单位进行全面调查。其优点：可以取得全面的原始资料和可靠数据，全面反映客观事物。缺点：工作量大，时间长、费用高，甚至可能因为组织不够周密而产生较大的调查失误。

2. 重点调查

重点调查是在调查对象中选择一部分重点单位进行调查，以此获得总体的基本情况资料，是一种非全面调查方式。

这些重点单位是指在被调查对象中处于十分重要的地位的单位，或者是在总体某项标志性总量中占据很大比重的一些单位。其优点：只需选定为数不多的单位；只需较少的人力、费用；能够较快地掌握被调查对象的基本情况。缺点：只能对总体情况做粗略估计；可能会以偏概全。

3. 典型调查

典型调查就是对被研究总体中具有代表性的个别单位进行专门调查，目的是以典型样本的指标推断总体的指标。其优点：调查对象少；可对调查单位进行细致透彻的调查；可取得调查单位的详尽资料。缺点：如果典型选择不当，即被调查单位不具有代表性，则调查结果就毫无意义。

4. 抽样调查

抽样调查是指从研究对象的总体中抽取一部分单位作为样本进行调查，据此对样本观察的结果推算总体情况的一种调查方式，属于非全面调查的范畴。目前市场营销调研大多采用这种方式。其优点：经济性好、实效性强、适应面广、准确性高。缺点：收集到的数据不全面。

它是按照科学的原理和计算，从若干单位组成的事物总体中，抽取部分样本单位进行调查、研究，用所得到的调查数据代表总体，推断总体。

（二）按照市场营销调研的功能来分

可按其功能分为探索性调研、描述性调研、因果性调研和预测性调研。

1. 探索性调研

探索性调研是为了掌握和理解调研者所面临的市场调研问题的特征和与此相联系的各种变量的市场调研。顾名思义，探索性调研是通过对一个问题或者状况进行探索和研究达到对其了解的目的。探测性调研所需要回答的问题是"是什么"。探测性研究的主要目的是发现问题，犹如医生查明病因一样，它可以为调研工作的开展指明方向。

2. 描述性调研

描述性调研是结论性调研的一种，其主要的目标是市场调研问题，通过该市场的特征或者功能，对调研问题的各种变量进行尽可能准确的描述。其特征是提出假设，说明问题。描述性研究的主要任务是说明市场状况"是怎样的，如何表现的"。它是最基本、最普通的市场调研。

与探索性研究相比，描述性研究需要有一个事先拟定的研究计划以及准备和收集资料的步骤。

3. 因果性调研

因果性调研是结论性研究中的一种，其目的是要获取有关起因和结果之间联系的证据。因果性研究包括：了解哪些变量是起因，哪些变量是结果，确定起因与要预测的结果的相互关系的性质。因果性调研所要回答的问题主要是"为什么"。一般先进行探测性调研，然后再进行描述性调研或因果性调研。

以上三种类型的调研，其中探测性调研所需要回答的问题是"是什么"；描述性调研所要回答的问题主要是"是怎样的，如何表现的"；因果性调研所要回答的问题主要是"为什么"。一般先进行探测性调研，然后进行描述性调研或因果性调研。

4. 预测性调研

预测性调研是为了预测所需要的有关未来的信息而进行的调研活动，它可能是为了预测市场的潜在需求及其变化以帮助企业作出相应的营销决策，也可能是预测特定活动的结果以使该营销活动的计划更加完善。如某化妆品生产商为预测未来5年中某一地区市场对其产品的需求而进行预测性调研。

（三）按照调研的时间不同来分

可分为一次性调研、定期调研、经常性调研等。

三、化妆品营销调研的内容

在化妆品市场营销调研的内容十分广泛，但由于市场营销调研主要是围绕企业营销活动展开的调研，因而可根据调研重点不同将其分为营销环境调研、市场需求调研、市场营销要素调研、市场竞争调研和目标客户调研。

（一）营销环境调研

营销环境调研是针对与企业市场营销活动相关的各种环境因素进行的调研活动。具体包括对宏观营销环境和微观营销环境的调研。

1. 宏观营销环境调研

宏观营销环境调研即对经济、政治、自然、文化、法律、技术、人口等企业外部的社会性因素进行的调研。

2. 微观营销环境调研

微观营销环境调研即对企业内部因素、企业的供应商、企业的中间商与服务商、企业的竞争者与社会公众等企业可控制的因素进行的调研。

（二）市场需求调研

市场需求调研是根据市场需求的规模、特点及其变化规律进行的调研活动，主要包括市场现实需求调研和市场潜在需求调研。

消费者的需求和欲望是企业营销活动的根本出发点，因此市场需求的调研是市场营销调研的核心部分。

1. 市场现实需求调研

市场现实需求调研是针对市场已有的需求结构、数量、特点等进行的市场调研活动。

2. 市场潜在需求调研

市场潜在需求调研是对新市场未来的发展规模、需求特点、购买力因素等进行的研究活动。

（三）市场营销要素调研

市场营销要素调研是指对企业营销的可控产品、价格、分销渠道、促销的调研活动。

1. 产品调研

产品调研的内容一般包括：对新产品的设计、开发和试验的调研，对现有产品改进的调研，对产品销售前景预测的调研，对产品售后服务的调研等。

2. 价格调研

价格调研的内容一般包括：市场供求情况及其变化趋势的调研，影响价格变化的各种因素如商品成本、市场状况、销量的调研，替代品价格的调研。

3. 分销渠道调研

其内容一般包括选择各类中间商的调研，对影响分销渠道选择各个因素的调研等。

4. 促销调研

其内容一般包括促销手段（如广告效果等）的调研和促销策略的可行性调研等。

（四）市场竞争调研

市场竞争调研的主要内容是调查竞争对手的有关情况。一般包括竞争者数量、生产经营能力、市场地位的调研，竞争者产品信息、市场占有份额及消费者对其产品认可度的调研，竞争者营销策略的调研。

（五）目标顾客调研

调查确定企业产品的目标顾客及其特征，确定哪类顾客是最可能接受和购买本企业产品的。

第二节 化妆品营销调研的方法

营销调研方法的选择是否合理直接影响调研结果。因此，合理选用调研方法是营销工作的重要环节，营销调研活动所涉及内容的基本方法包括以下方面。

一、确定调查对象的方法

调查对象的代表性直接影响调查资料的准确性。根据调研的目的、人力、物力、财力、时间等情况，要适当地确定调查样本的数量和调查对象。

（一）普查和典型调查

普查是全面调查，其可以获得全面的、精确的资料，但是耗时长，人力、物力、财力花费大。典型调查是选择有代表性的样本进行调查，据此推断总体状况。只要样本代表性强，典型调查事半功倍。

（二）抽样调查

抽样调查有随机抽样和非随机抽样两大类。

1. 随机抽样

其是指在总体中每一个体被抽取的机会是均等的一种调查方法。主要有以下五种随机抽样方法。

（1）简单随机抽样　又称纯随机抽样，它是指对总体不作任何处理，不进行分类也不进行排除，完全按随机的原则，直接从总体中抽取样本单位加以观察。从理论上说，是最符合抽样调查的随机原则，是抽样调查的最基本形式。具体方法有直接抽选法、抽签法和随机数表法。

（2）分层抽样　又称类型抽样或分类抽样。其先将总体各单位按主要标志加以分层，而后在各层中按随机的原则抽取若干样本单位，由各层的样本单位组成一个样本。

（3）等距抽样　又称机械抽样或系统抽样。它是将总体全部单位按某一标志排队，而后按固定的顺序和相等间隔在总体中抽取若干样本单位，构成一个容量为 n 的样本。

（4）整群抽样　是将总体各单位划分为若干群，然后以群为单元，从总体中随机抽取一部分群，对被抽中的群内所有单位进行全面调查。整群抽样对总体划分群的基本要求有两点：第一，群与群之间不重叠，即总体中的任一单位只能属于某个群；第二，全部总体单位毫无遗漏，即总体中的任一单位必须属于某个群。

（5）多阶段抽样　当总体很大时，可把抽样过程分成几个过渡阶段，到最后才具体抽到样本单位。

2. 非随机抽样

其是指在总体中每一个体被抽取的机会不是均等的一种调查方法。主要有以下三种非随机抽样方法。

（1）任意抽样法　就是随意抽取样本的一种调查方法。是否作为样本，主要根据调查人员的方便与否。此方法适用于总体中各个体差别不大的情况下。其优点是使用方便；缺点是抽样偏差大，结果不可靠。

（2）判断抽样法　就是根据专家意见或者调查者的主观经验判断选定样本的一种调查方法。其优点是能适合特殊需要，调查的回收率也较高；缺点是易出现主观判断的偏差。一般适用于样本数量不多的市场调查。

（3）配额抽样法　就是将调查对象按规定的控制特性分层并分配一定的样本数目，然后由调查员按判断抽样的原则选取具体样本的调查方法。其优点是简便易行、成本低；缺点是控制特性较多时，计算复杂。

二、收集资料的方法

通常收集一手资料的方法有以下四种。

（一）询问法

所谓询问法，就是调查人员向被调查人员询问，根据被调查人员的回答来搜集信息资料的一种调查方法。

1. 书面询问法

所谓书面询问法就是调查人员事先设计好调查问卷，然后分发给被调查者，根据被调查者的书面回答来搜集所需资料的一种调查方法。

2. 口头询问法

所谓口头询问法就是由调查人员亲自向被调查者询问，根据其口头回答取得所需资料的一种调查方法。

（二）观察法

观察法是一种通过调研人员直接观察有关的对象和事物获取所需信息的方法。观察法一般不会向被调查者直接提问，而是重点观察被调查者的行为活动及反应以获得那些被观察者不愿或不能提供的信息。这种方法的最大优点在于可以实地观察现象和行为的发生，收集到既原始又真实的资料，且简便易行，灵活性较大。缺点是调研结果局限于一些表面行为，无法对心理动机做进一步的了解。

（三）实验法

实验法是指在一定的控制条件下，对所研究课题的一个或多个因素进行操纵，以测定这些因素之间的因果关系的一种调研方法，是收集因果性调研信息最适当的方法。实验法的应用范围很广，凡是某种产品或商品在改变它的质量、包装、设计、价格、广告宣传、陈列方式等因素时都可以使用实验法。如试用、试销、展销等也是实验法的具体应用。这种方法的优点是获得的资料和数据比较可靠，可以排除主观估计的偏差。缺点是很难掌握市场上可变因素的变化情况，在一定程度上影响了对实验效果的评价。

（四）访问法

访问法是一种双向沟通的调研方法，也是营销调研中使用最普遍的一种调查方法。访问法是一种以问卷方式为主，向调查对象提问以获得所需信息的方法，这种方法主要通过口头、电话或书面的方式向被调查者了解情况，收集资料，最适宜收集描述性信息。这种调查分为入户访问、拦截访问、电话访问、自助邮寄调查、自助留置调查、网上访问等。

这种方法的优点是可保证调研结果的客观性，使调研结果便于统计整理与分析，可进行大规模调研且省时省力又省钱。缺点是调研结果广而不深，事宜范围受限制，存在资料信息和效度问题，且回收率难以保证。

不论是以口头、电话还是书面方式进行访问，问卷设计的优劣才是访问调研成功与否的关键。

三、调查问卷的设计

问卷调查是现代社会市场调查的一种十分重要的方法。而在问卷调查中，问卷设计又是其中的关键，问卷设计的好坏，将直接决定着能否获得准确可靠的市场信息。

一份调查问卷应该有两项功能，一是能将所调查的问题明确地传达给被调查者；二是设法取得对方信任，最终取得真实、准确的答案。

（一）调查问卷的格式

一份完整的调研问卷通常由标题、前言或调查说明、被访者的基本情况、调研主题内容、编码、访问员情况和结束语等内容构成。

1. 标题

问卷的标题概括地说明调研主题，使被访者对所要回答的问题有一个大致的了解。问卷标题要简明扼要，但又必须点明调研对象或调研主题。

2. 前言或调查说明

在问卷的卷首一般有一个简要的说明，主要说明调研意义、内容和选择方式等，以消除被访者的紧张和顾虑。问卷的说明力求言简意赅，文笔亲切又不太随便。

3. 被访者基本情况

这是指被访者的一些主要特征，如个人的姓名、性别、年龄、民族、生源地、所属院系等。这些是分类分析的基本控制变量。

4. 调研的主题内容

调研的主题内容是按照调研设计逐项列出调研的问题，是调研问卷的主要部分。这部分内容的好坏直接影响整个调研价值的高低。调研主题内容主要包括以下三个方面。

① 对人们的行为进行调查，包括对被调查本人的行为了解或通过被调查者了解他人的行为。

② 对人们的行为后果进行调查。

③ 对人们的态度、意见、感觉和偏好等心理进行调查。

5. 编码

编码是将问卷中的调研项目以及被选答案变成统一设计的代码的工作过程。如果问卷均加以编码，就会易于进行计算机处理和统计分析。一般情况都是用数字代号系统，并在问卷的最右侧留出"统计编码"位置。

6. 访问员情况

在调研问卷的最后要求附上访问员的姓名、调研日期、调研的起止日期等，以利于对问卷质量进行监察控制。

7. 结束语

结束语一般放在调查问卷的最后面，用来简短地对被调查者的合作表示感谢，也可征询一下被调查者对问卷设计和问卷调查本身的看法和感受。

（二）问卷设计的程序

问卷设计的过程一般包括以下步骤：确定所需信息、确定问卷的类型、确定问题的内容、确定问题的类型、确定问题的措辞、确定问题的顺序、问卷的排版和布局、问卷的测试、问卷的定稿。

1. 确定所需信息

确定所需信息是问卷设计的前提工作。调查者必须在问卷设计之前就把握所有达到研究目的和验证研究假设所需要的信息。

2. 确定问卷的类型

在确定问卷类型时，先必须综合考虑这些制约因素：调研费用，时效性要求，被调查对象，调查内容。

3. 确定问题的内容

确定问题的内容，最好与被调查对象联系起来。分析一下被调查者群体，有时比盲目分析问题的内容效果要好。

4. 确定问题的类型

问题的类型归结起来分为四种：自由问答题、两项选择题、多项选择题和顺位式问答题，其中后三类均可以称为封闭式问题。

（1）自由问答题　也称开放型问答题，其只提问题，不给具体答案，要求被调查者根据自身实际情况自由作答。自由问答题主要用于探索性调查。自由问答题的主要优点是被调查者的观点不受限制，便于深入了解被调查者的建设性意见、态度、需求问题等。主要缺点是难于编码和统计。

（2）两项选择题　也称是做题，是多项选择的一个特例，一般只设两个选项，如"是"与"否"，"有"与"没有"等。两项选择题的优点是简单明了。缺点是所获信息量太小，两种极端的回答类型有时往往难以了解和分析被调查者群体中客观存在的不同态度层次。

（3）多项选择题　其是从多个备选答案中择一项或择几项。这是各种调查问卷中采用最多的一种问题类型。多项选择题的优点是便于回答，便于编码和统计。主要缺点是提供问题答案的排列次序可能引起偏见。

（4）顺位式问答题　又称序列式问答题，是在多项选择的基础上，要求被调查者对询问问题的答案，按自己认为的重要程度和喜欢程度顺位排列。

在现实的调查问卷中，往往是几种类型的问题同时存在，单纯采用一种类型问题的问卷并不多见。

5. 确定问题的措辞

在措辞方面注意以下四点。

① 问题的陈述应尽量简洁。

② 避免提带有双重或多重含义的问题。

③ 最好不用反义疑问句，避免使用否定句。
④ 注意避免问题的从众效应和权威效应。

6. 确定问题的顺序

问卷中的问题应遵循一定的排列次序，问题的排列次序会影响被调查者的兴趣、情绪，进而影响其合作积极性。所以一份好的问卷应对问题的排列作出精心的设计。

一般而言，问卷的开头部分应安排比较容易的问题，这样可以给被调查者一种轻松、愉快的感觉。中间部分最好安排一些核心问题，即调查者需要掌握的资料，这一部分是问卷的核心部分，应该妥善安排。结尾部分可以安排一些有关背景资料的问题，如职业、年龄、收入等。

7. 问卷的排版和布局

问卷排版布局总的要求是整齐、美观，便于阅读、作答和统计。

8. 问卷的测试

问卷的初稿设计工作完成之后，不要急于投入使用，特别是对于一些大规模的问卷调查，最好的办法是先组织问卷的测试，如果发现问题，可以及时修改。测试通常选择20~100人，样本数不宜太多，也不要太少。如果第一次测试后有很大的改动，可以考虑组织第二次测试。

9. 问卷的定稿

当问卷的测试工作完成，确定没有必要再进一步修改后，可以考虑定稿。问卷定稿后就可以交付打印，正式投入使用。

（三）问卷设计的注意事项

调查问卷设计总的要求是：问卷中的问句表达要简明、生动；注意概述的准确性，避免提问似是而非的问题。其具体应掌握以下五个要点。

① 避免针对性差的问题。一般性的问题对实际调研工作并无指导意义，应把这一类问题细化为具体询问关于化妆品的价格、外观、卫生、服务质量等方面的印象。

② 避免用词含糊。一个问题如有若干问题点或者用词含糊不清，不仅会使被访者难以作答，其结果的统计也会很不方便。

③ 慎用引导性的提问。在引导性提问下，被访者对于一些敏感性问题不敢表达其想法等。因此，这种提问是调研的大忌。

④ 避免提出可能令人难堪的问题。

⑤ 要考虑问题的时效性。

第三节　化妆品营销调研的程序

现代市场调研是一种科学研究活动。在长期的实践中，为了保证市场调研的质量和效率，其形成了一套严格的工作程序。一般来说，典型的营销调研可以分为三个阶段：调研准备阶段、正式调研阶段和结果处理阶段（图4-3）。

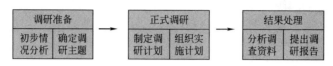

图4-3 典型的营销调研的三个阶段

与其他行业的营销调研一样，化妆品行业的市场调研根据企业所处的化妆品产业链的位置不同而略显差异，但都主要由以下三个步骤组成。

一、调研准备阶段

化妆品营销调研的目的是通过搜集与分析信息资料研究企业在市场营销中存在的问题，并提出相应的解决办法。具体包括初步情况分析和确定调研主题两个步骤。

（一）初步情况分析

这是市场调研的第一步。调研项目的来源有两个，一是自己发现的问题；二是受委托的调研项目。

调研人员首先应搜集企业内外部的有关资料，进行初步分析，发现问题之所在，了解各影响因素之间的相互联系。

（二）确定调研主题

将问题进行定位，即明确此次调研主题。该环节的主要工作包括将调查题目、范围具体化，即明确规定要调查的具体指标或者因素。

二、正式调研阶段

正式调研阶段有制订调研计划和组织实施计划两个具体步骤。

（一）制定调研计划

调研计划是根据营销调研的目的和要求，对整个调研活动过程所进行的全面策划和设计。制定调研计划包括以下七个方面的内容。

1. 确定市场调研的目的

从确定调研课题开始，就必须根据营销人员与企业管理人员的反映，发现问题，从而在调研设计阶段明确调研的目的。根据调研的目的、人力、财力、时间情况，要适当地确定样本的多少和确定调研对象。

2. 确定数据来源

数据来源是一线调查资料数据，还是二手资料，或是两者的结合。对于第一手资料，应该初步确定调查人员的范围，如果需要第二手资料，则需要确定收集的方向和收集方法。

3. 确定调研方法

一般调研方法主要有抽样调查法、观察法、实验法、询问法等。调研人员要根据具体调研目的和对象来选择不同的调研方法。因地制宜、因事制宜慎重选择，以免由于调研方法不当，造成调查结果的不正确。

4. 选择调研人员

调研人员应善于在市场调查过程中，根据情况的变化而随时修正自己的访问内容，但同时掌握调研的根本目标不变，这就要求调研人员具有一定的专业知识和丰富的市场实践能力与问题整合能力。

5. 选择调查样本

明确调查的范围，样本的数量和特征以及抽样方法。

6. 预算经费并作出时间安排

调研工作总是需要花费一定的时间和资金，因此必须作出预算，进行成本效益分析，这决定着调研工作是否有必要进行。

7. 制订调研进度计划

制订调研进度计划，并按照进度计划时间表进行调研。

（二）组织实施计划

根据制定出的调研计划和调查表中的具体项目和内容开始组织实施计划。实施计划有两个步骤，即收集信息资料、整理信息资料。

1. 收集信息资料

搜集资料数据就是依据调研方案的安排，实际搜集资料，该环节是把调查方案变成现实的关键环节。

在市场营销调研中，由于信息来源途径不同，往往将信息资料分为一手资料和二手资料。收集信息资料是实施调研过程中最艰苦、最易出错、花费最多的一个环节。由于可以快速获取二手资料且成本低廉，调研人员通常从二手资料开始收集信息。它一般可从内部的信息系统中取得，也可通过付费的方式查阅有关资料获得，还可以通过专业信息服务机构获得，还可以从权威行业协会专刊、国家统计局、国家公布的相关数据中获得。但当调研人员无法获得相关的二手资料，或二手资料存在过时、不全、不可靠等不足时，调研工作就得对调研的问题做初步调查，并根据调查结果确定正式的调研方法以获取一手资料。

市场调查的资料是分析研究市场的依据，必须做到真实、准确、全面、系统，否则后续研究阶段的工作就失去了意义。

2. 整理信息资料

搜集阶段所获得的资料一般比较零乱、分散，不能系统而集中地说明问题，所以必须进行整理，使之系统化、条理化，以符合营销调研的目的。通常对信息的整理包括对资料的筛选、甄别、分类编号、汇总计算和将其制成统计表，以保证资料的系统性、完整性和可靠性，从而便于进一步研究应用。

三、结果处理阶段

（一）分析调查资料

根据调研计划中规定的要素，分析信息资料即对调研所取得的数据资料和相关情况运用一系列的统计分析方法进行分析,把复杂的编码号的数据变成易于理解和解释的资料,并对其进行全面系统地统计和理论分析,在此基础上找出原因,得出调研结论,提出改进建议或措施,供决策者参考。

(二)提出调研报告

撰写和提交调研报告是调研工作的最后一环。调研报告反映了调研工作的最终成果,也是评价调研活动质量的重要文件。调研报告是全面调查工作的结晶,递交调研报告是完成调研的标志。因此,调研报告的撰写就尤为重要。

四、调研报告的撰写

撰写调研报告是市场调研的重要环节。其主要作用是总结调查工作,评估调查结果。概括地评价调查过程、总结成果、提出对策思路与建议,以及需要进一步调查研究的问题,这些是撰写调研报告的核心内容。

(一)调研报告的结构

一般来说,调研报告的内容大体有:封面、标题、目录、摘要、正文和附件等。由此形成的调研报告的结构就包括标题、导语、正文、结尾和落款。

1. 封面

其要求是美观大方。

2. 标题

其要求是简明扼要。调研报告的标题有单标题和双标题两类。所谓单标题就是一个标题,而其中又有公文式标题和文章式标题两种。所谓双标题就是两个标题,即一个正标题、一个副标题。

3. 目录

如果调研报告的页数、内容较多,为了方便读者阅读,应当使用目录或索引列出报告所分的主要章节和附录,并注明标题、有关章节号码及页码。一般来说,目录的篇幅不宜超过一页。

4. 摘要

摘要是调研报告的前言,简洁明了地介绍有关调研的情况,或是引出全文的引子,为正文做好铺垫。常见的摘要如下。

(1)简介式摘要 对调研的课题、对象、时间、地点、方式、经过等作简明的介绍。

(2)概括式摘要 对调研报告的内容(包括课题、对象、调研内容、调研结果和分析的结论等)作概括的说明。

(3)交代式摘要 即对主题产生的由来作简明的介绍和说明。

摘要应以浓缩的方式说明本次调研的基本情况和主要结论,并将重点放在调研的发现和对策措施上。

5. 正文

正文是调研报告的主体。它对调研得来的事实和有关材料进行叙述,对所作出的分析进行议论，对调查研究的结果和结论进行说明。按照内容表达层次组成的框架有：

① "情况—成果—问题—建议"式结构，多用于反映基本情况的调研报告；

② "成果—具体做法—经验"式结构，多用于介绍经验的调研报告；

③ "问题—原因—意见或建议"式结构，多用于揭露问题的调研报告；

④ "事件过程—事件性质结论—处理意见"式结构，多用于揭示案件是非的调研报告。

正文的写作要求言之有据，简练准确，逻辑性强。每层意思可以用另起一段的方式处理，而不用刻意注意文字的华丽与承接关系。

6. 附件

附件是指调研报告正文包含不了或没有提及，但与正文有关，必须附加说明的部分。它是对正文报告的补充或更详尽的说明，包括数据汇总表及原始资料背景材料和必要的工作技术报告，例如，为调查选定样本的有关细节资料及调查期间所使用的文件副本等。

（二）调研报告撰写注意事项

1. 调研报告不是流水账或数据的堆积

调研报告不是调研方案的罗列，而是方案执行落实的情况，特别是需要认真分析实际完成的情况。在调研报告中数据资料显得非常重要，但是不是过多数据的堆砌，而是为理论分析提供客观依据。

2. 调研报告要突出重点，合理安排

调研报告切忌面面俱到、事无巨细地把收集来的各种资料无论是否反映主题，全都进行分析，使读者感到杂乱无章，读后不知所云。一篇调研报告要有它的重点和中心，在对情况有全面地了解之后，经过系统地构思，可以有详有略，抓住主题，进行深入分析。

3. 调研报告必须真实、准确

以实事求是的科学态度，准确全面地总结和反映研究结果，这是写调研报告的重要原则。真实性就是要一切结论来源于客观事实。真实性表现在提供的事实材料必须经过认真的核实，数据经过反复检验；真实性还表现在如实地指出本次调研结果的局限性，调研结果适用的范围，调研中存在的失误或误差。

本章小结

本章介绍了营销调研的含义和作用，讨论了营销调研的类型、内容；同时还介绍了营销调研的程序，营销调研的方法，调查问卷的设计及调研报告的撰写等方面的内容。

复习思考题

1. 化妆品营销调研的内涵和作用是什么？
2. 化妆品营销调研的方法有哪些？各有什么特征？
3. 化妆品营销调研的基本步骤有哪些？
4. 如何设计调查问卷？
5. 如何撰写调研报告及其注意事项是什么？

案例分析

郑明明化妆品：年年走俏

上海郑明明化妆品有限公司生产的郑明明牌美容护肤用品销售额 6 次荣登销量榜前列。其走俏的秘密是什么呢？答案是"捕捉信息出奇招"。

郑明明公司推出了"人老腿先衰，脸老眼先衰"的广告，这引起了强烈的反响。郑明明眼部系列产品（生化雪清眼皱精华素、眼膜、眼胶）顿时成了炙手可热的商品，4 个月创下了销售千万元的好成绩。

郑明明根据"人老腿先衰，脸老眼先衰"的信息，提出了"人防老，先防腿；脸防老，先防眼"的新理念，在广大中老年消费者中引起了强烈的共鸣。郑明明生化雪清眼部系列，不含油脂，不会产生脂肪粒；其也不含乙醇，不会刺激皮肤。化妆品以深海鱼软骨提取物鱼蛋白为主要成分，鱼蛋白与人体真皮组织中的胶原蛋白结构相似，渗入皮下，能补充人体的胶原蛋白，使皮肤饱满光滑，富有弹性和韧性，从而明显改善鱼尾纹、眼角下生、眼袋、黑眼圈等眼部早衰现象。

思考分析：
请你进一步分析郑明明眼霜的推出，具体捕捉了哪些市场信息？

实训项目

资料：某化妆品公司想开发一种针对儿童护肤的化妆品，为了解该产品的市场需求、品牌知名度及竞争状况等信息，需要开展一次全国性的市场调查。

要求：请你就上述资料，结合所学知识，制订一份市场调查方案书。

具体内容包括：

1. 设计调查目的和调查主题；
2. 确定调查的方法、范围、调查对象、调查进程、调查费用预算清单；

3. 设计一份市场调查问卷；
4. 设计调查抽样方案，确定抽样样本数量。

实训步骤包括：
1. 按小组进行市场调查和网上资料的搜集等。
2. 选择熟悉或感兴趣的某一化妆品中的 5～8 种进行市场调研和资料搜集。
3. 每个小组必须记录调查内容。
4. 小组进行讨论汇总、整理和归纳。

第五章
化妆品消费者的购买心理和行为

学习目标

知识目标

1. 掌握购买者行为模式的一般规律
2. 了解影响消费者购买行为的主要因素
3. 认识消费者购买行为的不同类型
4. 了解购买群体决策中的角色及各自的作用
5. 了解消费者的购买决策过程及如何营销

技能目标

1. 能够运用市场营销知识帮助消费者作出正确的购买决定
2. 能够运用所学知识,明确各个阶段应采取哪些营销对策

案例导入

日本的化妆品市场是美国商人难以攀登的富士山!

在美国有一句俗语:日本的化妆品市场是美国商人难以攀登的富士山!

美国是生产化妆品的大国,也是化妆品出口大国,其中出口国也包括日本。进入日本市场前,美国化妆品对其进行了大规模的广告宣传和其他形式的促销活动,但日本人对此无动于衷,美国化妆品的销售量很少,美国化妆品大量积压,生产厂家十分着急!美国的商人为此委托有关专家认真地研究了日本人购买化妆品的心理,通过大量的调查研究发现,原来是美国人生产的化妆品的色彩与日本人购买化妆品的心理不符。

在美国，人们对于皮肤的肤色有一种十分普遍的观念，即认为皮肤肤色略深或稍黑一些是富裕阶层的象征。在化妆的时候，人们习惯使用深色的化妆品，以显示自己的地位。而日本人希望自己皮肤的颜色偏白，化妆时不喜欢使用深色的化妆品，所以日本人对于美国人生产的那种颜色略深的化妆品的需求量是很少的。

营销启示：充分了解顾客的心理是营销成功的关键！

第一节　化妆品消费者的购买心理

在化妆品满足消费者爱美需求的同时，消费者的购买心理对消费者的购买行为有很大的影响。分析影响消费者购买行为的各种因素，研究消费者购买决策的过程，对企业成功营销意义重大。

一、化妆品消费者购买心理活动过程

消费者从对某种化妆品的需要出发从而引起购买行为，这要经过复杂的心理活动过程。化妆品消费者的购买行为是受其心理活动支配的，而一般人的心理活动会经过三个过程，即认知过程、情感过程、意志过程。

（一）对化妆品的认知过程

认知过程是指人接触、了解和掌握客观事物的过程。它是购买心理最基本的内容，是购买活动的先导。它影响着顾客购买行动的方向、速度和购买频率。化妆品的形状、色彩和气味等刺激着消费者的感官，使其感觉到化妆品的个性，然后把感觉到的各种信息进行分析综合，把化妆品的各种属性有机联系起来，最后形成对化妆品的认知过程。

【案例】气味图书馆

造型奇异精致的瓶子，摆放在北京三里屯的这家独特的图书馆里，来到这里的顾客不是阅读，而是嗅一下瓶子里的气味，并且为它买单。"你疯了吗，卖气味！"当初质疑他的人这样问，可她偏偏做到了。

现在，娄楠石定义的嗅觉产业终于得到更多人的认可。

卖气味，是一门什么样的生意？

"卖气味"被娄楠石定义为嗅觉产业。气味图书馆里摆着各类香薰、香水甚至牙膏等日用品。它也常常被是人定义为卖香水、香薰的店，是文青的最爱。

相比较看得见、听得到的东西，嗅觉往往是最容易被忽略的，然而气味往往是最刻骨铭心的。在气味图书馆里，你可以闻到花草、水果香，也可以闻到泥土、各种自然香味，甚至连旧书、生活中的味道都能在这里找到。

之所以取名为图书馆，更多是有一种把气味封存和流传的意味。在"城市系列"香水中，你可以在这里闻到家的味道，成都的气味夹杂着花椒的香气，北京的气味带着淡淡的檀木香……如果人们物质生活得不到满足就不会有什么精神追求了，如今中国经济高速发展，城市的钢筋水泥一次一次地拷问着人们的心灵，于是，这样的气味图书馆正是很多人想要的放松的环境。

（二）对化妆品的情感过程

情感过程是指人们反映客观事物一种状态的主观体验。人们在认识事物的同时会产生不同的情感，并可以支配人们的行为。人类的情感一般分为情绪、情感与情操。商业活动中情绪与情感的作用更大。商业活动中影响顾客情感的因素主要有：购物环境、商品、个人情感、社会情感。对于任何商品，消费者都会表示喜欢或者不喜欢的最初印象或情感，这是购买心理最重要的一个方面。

（三）对化妆品的意志过程

人们有自我调节与控制的能力，这种能力就是意志力。意志过程是指人们自觉地确定目的，调节行动，去达到预定目标的心理过程，即顾客作出购买决策及实施购买行为的心理过程。它包括两个基本内容：一是确定购买目的；二是排除干扰与克服困难，实现购买目的。

二、化妆品消费者的购买心理类型

（一）按消费者动机划分

经济学家和心理学家长期对消费者购买心理进行了研究，把不规则运动的消费者购买心理作出抽象的归纳。按照消费者动机不同可以分为以下六种类型。

1. 求实心理

在惠顾心理诱导下的买卖动机具有求实性和图廉性。关心价格、功能、质量和实际效用，不考虑品牌，是中低档商品的消费群。

2. 求新心理

追求时髦、新奇，讲究流行，重视造型，比较不重视质量，对价格不在乎。

3. 求优心理

重视质量和舒适感，并不重视价格，一般是经济条件较好的中老年顾客。

4. 求美心理

追求商品艺术美感和装饰效果，注重商品的品位和搭配，多为文化素养高的青年顾客和文艺工作者。

5. 求名心理

在炫耀心理诱导下的买卖动机和虚荣心。追求名牌，不考虑商品的价格和实际使用价值；购买动机具有趋向性和追求性，表现为购买名优产品、新产品、流行性产品及进口商品。

6. 从众心理

在大众心理诱导下，购买行为动机具有跟随性，在购买行为中常常表现为群体聚集购买，购买行为呈现无目的性、偶发性、冲动性等特点。

（二）按消费者性格划分

1. 理智型

① 购买前注重搜集有关产品、品牌、价格、性能、售后服务等方面的信息并以

此为依据。

② 购买过程用时长，多种产品比较选择，不急于决定，购买时不动声色。

③ 购买时喜欢独立思考，不喜欢促销员过多介入。

2. 冲动型

① 易受外部影响。

② 购买的目的不明确，即兴购买。

③ 凭个人直觉，迅速决定购买，易后悔。

④ 喜欢新品和流行产品。

3. 情感型

① 购买行为受个人情绪支配，往往没有明确的购买目的。

② 比较愿意接受促销员的建议。

③ 想象力、联想力丰富，购买中情绪易波动。

4. 疑虑型

① 个性内向，行动谨慎，观察细微，决策迟缓。

② 购买时缺乏自信，对促销员缺乏信任，疑虑重重。

③ 反复询问，挑选和比较较费时。

④ 购买中犹豫不定，事后易后悔。

5. 随意型

① 缺乏购买经验，常不知所措，乐意听取建议。

② 对产品不会过多挑剔。

6. 习惯型

① 凭习惯和经验购买产品，不易受广告影响。

② 有目的购买，过程迅速。

③ 对流行产品、新品反应冷淡。

7. 专家型

① 认为促销员与自己是对立的利益关系。

② 脾气较暴躁，易于发火。

③ 自我意识很强，购买时常表现出自己的观念绝对正确，经常考虑促销员的知识能力。

（三）按消费者年龄划分

1. 老年顾客

老年人自尊心强，心理满足高于生理需要。其喜欢购买用习惯的东西，对新商品常持怀疑态度；购买心理稳定，不易受广告宣传影响；希望购买方便舒适的商品；对销售人员的态度反应敏感；对保健品类的商品较感兴趣。

2. 中年顾客

多属理智型购买，比较自信、讲究经济实用，对能改善家庭生活条件，节约家务劳动时间的产品感兴趣。

3. 青年顾客

青年人购物具有求新心理。对时尚敏感，喜欢购买新颖时髦的产品，注重外观和新颖程度。购买具有明显的冲动性，购买动机易受外部因素影响；购买能力强，不太考虑价格因素，是新产品的第一批购买者。

（四）按消费者性别划分

1. 男顾客

男子的购物心理具有理智性、自信性。购买动机具有被动性，常为有目的购买和理智购买，比较自信，不喜欢销售人员喋喋不休地介绍；选择商品以质量性能为主，价格因素作用相对较少；希望迅速成交，对排队等候缺乏耐心。

小资料：男性护肤品销量正在飞速增长，且其涨幅已超过化妆品市场的平均增长速度。据统计：2011年男性护肤品涨幅最高达26.5%，由于跨国公司品牌的电视广告宣传、日韩潮流的影响，以及职业对形象的要求等因素导致男性对护肤品的要求越来越高，从而推动了护肤品市场的迅速发展。

2004年以前，我国男性对护肤品还仅限于了解和简单的接触，使用的产品也仅限于面霜，而2011年已经有50%的男性养成了护肤的习惯，男性化妆品已经成为各个化妆品专柜的必备配置，价格从几十元到几百元不等，产品种类也五花八门，如爽肤水、抗皱霜、精华液、须后水等。

2. 女顾客

购买动机具有主动性或灵活性，购买心理不稳定，易受外界因素影响，购买行为受情绪影响较大，比较愿意接受销售人员的建议；选择商品比较注重外观，质量和价格，挑选商品十分细致。妇女购物容易受周围环境或市场气氛的影响，化妆品的样式、色彩、商标和广告容易刺激她们的购买欲望。

女性消费者数量庞大，占整个社会总体消费的绝大多数。据统计女性消费者占全国人口的48.7%，对消费活动影响较大的中青年妇女，即年龄在20~55岁的占人口总数的21%。女性消费者群体数量庞大，是大多数购买行为的主体。许多化妆品商家正是抓住了女性消费心理，进行市场营销策划。

【案例】 薇风女神节《你很了不起》TVC广告。这是护肤品品牌薇风的一支品牌TVC。广告片中选取的熬夜加班行列中的三个女性角色，却是我们生活中随处可见的熟悉的自己。

张婷婷：她是初入职场的投行见习分析师，奋进且执着。入职29天，平均每天工作时长14小时，刚步入职场的青涩与胆怯，深知职场不相信眼泪，哭过之后又是彩虹，努力的你，很了不起。

何嘉美：她是某广告公司客户经理，最长连续熬夜纪录长达42天，在追求梦想的路上，冷暖自知，客户的刁钻，男友的不解，坚持自我没有放弃也没有"被放弃"，独立的你，很了不起。

罗晓倩：她是急诊科护士长，顾大家舍小家。加班总时长超过3000小时的职业女性，是人妻，是人母，更是千万病人信赖的护士长，努力获取平衡的你，很了不起。

"女性职场与家庭"一直是备受争议的一个话题，这支短视频，让人们看到了作为一名职场独立女性，需要付出多少的艰辛与努力以及难以想象的牺牲，通过制造这场吸引用户关注的传播战役，让大家重视属于她们的"情感诉求"。

就像广告中的一句句拷问——你为什么，不停奔跑？你为什么，不肯放弃？你为什么，要这么拼？三个为什么不断地敲打着脆弱的心房，虽然广告没有给出答案。但是因为我们都知道，如果想在城市里、职场中站稳脚，想要拥有更好的生活，就必须付出努力和汗水。这是属于所有熬夜独立女性的故事，也是所有忠于自己追求和梦想女性的故事。向独立女性致敬，向每一位熬夜的女性致敬，你，很了不起。

第二节　化妆品消费者的购买行为

消费者购买行为是指消费者为满足其个人或家庭生活而发生的购买商品的决策过程。消费者购买行为是复杂的，其购买行为的产生受到其内在因素和外在因素的交互影响。人们在分析消费者的购买心理之后，必须进一步分析消费者的购买行为。

消费者购买行为的形成过程是十分复杂的。由于经济条件、生活水平、社会环境和消费习惯等方面的差异，不同消费者的购买行为表现出来的差异性是很大的，购买行为是由这些因素相组合并发生作用。

一、化妆品消费者在购买行为中的角色

在购买行为中，人们一般会扮演一种或者几种角色。

（一）发起者

首先想到或提议购买化妆品或服务的人。

（二）影响者

其看法或意见对最终决策具有直接或间接影响的人。

（三）决定者

对整个或者部分购买决策（如买不买、买什么、买多少、何时买、何处买等问题）作出最后决定的人。

（四）购买者

实际购买化妆品或服务的人。

（五）使用者

实际消费或使用化妆品、服务的人。

每一个角色在购买过程中发挥着各自的作用。营销人员应分析、研究每一个角色的特点，有的放矢地采取各种影响，诱导措施。了解和掌握每一个购买角色所起

的作用，有助于企业采取有针对性的营销措施，赢得顾客认同，提高营销效率。

二、化妆品消费者购买行为类型

消费者购买不同种类的化妆品，其购买行为是有差异的。

（一）根据消费者购买行为的投入程度和品牌间的差异程度划分

1. 复杂型购买行为

如果消费者属于高度参与，并且了解现有各品牌、品种和规格之间具有的显著差异，则会产生复杂的购买行为。复杂的购买行为指消费者购买决策过程完整，要经历大量的信息收集、全面的产品评估、慎重的购买决策和认真的购后评价等各个阶段。

营销策略：营销者应制定策略帮助购买者掌握产品知识及其重要性，运用各种途径宣传本品牌的优点以及给购买者带来的利益，从而影响购买者的最终选择。

2. 协调型购买行为

这种购买行为是为了寻找平衡的购买行为，它常发生在购买价格较高、品牌差异不大的商品时。消费者一般要比较、看货，只要价格公道、购买方便、机会合适就会购买；但是在购买以后感到不协调或者不满意，消费者会主动寻找理由化解不和谐，证明自己购买正确。

营销策略：营销者要注意运用价格策略、人员推销策略和售后服务，选择最佳销售地点，提供有关产品的信息，使顾客相信自己的购买决定是正确的。

3. 多变型的购买行为

指对品牌差异明显的产品，消费者不愿意花长时间来选择和评估，而好似不断变换购买产品品牌的购买行为。

营销策略：消费者购买产品具有随意性，而这并不是对产品不满意，而是为了寻求多样化。企业应迎合这类消费者的购买行为制定营销策略。

4. 习惯型的购买行为

指对于价格低廉、经常购买、品牌差异小的产品，消费者不需要花时间选择，也不需要经过收集信息、评价产品特点等复杂过程的最简单的消费行为类型。

对于习惯型购买行为的主要营销策略是：

① 利用价格低廉与销售吸引消费者试用；

② 运用大量重复性广告，加深消费者印象；

③ 增加购买参与程度和品牌差异。

（二）根据消费者购买目标选定程度划分

1. 全确定型

指消费者在购买化妆品以前，已经有明确的购买目标，对化妆品的名称、型号、颜色、式样、商标以至价格的幅度都有明确的要求。这类消费者进入商店以后，一般都是有目的地选择，主动地提出所要购买的化妆品，并对所要购买的化妆品提出具体要求，满足条件后会毫不犹豫地买下。

2. 半确定型

指消费者在购买化妆品以前,已有大致的购买目标,但具体要求还不够明确,最后购买需经过选择、比较才能完成。如购买保湿类化妆品是原先计划好的,但购买什么牌子、规格、型号、式样等心中无数。这类消费者进入商店以后,一般要经过较长时间的分析、比较才能完成其购买行为。

3. 不确定型

指消费者在购买化妆品以前,没有明确的或既定的购买目标。这类消费者进入商店主要是参观游览、休闲,漫无目标地观看各种化妆品或随便了解一些化妆品的销售情况,有时会购买感到有兴趣或合适的产品,有时则观后离开。

(三)根据消费者购买态度与要求划分

1. 习惯型

指消费者由于对某种商品或某家商店信赖、偏爱而产生经常、反复的购买。由于经常购买和使用,他们对这些商品十分熟悉,体验较深,再次购买时往往不再花费时间进行比较选择,注意力稳定、集中。

2. 理智型

指消费者在每次购买前对所购的商品,要进行较为仔细的研究比较。购买感情色彩较少,头脑冷静,行为慎重;主观性较强,不轻易相信广告、宣传、承诺、促销方式以及售货员的介绍,主要靠商品质量、款式来决定是否购买。

3. 经济型

指消费者购买时特别重视价格,对于价格的反应特别灵敏。无论是购买高档商品,还是中低档商品,首先比较价格,他们对"大甩卖""清仓""血本销售"等低价促销最感兴趣。一般来说,这类消费者与自身的经济状况有关。

4. 冲动型

指消费者容易受商品外观、包装、商标或其他促销活动刺激而产生的购买行为。购买一般都是以直观感觉为主,从个人的兴趣或情绪出发,喜欢新奇、新颖、时尚的产品,购买时不愿做反复的选择比较。

5. 疑虑型

指消费者具有内倾性的心理特征,购买时小心谨慎和疑虑重重。购买一般缓慢、费时多,常常是"三思而后行",并且还会犹豫不决而中断购买,购买后会疑心是否上当受骗。

6. 情感型

这类消费者的购买行为多属情感型,往往以丰富的联想力衡量商品的意义。其购买时注意力容易转移,兴趣容易变换,对商品的外表、造型、颜色和命名都较重视,以是否符合自己的想象作为购买的主要依据。

7. 不定型

这类消费者的购买行为多属尝试性,其心理尺度尚未稳定,购买时没有固定的偏爱，在上述五种类型之间游移，这种类型的购买者多数是独立生活不久的青年人。

（四）根据消费者购买频率划分

1. 经常性购买行为

经常性购买行为是购买行为中最为简单的一类，指购买人们日常生活所需、消耗快、购买频繁、价格低廉的商品，如油盐酱醋茶、洗衣粉、味精、牙膏、肥皂等。购买者一般对商品比较熟悉，加上价格低廉，人们往往不必花很多时间和精力去收集资料和进行商品的选择。

2. 选择性购买行为

这一类消费品单价比日用消费品高，多在几十元至几百元之间。其购买后使用时间较长，消费者购买频率不高，不同的品种、规格、款式、品牌之间差异较大，消费者购买时往往愿意花较多的时间进行比较选择，如服装、鞋帽、小家电产品、手表、自行车等。

3. 考察性购买行为

消费者购买价格昂贵、使用期长的高档商品多属于这种类型，如购买轿车、商品房、成套高档家具、钢琴、电脑、高档家用电器等。消费者购买该类商品时十分慎重，会花很多时间去调查、比较、选择。消费者往往很看重商品的商标品牌，大多是认牌购买；已购消费者对商品的评价对未购消费者的购买决策影响较大；消费者一般在大商场或专卖店购买这类商品。

三、化妆品消费者购买行为的基本模式——"6W2H"模式

消费者购买行为是指消费者为满足自身需要而发生的购买和使用商品的行为活动。一些西方学者在深入研究的基础上，揭示了消费者购买行为中的某些共性或规律性，并以模式的方式加以总结描述。

6W2H 模式即 Who、What、Which、Why、When、Where、How、How much 的英文首字母缩写总结。6W2H 直接反映出消费者的购买行为，通过 6W2H 分析可以了解消费者购买行为的规律性及变化趋势，以便制定和实施相应的市场营销策略。"6W2H"模式如图 5-1 所示。

（一）Who

谁构成化妆品消费市场？谁购买？谁参与购买？谁决定购买？谁使用？谁是购买的发起者？谁影响购买？

（二）What

购买什么化妆品或服务？顾客需要什么？顾客的需求和欲望是什么？对顾客最有价值的产品是什么？满足顾客购买愿望的效用是什么？顾客追求的核心利益是什么？

（三）Which

哪种化妆品？在多个厂家中购买哪个厂家的产品？在多个品牌中购买哪个品牌

的产品？购买著名品牌还是非著名品牌的产品？在有多种替代品的产品中决定购买哪种？

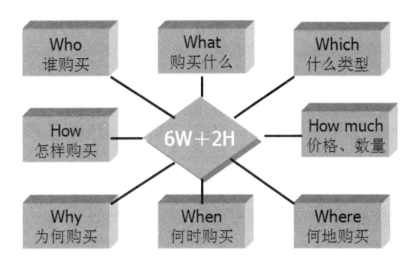

图 5-1 "6W2H"模式

（四）Why

为何购买？（购买目的是什么？）为何选择？为何放弃？为何不购买或不愿意购买？为何选择本企业产品，而不选择竞争者产品？

（五）When

消费者何时购买？何时使用？何时重复购买？何时换代购买？何时产生需求？何时需求发生变化？

（六）Where

消费者何地购买？在专卖店购买还是在直营店购买？在大商场购买还是在超市购买？

（七）How

如何购买？以什么方式购买（店面选购、邮购、网购、电视购物等）？按什么程序购买？消费者对产品及其广告等如何反应？

（八）How much

购买数量是多少？一定时期的购买次数是多少？一定时期的购买频率是多少？人均购买量是多少？总购买量是多少？

如果能正确分析以上问题，那么化妆品市场的需求情况就一清二楚了，并且还能基本掌握消费者的消费心理和购买行为，企业便可以正确地制订一个完整的生产经营决策。

四、影响消费者购买行为的主要因素

消费者的购买行为取决于文化因素、社会因素、个人因素和心理因素。

这四类因素对消费者购买行为有不同程度的影响。外部因素有文化因素和社会因素，影响最深远的是文化因素，它影响着社会的各个阶层和家庭，进而影响着每个人及其心理过程；内部因素有个人因素和心理因素，是影响最直接、决定性的因素。影响消费者购买行为的因素如表5-1所示。

表5-1　影响消费者购买行为的因素

文化因素	社会因素	个人因素	心理因素
文化 亚文化 社会阶层	参照群体 家庭 社会角色 社会地位	职业、经济收入 受教育水平 个性、生活方式 自我观念	动机、知觉 学习、信念 态度

（一）文化因素

文化、亚文化和社会阶层等文化因素，对消费者的行为具有广泛和深远的影响。

1. 文化

文化是人类从生活实践中建立起来的价值观念、道德、理想和其他有象征意义的综合体。文化是人类欲望和行为最基本的决定因素。一个人在社会中成长，通过其家庭和其他主要机构学到基本的一套价值、偏好和行为的整体观念。文化包括人们的受教育程度、价值观念、风俗习惯、伦理道德和宗教信仰等。

任何人都在一定的社会文化环境里生活。而在不同的环境中，人们认识事物的方式、行为准则和价值观念是不同的。

2. 我国主要亚文化群

（1）民族群体　我国是一个多民族的国家，各民族经过长期发展形成了各自的语言、风俗、习惯和爱好。他们在饮食、服饰、居住、婚丧、节日、礼仪等物质和文化生活方面各有特点，这些都会影响他们的购买欲望和购买行为。

（2）宗教群体　我国居民有信教或不信教的自由，客观上存在着信奉佛教、道教、伊斯兰教或天主教等宗教的群体。这些宗教的文化偏好和禁忌，会影响信仰不同宗教的人们的购买行为和消费方式。

（3）地理区域群体　我国是一个幅员广阔的大国，可以划分为南方或北方，城市或乡村，沿海或内地，山区或平原等不同地区，由于地理环境、风俗习惯和经济发展水平的差异，人们具有不同的生活方式，口味和爱好，这也会影响他们的购买行为。

3. 社会阶层

在一个社会中具有相对的同质性和持久性的群体，它们是按等级排列的，每一阶层成员具有类似的价值观、兴趣爱好和行为方式。

（二）社会因素

参照群体、家庭、社会角色与地位等社会因素是影响消费者购买行为的重要因素。

1. 参照群体

参照群体也称相关群体，是对个人的信念、态度和价值观产生影响，并作为其评价事物尺度的群体。它既可以是实际存在的，也可以是想象存在的。

参照群体又可分为直接参照群体和间接参照群体。如表 5-2 所示。

表 5-2 参照群体分类

直接参照群体	间接参照群体
首要群体	向往群体
次要群体	厌恶群体

直接参照群体也称成员群体，是某人所属的群体或与其有直接关系的群体。成员群体又分为首要群体和次要群体两种。首要群体也称基本群体或初级群体，是人们经常面对面直接交往的群体，如家庭、邻里、同学、同事等。基本群体的概念最早是由美国社会学家库利在《社会组织》一书中提出的，一般都是非正式群体。次要群体是人们不经常面对面直接交往的社会组织，如机关、企业、学校、消费者协会等。

间接参照群体是指某人的非成员群体，即此人虽不属于这个群体，但又受其影响的一群人。它可分为向往群体和厌恶群体。向往群体也称渴望群体，是指消费者渴望成为其群体中的一员，模仿其群体成员的消费模式与购买行为。如影视明星、体育明星。厌恶群体也称隔离群体，是指消费者厌恶、回避远离的群体。消费者希望在各方面与其保持距离，甚至反其道而行之。

参照群体对消费者购买行为的影响，主要体现如下。

① 参照群体为消费者展示出新的行为模式和生活方式。

② 参照群体影响消费者对某些事物的看法和对某些产品的态度。如请著名的影视明星、专家接触艾滋病人，宣传讲解有关艾滋病知识，以消除人们对艾滋病人的歧视。

③ 参照群体促使人们的行为趋于某种一致化，从而影响消费者对某些产品和品牌的选择。

2. 家庭

家庭是由婚姻、血缘或收养而产生的亲属间的共同生活组织。家庭是社会组织中的基本单位，是消费者最基本的参照群体，对消费者的购买行为有重要影响。

人的一生一般要经历两个家庭，一是父母的家庭，二是自己组成的家庭。消费者购买决策受父母家庭影响比较间接，受自己现有家庭影响比较直接。根据家庭权威中心点，不同家庭的购买决策类型分为 4 种。

（1）独裁型　指家庭购买决策权掌握在丈夫、妻子或子女手中。如购买家庭日常用品往往由妻子决定。

（2）协商型　指家庭购买决策由家庭成员协商决定。如购买住房、汽车等昂贵消费品往往是全家协商后决定。

（3）民主集中制型　指在参考全家人意见的基础上，由某个家庭成员作出最后购买决策。一个人独自做主，全家参与提供意见，如购买家用电器。

（4）自治型　即家庭成员各自对自己所需产品作出购买决策，如服装等。

家庭购买决策权主要掌握在夫妻手中，夫妻决策权的大小取决于购买商品的种类、双方工资收入、生活习惯、家庭内部劳动分工等各种因素。由于我国独生子女家庭多，子女在家庭购买决策中所起的作用也不容忽视。

3. 社会角色与地位

社会角色是与人的社会地位相联系并按规范执行的行为模式。社会角色是人的各种社会属性和社会关系的反映，是社会地位的外在表现。社会生活中任何一个人都要扮演不同的社会角色，如一个人在家庭中是妻子、母亲，在社会上是公司职员等。社会角色的不同在某种程度上影响消费者购买行为。如女儿在母亲节购买康乃馨花送给母亲，恋爱男女在情人节购买玫瑰花和巧克力送给自己的爱人。

社会地位是人们在各种社会关系网中所处的位置，是对决定人们身份和地位的各种要素综合考察的结果。这些要素包括个人的政治倾向、经济状况、家庭背景、文化程度、生活方式、价值取向、审美观及其所担任的角色和所拥有的权利等。消费者的购买行为会随着社会地位的变化而发生显著的变更。

（三）个人因素

消费者年龄、职业、经济状况、生活方式、个性与自我观念等个人因素是影响消费者购买行为的主要因素。

1. 年龄

不同年龄的消费者的兴趣、爱好和欲望都有所不同，他们购买商品的种类和式样也有区别。例如，儿童是糖果和玩具的主要消费者，青少年是文体用品和时装的主要消费者，成年人是汽车、家具的主要购买者和使用者，老年人是保健用品的主要购买者和消费者。不同年龄的消费者的购买方式也各有特点。在产品消费上，青年人对质量和品牌要求较高，容易在各种信息的影响下冲动性购买；中老年人经验比较丰富，更重视产品的实用性和方便性，常根据习惯和经验购买，一般不太重视广告等商业性信息。

2. 职业

由于生理、心理和社会角色的差异，不同性别的消费者其购买商品的品种、审美情趣、购买习惯等都有所不同，如他们订阅不同的杂志，观看不同的电视节目等。而职业不同，受教育程度不同也会使人们的需求和兴趣不同。营销人员应找出对自己产品或服务感兴趣的职业群体，并根据其职业特点制订恰当的营销组合策略。

3. 经济状况

经济状况直接决定了消费者的购买力。消费者通常会在可支配收入的范围内考虑以最合理的方式安排支出，以便更有效地满足自己的需求。一般说来，收入较低的消费者往往比收入较高的消费者更关注商品的价格。营销人员虽然不能改变消费者的经济状况，但能影响消费者对消费与储蓄的态度，通过对产品的生产和营销方案进行重新设计来增强价格的适应性。同时，生产经营那些对收入反应敏感的产品的企业，就应特别关注消费者的个人收入、储蓄状况及利率发展趋势。当消费者的经济状况发生变化时，营销人员就需要及时地对自己的营销策略进行调整。

4. 生活方式

生活方式是在一定社会制度下社会群体及个人在物质和文化生活中各种活动形式和行为特征的总和，包括劳动方式、消费方式、社会交往方式及道德价值观念等。其具有社会性、民族性、时代性、类似性、多样性、差异性等特点，生活水平、生活质量是生活方式在质和量两个方面的反映。

生活方式类型不同，人们的消费重点也有所区别。如"娱乐型"人，生活丰富多彩，紧跟时尚；"生活型"人，购物以满足家庭舒适生活为主，"事业型"人喜欢购买书籍。

5. 个性与自我观念

个性也称作人格，是指个人稳定的心理品质，包括人格倾向性和人格心理特征。人格倾向性包括人的需要、动机、兴趣和信念等，决定人对现实生活的态度、趋向和选择。人格心理特征包括人的能力、气质和性格，决定人行为方式上的个人特征。

自我观念即自我概念，是指个人关于自己的观念体系，即消费者想使自己成为一种什么样的人。它包括三个方面：一是认知，是对自己的品质、能力、外表、社会意义等方面的认识；二是情感，包括自尊、自爱和自卑等；三是评价意志，是指自我评价。自我概念可分为现实的我、理想的我、动力的我和幻想的我。

（四）心理因素

消费者的动机、知觉、学习和态度是影响消费者购买行为的主要心理因素。

1. 动机

按照心理学的一般观点，人的行为是由动机支配的，而动机是由需要引起的。需要是指消费者心理和生理上的匮乏状态。动机是指推动个人进行各种活动的驱策力。动机是行为的直接原因，它促使一个人采取某种行为，规定行为的方向。

2. 知觉

知觉是人对客观事物各个部分或属性的整体反映。它同感觉一样，由客观事物直接作用于分析器官而引起的，但比感觉更完整、复杂。人们常常根据实践活动和心理倾向主动地收集信息，辨认物体及其属性。人们对同一刺激物会产生不同的知觉，原因在于知觉具有选择性的特征。

知觉的选择性是人对同时作用于感觉器官的各种刺激有选择地作出反应的倾向。它使人的注意力指向少数重要的刺激或刺激的重要方面，从而能更有效地认识外界事物，它包括选择性注意、选择性曲解和选择性记忆。

（1）选择性注意　选择性注意是人在注意时，从当前环境中的许多刺激对象或活动中选择一种或几种刺激，使自己产生高度的兴奋、感知和清晰的意识。引起选择性注意的原因有两种：一是客观因素，如刺激强度大、新奇、对比鲜明、反复出现、不断变化等；二是主观因素，如需要、动机、精神状态、知识经验、任务、世界观、价值观等。如消费者在家电商场买电视，他只注意收集电视的品牌和价格等有关电视的信息，而对冰箱等其他家用电器视而不见。

（2）选择性曲解　选择性曲解是指人们有选择地将某些信息加以歪曲，使其符合自己想象。由于选择性曲解的作用，人们容易忽视自己喜爱品牌的缺点和其他品牌的优点。

（3）选择性记忆　选择性记忆是指人们由于观点、兴趣、生活经验的不同，对所经历过的事物有选择地识记、保持、再现或再认。如"脑白金"广告一经播出，消费者对其广告词记忆深刻，"送礼就送脑白金"，但是没有记住脑白金保健品的功效，把"脑白金"曲解为一种送给老年人的礼品，这种效果的出现正是知觉选择性在消费者购买行为中的反映。选择性记忆解释了为什么营销人员在传递信息给目标市场的过程中需要选用大量戏剧性手段和重复手段。

3. 学习

学习是指由于后天经验引起的个人知识、结构和行为的改变。人类的行为大多来源于学习，人们的学习过程就是驱使力（即动机）、刺激物、提示物、反应和强化的结果。如在中国，人们从右侧通行，司机见红灯就停、绿灯就行，这些都是后天学习的结果。

4. 态度

一个人对某些事物或观念长期持有的好与不好的评价、情感上的感受和行动倾向。态度是人们学习来的，它是一个逐步形成的过程，而一旦形成，则直接影响人们的行为。

第三节　化妆品消费者的购买决策

一、化妆品消费者的购买决策过程

复杂型购买决策一般有认识需要、收集信息、评估方案、购买决策和购后感受五个阶段，如图5-2所示。

图5-2　消费者的购买决策过程

（一）认识需要

认识需要是消费者要确认自己需要什么来满足自己的需求。消费者的需要一般由两种刺激引起：一是内部刺激，如饥饿感；二是外部刺激，如广告宣传等。

认识需要阶段的营销任务如下。

① 了解引起与本企业产品有关的现实需要和潜在需要的驱使力，即是什么原因引起消费者购买本企业产品。如了解消费者为什么购买蜂产品，就可以开发出多种蜂产品来满足消费者需求，如蜂蜜、蜂王浆等产品。

② 设计引起需要的诱因，促使刺激消费者，唤起需要，引发购买行为。如"脑白金"一到节日前夕就增加广告播放的频率，让消费者牢牢记住"送礼就送脑白金"。

（二）收集信息

为了满足需要，消费者要收集信息。消费者的信息来源主要有个人来源、经验来源、公共来源和商业来源四个方面。个人来源是指来自亲朋好友的信息；经验来源是从使用产品中获得的信息；公共来源是从网络、电视等大众传播媒体及社会组织中获取的信息；商业来源是指从企业营销中获取的信息，如从广告、推销员、展览会等获得的信息。个人来源和经验来源信息对消费者购买行为的影响最直接，公共来源和商业来源的影响比较间接，但诱导性强。如人们从媒体中获取"禽流感"的信息之后，很多人不敢吃鸡肉、鸡蛋，后来人们又从媒体中获知鸡肉经过高温烹饪，鸡肉中的禽流感病毒会被杀死，才又开始吃鸡肉、鸡蛋。

收集信息阶段的营销任务如下。

① 了解不同信息来源对消费者购买行为的影响程度。

② 注意不同文化背景下收集信息的差异性。

③ 有针对性地设计恰当的信息传播策略。

（三）评估方案

消费者在获取足够的信息之后，要对备选的产品进行评估。对产品评估主要涉及以下问题。

1. 产品属性

产品属性是指产品能够满足消费者需求的特征。它涉及产品功能、价格、质量、款式等。在价格稳定的情况下，消费者对提供产品属性多的产品感兴趣。由于使用者不同，对产品属性的要求也不同，如消费者对汽车轮胎的安全性要求低于航空公司对飞机轮胎安全性的要求，而正是由于安全性能高，因此飞机轮胎价格昂贵。

2. 属性权重

属性权重是消费者对产品有关属性给予的不同权数。如买电冰箱，如果消费者注重它的耗电量，他就会购买耗电量低的电冰箱。现在电冰箱厂家针对消费者这一购买特征纷纷在冰箱外观上标出每天的用电度数来吸引消费者购买。

3. 品牌信念

品牌信念是消费者对某种品牌产品的看法。它带有个人主观因素，受选择性注意、选择性曲解、选择性记忆的影响，使消费者的品牌信念与产品的真实属性往往并不一致。

4. 效用要求

效用要求是消费者对某种品牌产品各种属性的效用功能标准的要求。如果满足消费者的效用需求,消费者就愿意购买。

评估方案阶段的营销任务:增加产品功能,改变消费者对产品属性的认识。同样是蔬菜,由于人们强调绿色环保,需要无污染的绿色蔬菜,使身体健康,因此愿意付出高价购买绿色蔬菜。

(四)购买决策

购买决策是指通过产品评估,使消费者对备选的某种品牌产品偏爱,形成购买意向,引起实际购买行为。消费者的购买决策主要有产品种类决策、产品属性决策、品牌决策、购买时间及地点决策等。

消费者的购买意向是否转化为购买行动受他人态度和意外因素的影响,也受可觉察风险的影响。可觉察风险大小取决于产品价格、质量、功能及个人的自信心。

购买决策阶段的营销任务如下。

① 消除或减少引起可觉察风险的因素。

② 向消费者提供真实可靠的产品信息,增强其购买自信心。

(五)购后感受

购后感受是指消费者在购买产品以后产生的某种程度的满意或不满意所带来的一系列行为表现。消费者对产品的期望值越高,不满意的可能性越大,因此企业在采取促销措施时,如果盲目地扩大消费者的期望值,虽然在短期内会增加产品的销售量,但会引起消费者的心理失衡,退货、投诉增加,从长期来看有损企业形象,影响消费者以后的购买行为。

购后感受阶段的营销任务如下。

① 广告宣传等促销手段要实事求是,最好是有所保留,以提高消费者的满意度。

② 采取有效措施减少或消除消费者的购后失调感,及时处理消费者的意见,给消费者提供多种解除不满情绪的渠道。

③ 建立与消费者长期沟通机制,在有条件的情况下进行回访。

研究和了解消费者市场的特征及其购买决策过程是企业市场营销成功的基石,是制订正确的目标市场策略的有效保证。

二、消费者购买行为的变化趋势

消费者购买行为的变化趋势在我国化妆品市场上的表现非常明显。我国化妆品市场包括普通化妆品市场、专业护理用品市场、儿童用品市场、男士用品市场、中老年用品市场、高档或低档护肤品。换个角度来看有洗发水市场、洗面奶市场、美容院市场、特殊护理市场等,消费者在购买时呈现出变化的趋势。

（一）品牌化

随着国外知名品牌化妆品进入我国市场，我国的化妆品企业已经处于一个国际化的环境中。然而，品牌间的品牌力对比悬殊，中外合资和外方独资企业生产的化妆品在国内市场上占主导地位。

品牌不仅仅是企业的无形资产，而且是企业的一种竞争力，甚至是核心竞争力。越来越多的国内外企业采用多品牌战略，获得了巨大成功。

（二）理性化

理性化是指消费者在进行消费时往往在消费能力允许的条件下，按照追求效用最大化原则和满足最大化消费行为进行消费。从心理学的角度看，理性消费是消费者根据自己的学习和知觉作出合理的购买决策，当物质条件还不充裕的理性消费者心理追求的商品是价廉物美，经久耐用。

早在两千多年前，圣贤孔子就曾论述："奢则不孙，俭则固；与其不孙也，宁固"（《论语·述而》）。坚持适度消费、理性消费观念是我国优秀的文化传统，这对目前引导人们理性消费仍有积极的意义。

（三）个性化

化妆品消费层次化日益个性化。化妆品的消费群体正逐步年轻化，随着资讯的日益发展，女性对美的理解不断加深，对产品提出了更多、更为个性化的要求。其主要有以下三个方面。

1. 注重心理满足

心理满足是相对于生理满足而言的。消费者首先要满足的是日常的衣、食、住、行、用等需求中最基本的那一部分，强调的是生理消费和生理需要。而在个性化消费时代，消费者更注重心理需要，以心理感受作为衡量消费行为是否合理、商品是否具有吸引力的依据，在消费时，追求个性、情趣，以获得心理的满足。

2. 强调商品或服务内在的质的要求

传统消费方式下消费者关注的主要是"货真价实"，对购买过程和消费过程很少关注，现代消费者则开始享受购物过程，注重商品购买过程中、使用后的服务与信誉。

3. 注重消费的文化内涵

消费者在消费时，注重商品的新颖和流行时尚，注重商品的欣赏价值与艺术价值，追求名牌所蕴含的文化特质，以符合自己的个性化要求。

（四）购买行为与生活方式趋向统一化

消费方式与生活方式是两个不同的概念。生活方式指的是人们为满足生存和发展需要而进行的全部活动的总体模式和基本特征。由于人们的心理和行为活动是十分复杂的，社会联系和关系也是多方面的，因此，人们的生活方式必然是多方面、多层次的。

现代消费者越来越倾向于把消费方式与生活方式的其他方面统一、协调起来，从整体上把握、评价生活方式，注重提高生活方式的整体质量。

【案例】女生都懂化妆品吗？透视女性消费心理

近日，LVMH旗下法国专业彩妆品牌MAKE UP FOR EVER携手百度营销研究院权威发布《底妆白皮书》，解读都市女性底妆现状大数据。数据结果显示：7成女性每天出门前都要化妆，花半个小时以上涂抹是绝大多数人的常态，但只有29%的人习惯按专业步骤打造底妆，甚至只有19%的人正确知晓各类底妆产品应用于底妆打造的具体环节。

研究显示女性化妆品消费心理体现为以下几方面。

（1）**女性意识** 消费升级下的"她经济"，逐渐觉醒中的女性意识。"每日打底是80%化妆女性的刚需"。

（2）**买买买** 购物刺激下的"雌激素"，沦陷在买买买中。在社交网络风靡的种草文化下，女性消费者的购买力不可小觑，但她们对于产品的功能性细节的关注度，或许比大众普遍认知中要更低一些。

（3）**打标签** 越来越追求个性化的女性，想要的却是标签化产品。消费者讨厌被标签化，而最能够吸引她们注意力的恰恰是那些被标签化后的产品。例如，相比于介绍SK-Ⅱ品牌，直接说神仙水一定更如雷贯耳；相较于描述口红色号，说"直男斩"绝对更能引起购买欲……

标签背后代表的是一种态度和生活方式，同样也是一种自我展示，而这也许亦是当下"她经济"的洞察刚需。

为了迎合女性消费心理，品牌们应怎么做？

如今，消费者越来越有自己的脾气，要想捕获女性消费群，仅仅了解她们或许还是不够的。当品牌们都在利用新的消费需求进行营销，试图创造出一个不断在追求升级的氛围和文化。站在消费者的视角，更有越来越多微小、细碎的情绪正需要得到满足，此时，或许便是品牌们撩动"她们"神经的绝佳时刻。

（1）**贩卖少女心，找到女性最愿意为什么买单** "消费者的痛点，即是产品的卖点。"可当这条理论应用于女性消费市场时，"痒点"或许更能撩人。正如所有女生的衣柜里永远少一件衣服，梳妆台上永远少一支口红。

（2）**品牌VS消费者，双向沟通下的"不设限"** 品牌了解自己的消费者是不变的课题，可了解消费者的同时，也让消费者了解自己。在传播的过程中，也是一次品牌与消费者双向沟通的过程，由此才有了后续的二次传播，辐射影响力等连带效应。

（3）**Social时代下的"她经济"，知识经济的触角正在蔓延** 如今，网络和媒体拥有了明显的工具化特征，可以看到越来越多分享技巧与经验的美妆博主、时尚博主崛起，并受到女性消费者的追捧。对于这群对品质消费有着高热情与追求的人而言，对知识的渴望变得愈发激烈。

纵观当下的商业世界，无论是女性消费市场下的"她经济"，抑或市场追捧的生活方式品牌，在这场新商赛下角逐的不只是消费升级，更像是一场对消费者认知的掠夺。

本章小结

本章主要介绍了购买者行为模式，不同的购买心理，不同的购买取向和购买行为。消费者的购买行为不仅受经济因素的影响，消费者所处的文化环境，消费者所在的社会阶层，消费者所接触的各种社会团体（包括家庭），以及消费者在这些社会团体中的角色和地位等都会影响消费者的购买行为，当然还包括消费者的个人因素和心理因素。

消费者购买行为通常是一种群体决策行为，消费者典型的购买决策过程一般可分为认识需要，收集信息，评估方案，购买决策，购后感受五个阶段消费者的购买心理和行为如图5-3所示。

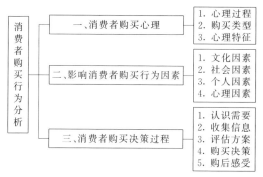

图5-3 消费者的购买心理和行为

复习思考题

1. 消费者的购买心理过程是什么？
2. 化妆品消费者的购买心理类型有哪些？
3. 影响化妆品消费者的购买因素有哪些？
4. 化妆品消费者购买行为模式是什么？
5. 消费者购买决策过程包括几个环节，在各环节中如何实施营销策略？

第六章
化妆品营销的顾客价值导向

学习目标

知识目标

1. 掌握顾客感知价值、顾客满意和顾客忠诚的概述
2. 掌握实现客户价值最大化的途径

技能目标

运用顾客价值导向理论分析所见到的化妆品企业的营销策略

案例导入

赶牛进棚——关注客户需求，最大化顾客感知价值

有一次美国大思想家爱默生与儿子欲将牛牵回牛棚，两人一前一后使尽所有力气，牛就是不进去。家中女佣见两个大男人满头大汗，却徒劳无功，于是便上前帮忙。她仅拿了一些草让牛悠闲地嚼食，并一路喂它，很顺利地将牛引进了牛棚里，剩下两个大男人在那里目瞪口呆。

在这则故事中，你的想法永远是你自己的，他的想法永远是他的。做任何事情只是自己一厢情愿，强迫别人无奈地去接受，无异于赶牛进棚。

营销启示：当我们向客户推销时，要知道客户真正的需求是什么，针对其需求，说他们想听的建议，而不是硬向客户推销你想卖出去的产品。钓鱼时用的鱼饵，不是我们所喜欢吃的东西，而那是鱼最喜欢吃的食物；与客户交谈沟通时，客户的需求最为重要。

第一节 顾客价值

企业的营销理念经历了营销产品、营销品牌、营销文化、营销企业四个阶段。营销的目标也由扩大市场占有额、顾客满意等向提高顾客忠诚度转变。

管理学大师彼得·杜拉克曾经观察到,任何一个公司的首要任务就是"创造顾客"。建立持续顾客关系的关键是创造优质的顾客价值和满意。高价值和满意创造了一种消费者对品牌情绪上的共鸣,使其成为忠诚的顾客,带来了更高的业务回报。

顾客感知价值的研究自20世纪90年代以来渐渐成为国外学者与企业家共同关注的焦点,这正是企业不断追求竞争优势的合理与必然结果。迈克尔·波特在《竞争优势》一书中指出,竞争优势归根结底产生于企业能为顾客创造的价值。伍德拉夫(Woodruff)于1997年也指出:"顾客感知价值是下一个竞争优势源泉。"企业为顾客提供优异价值的能力被视为是20世纪90年代最成功的竞争战略之一。

一、顾客价值的内容

(一)顾客感知价值

顾客感知价值(Customer Perceived Value,CPV)就是顾客所能感知到的利益与其在获取产品或服务时所付出的成本进行权衡后对产品或服务效用的总体评价。

顾客感知价值体现的是顾客对企业提供的产品或服务所具有价值的主观认知,而区别于产品和服务的客观价值。顾客感知价值不同于传统意义上的顾客价值概念。后者是指企业认为自己的产品或服务可以为顾客提供的价值,属于企业内部认知导向;而前者是指顾客对企业所提供的产品或服务的价值判断,属于外部顾客认知导向。

顾客感知价值的核心是感知利益(Perceived Benefits)与感知付出(Perceived Sacrifices)之间的权衡。这一概念包含着两层含义。

首先,价值是个性化的,因人而异,不同的顾客对同一产品或服务所感知到的价值并不相同;其次,价值代表着一种效用(收益)与成本(代价)间的权衡,顾客会根据自己感受到的价值作出购买决定,而绝不是仅仅取决于某单一因素。

顾客总是选择提供给他最高顾客感知价值的产品。

(二)顾客让渡价值

顾客让渡价值(customer delivered value)是指顾客总价值与顾客总成本之差。

顾客总价值(total customer value)就是顾客从某一特定产品或服务中获得的一系列利益,它包括产品价值、服务价值、人员价值和形象价值等。

顾客总成本(total customer cost)是指顾客为了购买一件产品或服务所耗费的时间、精神、体力以及所支付的货币资金等,顾客总成本包括货币成本、时间成本、精神成本和体力成本。顾客让渡价值的决定因素如图6-1所示。

一般情况下,消费者在购买产品时总想把有关成本降到最低限度,而同时又想

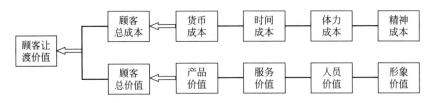

图 6-1　顾客让渡价值的决定因素

从中获得更多的实际利益，以使自己的需要获得最大限度的满足。因此顾客在选购产品的过程中，往往从价值和成本两方面进行比较分析，从中选择出价值最高、成本最低，即顾客让渡价值最大的产品作为优先选购的对象。

（三）顾客感知价值与顾客让渡价值的区别和联系

1. 区别

（1）主客观不同　两者的区别是顾客感知价值是主观的、个性化的概念，因顾客的感受不同而不同；而顾客让渡价值是总价值货币的差值，是较客观的。

（2）出发点不同　顾客感知价值是从顾客的感知出发；而顾客让渡价值是从企业的视角来定位的。

2. 联系

顾客并不总是能够很精确地分析某种产品的价值和成本，而是根据他们的感知价值行事。例如，当消费者对产品信息和产品所在的行业信息不是很了解的情况下，价格就变成了判断产品质量的重要标准。SK-Ⅱ神仙水真如宣传一样能够收缩毛孔，保持肌肤的水油平衡？也许其竞争对手认为自己所生产的产品质量可靠且效果较快，而价格还远低于 SK-Ⅱ神仙水，但大多数消费者还是相信 SK-Ⅱ神仙水。

二、顾客价值的作用

营销工作者了解顾客让渡价值的重要意义在于，它能够使企业向顾客提供比竞争对手具有更多顾客让渡价值的产品，吸引更多的潜在顾客购买其产品。企业要做的工作至少有两方面内容。首先是通过改进产品、服务、人员与形象，提高产品的总价值；其次是通过降低生产与销售成本，减少顾客购买产品的时间、精神与体力的耗费，从而降低货币成本与非货币成本。

三、顾客价值实现途径

"顾客让渡价值"理论全面地分析了顾客的购买利益和购买成本，给企业的市场经营活动提供了以下五个方面的启示。

（一）顾客支付的不仅仅是货币成本

"顾客让渡价值"理论反映出，顾客购买产品的总成本不仅包括其支付的货币成本，还包括购买产品或劳务时所消耗的时间成本、精神成本和体力成本。从这些成本概念出发，厂商应该明白，当厂商通过服务营销，既完善了售后服务，又方便了顾客购买，这时即使不降低购买的货币成本（价格），但由于购买的非货币成本已下降，消费者仍能从中获得较大的价值和满足，产品销售量仍能增加。显然，真正将顾客作为企业的上帝，以顾客的需求作为企业出发点，完善各项服务措施，企业就能走出产品普遍降价的怪圈。

（二）产品创新可增加顾客总价值

"顾客让渡价值"理论指出，顾客总价值由产品价值、服务价值、人员价值和形象价值构成，其中每一项价值因素的变化均对总价值产生影响。

产品价值是由产品的功能、特性、品质、品种等所产生的价值构成，它是顾客需求的中心内容，也是顾客选购产品的首要因素，它是决定顾客购买总价值的关键和主要因素。企业要紧随顾客需求，进行产品的设计与开发，从而为顾客创造更大的价值。

（三）提供服务能增加顾客总价值

产品的服务价值是指伴随产品的出售，企业向顾客提供的各种附加服务，它包括产品介绍、产品保证等所产生的价值。服务价值是构成顾客总价值的重要因素之一，随着收入水平的提高和消费观念的改变，消费者在选购产品时，不仅注意产品本身价值的高低，而且更看重产品附加价值。企业向顾客提供的附加价值越大，顾客从中获取的实际利益就越大，从而购买的总价值也就越大。

松下幸之助认为售后服务制造永久的顾客。无论产品多么完善，价格多么合理，当它们投放市场时，都必须依赖于服务，缺乏服务的保证，所有努力都将功亏一篑。

（四）提高人员价值能增加顾客总价值

人员价值是指企业员工的经营思想、知识水平、业务能力、工作效率、经营作风及应变能力等产生的价值。企业员工的素质直接决定着企业为顾客提供的产品与服务的质量，决定着顾客购买总价值。一个综合素质较高，又具有顾客导向经营思想的员工比知识水平低、业务能力差、经营思想不端正的员工能创造出更高的价值，从而创造更多满意的顾客，进而创造出更大的市场。

松下幸之助曾说过："创造名牌产品，首先必须创造名牌人"，这形象地说明了人员价值对提高产品价值的重要性。

（五）提高形象价值能增加顾客总价值

形象价值是指企业及其企业产品在社会大众中形成的总体形象所产生的价值。它包括产品、商标、工作场所等所构成的有形形象所产生的价值，企业员工的职业道德、经营行为、服务态度、工作作风等行为形象所产生的价值，以及企业的价值观念、管理哲学等理论形象所产生的价值。形象是企业的无形资产，良好的形象会对产品产生巨大的支持作用，会赋予产品较高的价值，会给顾客带来精神上和心理上的满足感和信任感，使顾客的需要获得更高层次和更大限度的满足，正是在形象价值的激励下，创名牌才成为现代企业的追求。

只有在企业的发展战略上充分重视和理解"顾客让渡价值"理论，通过尽可能大地提高顾客让渡价值，企业才有竞争的实力和持续发展的潜力。

第二节　顾 客 满 意

在市场经济不断完善、企业竞争日趋激烈的客观现实下,顾客的地位已经上升到了前所未有的高度。"顾客就是上帝"已成为企业的共识。只有使"上帝"满意,企业才能获得生存与发展的空间,企业必须在顾客满意方面大做文章。

顾客满意研究兴起于 20 世纪 70 年代,最早的文献可追溯到 1965 年卡多索(Cardozo)发表的"顾客的投入、期望和满意的实验研究"。早期的研究大量摄取了社会学、心理学方面的理论,直到现在,大部分的理论仍然是以认知理论作为研究的理论基础。目前,顾客满意研究在欧美国家已日趋成熟。

一、顾客满意的含义

顾客满意(Customer Satisfaction)是一种心理活动,一个人通过对一个产品的可感知效果(perceived performance)或结果与他的期望值(expectation)相比较后,所形成的愉悦或失望的感觉状态。满意水平是可感知效果或测量分析后效果和期望值之间的差异函数。

二、顾客期望

顾客是如何形成期望的呢?顾客的期望来源于四个方面。

(1) 顾客过去的经验　顾客过去购买同类产品的经验和总结。

(2) 朋友和伙伴的建议　购买产品时会咨询同伴或朋友的总结和建议。

(3) 销售者的信息　销售人员给予的产品介绍和与产品相关的信息。

(4) 竞争者的承诺　如果将期望定得太低,就无法吸引足够的购买者;如果营销者将期望值提得太高,亦无法吸引足够的购买者。例如,福建泉州某化妆品公司生产的迪豆产品广告宣称,"它是祛除青春痘的终极克星,使用一次就可以让痘痘变小,使用 3~5 天后,痘痘可以完全消失,而且不复发,并郑重承诺,绝对有效,无效退款。"

三、满意水平

满意水平是可感知效果和期望值之间的差异函数。

满意水平＝感知效果－顾客期望值

如果效果低于期望,顾客就会不满意;如果效果与期望相匹配,顾客就满意;如果效果超过期望,顾客就会高度满意、高兴或欣喜,从而达到提高满意度。

满意的水平有三种:

(1) 可感知效果－期望值＜0　不满意(失望)。

(2) 可感知效果－期望值＝0　满意。

(3) 可感知效果－期望值＞0　高度满意。

满意,使顾客感到满意只是营销管理的第一步。美国维持化学品公司总裁威廉姆·泰勒认为："我们的兴趣不仅仅在于让顾客获得满意，我们要挖掘那些被顾客认为能增进我们之间关系的有价值的东西。"在企业与顾客建立长期伙伴关系的过程中，企业向顾客提供超过其期望的"顾客价值"，使顾客在每一次的购买过程和购后体验中都能获得满意。每一次的满意都会增强顾客对企业的信任，从而使企业能够获得长期的盈利与发展。

四、顾客满意的三个层次

顾客满意包括产品满意、服务满意和社会满意三个层次。

（一）产品满意

企业产品令顾客满意，包括对产品的质量、价格、设计、实效等方面的满意。

（二）服务满意

是指产品售前、售中、售后以及产品生命周期的不同阶段采取的服务措施令顾客满意。

（三）社会满意

是指顾客在对企业产品和服务的消费过程中所体验到的对社会利益的维护，主要指顾客对整体社会效益满意，它要求企业的经营活动要有利于社会文明进步。

如果消费者对产品和服务感觉满意，就会通过口碑传播给其他顾客，扩大产品的知名度，提高企业形象。

五、顾客满意水平与顾客行为的关系

一种观点认为满意水平下顾客行为受到态度的中介影响，不受满意水平的直接控制；另一种观点则认为满意水平下的顾客行为是独立的，即满意水平对顾客行为起直接作用。总之，顾客满意水平对顾客重购行为具有相当强的影响力，表现如下。

（一）一般满意

顾客如有更好的产品，依然会很容易地更换供应商。

（二）十分满意

顾客就会口头传颂，一般不打算更换供应商。

（三）高度满意和愉快

创造了一种对品牌情感上的共鸣，而不仅仅是一种理性偏好，正是这种共鸣创造了顾客的高度忠诚（loyalty）。例如 Oliver（1980）的研究发现，高水平的满意度可增加顾客对品牌的偏爱程度，从而间接增加对该品牌的重复购买意向。

（四）不满意

顾客会产生抱怨，影响他人，从而减少购买，转换品牌。

六、建立顾客满意的方法

企业必须不断对顾客满意度进行追踪调查和衡量，同时也需要了解竞争对手产品的顾客满意度。在探索顾客满意度方面，企业常采用的方法有以下四点。

（一）顾客投诉和建议制度

如很多企业开设的免费 800 电话为"顾客热线"，为顾客提要求、建议、发牢骚敞开了大门。这些信息为公司提供了大量好的创意，使他们能更快地采取行动，解决问题。

（二）顾客满意度调查制度

企业不能以抱怨水平来衡量顾客满意度，因为研究表明，顾客四次购买中会有一次不满意，但只有 5% 以下的不满意的顾客会抱怨。敏感的公司通过定期调查，直接测定顾客满意度状况。如向顾客发送问卷或打电话咨询，以了解顾客对公司业绩等各方面的印象或对竞争者业绩的看法。

（三）神秘顾客制度

佯装购物者，以亲身体验作为顾客受到的待遇。企业可以花钱雇一些人，装扮成顾客，报告他们在购买企业及其竞争者产品的过程中发现的优点或缺点。这些佯装购物者可以故意提出一些问题，以测试企业的销售人员是否能适当处理。经理们也可以打电话给自己的企业，提出各种不同的问题，看他们的雇员如何处理这样的电话。

（四）分析流失的顾客制度

对那些已经停止购买或转向另一个供应商的顾客，企业应与他们接触一下以了解发生这种情况的原因。例如，一个护肤品品牌在流失一个顾客时，他应尽一切努力去了解哪里出现了问题，是服务不周到还是产品不可靠，或是没有给客户推荐适合客户皮肤的产品等。

第三节　顾　客　忠　诚

现在流行的一个词是"顾客至上"。全世界最赚钱的超级市场之一的经营者斯都·伦纳德对员工宣布了两条原则。其一是"顾客永远是对的"；其二是"如果顾客错了，请改用原则一"。

顾客满意是顾客信任的前提，顾客信任才是结果。顾客信任是顾客对该品牌以及该品牌的企业拥有信任感，才能形成顾客忠诚。

一、顾客忠诚的概述

顾客忠诚（Customer Loyalty，CL）是指顾客对企业的产品或服务的依恋或爱慕的感情，它主要通过顾客的认知忠诚、情感忠诚、行为忠诚和意识忠诚表现出来。

（一）顾客忠诚的表现

(1) 认知忠诚　顾客对企业产品和品牌的认识和知觉。

(2) 情感忠诚　顾客对企业理念、行为和视觉形象的高度认同和满意。

(3) 行为忠诚　顾客再次消费时对企业的产品和服务的重复购买行为。

（4）意识忠诚 顾客作出的对企业的产品和服务的未来消费意向。

（二）顾客忠诚的特征
① 再次或大量地购买同一企业该品牌的产品或者服务。
② 主动向亲朋好友和周围的人员推荐该品牌的产品或服务。
③ 几乎没有选择其他品牌产品或服务的念头，能抵制其他品牌的促销诱惑。
④ 发现该品牌产品或者服务的缺陷，能给企业反馈信息，不影响再次购买。

（三）顾客忠诚的分类
"老顾客是最好的顾客"。高度忠诚的顾客层是企业最宝贵的财富。

按照顾客对企业产品或者服务忠诚的缘由进行分类，其包括垄断忠诚、惰性忠诚、方便忠诚、价格忠诚、超值忠诚、激励忠诚和潜在忠诚。顾客忠诚分类如图6-2所示。

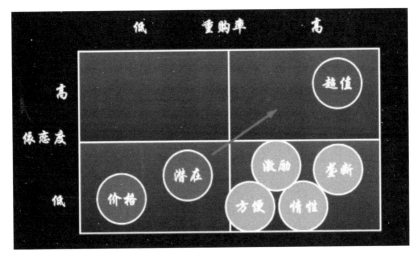

图 6-2 顾客忠诚分类

二、顾客忠诚度

（一）顾客忠诚度的含义
顾客忠诚度是指由于质量、价格、服务等诸多因素的影响，使顾客对某一企业的产品或服务产生感情，形成偏爱并长期重复购买该企业产品或服务的程度。

（二）顾客忠诚度的衡量指标
顾客忠诚度是一个量化指标，一般可用三个主要指标来衡量顾客忠诚度，它们分别是：
① 整体的顾客满意度（可分为很满意、比较满意、满意、不满意、很不满意）；
② 重复购买的概率（可分为70%以上，70%～30%，30%以上）；
③ 推荐给他人的可能性（很大可能、有可能、不可能）。

三、顾客忠诚的层次

（一）最底层是顾客对企业没有丝毫忠诚感
他们对企业漠不关心，仅凭价格、方便性等因素购买。

（二）第二层是顾客对企业的产品或服务感到满意或是习惯

他们的购买行为受到习惯力量的驱使。一方面，他们怕没有时间和精力去选择其他企业的产品或服务；另一方面，转换企业可能会使他们付出转移成本。

（三）第三层是顾客对某一企业产生了偏好情绪

这种偏好是建立在与其他竞争企业相比较的基础之上的。这种偏好的产生与企业形象、企业产品和服务体现的高质量以及顾客的消费经验等因素相关，从而使顾客与企业之间有了感情联系。

（四）最上层是顾客忠诚的最高级阶段

顾客对企业的产品或服务忠贞不贰，并持有强烈的偏好与情感寄托。顾客对企业的这种高度忠诚，成为企业利润的真正源泉。

四、顾客忠诚的意义

随着市场竞争的日益加剧，顾客忠诚已成为影响企业长期利润的决定性因素。以顾客忠诚为标志的市场份额，比以顾客多少来衡量的市场份额更有意义。企业管理者将营销管理的重点转向提高顾客忠诚度的方面来，以使企业在激烈的竞争中获得关键性的竞争优势。

（一）顾客忠诚使企业获得更强的长期盈利能力

1. 顾客忠诚有利于企业巩固现有市场

顾客忠诚度高的企业对竞争对手来说意味着较高的进入壁垒，同时还要吸引原有顾客，竞争对手必须投入大量的资金，这种努力通常要经历一个延续阶段，并且伴有特殊风险。这往往会使竞争对手望而却步，从而有效地保护了现有市场。

2. 顾客忠诚有利于降低营销成本

对待忠诚顾客，企业只需经常关心老顾客的利益与需求，在售后服务等环节上做得更加出色即可。这样既无需投入巨大的初始成本，又可节约大量的交易成本和沟通成本，同时忠诚顾客的口碑效应带来高效、低成本的营销效果。

（二）顾客忠诚使企业在竞争中得到更好的保护

1. 顾客不会立即选择新服务

顾客之所以忠诚一个企业，不仅因为该企业能提供顾客所需要的产品，更重要的是企业能通过优质服务为顾客提供更多的附加价值。

2. 顾客不会很快转向低价格产品

正如忠诚顾客愿意额外付出一样，他们同样不大可能仅仅因为低价格的诱惑而转向新的企业。不过，当价格相差很大时，顾客也不会永远保持对企业的忠诚。

五、提高顾客忠诚策略

（一）建立顾客数据库

为提高顾客忠诚而建立的数据库应具备以下特征：

① 一个动态的、整合的顾客管理和查询系统；

② 一个忠诚顾客识别系统；
③ 一个顾客流失显示系统；
④ 一个顾客购买行为参考系统。

企业运用顾客数据库，可以使每一个服务人员在为顾客提供产品和服务的时候，明了顾客的偏好和习惯购买行为，从而提供更具针对性的个性化服务。

（二）识别企业的核心顾客

建立和管理顾客数据库本身只是一种手段，而不是目的。企业的目的是将顾客资料转变为有效的营销决策支持信息和顾客知识，进而转化为竞争优势。企业的实践证明，企业利润的80%来自其20%的顾客。只有与核心顾客建立关系，企业稀缺的营销资源才会得到最有效的配置和利用，从而明显地提高企业的获利能力。

识别核心顾客最实用的方法是回答三个互相联系的问题。

① 你的哪一部分顾客最有利可图，最忠诚？注意那些对价格不敏感、付款较迅速、服务要求少、偏好稳定、经常购买的顾客；
② 哪些顾客将最大购买份额放在你所提供的产品或服务上？
③ 你的哪些顾客对你比你的竞争对手更有价值？

通过对这三个问题的回答可以得到一个清晰的核心顾客名单，而这些核心顾客就是企业实行顾客忠诚营销的重点管理对象。

（三）超越顾客期望，提高顾客满意度

所谓超越顾客期望，是指企业不仅能够达到顾客的期望，而且还能提供更完美、更关心顾客的产品和服务，使之得到意想不到的，甚至感到惊喜的服务和好处，获得更高层次的满足，从而对企业产生一种情感上的满意，发展成稳定的忠诚顾客群。

（四）正确对待顾客投诉

要与顾客建立长期相互信任的伙伴关系，就要善于处理顾客抱怨。有些企业的员工在顾客投诉时常常表现出不耐烦、不欢迎，甚至流露出一种反感，其实这是一种非常危险的做法，往往会使企业丧失宝贵的顾客资源。

（五）提高顾客转换成本

一般来说，顾客转换品牌或转换卖主会面临一系列有形或无形的转换成本。对单个顾客而言，转换购买对象需要花费时间和精力重新寻找、了解和接触新产品，放弃原产品所能享受的折扣优惠，改变使用习惯，同时还可能面临一些经济、社会或精神上的风险；对机构购买者，更换使用另一种产品设备则意味着人员再培训和产品重置成本。提高转换成本就是要研究顾客的转换成本，并采取有效措施人为增加其转换成本，以减少顾客退出，保证顾客对本企业产品或服务的重复购买。

（六）提高内部服务质量，重视员工忠诚的培养

哈佛商学院的教授认为，顾客保持率与员工保持率是相互促进的。这是因为企业为顾客提供的产品和服务都是由内部员工完成的，他们的行为及行为结果是顾客

评价服务质量的直接来源。一个忠诚的员工会主动关心顾客，热心为顾客提供服务，并为顾客问题得到解决感到高兴。因此，企业在培养顾客忠诚的过程中，除了做好外部市场营销工作外，还要重视内部员工的管理，努力提高员工的满意度和忠诚度。

（七）加强退出管理，减少顾客流失

退出，指顾客不再购买企业的产品或服务，终止与企业的业务关系。正确的做法是及时做好顾客的退出管理工作，认真分析顾客退出的原因，总结经验教训，利用这些信息改进产品和服务，最终与这些顾客重新建立起正常的业务关系。分析顾客退出的原因，是一项非常复杂的工作。顾客退出可能是单一因素引起的，也可能是多种因素共同作用的结果。

第四节　最大化顾客价值

利润是企业生存的基础，而顾客是利润的源泉，所以顾客对于企业来说至关重要。如何创造和赢取顾客，最根本的办法就是为顾客创造最大化的价值，即实现顾客价值的最大化。顾客价值最大化的实现是企业赢得顾客进而取得市场领先地位的关键。

西方企业界流传的一条营销准则是，现有顾客是最好的顾客。

企业只有把顾客看作一种资产，树立"以顾客为中心"的经营理念，快速响应并满足顾客个性化多变的需求，为顾客创造价值，才能在激烈的市场竞争中获得生存和发展。因此，企业开始寻求通过创造顾客价值最大化来创造和赢取顾客。

实现顾客价值最大化的举措有以下三个方面。

一、以顾客为导向的战略制定

价值由企业创造，但却是由顾客决定的，所以企业需要形成从顾客角度来思考价值的创造活动，将企业战略的制定围绕着顾客来展开，以顾客为中心来进行思考，将注意力聚焦在顾客身上，收集、分析有关顾客的信息，了解顾客需求，根据对顾客信息的掌握来制定恰当的战略，最终满足顾客的真实需求，为顾客创造最大化的价值。

二、信息技术应用的极大化

当代企业的发展离不开信息技术，企业想要达成实现顾客价值最大化的目标，就需要为企业寻求信息化支持，实现信息技术应用的极大化，这也成为企业实现顾客价值最大化的一个重要途径。

（一）基于信息技术的顾客体验平台

信息技术特别是互联网的突破性发展，拓宽了企业与顾客交流的通道，企业可以利用网络这一便利手段，与顾客进行亲密的接触，对顾客需求的变化进行实时地掌握，便于企业以顾客需要的方式，为其提供需要的产品，同时也能够使顾客更多

地参与到企业的活动中来,加深顾客的体验,提高顾客忠诚度。

(二)基于信息技术的供应商支持

要创造最大化的顾客价值,企业就需要与供应商建立合作双赢的长期伙伴关系本运行的前提条件下,保证对顾客需求的快速响应。通过对信息技术的极大化应用,就能帮助企业形成对顾客需求的快速响应能力,推动企业实现顾客价值最大化的进程。

(三)利用群体智慧获取廉价资源

企业除了依靠企业内部存在的资源以及从外部环境获取的资源之外,还需要通过互联网延伸到更为广阔的空间。企业可以通过已有的网络平台,或是建立自己的网络交流平台,集思广益,积聚群体智慧,低成本地获取所需资源,满足顾客对速度、革新和控制的新需求。

三、组织机构的协调运行

(一)巩固老顾客

一条古老的生意经就是,回头客,利自来。

西方企业界流行的顾客终身价值理论告诉我们,和顾客保持关系的时间越长,顾客给企业带来的利润就越多。

从顾客关系维护的角度讲,企业可以从三个角度入手,培养忠诚顾客。

1. 利益维护

对忠诚的老客户必须给予奖赏,会员制或积分卡都是对老顾客给予物质奖励的方法。某美容院规定,在该美容院购买"年卡"和"半年卡"的顾客今后继续购买则在此基础上多折"1折"或"0.5折",每年如此,直至折扣为"0"时,便可终生免费享受该美容院的服务,新顾客也可在未来的消费中享受该优惠。

2. 感情维护

建立顾客档案,向顾客提供个性化、人性化和针对性的服务。如某美容院给其年消费额达到多少的重点顾客,每年免费体检一次身体;每月给顾客家打扫一次卫生。

3. 增值服务维护

向顾客提供有价值的服务,让顾客得到更大的好处。如某美容院开展"知识营销",为会员举办各类聚会和讲座,如提供专业的职场礼仪、生活礼仪、色彩搭配、四季着装、专业化妆、营养知识、皮肤保养和女性身体保养等课题。此外还为会员提供家庭、心理、健康、理财等一系列讲座;邀请女性成功人士作女性专题讲座;邀请心理学家、教育家等为女性作亲子教育专题讲座;和证券公司合作给顾客开理财知识讲座。举办 VIP 聚会,提供交友信息平台。这些活动从多个方面与顾客建立联系,像磁石一样,紧紧地吸引住顾客。

(二)开拓新顾客

满意的顾客会给你带来新顾客。在西方企业界,有 36% 的顾客是靠现有顾客推荐的。现在，许多美容院常用的方法就是定期免费提供一次美容机会给顾客的朋友。这既是一个向现有顾客提供增值服务，让现有顾客满意的方法，也是开发新顾客的机会。

一个值得店老板借鉴的新方法是，对顾客的陪同人员提供促销服务，把他们培养成新顾客。店老板们常常发现，一位顾客来购买产品，常常带着朋友做参谋，而顾客的参谋常常成为销售的最大"敌人"。如何让顾客的朋友不说坏话，反而能成为促进生意成交的朋友和顾客呢？换个角度思考，就能把问题变成机会。

某品牌美容院对顾客的伴购人员设计了两套方案，一是针对还没有购物的顾客，赠送两份礼品，一份大礼给购物者，另一份稍小一点的礼品直接送给陪伴购物者；二是针对已经购物的顾客，采取抽奖的方式，伴购者也可抽奖，但是奖项是有分别的，买的人奖品大，伴购者虽然奖品小，但是中奖率高。这一方法实施后，店老板发现顾客的伴购者的态度发生了转变，一再鼓励她的朋友购买，目的是买后她也可以得到一份礼物。

（三）避免顾客流失

营销专家们发现，现有顾客每年会以 10%～30% 的速度流失；每 5 年将会流失一半的顾客；而每年减少 1% 的顾客流失，利润将增加 2%。

顾客为什么会流失呢？北京某大学做一个 EMBA 专题研究"谁赶跑了你的顾客"这个问题。选择了北京 8 家美容院作为研究的对象，最后分析出来的结果非常令人吃惊。

顾客不再光顾一家美容院的五个原因：

① 顾客离开了这个商圈（包括死亡、搬迁、出国等因素）；
② 形成了其他爱好（不再对美容护肤感兴趣）；
③ 被竞争对手的优点吸引（对面新开那家不错哦）；
④ 对你的产品不满意（你的产品怎么那么普通还卖那么贵）；
⑤ 对你的美容院中的某个人的行为感到不爽（冷漠、不礼貌、做派古怪等）。

调查结果显示，"对你的美容院中的某个人的行为感到不爽（冷漠、不礼貌、做派古怪等）"竟然占了总数的 68%！

顾客流失从一个方面说明，营销管理工作存在问题，因此，店老板要把顾客流失当成学习机会，研究顾客为什么会流失，如何把流失的顾客争取回来。某老板专门将最优秀的员工组成一个小组研究顾客流失问题。针对问题，改进和完善自己的工作。

营销专家发现，花费同样的精力，只有 5% 的可能争取到新顾客，却有 40% 的可能会重新挽回老顾客。因此，争取流失的顾客再回头是一种简单又高效的营销方法。有时，给流失的顾客打一个电话就能使得顾客回头。如美国信用卡公司调查，每打一个电话，三个持卡人中就有一个立刻像停用以前一样，或者以比停用以前更高的水平使用信用卡。

本章小结

顾客购买倾向于总价值最大化。在符合搜寻成本、知识、流动性和收入等约束条件的情形下，顾客会估计哪种商品能带来最大的价值，然后按此执行。商品是否达到预期的价值，将影响顾客的满意度和再次购买的可能性。顾客感知价值是潜在顾客对产品及其已知的替代品的所有利益与所有成本评价的差额。顾客满意取决于产品的感知使用效果，这种感知效果与消费者的期望密切相关。顾客满意度与产品和服务质量具有高的正相关关系。

客户资产由三个因素驱动：吸引顾客、留住顾客和对顾客进行更多的销售。

复习思考题

1. 什么是顾客价值？为什么要做顾客价值？如何做顾客价值？
2. 什么是顾客满意？顾客满意的水平？顾客满意的层次？
3. 什么是顾客忠诚？顾客忠诚的意义？顾客忠诚的策略？
4. 如何最大化顾客价值？

实训项目

美容院吸引新客户和培养忠诚客户的营销策略

（一）实训目标

通过对学校周围的2~3家美容院进行市场调研，分析各个美容院的主要服务的目标人群，常常采用的营销策略等，培养学生理解顾客价值导向的营销观念对企业营销策略和营销行为的指导意义。并能够结合所学理论对美容院的营销活动进行评价和改善。

（二）实训内容

1. 调查对象：学校或家庭附近的2~3家美容院等。
2. 调查内容：美容院吸引新客户的营销活动和提高客户忠诚度的营销行为。
3. 调查方式：实地调查、观察调查、深入访谈等。

（三）实训步骤

1. 按小组进行美容院的营销状况调查。
2. 每个小组必须记录调查内容。
3. 小组进行讨论汇总、整理和归纳。

4. 完成实训报告，即撰写被调查美容院吸引新客户的营销活动总结及评价；美容院培养忠诚客户的营销活动总结及评价。

（四）实训组织

5~6人为一小组，在课前作出分析报告。上课前，每组派一个代表阐述本组的观点。教师随即做点评。

（五）实训评价

1. 学生对自己在实训过程中的不足之处进行总结；
2. 教师总结顾客价值导向的营销活动应注意的事项。

第七章
化妆品营销战略的制定（STP 理论）

学习目标

知识目标

1. 化妆品市场细分的原理和作用
2. 掌握化妆品消费者市场细分的方法
3. 掌握化妆品目标市场的选择策略
4. 掌握化妆品公司如何定位自己的产品，使其在市场上具有最大的竞争优势

技能目标

1. 运用所学的化妆品营销战略制定的理论，进行化妆品营销案例的分析
2. 能够根据所学理论，对化妆品公司及其产品进行市场细分和目标市场选择，并进行正确的市场定位

案例导入

元旦，在某高校俱乐部前，一老妇守着两筐大苹果叫卖，因为天寒，问者寥寥。一教授见此情形，上前与老妇商量几句，然后去附近商店买来节日织花用的红彩带，并与老妇一起将苹果两个一扎，接着高叫道："情侣苹果呦！两元一对！"经过的情侣们甚觉新鲜，用红彩带扎在一起的一对苹果看起来很有情趣，不一会儿，就全买光了。老妇感激不尽，赚得颇丰。

这是一个成功进行目标市场定位营销的案例。即首先分清众多细分市场之间的差别，并从中选择一个或几个细分市场，针对这几个细分市场开发产品并制订营销组合。那位教授对俱乐部前来往人群进行的市场细分可谓别出心裁，占比例很大的成双成对的情侣给了他突发灵感，使其觉察到情侣们将是最大的苹果需求市场；而对其产品的定位更是奇巧，用红彩带两个一扎，唤为"情侣"苹果，对情侣非常具有吸引力，即使在苹果不好销的大冷天里也高价畅销了。

引言：

没有一家公司能够吸引其所在市场的所有消费者，至少是不能用同一种方法吸引所有的消费者。由于消费者众多，分散范围广，他们的需求心理和购买行为也都有着非常大的差异。公司自身因资源的优势和劣势以及整合资源能力的差异使得其服务消费者的能力也有很大差异。所以，对于任何一家企业来说，都必须确定自己能够服务的目标市场，然后为目标市场提供相匹配的产品和服务，使产品和服务在消费者心目中树立独特的形象和与竞争对手实现明显的差异化，以此获取最大利润。化妆品目标市场营销战略的制定所必须包含的三个步骤如图 7-1 所示。

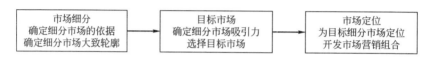

图 7-1 制定化妆品目标市场营销战略的步骤

第一节 化妆品市场细分

一、化妆品市场细分的概念及意义

（一）化妆品市场细分的概念

化妆品市场细分（Market Segmentation），即化妆品企业根据消费者需求和欲望、购买行为等诸因素，把整个市场划分成不同的消费者群的过程。其客观基础是消费者需求的异质性。进行市场细分的主要依据是异质市场中需求一致的顾客群，实质就是在异质市场中求同质。如法国欧莱雅化妆品集团公司根据社会阶层及其个性、经济收入等的不同，拥有多个满足不同消费者需求的知名品牌。

市场细分的目标是为了聚合，即在需求不同的市场中把需求相同的消费者聚合到一起。这一概念的提出，对于企业的发展具有重要的促进作用。它是第二次世界大战结束后，在众多产品市场由卖方市场转化为买方市场这一新的市场形势下企业营销思想和营销战略的新发展，更是企业贯彻以消费者为中心的现代市场营销观念的必然产物。

（二）化妆品市场细分的意义

1. 有利于发现市场机会（分析机会，选择市场）

市场细分后的子市场比较具体，企业比较容易了解消费者的需求，可以根据自己经营思想、方针及生产技术和营销力量，确定自己的服务对象，即目标市场。针对较小的目标市场，便于制定特殊的营销策略。同时，企业比较容易了解细小市场的信息和得到反馈信息，一旦消费者的需求发生变化，企业可迅速改变营销策略，制定相应的对策，以适应市场需求的变化，提高企业的应变能力和竞争力。

2. 有利于发掘市场机会，开拓新市场

通过市场细分，企业可以对每一个细分市场的购买潜力、满足程度、竞争情况等进行分析对比，探索出有利于本企业的市场机会，使企业及时作出投产、异地销售决策或根据本企业的生产技术条件编制新产品开拓计划，进行必要的产品技术储备，掌握产品更新换代的主动权，开拓新市场，以更好适应市场的需要。

3. 有利于集中人力、物力投入目标市场

任何一个企业的资源、人力、物力、资金都是有限的。通过细分市场，选择适合自己的目标市场，企业可以集中人、财、物及资源去争取局部市场上的优势，然后再占领自己的目标市场。

4. 有利于企业提高经济效益

前面三个方面的作用都能使企业提高经济效益。除此之外，通过市场细分后，企业可以面对自己的目标市场，生产出适销对路的产品，既能满足市场需要，又可增加企业的收入；产品适销对路可以加速商品流转，加大生产批量，降低企业的生产销售成本，提高生产工人的劳动熟练程度，提高产品质量，全面提高企业的经济效益。

二、消费者市场细分的主要依据

市场由各种各样的买方构成，其购买需求、购买力、地理位置、购买态度和行为各不相同。通过市场细分，公司可以把巨大的、异质的市场分解为小型的细分市场，从而使产品或服务更快捷、更有效地满足客户独特的需求。市场细分的方法有很多种，营销人员需要根据单独或组合使用多种变量来进行市场细分。消费者市场细分主要采用的变量有四种：地理因素、人口统计因素、心理因素和行为因素。

（一）地理细分

地理细分指按照美容化妆品消费者所处的地理位置、自然环境来细分市场。其市场细分的具体变量包括国家、地区、城镇、乡村、城市规模、人口密度、不同气候带等。

1. 国家

目前许多外国化妆品进入中国市场，它们会依据中国人的皮肤特点对产品配方进行改进，宣传它们的产品适合中国人的皮肤，这就是依据国家进行市场细分。

2. 地区

在我国，广东、上海和北京等区域的人均消费水平高于其他城市，在对化妆品的消费层次需求上也大大地高于全国的消费水平之上；同时，发达国家的化妆品人均消费水平又高于发展中国家。经济发达地区的消费者对品牌的选择相对分散一些，主要原因是经济发达地区化妆洗涤用品行业发展速度快,新产品、新品牌不断涌现,品牌竞争更激烈。

3. 城市规模和人口密度

城市规模大,人口密度高的地区,消费者到商业设施的距离近,可增加购买化妆品的频率。而人口密度低的地区吸引力低,且顾客光临的次数少。

4. 气候

不同气候带是化妆品消费者市场细分特别重要的因素,比如我国西北内陆地区空气比较干燥,特别需要防晒、保湿类型的化妆品。

地理因素易于辨别和分析,这是细分市场时应首先考虑的重要依据。但是,地理因素是一种静态因素,处于同一地理位置的消费者仍然会存在很大的需求差异,因此,美容化妆品企业要选择目标市场,还必须同时依据其他因素进一步细分市场。

(二)人口细分

人口细分是按照人口统计因素来细分化妆品消费者市场。人口因素变量很多,包括年龄、性别、职业、收入、教育、家庭人口、家庭生命周期、国籍、民族、宗教、年代等。很明显,这些人口变量与需求差异性之间存在着密切的因果关系。例如,欧莱雅有女士抗皱紧肤霜,也有男士抗皱紧肤霜;不同年龄组、不同文化水平的化妆品消费者,会有不同的生活情趣、消费方式、审美观和产品价值观,因而对化妆品产生不同的消费需求,例如,化妆最频繁的是26~35岁独领都市消费风尚的女性;而经济收入的高低不同,则会影响人们对某一产品在质量、档次等方面的需求差异,如宝洁公司既有玉兰油等低档护肤品系列,又有SK-Ⅱ神仙水等中高档护肤品系列。

【案例】 资生堂——体贴不同岁月的脸

20世纪80年代以前,资生堂实行的是一种不对顾客进行细分的大众营销策略,即希望自己的每种化妆品对所有的顾客都适用。80年代中期,资生堂因此遭到重大挫折,市场占有率下降。1987年,公司经过认真反省以后,决定由原来的无差异的大众营销转向个别营销,即对不同顾客采取不同营销策略,资生堂提出的口号便是"体贴不同岁月的脸"。他们对不同年龄阶段的顾客提供不同品牌的化妆品。为十几岁少女提供的是RECIENTE系列,20岁左右的是ETTUSAIS系列,四五十岁的中年妇女则有长生不老ELIXIR系列,50岁以上的妇女则可以用防止肌肤老化的资生堂返老还童RIVITAL系列。

(三)心理细分

按照消费者的社会阶层、生活方式或个性心理特征来细分市场即"心理细分"。包括生活格调、个性、购买动机、价值取向以及商品供求局势和销售方式的感应程度等变量。

现在,美容化妆品企业越来越重视按照人们的生活格调来细分市场。生活格调是指人们对工作、消费、娱乐等特定的习惯和倾向性方式,不同的生活格调会产生不同的需求偏好。把具有共同主张、个性、兴趣、价值取向的消费者集合成群,并联系他们的行为方式,就可划分出不同生活格调的化妆品消费群体,诸如传统型、新潮型、节俭型、奢靡型、严肃型、活泼型以及乐于社交者、爱好家庭生活者等消费群体。国外有的化妆品企业把女性消费者分成朴素型妇女、时髦型妇女、男性气质型妇女三种，这对我国同类企业具有参考价值。

以购买动机来细分市场也是心理细分的常用方法，主要动机有求实心理，求安（全）心理，喜新心理，爱美心理，趋时（仿效）心理，地位（成就）心理，名牌（慕名）心理等，所有这些心理因素都可作为细分市场的参考。针对不同购买动机的顾客，在产品中突出能满足他们某种心理需求的特征和特性，往往会取得良好的经营效果。

所谓生活方式，是指在生活观念、生活态度、生活习惯、消费文化等多种要素的综合作用下消费者对生活所产生的个性化需求，是其所需要的各种产品及服务的总和，也是其所需要的物质生活与精神生活的总和，但能够体现出其个体或群体生活特征。根据生活方式细分消费者可以分为两种：低碳健康的生活方式和自然妆容的生活方式。

1. 低碳健康的生活方式

低碳潮流正席卷世界，爱美的女性也渴望低碳健康的生活方式。基于这一消费变化，化妆品行业内也掀起了一股低碳风，从产品制造到品牌宣传，无不与低碳挂勾，撇开国内的丁家宜等化妆品不谈，外资巨头欧莱雅、宝洁和联合利华都紧跟低碳风。

【案例】悦诗风吟的绿色营销

作为韩国最大的化妆品集团爱茉莉太平洋旗下NO.1自然主义品牌——innisfree悦诗风吟，自2000年创立以来始终坚持绿色环保的真善之美，致力于缔造一个真正的自然主义品牌。得益于纯净济州岛得天独厚的自然环境孕育出丰饶物产，悦诗风吟以"来自济州岛的自然恩赐"为理念加以精心萃取，为钟爱自然主义的消费者奉上最优质的产品，缔造健康之美。自2012年4月正式进驻中国以来，这个充满绿色与爱的小清新品牌，将一种韩式清新的自然护肤理念传递给中国消费者，深受广大中国年轻女性的信任与青睐。

如果要在悦诗风吟前加一种颜色，那么"绿色"绝对是不二之选。悦诗风吟从产品原料、容器、包装、陈列等方面只选用绿色环保的设计；通过公平贸易、道德消费原则等方式兼顾社会群体的经济与生活。每年开展的绿色生活行动，如空瓶回收、用马克杯代替纸杯、环保手帕、参与百万植树计划、内蒙古植树、绿色圣诞节等，呼吁大家从自身出发，守护共同的绿色地球。

2. 自然妆容的生活方式

清新怡人的自然妆容一直是近年受欢迎的妆容特点，上至时尚达人，下至公司白领，都将拥有一脸精致无痕的彩妆效果作为制胜宝典。女性在化妆品的选择上，越来越重视妆前乳和粉底液，喜欢能使脸色看起来比较好的自然彩妆。目前大部分女性喜欢的化妆风格是能够"展现肌肤的美丽"和"温和色调温柔妆感"的妆容。

（四）行为细分

行为细分即根据消费者对产品的了解、态度、反应和使用情况，按照购买行为分成不同的消费群体。许多市场营销人员认为根据行为因素细分是进行市场细分的最佳起点。消费行为的变量有：购买或使用产品的时机，从产品中得到的利益，消费的数量规模，对品牌的忠诚度等。

1. 时机

可以依据打算购买、实际购买或使用所购产品的时机来对购买者进行划分。时机细分可以帮助企业确定产品的用途。例如，玉兰油系列的护肤品既有白天使用的多效修护霜，也有滋养、保湿系列的晚霜等。

2. 利益

根据不同群体希望从产品中得到的利益进行细分，这是一种有效的细分方式。仍以玉兰油的沐浴露为例进行分析，玉兰油的美肌沐浴露有两大类别：美肌滋润系列（含敏感皮肤系列、柔肤系列、美白滋润系列、深润滋养系列等）和美肌清爽系列（含舒缓系列、沁醒系列、冰透系列、美白系列、水嫩系列等）。

3. 其他

可根据使用者情况、使用率、忠诚度等对消费者进行群体细分，从而更好地满足消费者的针对性需求。

细分消费者市场有上述四种基本模式，在实际营销活动中要对各种因素综合考虑，才能准确细分市场，最终占领市场。这是化妆品企业应遵循的一种思路。

三、有效进行市场细分的步骤

美国营销专家伊·杰·麦卡锡提出了细分市场的一整套程序，这一程序包括七个步骤，被企业界广泛接受。

（一）正确选择市场范围

企业根据自身的经营条件和经营能力确定进入市场的范围，如进入什么行业，生产什么产品，提供什么服务。

（二）列出市场范围内所有潜在顾客的需求情况

根据细分标准，比较全面地列出潜在顾客的基本需求，作为以后深入研究的基本资料和依据。

（三）分析潜在顾客的不同需求，初步划分市场

企业将所列出的各种需求通过抽样调查进一步搜集有关市场信息与顾客背景资料，然后初步划分出一些差异大的细分市场，至少从中选出三个细分市场。

（四）筛选

根据有效市场细分的条件，对所有细分市场进行分析研究，剔除不合要求、无用的细分市场。

（五）为细分市场定名

为便于操作，可结合各细分市场上顾客的特点，用形象化、直观化的方法为细分市场定名。如某旅游市场分为商人型、舒适型、好奇型、冒险型、享受型、经常外出型等。

（六）复核

进一步对细分后选择的子市场进行调查研究，充分认识各细分市场的特点，本企业所开发的细分市场的规模、潜在需求，还需要对哪些特点进一步分析研究等。

（七）决定细分市场规模，选定目标市场

企业在各子市场中选择与本企业经营优势和特色相一致的子市场，作为目标市场。没有这一步，就没有达到细分市场的目的。

经过以上七个步骤，企业便完成了市场细分的工作，就要可以根据自身的实际情况确定目标市场并采取相应的目标市场策略。

四、化妆品市场细分的要求

企业进行市场细分的目的是通过对顾客需求差异予以定位，来取得较大的经济效益。众所周知，产品的差异化必然导致生产成本和推销费用的相应增长，所以，企业必须在市场细分所得收益与市场细分所增成本之间做一权衡。由此，我们得出有效的细分市场必须具备以下特征。

（一）可衡量性

可衡量性是指用来细分市场的标准和变数及细分后的市场是可以识别和衡量的，即有明显的区别和合理的范围。如果某些细分变数或购买者的需求和特点很难衡量，细分市场后无法界定，难以描述，那么市场细分就失去了意义。一般来说，一些带有客观性的变数，如年龄、性别、收入、地理位置、民族等都易于确定，并且有关的信息和统计数据也比较容易获得；而一些带有主观性的变数，如心理和性格方面的变数，就比较难以确定。

（二）可接近性

细分市场必须能够接近消费人群并提供服务。如一家香水公司发现，用其香水的人多数是单身，这些人很晚还在外面，社交很多。除非公司有办法知道这些人住在哪里，在哪里买东西，或者经常接触哪些广告媒体，否则很难接近。所以这要求企业能够通过一定的广告媒体把产品的信息传递到该市场众多的消费者中去，并且产品能通过一定的销售渠道抵达该市场。

（三）可盈利性（规模性）

可盈利性是指细分市场的规模要大到能够使企业获取足够利润的程度，使企业值得为它设计一套营销规划方案，以便顺利地实现其营销目标，并且有可拓展的潜力，以保证按计划能获得理想的经济效益和社会服务效益。例如，一个普通大学的餐馆专门开设一个西餐馆以满足少数师生酷爱西餐的要求，那么可能由于这个细分市场太小，使餐馆得不偿失；但如果开设一个回族饭菜供应部，虽然其市场仍然很窄，但从细微处体现了民族政策，有较大的社会效益，值得去做。

（四）可辨别性（差异性）

可辨别性指细分市场在观念上能被区别并对不同的营销组合因素和方案有不同的反

应。如已婚女性和未婚女性对香水销售的反应相同，她们就不能构成两个细分市场。

（五）可操作性

企业必须能够设计有效的方案吸引并服务于细分市场。例如，一家小型化妆品公司虽然找出了七个细分市场，但由于公司规模太小，资金不足，员工人数太少，不可能针对每个细分市场开发针对性的营销计划。

第二节 化妆品目标市场

一、目标市场的概念

经过对各细分市场的规模、增长潜力，细分市场的结构优势以及细分市场与公司目标和资源的匹配性进行分析，公司将最终决定哪些是值得选择和进入的目标市场。

目标市场，即通过市场细分后，企业准备以相应的产品和服务满足其需要的一个或几个子市场。企业的一切营销活动都必须围绕目标市场进行。目标市场的选择是决定企业发展目标能否实现的关键，也是企业制定营销策略的首要内容和基础出发点。

二、选择目标市场应考虑的因素

企业在选择目标市场前，应考虑以下相关因素。

（一）企业的资源

如果企业在人类、物力、财力及信息方面资源不足、能力有限，无力把整个市场作为目标市场，可用单一市场集中营销模式，实行密集型营销。实力雄厚的大企业，不仅可以采用差异性市场策略及无差异性市场策略覆盖整个市场，其他各种模式也可根据需要采用。

（二）商品的同质性

商品的同质性是指这一类商品提供了类似的功效。同质性商品本身差异较小，如大米、食盐、石油、钢铁等，比较适合于无差异营销。如果商品设计变化较多，如服装、食品、化妆品等，则宜采用差异化营销。

（三）市场的同质性

市场的同质性是指所有购买者爱好相似，对市场营销刺激的反应也相同。在这种情况下企业可以采用无差异性市场策略，反之，就应选用差异化市场策略、集中性市场策略。

（四）产品所处的生命周期阶段

当企业把一种新的商品投入市场时，现实的做法是仅强调商品的特点，因此无差异市场营销最能奏效。当商品进入生命周期的成熟阶段，差异营销则开始发挥满足不同客户个性化需求的作用。

（五）竞争对手的目标市场策略

一般说来，企业应该同竞争者的策略有所区别，反其道而行之。如果对手是强有力的竞争者，实行的是无差异性营销，则本企业实行差异性营销往往能取得良好的效果。例如，宝洁公司的洗发水分别有柔顺、滋润、去屑、时尚造型、天然草本五个领域的功能，而霸王洗发水则主要集中于中药养发护发的功能领域，形成独特的竞争优势。

三、目标市场的营销策略

企业在确定了自己的目标市场后，可采用不同的市场营销策略。一般来说，有无差异营销、差异化营销、集中营销和微市场营销四种模式可供企业选择。

（一）无差异营销

使用无差异营销或大众营销策略，公司可以忽略细分市场中的差异，向整个市场提供一套产品和服务。这种无差异策略专注于消费者共有的需求，而不是他们的需求差异。公司设计产品和服务，以吸引绝大多数消费者为目的。同质产品，如大米、面粉、钢材、煤炭等可以采用无差异营销策略，但服装、化妆品等属于异质产品，基本不采用无差异营销策略。美国可口可乐公司从1886年问世以来，一直采用无差异市场策略，生产一种口味、一种配方、一种包装的产品满足世界156个国家和地区的需要，称作"世界性的清凉饮料"，资产达74亿美元。由于百事可乐等饮料的竞争，1985年4月，可口可乐公司宣布要改变配方的决定，不料在美国市场掀起轩然大波，许多人给公司打电话，对公司改变可口可乐配方的决定表示不满和反对，可口可乐公司不得不继续大批量生产传统配方的可口可乐。可见，采用无差别市场策略，产品在内在质量和外在形体上必须有独特风格，才能得到多数消费者的认可，从而保持相对的稳定性。这种策略的优点是产品单一，容易保证质量，能大批量生产，降低生产和销售成本。但如果同类企业也采用

图 7-2　无差异营销

这种策略，那必然要形成激烈竞争。无差异营销如图 7-2 所示。

（二）差异化营销

使用差异化营销策略，公司决定瞄准几个细分市场，并为每个细分市场提供不同的产品和服务。企业通过推出多种产品并使用多种营销策略来提高销售额，并在细分市场中占据强势地位。雅诗兰黛的品牌组合使其占据了更大的市场份额，就雅诗兰黛和倩碧两个品牌便占据了高端化妆品市场45％的份额。

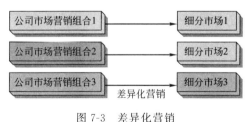

图 7-3　差异化营销

但差异化营销也增加了经营成本。公司通常会发现，比起生产100套同种产品而言，设计和生产10套不同种类的产品的成本要高。企业必须为每个市场进行市场研究、预测、销售分析、促销计划及渠道管理、投入广告等工作，从而增加了成本。差异化营销如图 7-3 所示。

【案例】宝洁的力量

始创于1837年的宝洁，是全球最大的日用消费品公司之一，在全球80多个国家设有工厂及分公司，所经营的300多个品牌的产品畅销160多个国家和地区，其中包括织物及家居护理、美发美容、婴儿及家庭护理、健康护理、食品及饮料等。

宝洁公司的洗衣粉就有11个品牌，国内妇孺皆知的有强力去污的"碧浪"，价格较高；去污亦强但价格适中的"汰渍"等。洗发水则有6个品牌，潘婷、飘柔、海飞丝、沙宣、伊卡璐等。

此外，它还有8个品牌的香皂，4个品牌的洗涤液，4个品牌的牙膏，3个品牌的清洁剂，3个品牌的卫生纸等。

如此大的品牌集群，营销起来非常不容易，宝洁用差异化营销的策略，成就了旗下多个品牌的成功。

思考：宝洁营销的成功和不易之处在哪儿？

（三）集中营销

实行这种策略的企业，既不是面向整体市场，也不是把营销分散在若干个细分市场上，追求在较大市场上占有较小的市场份额。而是把力量集中在一个或少数几个细分市场上，实行有针对性的专业化生产和销售。例如，可伶可俐（Clean & Clear）是全球首个致力于满足青春少女肌肤需求的护肤品牌，为青春少女带来干净、清透、漂亮的肌肤和自信。其旗下拥有调理洗面露、魔力吸油蓝膜、毛孔清透洁面乳，还有清透净白系列和清痘系列。作为一个深受全世界青春少女喜爱的时尚品牌，可伶可俐像好朋友一样保持与青春少女的亲密接触。每年，可伶可俐都主动向青春少女提供青春期教育。可伶可俐还经常举办各类活动，如可伶可俐MTV天籁村校园DJ大奖赛、"最佳拍档"选秀赛……每一个活动都会在青春少女人群中引起巨大反响，为她们提供展现自我的舞台。集中营销如图7-4所示。

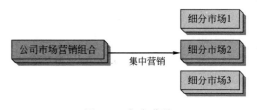

图7-4 集中营销

企业采用集中营销策略，能集中优势力量，有利于产品适销对路，降低成本，提高企业和产品的知名度。但其有较大的经营风险，因为它的目标市场范围小，品种单一。如果目标市场的消费者需求和爱好发生变化，企业就可能因应变不及时而陷入困境。同时，当强有力的竞争者打入目标市场时，企业就会受到严重影响。因此，采用集中性营销策略的企业必须时刻注意目标市场需求变化的动向，随时做好应变准备。

（四）微市场营销

微市场营销根据特定个人和特定地区的口味调整产品和营销策略。微市场营销不是探寻每一个个体能否成为顾客，而是探寻每一个顾客的个性。微市场营销包括当地营销和个人营销。

1. 当地营销

当地营销是指根据当地顾客群（如城市、街区，甚至专卖店）的需求，调整品牌和促销计划。化妆品企业根据不同国家、不同区域、不同社区的消费者情况，推出适合于当地消费需求的产品组合，有助于实现销售最大化。例如，中国成为全球新兴的奢侈品市场，香奈儿公司（House of Chanel）在上海当代艺术馆举办"文化香奈儿"（Culture Chanel）展览，目的是让人们了解香奈儿文化。该展览展出400件物品，包括香奈儿女士的各种设计，以及为她带来灵感的东西，能让人窥视到她的精神世界——也许，这个展览还能促使人们去购买数千美元的正版香奈儿产品，而非那些假货。这就是"文化香奈儿"展览的动机所在——隐性的产品推广，通过艺术展览的方式，达到像透明衬衫那样朦胧而引人注目的效果。不过，以这种方式进行的推广活动显得如此优雅，不同于服装业通常喧闹的宣传方式。"文化香奈儿"展览仅在中国举办，是其在中国市场同其他同类奢侈品实现差异化的方式之一。

2. 个人营销

个人营销是指根据单个消费者的需求和偏好来调整产品，也称"一对一营销"或"定制营销"。向个体营销的转变反映了顾客自我营销的趋势，个体消费者对任何产品和品牌商拥有越来越多的自主权。

一对一营销在21世纪是一个重要的营销准则。

"定制营销"观念与发达的加工制造技术、电信和信息技术以及日益全球化的竞争趋势紧密相连。互联网为企业带来的最大好处是可以更加方便地接近消费者，利用这种新媒体收集消费者的详细资料以便实施定位营销。消费者的资料可以从最基本的人口统计信息到非常具体的细节，掌握消费者资料的多少甚至代表了销售的潜在能力。

"定制营销"是网络营销的基本手段之一。化妆品专卖店、化妆品网络专卖店、化妆品美容院根据顾客个体的皮肤特点和需求采用个性化营销是最佳的营销方式。

【案例】化妆品定制别具一格

化妆品定制是根据皮肤检测的结果和个人的要求，选取适合的针对性护肤成分，定做专属于个人的护肤品。这种私人定制会根据每一位消费者的皮肤特性和生活环境，以及个人的护肤习惯和特殊要求，量身定做一人一款的私人护肤方案。

定制化妆品不仅满足了年轻一代消费者对于个性化的需求，也更加符合消费者皮肤的需求。有网友表示定制化妆品本身是可取的，因为每个人的肤质不一样，而且价格贵的护肤品并不一定就是"本命护肤品"，因此化妆品定制存在一定的市场需求。

兰蔻在美国专柜就曾推出过一款私人定制粉底液。由专业BA先用仪器评估肤色，扫描顾客的脸颊、额头、下巴采集数据，再通过仪器显示肤质和适合色号。顾客还能在滋润度和遮瑕度上提出自己的需求，颜色也可以微调。粉底液会通过机器灌装，最后成品贴有个人的专属标签。整个过程科技感十足，而且只需要30分钟。

第三节　化妆品市场定位

一、市场定位的概念

除了决定要进入哪些细分市场外，公司还必须决定产品在这些细分市场中的定位。例如，玉兰油定位为百姓化产品，消费对象为15~50岁的职业女性，品牌定位是"营养、滋润、美白"；薇姿源自最新药理学研究成果的健康活性分子，并加入以舒缓、抗过敏功效著称的VICHY温泉水，是预防兼治疗皮肤病的天然药物；倩碧以过敏度低，不含香料无刺激的护理理念闻名于世。这就是市场定位。市场定位即消费者根据产品的重要属性定义产品的方式，或者相对于竞争产品而言，产品在消费者心目中占有的位置。市场定位的实质是使本企业与其他企业严格区分开来，向消费者灌输品牌独一无二的优点和差异化。

二、市场定位的作用

（一）有利于企业及产品在市场中建立自己的独特卖点，在激烈的市场竞争中脱颖而出

企业为其产品树立特定的形象，可以塑造与众不同的个性，从而在顾客中形成一种特殊的偏好。

（二）企业的市场定位决策是制定市场营销组合策略的基础

企业决定要提供质优价高的产品，其产品质量就一定要好，价格则要定得高，销售渠道应选择档次较高的零售网点（如百货公司），而不能是批发市场，相应的广告宣传也应强调产品的优质性能，让消费者相信产品物有所值。

【案例】　薇姿化妆品的成功之道

薇姿的成功之道，不仅在于其在药房专销，而且还在于以下两点精妙之处：一是卖点独特，二是顾客群鲜明。

1. 卖点独特

薇姿，沿名法国中部著名的温泉疗养胜地——薇姿市，薇姿市又素以温泉著称。薇姿正是利用这一点大造卖点。在它的广告语及产品说明书上，总是不断突出薇姿温泉的独特功效："预防兼治疗皮肤病的天然药物。"它还打出"LUCAS温泉水"这一"王牌"："薇姿市所有温泉源头中的矿物质含量最高，被誉为'肤之泉'。"通过这样的广告诉求，薇姿使自己的产品牢牢地印上了"质地纯净、营养丰富、品质天然"的特征。

薇姿通过提出全方位安全承诺："薇姿所有产品均通过皮肤科专家在敏感皮肤上的测试，证明其安全、不易过敏，并且依照欧洲制药工业原则生产。"强调其产品的安全性，同时，"专家的测试""制药工业原则"突出其产品的可信赖性。

正是通过传递"天然、安全、专业"的概念,薇姿塑造出自己的独特卖点——"加强皮肤天然保护功能,赋予肌肤健康与活力"。这一独特的卖点,使得薇姿在众多护肤品中脱颖而出。

2. 顾客群鲜明

薇姿进入我国市场以来,所采用的广告形式主要是杂志、报刊宣传,它所选定的杂志的读者多是有一定经济实力的女性,如《女友》《时尚》等。这样,薇姿通过广告阅读者,确定了自己的顾客群——白领或拥有较强经济实力的女性。

鲜明的顾客群有其特有的需要,她们讲究质量和档次。这种需要不仅体现在对核心产品的高标准要求上,而且更体现在附加产品上。薇姿通过以下两种途径来满足其顾客群的特殊要求。

(1) 精美的包装 薇姿护肤品的包装以蓝色、白色以及透明为主,既有薇姿泉水的质感,又带给购买者赏心悦目的感受。

(2) 提高护肤品销售人员的素质 薇姿的销售人员均为药剂师,有专业医学背景和严肃的工作态度,并且接受过系统的健康护肤培训,这为她们的专业化服务提供了可能性。

3. 销售渠道独特

全世界其产品只在药房销售。薇姿作为具有70年研究皮肤科学经验的欧洲药房第一护肤品牌,一直选择并坚持"全世界只在药房销售"的市场策略。在欧洲,护肤品的主要销售渠道首先是超市,其次是药房,而后才是百货商店。只有极少数的化妆品品牌能够通过严格的医学测试进入药房,而薇姿就是其中的一个,并且是在药房销售名列第一的品牌。在药房销售可以达到"回避竞争、吸引消费者的目光和更加彰显健康、放心和专业"的目的。

可见,薇姿有着鲜明的顾客群,实现了准确定位又独树一帜的在药房里销售,它的生产和服务有了明确的针对性,其高质量、中高价位的产品和专业化的服务自然在化妆品行业中有生存发展的空间和场所。

三、市场定位的步骤

企业的市场定位工作一般包括三个步骤。

(一)识别可能的竞争优势

适当的市场定位必须建立在市场调研的基础上,要先了解有关影响市场定位的各种因素。这主要包括:竞争者的定位状况;目标顾客对同类产品的评价标准;目标市场潜在的竞争优势等。

企业赢得并保持顾客的关键在于比竞争对手更加了解顾客的需要和购买过程,比竞争对手向顾客提供更大的价值。这时,公司就获得了竞争优势。公司定位必须始于公司营销的产品或服务差异化。为了找到差异化卖点,营销人员必须仔细分析顾客对公司的产品或服务的全部体验,识别出自己所有可能的竞争优势。一般来说,这些竞争优势主要体现在产品、服务、渠道、人员或者形象上。

1. 产品差异化

即某一企业生产的产品,在性能、质量上明显优于同类产品的生产厂家,从而形成独自的市场。而有些产品如鸡肉、钢铁几乎没有什么差别,但美国普渡公司(Perdue)宣称其品牌鸡肉更加鲜嫩,这个差异使得价格高出10%。另外一些产品如汽车、服装、家具、化妆品等可以被高度差异化。如沃尔沃汽车宣称的"安全性",法国GUERLAIN(娇兰)从创立伊始就采用的神奇香料配方——汤加豆、茉莉、玫瑰和鸢尾花,成为娇兰香水的芳香标记。

2. 服务差异化

随着买方市场的到来,一些公司依靠快捷、方便、细致的配送,实现了服务的差异化。就化妆品专卖店和美容院而言,服务的实施者都是员工,因此,化妆品店首先须致力于提高服务人员素质及建立严格的品质测定标准,同时以个性化、人性化服务理念赢得消费者青睐,最终建立顾客信心,树立优质化妆品店的服务形象。

3. 渠道差异化

化妆品公司可以通过在渠道的覆盖、专业化和绩效方面获得竞争优势。例如,安利雅姿化妆品系列和公司的其他产品一样以直销获得低成本、高利润的竞争优势;薇姿通过药房销售增强专业与安全形象等。

4. 人员差异化

公司通过比竞争对手雇佣并培训更优秀的员工以获得强大的竞争优势。如迪斯尼的员工以友善和快乐而闻名,新加坡航空公司享有盛誉是因为其优雅的空姐等。个性化的化妆品销售只有真正了解顾客的肤质和懂得顾客需求的销售人员才能做到。如做好彩妆的销售工作,第一,要组建专业化的销售团队;第二,培养员工的化妆兴趣;第三,体验式销售;第四,教育营销,顾客不会化妆,员工可以先给顾客化一半脸,然后把另一半交给顾客自己化妆,以此来培养消费者的化妆兴趣。这充分体现了人员差异化在化妆品销售中的重要作用。

5. 形象差异化

即使竞争对手的产品或服务与企业自己的产品或服务看起来一样,购买者可能会因公司或者品牌的形象差异化而感觉不同。而企业突出的品牌形象需要企业多年的经营。法国LANCOME(兰蔻)这个法国国宝级的化妆品品牌创立于1935年,迄今已有70多年历史。自创立伊始,就以一朵含苞欲放的玫瑰作为品牌标记。在70多年的时间里,兰蔻以其独特的品牌理念实践着对全世界女性美的承诺,给无数爱美女性带去了美丽与梦想;而美国ESTEE LAUDER(雅诗兰黛)的那句"如果你16年前已经用上了ANR系列,那么16年后的今天,你的皮肤依然和16年前一样细腻娇嫩"的广告语深入人心。这些选定的标志、人物和其他形象元素,必须通过传递公司或品牌个性的广告来进行传播。

(二)确定适当的竞争优势和定位战略

公司必须认清自身潜在的竞争优势,并决定需要推广哪些差异。接着市场营销人员必须根据其产品或服务能够给客户带来的关键利益，相对于竞争对手的品牌进行独特定位。

假设企业幸运地发现了自身或产品潜在的竞争优势，那它必须确定哪些是定位策略的基础，哪些差异可以用来推广。

1. 推广多少差异

公司应该向目标市场提供多少利益呢？根据独特的营销主张（Unique Selling Proposition，USP）观念，每个品牌都应该挑选一个特性，并且宣称自己的这个特性是最好的。消费者一般更容易记住最好的，尤其是在信息过度的社会。因此，飘柔洗发水强调柔顺，海飞丝洗发水强调去屑，高露洁牙膏强调防蛀功能等。苦心钻研一项产品的核心优势并且始终如一地进行宣传，这会在消费者心目中形成知名度很高的品牌。但也有很多营销人员认为，市场上的竞争对手太多，且竞争对手可能在同样的特性上宣称自己是最好的，所以企业应该宣传其产品拥有一个以上的优势，关键是让消费者相信该品牌具有多项功能。但如果宣传的产品优势太多，也有可能会导致消费者产生怀疑，且失去明确的定位。

2. 具体推广哪些差异

并不是每一项差异在消费者心目中都是独特的，能够给消费者带来额外的价值。所以企业必须对这些差异根据一定的标准进行评价。这些标准包括以下内容。

（1）选择推广差异化的标准

① 重要性：差异对于目标人群来说是有独特价值的。

② 显著性：差异对竞争对手而言比较明显，甚至竞争对手没有这项差异。

③ 优越性：消费者得到的利益相同，但比其他方法优越。

④ 沟通性：差异可以沟通，消费者能够看到或相信这项差异的存在。

⑤ 专有性：竞争对手不能轻易模仿。

⑥ 经济性：购买者能够买得起。

⑦ 盈利性：公司宣传的这项差异能够给公司带来利润。

（2）化妆品企业主要推广的差异化竞争优势　化妆品企业可以从多种角度来选择要推广的竞争优势，主要有以下五个方面。

① 化妆品产品定位：化妆品企业除了运用上述所介绍的定位策略，还包括：功效定位、价格定位、品质定位、色彩定位、造型定位、包装定位、服务定位、心理定位等。例如，故宫出口红和彩妆系列，中国风十足，正是利用了消费者的包装定位、色彩定位、心理定位等。

【案例】"口红一哥"李佳琦的定位与营销套路

2019 年，只要你会上网冲浪，应该都知道"口红一哥"李佳琦，这个满口"Oh my god"的李佳琦，常常在一分钟内迅速为你种草 N 支口红，让你乖乖上交钱包。于是诞生了"不怕李佳琦说话，就怕李佳琦 Oh my god"这样的段子。

PK 掉马云的带货大王、直播五分钟卖掉 15000 支口红……有人觉得，李佳琦的走红主要是靠他那张涂什么都好看的嘴巴，和咆哮式的呐喊。然而实际上，并不是任何一个嗓门大、长得好看的人，都能成为李佳琦。

试分析：

1. 李佳琦如何进行市场的细分？细分的依据有哪些？
2. 李佳琦的目标市场是哪些人群？
3. 李佳琦营销的特点有哪些？

② 根据产品的用途定位。例如，大宝根据消费者白天、晚上对护肤品的不同需求提供日霜和晚霜。

③ 根据提供给顾客的利益定位。例如，倩碧自品牌创立之初就秉承"洁面皂＋化妆水＋特效润肤乳"的组合，以过敏度低，不含香料无刺激的护理理念闻名于世。

④ 根据使用者定位。即将产品指向某一类特定的使用者，根据这些顾客的看法塑造恰当的形象。例如，巴黎欧莱雅的男士系列护肤品中的劲能保湿抗倦容系列。

⑤ 根据竞争状况定位。即以竞争产品定位为参照，突出强调人无我有，人有我优。例如，宝洁公司的玉兰油系列护肤品于 20 世纪 80 年代才进入国际市场，但它将百货公司的高档护肤品带入大众市场，已成为行业的全球领先者。

【案例】白大夫 开创健康美白新纪元

作为中国内地安全美白领域的先驱者——白大夫，近十年来，一直致力于问题肌肤安全美白的研究，对全球 1000 万消费者进行了临床实验研究，美白了上亿个消费者的肌肤。鉴于真正意义上美白祛斑化妆品品牌的市场空白，白大夫从一开始即启用细分市场、准确定位的策略，开发出 2010 白大夫升级版系列产品，分斑分治；分肤质美白。让敏感肌肤都能放心使用，问题肌肤均可以安全美白！让祛斑美白更科学、更精准、更有效、更加迎合市场。

白大夫是祛斑美白领导者，中国美容化妆品行业领导品牌。第一个倡导个性化医学祛斑美白新主张，分斑分治，分肤质美白，并获得"分斑分治""分肤质美白"科技创新品牌双荣誉称号。

随着国内女性美容市场的崛起，许多国际品牌都进入国内，产品良莠不齐，尤其是许多护肤品因为其本身的原料成分并不适合东方女性，使得许多女性朋友的皮肤使用后并没有达到美白效果，甚至因化学物质的副作用而反受其害！那么，怎样的美白护理才能达到美白靓丽的肌肤又无副作用呢？答案是中医药草本精华护理！其温和、安全、健康、高效的效果受到愈来愈多爱美女性的认可和青睐，已成为当下女性美白护理的潮流！

正是在这样一个潮流趋势下，白大夫集合多年的研发经验以及对中医药美容的深入研究，针对东方女性的不同肌肤，开发了白大夫升级系列。白大夫升级全面解决了传统美白技术难题，采用世界生物科技安全美白原料——光甘草定、甘草酸二钾、甘草黄酮，独创安渗导入技术，大胆提出安全美白"三保险"——保险美白、保险美丽、保险健康。使得是一些有身份有地位的女性消费者习惯用国际十大经典品牌，但有的肌肤也过敏，也选择了白大夫。

白大夫美白升级，传承了中草药草本精华，采用高科技技术成功从光甘草定中萃取天然美白成分而成，完全不含任何人工化学成分，独创的安渗导入技术，完全解决了传统美白护肤产品的渗透障碍，让东方女性肌肤100%享受自然、清新、健康美的呵护。

⑥根据文化定位将文化内涵、人文精神注入品牌之中形成文化上的差异，称之为文化定位。文化定位不仅可以提升企业和品牌的品位，还可以使品牌或产品的形象独具特色。只有通过准确的文化定位，充分了解、认识企业的过去和现在、方向和目标、长处和不足以及与竞争对手之间存在的差别，才能从中提炼出最具价值的有别于其他企业的文化要素，最终构建出独具特色的企业文化。

【案例】走出国门的佰草集

要进入接近垄断的化妆品高端市场，与国际知名品牌展开竞争是必然的。如何在群雄压阵下，以弱压强呢？纵观世界知名品牌的发展史，可以总结出，每一个大品牌的背后都有一个力量雄厚的文化基础。如美国的雅诗兰黛，是由雅诗兰黛夫人于1946年成立的以她的公司命名的公司，雅诗兰黛秉承的观念是"为了把美丽带给每一个女性"，同时雅诗兰黛倾注了雅诗兰黛夫人毕生心血，拥有着一个让人感动且充满感触的故事。

而佰草集从命名到品牌传播、包装、店面设计、SPA服务等无不体现着"中国元素"。在这个充斥品牌的社会里，人们的消费行为很多时候不再拘泥于产品本身，特别是化妆品行业，消费者更在乎的是这个品牌承载的文化。佰草集的命名将着眼点放在"草"字上，让人想到源远流长的《本草纲目》，给人一种出水芙蓉，天然去雕饰的清新之感，同时也带来丰富的文化想象空间。在品牌传播上，体现着浓郁的"中国风"，运用中国传统的水墨、白描等艺术手法，加上荷花、荷叶、莲蓬、莲子、梅花、瓷器等具有浓郁中国特色的物品。佰草集的包装设计也很新颖、别致。例如，佰草集的"清肌养颜太极泥"就大胆运用中国天圆地方的概念；在包装颜色设计上，大胆地用清新的绿包含黑与白的太极图案，体现着浓厚的中国风。SPA服务主要将我国的国粹——中医运用在化妆品上。西方人本来就不懂中医，这一中国特色的运用，激起了西方世界对佰草集的浓厚兴趣。

3. 选择整体定位策略

消费者一般会选择给自己带来最大价值的产品或服务。"为什么我要购买你的产品？"品牌定位就是对消费者的这个问题进行回答。

图7-5显示了可能的价值方案，公司可以据此对产品进行整体的价值方案选择。五个深色的方格代表成功的价值方案，即使公司获得竞争优势的定位。而浅色方格代表失败的价值方案。中间的方格代表边缘的方案，既有可能成为竞争优势，也有可能成为竞争劣势。

（1）高质高价　即提供高档次的产品和服务，并制定更高的价格来补偿高成本。

化妆品中的很多奢侈品牌（如迪奥、香奈儿）都是高质量、高价格。

（2）高质同价　公司想要进攻竞争对手的高质高价产品，可以推出质量非常好但价格较低的产品。

（3）高质低价　许多企业宣称自己的产品质量非常好，并以更低的价格提供。如宝洁公司声称自己的洗衣剂清洁能力最好，价位也不高。但长期来看，企业坚持这种定位是很困难的。

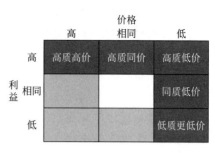

图7-5　可能的价值方案

（4）同质低价　即与竞争对手产品质量相当，但价格更加低廉。

（5）低质更低价　市场上总会存在这样的产品，质量不好，但价格也很低。企业用更低的价格满足消费者较低的性能或质量要求。例如，当消费者有祛痘需求时，可以购买药店里价格在10元以内的激素药，也可以选用中成药祛痘，还可采用药妆品牌薇姿祛痘，这体现了消费者不同的价值选择方案。

（三）沟通并传送选定的定位

企业在作出市场定位决策后，必须采取强有力的措施向目标顾客宣传这种定位。公司所有的市场营销组合必须支持定位策略。

企业或产品在选择一种较好的市场定位后，必须采取有力措施向目标顾客群传达这种定位，市场营销组合策略也必须支持这种定位。例如，企业的定位是高质高价，那公司的产品必须实现产品质量高档、性能优越、价格很高，通过高质量的渠道进行产品分销，并采取高质量沟通策略，高端媒体做广告。企业必须有高素质的员工，优质的服务，将宣传其优越质量的广告信息传达给消费者，使消费者相信其高质高价的形象，并愿意高价购买该品牌产品。

四、市场定位的策略

市场定位是设计企业产品和形象的行为，以使企业明确在目标市场中相对于竞争对手自己的位置。企业在进行市场定位时，应慎之又慎，要通过反复比较和调查研究，找出最合理的突破口。避免出现定位混乱、定位过度、定位过宽或定位过窄的情况。一旦确立了理想的定位，企业必须通过一致的表现与沟通来维持此定位，并应经常加以监测以随时适应目标顾客和竞争者策略的改变。

市场定位的策略有以下四种。

（一）避强定位

避强定位策略是指企业力图避免与实力最强的或较强的其他企业直接发生竞争，而将自己的产品定位于另一市场区域内，使自己的产品在某些特征或属性方面与最强或较强的对手有比较显著的区别。

1. 优点

避强定位策略能使企业较快地在市场上站稳脚跟。并能在消费者或用户中树立形象，风险小。

2. 缺点

避强往往意味着企业必须放弃某个最佳的市场位置，很可能使企业处于最差的市场位置。

（二）迎头定位

迎头定位策略是指企业根据自身的实力，为占据较佳的市场位置，不惜与市场上占支配地位的、实力最强或较强的竞争对手发生正面竞争，而使自己的产品进入与对手相同的市场位置。

1. 优点

竞争过程中往往相当惹人注目，甚至产生所谓轰动效应，企业及其产品可以较快地为消费者或用户所了解，易于达到树立市场形象的目的。

2. 缺点

具有较大的风险性。

（三）创新定位

寻找新的尚未被占领但有潜在市场需求的位置，填补市场上的空缺，生产市场上没有的、具备某种特色的产品。采用这种定位方式时，企业应明确创新定位所需的产品在技术上、经济上是否可行，有无足够的市场容量，能否为企业带来合理而持续的盈利。

（四）重新定位

企业在选定了市场定位目标后，如定位不准确或虽然开始定位得当，但市场情况发生变化时，如遇到竞争者定位与本企业接近，侵占了本企业部分市场，或由于某种原因消费者或用户的偏好发生变化，转移到竞争者方面时，就应考虑重新定位。

重新定位是以退为进的策略，目的是为了实施更有效的定位。

市场定位要随着市场环境的变化做一定的调整。

【案例】

例如万宝路香烟刚进入市场时，是以女性为目标市场，它推出的口号是：像 5 月的天气一样温和。然而，尽管当时美国吸烟人数年年都在上升，万宝路的销路却始终平平。后来，广告大师李奥贝纳为其做广告策划，他将万宝路重新定位为男子汉香烟，并将它与最具男子汉气概的西部牛仔形象联系起来，树立了万宝路自由、野性与冒险的形象，从众多的香烟品牌中脱颖而出。自 20 世纪 80 年代中期到现在，万宝路一直居世界各品牌香烟销量首位，成为全球香烟市场的领导品牌。

本章小结

本章主要学习了化妆品市场营销战略制定所必需的三个步骤。第一个步骤是市场细分，即通过地理因素、人口统计因素、心理因素和行为因素对消费者进行细分，并对每一个细分市场进行可测量性、可接近性、重要性、可行性等的判断；第二个步骤是选择目标市场，即首先评估细分市场，再对选择的目标市场制定营销策略，包括无差异营销、差异化营销、集中营销和微市场营销；第三个步骤是确定产品在目标市场中的定位，包括选择可能的竞争优势，确定适当的竞争优势和整体价值定位方案以及在目标人群中沟通并传送选定的定位。

复习思考题

1. 企业为什么需要进行市场细分？
2. 化妆品市场细分的主要依据因素有哪些？
3. 有效进行市场细分的标准有哪些？
4. 影响企业目标市场选择的因素有哪些？
5. 有效区分目标市场的营销策略，并指出其优缺点？
6. 市场定位的概念和步骤是什么？
7. 市场定位的策略有哪些？

课后思考

1. 市场营销是如何进行市场细分、目标市场选择和市场定位的？
2. 你是否认同该产品的市场细分、目标市场选择和市场定位？为什么？请根据所学知识尝试给出一些个人的建议。

实训项目

"互联网＋"大学生创新创业项目

（一）实训内容

1. 假如你是即将开辟新市场的老板，根据本章已学知识，在互联网＋的背景下，利用线上＋线下（O2O）方式，自创某创新产品或服务，分析步骤要求：

(1) 如何细分市场？按照步骤进行市场细分？
(2) 如何选择自己的目标市场？
(3) 如何对其进行市场定位？

2. 写出你的企业策划方案，包括企业名称、主要经营产品、目标消费者的特点、经营模式、盈利模式等。

3. 假设有一个老板有 100 万元，要投资，每一组都要利用好展示的机会，发挥自己的优势，如何获得老板的资助，创出自己的公司或品牌？

（二）实训要求

以小组为单位，完成创业策划书及制作汇报 PPT，具体评分要求：

1. 精心进行市场细分与目标市场策略相关资料准备（20 分）；
2. 认真选好自己的市场定位，并制定合理计划（20 分）；
3. 运用所学知识深入分析，指出企业的优势或劣势（20 分）；
4. 写出创业策划报告，包括企业名称、品牌 LOGO、主营产品/服务、目标消费者的特点、经营模式、盈利模式等（40 分）。

（三）实训组织与评比

1. 以小组为单位，完成项目策划书；
2. 每组选派一名代表在课堂进行项目 PPT 汇报；
3. 教师现场评分，小组互评，选出最佳项目组。

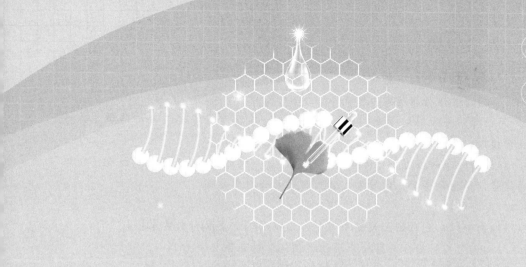

第三篇
营销策略

第八章
化妆品的产品策略

学习目标

知识目标

1. 掌握化妆品的产品组合及相关概念
2. 理解化妆品生命周期的含义及其各阶段的特征，掌握化妆品生命周期各阶段的营销策略
3. 了解品牌的相关概念，理解化妆品的品牌策略
4. 掌握化妆品的包装策略

技能目标

1. 能灵活运用化妆品的产品组合策略、化妆品的品牌与包装策略实现化妆品企

业的经营目标

2. 能利用化妆品生命周期各阶段的营销策略分析所见到的化妆品企业的营销策略

香奈儿的永恒魅力——时尚转瞬即逝，唯有风格永存

香奈儿诞生于 1913 年，它的产品种类繁多，有服装、化妆品、香水等，每一种产品都闻名遐迩，特别是她的香水与时装。

虽然香奈儿有足够的实力和潜力进行一定的品牌延伸，但是它没有通过品牌无形资产来盈利，甚至没有增加任何可以为其占领市场份额的二线品牌。

香奈儿多年来一直保持着独立经营的模式。由此可见，香奈儿是坚定地采取单一品牌策略，只把核心竞争力放在产品的设计、开发和品牌的维护、创新上，从而保持香奈儿品牌的竞争力。

引言：

产品是一切营销活动的核心物质载体和决定市场成败的首要因素，是"企业的生命"。没有产品，也就没有营销活动可言。在化妆品营销策略中，其产品营销策略是核心，对化妆品的价格策略、促销策略和渠道策略等起着统率作用，甚至在较大程度上决定或影响着这些策略的制定与实施。因此，化妆品产品营销策略的成功与否，在一定程度上决定了化妆品企业的兴衰成败。本章将集中讨论化妆品的产品营销策略。首先必须明确产品的内涵，产品的组合及相关概念；接着将讨论化妆品生命周期及其各阶段的特征，为化妆品生命周期的各阶段找出适当的营销策略；最后再讨论化妆品的品牌及包装等重要策略。

第一节 化妆品的产品组合策略

美国著名营销专家查尔斯·雷弗森曾有一句名言："在工厂我们生产化妆品，在商店里我们出售希望。"这句名言就是对产品的绝妙表述，使产品的概念打破了原有的对产品概念的理解，使产品概念不再局限于质量、性能、式样等物质形态，扩展了产品的范畴。那么产品的内涵究竟是什么。

一、产品的内涵

（一）狭义的产品概念

从最狭义的角度来说，人们一般把产品理解为具有某种特定物质形状或提供某种用途的物质实体。如香水、睫毛膏、面膜等。

（二）市场营销学中的产品整体概念

从市场营销学的角度来看，产品是指一切能够满足消费者需要的物质实体和非物质服务。在现代的市场营销中,产品是一个综合的整体概念,包括核心产品、形式产品和延伸产品这三个层次。

1. 核心产品

这是产品整体概念中最基本的层次,是指产品能够给消费者带来的基本效用和实际利益。如消费者购买化妆品,是因为化妆品可以用来护肤和美容,这是化妆品这个产品给消费者提供的基本效用和实际利益。

2. 形式产品

这是核心产品的转化形式,是指产品在市场上出售时能为消费者所识别和选购的具体形态。具体包括产品的品质、特色、款式、品牌和包装等。如化妆品的品质怎样,有什么特色,什么品牌,用什么样的包装瓶等。

3. 延伸产品

这是企业核心竞争力的关键因素,是指消费者在购买产品时所获得的全部附加服务和利益。包括提供产品的说明书、承诺、送货、维修、保证、安装、技术指导等售前及售后服务。如消费者购买化妆品后承诺如有质量问题可以退换。

【案例】美即的面膜哲学

2015美即面膜品牌发布会在上海世博创意秀场上演,宣告美即面膜全面升级,美即将推动品类发展在经历了特殊护理时期、大众快消时期的第三个阶段,开始进入品类价值确立阶段。美即控股国际有限公司CEO佘雨原先生出席本次发布会。

发布会以"面膜哲学"为主题。现场以纯净的质感和色调赋予整个空间禅意般的宁静。佘雨原先生现场解读"面膜哲学",诠释面膜"时空之于护肤的意义"这一独特的品类价值。

"面膜美学"和"面膜科学",正是美即"面膜哲学"中的两大关键,加上十几年来对"面膜史学"的深刻理解,佘雨原提出的"面膜哲学"实际上就是面膜作为具有独特价值的护肤品品类的发展理论。"面膜不应是过度风尚化的产物,而是区隔于护肤品的,具有其独特价值的专业品类。"佘雨原表示。

关于面膜哲学:"面膜哲学"就是面膜的品类价值,为了更好地理解这一点,首先要厘清面膜与其他美容手段的关系。从古到今,为了实现"美",归纳起来不外乎有三种途径:东方的养护(即护肤),西方的修饰(即彩妆),以及现代医学对容颜的雕琢、改变(即整容)。面膜源自东方,很显然,它属于护肤的范畴;同时,在护肤的范畴里,面膜又具有非常独特的价值,它集中体现了东方的养护理念,充分表达了时空之于护肤的意义,实现了在面膜的时空中,享受身心放松愉悦的体验之美,和面膜深透滋养对肌肤带来的自然健康之美。

面膜哲学包含两个层面的内容。

第一,面膜美学。面膜拥有独特的使用体验,15分钟,让消费者暂时抽离周围的世界，静享休闲放松、身心愉悦的美好，由此可见，这是一个实现美的过程，但同时这个过程本身也是一种美的感悟。由此联想到东方的茶叶以及西方的红酒，除了产品本身的理性价值以外，它们都蕴含着独特的审美过程，从而形成自身特有的文化符号，如茶道。

第二，面膜科学。面膜拥有独特的理性价值，膜布的包裹与隔离，为肌肤营造独特的滋养吸收小环境，15分钟，精华与肌肤亲密接触，在密闭与压力的作用下层层深入，慢慢的、慢慢的、深深的、深深的，达到真正的深透滋养，实现肌肤的自然健康之美。

以上两个方面，都离不开时间与空间的概念，都充分诠释了时空之于护肤的意义，也充分体现了东方的养护理念。同时，这两个方面也是面膜区别于其他护肤品的重要特征，也就是说，这是面膜独特的品类价值。

二、化妆品的产品组合及其相关概念

（一）化妆品的产品项目

化妆品的产品项目是指化妆品产品目录上列出的每一个具体的产品单位。每一种化妆品的品种、价格、外观等就是一个化妆品的产品项目。

（二）化妆品的产品线

化妆品的产品线是指具有相似功能并能满足同类需求而式样规格不同的一组相似的化妆品。

（三）化妆品的产品组合

化妆品的产品组合是指企业生产经营的全部化妆品的产品线与产品项目的结合方式。主要包括化妆品的产品组合宽度、长度和深度等，如表8-1所示。

（1）化妆品的产品组合宽度是指具有多少条不同的化妆品的产品线。

（2）化妆品的产品组合长度是指化妆品的产品项目总数。

（3）化妆品的产品组合深度是指化妆品的产品线中每一产品有多少品种规格。

表 8-1 欧莱雅集团部分化妆品组合的长度和宽度

	产品宽度				
	普通护肤品	医学护肤品	彩妆	专业美发产品	香水
产品长度	赫莲娜	薇姿	植村秀	卡诗	卡夏尔
	兰蔻	理肤泉	美宝莲	美奇丝	维果罗夫
	碧欧泉			欧莱雅专业美发	
	巴黎欧莱雅				
	羽西				
	卡尼尔				
	小护士				

三、化妆品的产品组合策略

化妆品的产品组合策略是指企业依据自身的经营能力，随着市场需求和竞争形势的变化，对化妆品的产品组合宽度、长度和深度等所作出的决策。主要包括扩展策略、缩减策略和延伸策略等。

（一）扩展策略

扩展策略包括扩展化妆品的产品组合宽度和长度。扩展化妆品的产品组合宽度是指在原化妆品的产品组合中增加一条或几条产品线，扩大企业的经营范围和提高企业的知名度。扩展化妆品的产品组合长度是指在原化妆品的产品组合中增加新的产品项目，发展系列产品以满足更多的消费者，吸引更广泛的顾客。

一般而言，扩展策略适用于企业预测现有化妆品产品线的销售额和盈利率在未来几年将下降的情况。使用这一策略，企业可以挖掘经营潜力，扩大经营范围以利于在更大的市场领域提高企业的知名度。但同时也会增加企业管理的难度，分散企业集中经营的精力，从而影响到企业原有化妆品的信誉。

（二）缩减策略

缩减策略是指企业从化妆品的产品组合中剔除获利较小的产品线或产品项目，从而把经营的精力集中于获利较多的化妆品产品线或产品项目。

一般而言，缩减策略使企业把经营的精力集中于少数的化妆品产品线或产品项目，可保证及提高化妆品的品质，降低这一部分化妆品的经营成本，提高企业的经济效益。但同时也意味着企业将失去部分的化妆品市场，从而增加企业的经营风险。

【案例】

20世纪90年代中后期，宝洁公司在中国加大了新品牌、新产品的投入力度。但宝洁公司旗下唯一针对中国市场自创的品牌"润妍"洗发露上市1年多就退出市场。这是宝洁公司依据自身的经营能力，随着市场需求和竞争形势的变化而采取缩减策略的明显表现。

（三）延伸策略

延伸策略是指企业突破原有化妆品经营档次的范围，全部或部分地改变公司原有化妆品的市场定位。主要包括向下延伸、向上延伸及双向延伸三种策略。

1. 向下延伸

向下延伸是指原来生产高档化妆品的企业决定以后增加生产低档的化妆品。

2. 向上延伸

向上延伸是指原来生产低档化妆品的企业决定进入高档化妆品市场，以后增加生产高档的化妆品。

【案例】

宝新公司作为国内一家大型化妆品公司。根据市场竞争需要，宝新公司拟推出新的洗发系列产品，以争夺目前中国市场上以"潘婷、飘柔、力士"等品牌为代表的高档洗发水市场。公司营销目标是于 2000 年初达到该洗发水品牌占中国市场知名度的 50%，并占据高档洗发水 30% 的市场份额。这是宝新公司采取向上延伸策略，增加生产高档的化妆品。

3. 双向延伸

双向延伸是指原来生产中档化妆品的企业同时向高档化妆品和低档化妆品市场进军，决定以后增加生产高档化妆品和低档化妆品。

第二节　化妆品的生命周期与营销策略

一、化妆品生命周期的含义及其各阶段的特征

（一）化妆品生命周期的含义

化妆品生命周期是指化妆品从进入市场开始到被市场淘汰为止所经历的全过程。化妆品生命周期按照化妆品销售额和利润变化的标准可分为：导入期、成长期、成熟期和衰退期四个阶段。如果以时间为横坐标，以销售额为纵坐标，则化妆品生命周期表示为一条近似 S 形的曲线，如图 8-1 所示。

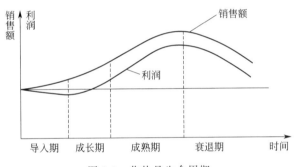

图 8-1　化妆品生命周期

（二）化妆品生命周期各阶段的特征

在化妆品生命周期四个不同的阶段中，化妆品的销售额、利润、购买者和市场竞争等都有不同的特征，如表 8-2 所示。

表 8-2　化妆品生命周期各阶段的特征

项目	导入期	成长期	成熟期		衰退期
			前期	后期	
销售额	较低	迅速增长	继续增长	有降低趋势	下降
利润	无或负	大	最大值	逐渐下降	低或负
购买者	好奇者	较多	大众	大众	跟随者
市场竞争	微小	兴起	增加	甚多	减少

第八章　化妆品的产品策略

二、化妆品生命周期各阶段的营销策略

由于化妆品在生命周期各阶段的特点不同，因此企业要根据化妆品在各阶段的特点作出不同的市场营销策略。

（一）导入期的营销策略

在导入期这一阶段，新的化妆品才刚进入市场销售，购买者对产品还不了解，化妆品的销售额较低而且销售费用高，企业往往无利可图甚至为负利润。那如何拉动化妆品的销售呢？企业的营销策略重点主要集中在"促销—价格"策略方面。

1. 快速撇脂策略

快速撇脂策略也称高价格高促销策略，是指把化妆品定位于高价格推入市场，同时采取广告、商场促销等大力宣传，迅速提高化妆品的产品知名度，推动爱好新奇者"尝新"的购买欲望，迅速扩大销售量，占领市场和获取利润。

【案例】 碧欧泉，男士产品"用了就会像明星一样"

2001年，作为第一个涉足中国男士品牌的国际高档护肤品欧莱雅集团旗下的碧欧泉男士产品进入中国。为迅速扩大销售量，占领市场和获取利润，碧欧泉男士产品以较高的价格出售，同时采取大量的宣传手段进行推广，特别是在2005年用巨额邀请金城武代言，以一个笼统的"用了就会像他一样"的概念与强大的广告攻势吸引了万千男性关注，开启男性化妆品明星推广热潮。

2. 缓慢撇脂策略

缓慢撇脂策略也称高价格低促销策略，是指把化妆品定位于高价格推入市场，但是却采用低促销费用的方式，以尽可能低的费用开支求得更多的利润。

【案例】

资生堂在2002年首次推出专业男性化妆品品牌俊士。俊士系列产品以较高的价格出售，将目标定位为中国大陆市场三十岁以上的商业成功人士。希望通过品牌倡导新时期外表时尚而得体，为人温柔而坚强，对家庭细致体贴，对事业积极进取的中国男性形象。但是其却采取低促销费用的方式，缺乏有力的市场推动。

3. 快速渗透策略

快速渗透策略也称低价格高促销策略，是指把化妆品定位于低价格推入市场，但是却采用高促销费用的方式。产品以低价格争取到更多的购买者认可，同时因花费了大量的广告费用，迅速提高了其产品知名度，取得尽可能大的市场占有率。

【案例】

巴黎欧莱雅进军中国男士护肤品市场时，考虑到中国男士护肤市场太过松散、没有领袖品牌、影响力差的特点和市场难以做大的现实情况。巴黎欧莱雅把男士护肤品定位于较低的价格（一般不超过100元），同时陆续通过吴彦祖、皮尔斯·布鲁

斯南等代言人强力切入男性化妆品市场，围绕男性商务人群进行全面推广，其获得巨大的成功——上市首阶段就令销量超越预计的两倍；巴黎欧莱雅男士护肤品系列产品占据超市货架同类别产品首位。

4. 缓慢渗透策略

缓慢渗透策略也称低价格低促销策略，是指把化妆品定位于低价格推入市场，同时采用低促销费用的方式。这种策略依靠化妆品的低价，通过薄利多销的方式占领市场。其基本不做广告宣传，而是利用"物美价廉"的口碑宣传，逐步赢得购买者。

【案例】

1998年，作为日本第一大洁面乳品牌的碧柔率先以较低的产品价格推出了男士控油概念的洁面乳，并且没有进行大量的广告宣传，而是利用"物美价廉"的口碑宣传在一个时期内逐步占据中国男士洁面乳市场的大半壁江山，红极一时。

（二）成长期的营销策略

化妆品进入成长期这一阶段，购买者已经对产品较为熟悉，销售额迅速增长，规模生产已初步形成，分销渠道的建立较为理想，新的竞争者开始跟进，但尚未形成有力的对手。在这一阶段，企业应该争取取得较大的成就，充分发挥其销售能力。

1. 产品优质化策略

依据市场的反应和购买者的需求，改进产品的质量和增加产品的款式和功效。

2. 新市场开拓策略

巩固原有的分销渠道，同时通过市场细分寻找新的目标市场，增加新的分销渠道，扩大产品销售额。

3. 树立产品形象策略

随着产品市场逐步打开，企业的营销策略应从树立产品知名度为中心转为树立产品形象为中心，侧重点在于建立品牌偏好，争取新购买者。

4. 价格调整策略

在产品规模生产已初步形成和生产成本降低的基础上，应该选择适当的时机调整价格，以适应多数购买者的购买承受力，争取更多的购买者，同时限制竞争者加入。

（三）成熟期的营销策略

在成熟期这一阶段，化妆品生产量大、销售量大和持续时间长，但此时的市场竞争异常激烈。在成熟期阶段，企业的营销策略应采取积极进攻，防止消极防御。

1. 市场改良策略

刺激现有购买者,增加产品使用率;开发产品的新用途,寻找新的购买者,拓宽目标市场。

【案例】 强生婴儿润肤露"宝宝用好,您用也好"

强生婴儿润肤露初期进入市场时是专为婴儿设计的,目标市场也只针对婴儿。随着这一产品进入成熟期,其采取了市场改良策略,大力宣传"宝宝用好,您用也好",使该产品的目标市场扩展到成年人,从而拓宽目标市场范围,进入新的细分市场。

2. 产品改良策略

通过改良现有产品的品质、特性、式样和服务等,以吸引新购买者或增加新购买者的产品使用量。

3. 营销组合改良策略

通过改变营销组合中产品、价格、渠道和促销等各要素的轻重缓急和先后次序,以达到延长产品成熟期的目的。

(四)衰退期的营销策略

化妆品进入衰退期这一阶段,销售量迅速下降,购买者的兴趣已经完全转移,产品价格下降到最低水平,多数企业因无利可图而退出市场,仍存留的企业将减少产品附带服务或削减促销预算等。

1. 集中策略

企业把资源集中在最有利的细分市场,最有效的销售渠道和最容易销售的产品上。

2. 榨取策略

企业大大降低销售费用,同时降低产品价格,以尽量增加眼前利润。

【案例】成功的宝洁,失败的润妍

20世纪末期,中国洗发水市场关于"黑头发"的概念大行其道。重庆奥妮率先喊出"黑头发,中国货"。其后,夏士莲着力打造黑芝麻黑发洗发露。这些产品基本上采取定位区隔的方式,将植物与化学进行系统区分,将宝洁划分为化学成分阵营。

1997年,宝洁开始确定新品战略,并从此开始长达3年的市场调研与概念测试:从消费者到竞争对手,从品牌到包装等无不经过科学与严格的市场测试。包括润妍品牌经理在内的十几个人分头到北京、大连、杭州、上海、广州等地,选择目标消费者,和他们一起生活48小时,进行"蛔虫"式调查;2000年,润妍正式诞生,针对18~35岁女性,定位为"东方女性的黑发美",其包装、广告形象无不代表着当时乃至今天中国洗发水市场的极高水平。宝洁专门建设网站进行网上和网下推广活动并赞助电影《花样年华》和"周庄媒体记者东方美发秀"。

但润妍的市场表现却令宝洁感到失望。润妍在上市后的销售额在1亿左右,广告费用约占10％。两年时间里，润妍虽获得一些消费者认知，但其最高市场占有率从未超过3％，这个数字，不过是飘柔市场份额的1/10。宝洁公司决定在润妍上市一年后退出市场。

案例分析

1. 你认为一家公司在产品不同的生命周期过渡期间应该注意哪些问题？
2. 研发上市之前的调研为润妍的品牌运作究竟起到什么作用？
3. 对于润妍的失败，你有什么经验可以总结？
4. 润妍的失败中吸取经验教训，新产品开发、上市的成功因素有哪些？

第三节　化妆品的品牌策略

在化妆品日趋普遍化和同质化的今天，如何使企业之间的同类化妆品有所区别，品牌就成了非常重要的标志。一瓶价格和功效相近的精华水，是选择购买巴黎欧莱雅、SK-Ⅱ，还是选择购买美肤宝、自然堂，这时品牌成了影响购买的关键因素。

一、品牌的相关概念

（一）品牌的内涵

品牌是用以识别销售者的产品或服务，并使之与竞争对手的产品或服务区别开来的商业名称及其标志，通常由文字、标记、符号、图案和颜色等要素或这些要素的组合构成。

一个品牌最持久的含义应该是它本身所具有的价值、文化和个性。品牌的含义具有六个方面的内容，这些确定了品牌的基础。

1. 属性

品牌首先向人们展示特定的属性。例如，香奈儿五号香水表现出奢华与优雅等。公司可以利用这些属性做广告宣传。

2. 利益

购买者购买产品是希望通过产品获得所需的利益，因此属性需要转化为功能或情感利益。

3. 价值

品牌同时体现了该品牌制造商的某些价值感。

4. 文化

品牌可能附加和象征了一定的文化因素。"娇兰"意味着法国文化，有着贵族气质与幽雅浪漫情调。

5. 个性

品牌代表着一定的个性，区别于其他品牌的特性。

6. 使用者

品牌体现代表该类产品价值、文化和个性的使用者。

（二）品牌名称与品牌标志

品牌是一个集合概念，主要包括品牌名称、品牌标志。

1. 品牌名称

品牌名称是指在品牌中能用语言称呼的部分。例如，巴黎欧莱雅、碧欧泉和大宝等。品牌名称主要在于产生听觉效果。

2. 品牌标志

品牌标志是指在品牌中专门设计的符号、色彩、图案或字体这些能被识别，但不能用语言直接称呼的部分。例如，香奈儿的双 C 图案和联合利华的 U 形图案。品牌标志主要在于产生视觉效果。

（三）商标

商标是指品牌按法定程序向政府有关部门注册登记后，经其审查核准，授予商标专用权。商标是一个法律概念，是指受到法律保护的一个品牌或品牌的一部分，具有专有性、时间性和地域性等特点，任何人未经商标注册人的许可，不得使用或仿冒该商标。

二、品牌的作用与价值

（一）品牌的作用

企业需要付出高昂的成本和艰辛的努力才能创建一个品牌，而品牌的创建成功必然会为企业带来众多的好处。

① 品牌化可使企业的产品特色得到法律的保护，防止别人仿冒或抄袭，维护企业的正当权益。

② 品牌化可打造品牌忠诚者，有利于增加消费者的重复购买行为。

③ 品牌化可监督企业的产品，起到保证企业产品质量的作用。

④ 品牌化可便于企业细分和控制市场，扩展产品组合，促进企业产品销售。

⑤ 品牌化有助于树立企业形象，获得消费者和经销商的信任。

（二）品牌的价值

在市场上，各种品牌所表现出来的力量和价值是不同的。一个有力量的品牌往往被认为具有更高的品牌财产价值，同时可以为企业提供更多的竞争优势。

① 消费者的忠诚度高，企业可减少营销成本。

② 消费者对该品牌购买需求的旺盛，加强企业与品牌经销商讨价还价的能力。

③ 该品牌具有更高的消费者认知品质，企业可比竞争者定更高的销售价位。

④ 该品牌具有更高的信誉度，企业更加容易开展品牌拓展项目。

三、化妆品的品牌策略

化妆品作为女性日常生活中不可缺少的一种东西，它既体现了使用者的品位和生活方式，又给女性带来了美丽和自信。随着化妆品不断同质化，化妆品品牌竞争格局已经形成。品牌对于化妆品产品来说显得极为重要，成为不同层次消费群体在购买化妆品时着重看中的标志。化妆品的品牌营销应运而生，将化妆品营销重心放到品牌上，注重增加品牌的价值和资产。

（一）单一品牌策略

单一品牌策略也称统一品牌策略，是指企业对其生产或经营的所有产品均使用同一个品牌名称。

1. 单一品牌策略的优点

有助于企业集中力量宣传一个品牌，创造出名牌；有助于节约资源，减少品牌设计和推广等企业开支费用；有助于避免企业内部品牌之间的相互竞争，同时便于新产品打开销路。

2. 单一品牌策略的缺点

负面效应连带性过强，企业产品中如果有一个出现问题，就会影响整个品牌的声誉和形象；不利于企业产品质量和价格的区分；不能很好地满足不同消费群体的需要，从而影响产品的销售量。

3. 实施单一品牌策略的条件

企业的各种产品具有密切的关联性，质量水平和目标消费群体大致相同。

【案例】香奈儿的永恒魅力——时尚转瞬即逝，唯有风格永存

香奈儿诞生于1913年，它的产品种类繁多，有服装、化妆品、香水等。它的每一种产品都闻名遐迩，特别是香水与时装。虽然香奈儿有足够的实力和潜力进行一定的品牌延伸，但是它没有通过品牌的无形资产来盈利，甚至没有增加任何可以为其占领市场份额的二线品牌。香奈儿多年来一直保持着独立经营的模式。由此可见，香奈儿坚定地采取单一品牌策略，把核心竞争力放在产品的设计、开发和品牌的维护、创新上，从而保持香奈儿品牌的竞争力。

（二）多品牌策略

多品牌策略是指企业对于其生产或经营的同一种产品拥有两个或两个以上的品牌。化妆品企业采取多品牌策略主要分为两种具体情况：一是同一种产品在功能上存在着差别，不同功能的产品分别使用不同的品牌；二是同一种产品出售的目标顾客群不一致，以不同的目标顾客为服务对象的产品分别使用不同的品牌。

1. 多品牌策略的优点

有助于企业产品在商场中占据更大的货架，从而吸引消费者注意，提高购买率；有助于满足不同消费群体的需要，占领更多的细分市场，从而扩大产品的销售量；

有助于降低或分解品牌经营风险；有助于提高企业内部各品牌间的竞争力，从而提高企业经营效益。

2. 多品牌策略的缺点

增加品牌设计和推广等企业开支费用，从而导致品牌分散和资源分散，难以培养出优势品牌。

3. 实施多品牌策略的条件

企业的产品在功能或针对的目标顾客存在着明显的区别，并且其目的在于占领更多的细分市场。

【案例】

美国的宝洁公司主要根据产品的功能不同定位了不同的产品，争取着更多的细分市场，许多产品大多都是一种产品多个品牌。以洗发露为例，其有三种品牌，"海飞丝"的功能是去头屑，"潘婷"的功能是营养保健头发，而"飘柔"的功能是使头发光滑柔顺。宝洁公司采取典型的多品牌策略，其策略诉求点在于寻找同类产品不同品牌之间的产品功能差异、制造卖点，形成每个品牌鲜明的个性。

与宝洁公司不同，欧莱雅公司虽然也是运用多品牌策略，但其不是按照产品功能不同而细分市场，其是以不同的目标顾客为服务对象的产品分别使用不同的品牌。欧莱雅公司在中国的品牌框架呈金字塔式，分为高端、中端和低端三个部分。大众消费品如巴黎欧莱雅、美宝莲、卡尼尔；专业美发如卡诗、欧莱雅专业美发；高档品牌如兰蔻、碧欧泉、赫莲娜；药房专销如薇姿、理肤泉。

（三）品牌收购策略

品牌收购策略是指企业对其他企业同类产品的品牌进行收购，使其变成本企业的品牌。

1. 品牌收购策略的优点

企业通过品牌收购，使企业品牌的资源、成本、风险性和成长性都可能要优于自创品牌，更便于实现企业的发展战略。

2. 品牌收购策略的缺点

品牌收购后可能涉及专业知识转移而导致丧失专业性或者出现产品重叠现象；企业可能因缺乏足够营销和研发资源，导致不能更好地支持该品牌发展，最终破坏其品牌价值。

3. 实施品牌收购策略的条件

收购的品牌需要符合企业的根本利益，而且必须与企业现有品牌形成互补而不是相互削弱的关系，从而为企业带来独特的商业机会。

【案例】 雅诗兰黛——高端品牌收购

创立于1946年的雅诗兰黛集团是全世界最大的高档化妆品集团，其产品涵盖女士化妆品、香水和护肤品以及男士香水和护肤品。2000年以来，雅诗兰黛在世界各地连连发起品牌收购，旗下 18 个品牌中有 13 个是通过品牌收购获得的。雅诗兰黛公司曾先后收购了护肤品品牌 Clinique（倩碧）、La Mer、Prescriptives、Origins（悦木之源），以及化妆品品牌 Bobbi Brown、M·A·C 和男性香水品牌 Aramis 等。雅诗兰黛采取的就是品牌收购策略，但是雅诗兰黛收购的品牌均比较高端，其主要将目光锁定在高端产品这个黄金市场，从而引进不同的品牌以满足高端领域不同消费群体的需要。

（四）品牌差异化策略

品牌差异化策略是指企业凭借自身的技术、管理和服务优势，设计并生产出在性能、质量、形象和销售等方面与市场同类产品有差异的产品，以便于消费者识别和判断。

1. 品牌差异化策略优点

有利于企业向消费者提供与众不同的产品或服务，为消费者创造独特价值，并在消费者心目中树立起不同凡响的良好形象，建立企业稳固的竞争地位。

2. 品牌差异化策略缺点

实行该策略的企业生产成本较高；随着产品进入成熟期，产品的优点易为竞争对手所模仿，削弱产品的优势。

3. 实施品牌差异化策略的条件

企业具有很强的研究与开发能力，具有创造性眼光和产品质量或技术领先的声望，企业研究开发和市场营销等职能部门间具有很强的协调性。

【案例】 上海家化——崇尚"中国概念"的差异化求生存

没有特色，在今天的日化市场上很快就会死！菲利普科特勒讲过：维持品牌持久的优势就是要靠差异化、个性化。上海家化以差异化求生存的首次出击，是于 1991 年推出六神。凭借中草药祛痱止痒、清热解毒的功效，六神至今仍是夏季个人护理用品的第一品牌，被誉为"夏日里的绿色帝国"。随后上海家化的美加净、清妃、笛诗女用香水、高夫男用护肤品等，无论是在定位诉求还是产品外包装上，也都被赋予了明晰的东方色彩。经过数次"练兵"，上海家化于 1997 年推出高档化妆品品牌"佰草集"——纯中草药提取、中国宫廷古方、专卖店和特许加盟制、汉方 SPA 会所……一个个极具中国特色的品质定位与营销理念，将佰草集塑造成世界上第一套中草药系列个人护理用品。

第四节　化妆品的包装策略

依据著名的"杜邦定律"，63％的消费者是根据商品的包装来选购商品的。法国社会学家杨·波德里雅尔曾指出："物品想要转化为消费品就必须成为一种记号。"包装就是要强化这种记号，包装是商品整体中的形式产品，一个设计良好的包装以一种物化的形式体现了企业的目标市场、产品的价格和分销策略等。因此，企业通常依据不同的市场营销要素而采取相应的包装策略。

一、化妆品包装的概述

（一）化妆品包装的含义

国家标准中对包装明确定义为，包装是指在流通过程中保护产品、方便储存、促进销售，按一定技术方法而采用的容器、材料及辅助物等等总体名称，包括为了达到上述目的而进行的操作活动。简而言之，化妆品包装是指某一化妆产品设计并生产容器或包扎物的一系列活动。化妆品包装包括商标或品牌、形状、颜色、图案、材料和标签等要素。

（二）化妆品包装的功能

1. 保护商品

保护商品这是包装的主要目的和重要功能。对化妆品进行包装可以防止产品破损变形、防止产品发生化学变化和防止有害生物对产品的影响。

2. 便于储运

化妆品包装具有方便搬运、装卸的功能。合理的包装会在物流的全过程，化妆品所经过的流转环节，提供巨大的方便，从而提高物流的效率。

3. 促进销售

化妆品进行包装还具有识别和促销的功能。化妆品包装后区别于同类竞争产品，精美的包装不容易被仿制、假冒和伪造，有利于保持企业的信誉。同时，优美的包装能唤起人们的购买欲望。包装的外部形体是商品很好的宣传品，对顾客的购买起着刺激作用。

（三）化妆品包装的设计

化妆品包装的设计必须遵循保护商品、便于识别、使用和促销、节省成本、增加盈利和维护社会公共利益等原则，选取现代化的包装材料和容器，采用科学的包装技术。同时要在包装设计上体现市场营销观念，不但考虑企业利益，还要兼顾社会的公共利益：一要严格执行有关化妆品包装相关的法律法规；二要遵守包装道德；三要注意环保，保护生态平衡。

二、化妆品的包装策略

基于包装对市场营销的重要性，企业通常依据不同的市场营销要素而采取相应的包装策略。

（一）系列包装策略

系列包装策略是指化妆品企业对其生产的各种用途相似和品质接近的系列产品，采用相同的图案、包装材料、造型和近似的色彩进行包装，以体现企业产品的共同特色，便于消费者识别出本企业产品，节省设计和制作成本，树立企业形象，提高企业声誉，有利于产品的推销。但系列包装策略只适用于用途相似和品质接近的产品，对于用途差异大、质量水平悬殊的产品则不适宜采用。

（二）分类包装策略

产品有不同的等级，不同产品的档次不同。分类包装策略是指企业根据产品的不同档次、用途和营销对象等采用不同的包装。如对高档优质的化妆品可采用名贵精致的包装；一般的化妆品包装可稍为简略朴素；儿童化妆品包装可采用动物或卡通人物形象；老年人化妆品包装则可简易实用。这样才能恰如其分地烘托化妆品的内在质量，有效地树立企业形象，进而促进产品销售。

（三）配套包装策略

配套包装策略是指企业按照人们的消费习惯或特殊需要，把多种有关联的产品或不同规格的同品种产品配套组合装在同一包装物中。这种配套包装便于消费者购买和使用，利于带动多种产品销售，同时还提高了产品的档次。但这会相应增加消费者的购买成本，导致消费者购买到本不需要的商品，造成资源的浪费。

（四）附赠包装策略

附赠包装策略是指包装物内除核心产品外还附赠物品或给消费者各种奖励，以刺激消费者的购买欲望和重复购买。

【案例】

我国出口的"芭蕾珍珠膏"，每个包装盒附赠一颗珍珠。当消费者打开珍珠膏的包装盒时，一颗惹人喜爱的明亮珍珠映入眼帘，这提高了商品的声誉。有的消费者为了串成一条珍珠项链，购买量很大。这使珍珠膏在国际市场上十分畅销。

（五）改变包装策略

改变包装策略是指企业为克服现有包装的缺点，为吸引新消费者放弃旧式包装而采用新式包装或为适应市场而修改现有包装。改变包装可促进销售，同时采用新的包装造型、材料和技术，既显示现有产品特点，又能体现消费潮流和节省包装成本。

【案例】

军献益肤霜在广州娇兰缤纷多彩的品牌家族中无疑是具有充分实力和成长潜力的品牌。而军献原有的包装已经沿用多年，外观上缺乏变化，给消费者、经销商造成视觉上的疲惫；审美上的落伍，难以给消费者带来新鲜的感觉。所以随着新品军献益肤霜的推出，新包装在设计风格上与原有的包装有所差异，同样与市场上的同类产品相比也将更加精美和富有个性。

本章小结

本章主要讲述化妆品的产品营销策略，首先介绍了化妆品的产品组合及相关概念，然后明确化妆品生命周期的含义及其各阶段的特征，随后介绍了化妆品生命周期各阶段的营销策略，最后介绍化妆品的品牌策略和包装策略。

复习思考题

1. 如何理解市场营销学中的产品整体概念？试分析产品的层次结构？
2. 什么是化妆品的产品组合策略？化妆品的产品组合策略包括哪些？
3. 什么是化妆品生命周期？简要分析化妆品生命周期各阶段的特征及营销策略。
4. 简要分析化妆品的品牌策略。
5. 简要分析化妆品的包装策略。

案例分析

雅芳男性化妆品产品策略

目前男性化妆品品牌没有鲜明的男性色彩，很多具有高知名度的品牌没有开发男性的专属品牌，往往只是借助本品牌在女性市场中所建立的高知名度在男性市场上立足，且大多数男性化妆品产品只是在原有女性产品的基础上进行改良，更换包装后就粉墨登场。雅芳公司的男性化妆品产品就这一切入点进入市场，针对男性肌肤而研发，树立男性专属品牌形象。

雅芳公司走中高端路线，采用竞争定价策略进入市场。国内高端产品几乎全部被外国知名公司所垄断，而雅芳的产品价格相对于外国知名公司的产品有价格优势，仅占其平均市场价格的60%，而且有较大的价格空间；国内开发的一些男性化妆品多走低档路线，这样雅芳又用品牌拉开档次，树立良好的公司形象和品牌形象。

其产品进入市场的过程中以大量免费产品和优惠组合包装为促销手段，提高了市场占有率，对其产品进行事件营销和广告宣传，带来了市场的轰动性和效应性。

思考分析：

运用化妆品生命周期及各阶段营销策略的知识，具体分析目前雅芳男性化妆品处于生命周期的哪一阶段？在这一阶段中雅芳男性化妆品主要采取了哪种营销策略？

实训项目

化妆品市场的品牌策略状况调查

（一）实训目标

通过对化妆品市场的品牌策略评析，让同学们在营销活动的实践中亲身体验营销，加深对各种品牌策略的理解，把理论知识与实践相结合，初步培养学生的品牌策划能力，使同学们对所学知识有更进一步的了解。

（二）实训内容

1. 调查对象：某化妆品公司，如香奈儿、兰蔻、雅诗兰黛、碧欧泉、娇兰、伊丽莎白雅顿、娇韵诗、资生堂等。

2. 调查内容：某化妆品公司的品牌之路。

3. 调查方式：上网搜集、观察调查等。

（三）实训步骤

1. 选择熟悉的化妆品品牌为调查对象。

2. 按小组进行一种调查方法的调查活动。

3. 每个小组必须记录调查内容。

4. 小组进行讨论汇总、整理和归纳。

5. 完成实训报告，即撰写被调查化妆品的品牌策划评析报告。

（四）实训组织

5～6人为一小组，每小组进行某化妆品品牌策略的调查，在课前作出分析报告。上课前，每组派一个代表阐述本组的观点。教师暂时不做点评。

（五）实训评价

1. 学生对自己在实训过程中的不足之处进行总结；

2. 专业老师根据模拟定价的过程中学生的综合表现进行评价；

3. 教师总结成功定价应注意的事项。

第九章
化妆品的价格策略

学习目标

知识目标

1. 理解化妆品价格的内涵
2. 明确影响制定化妆品价格的因素
3. 熟悉化妆品定价的目标
4. 明确化妆品定价的程序
5. 掌握化妆品定价的方法和策略

技能目标

1. 能够根据企业情况，正确确定化妆品营销定价目标
2. 能运用定价的方法和策略，正确制定化妆品价格

案例导入

大宝护肤品"大宝明天见，大宝天天见"

大宝是北京三露厂生产的护肤品，在国内化妆品市场竞争激烈的情况下，大宝不仅没有被击垮，而且逐渐发展成为国产知名名牌。在国内化妆品市场上，大宝选择普通工薪阶层作为销售对象。一般来说，工薪阶层的收入不高，很少选择价格较高的化妆品，而他们对产品的质量也很看重，并喜欢固定使用一种品牌的产品。因此，大宝在注重质量的同时，坚持按普通工薪阶层能接受的价格定价。其主要产品"大宝 SOD 蜜"市场零售价不超过 10 元，日霜和晚霜也不过是 20 元。

价格同市场上的同类化妆品相比占据了很大的优势，本身的质量也不错，再加上人们对国内品牌的信任，大宝很快争得了顾客。许多顾客不但自己使用，而且还带动家庭其他成员使用大宝产品。

引言：

营销学鼻祖菲利普·科特勒在其营销宝典《营销管理》一书中谈到价格策略时，第一句话便是："没有降价2分钱不能抵消的品牌忠诚度。"也就是说，只要降价2分钱，你就可以将原属竞争对手看似忠诚的顾客给争取过来。

价格是公司经营者最重要的决策之一，是市场营销组合中唯一为公司提供收益的因素，也是开拓市场的一种重要手段。

第一节　化妆品价格的概述

所有营利性组织和许多非营利性组织都必须为自己的产品或服务定价。在营销组合中，价格是唯一能创造收益的因素；其他因素都表现为成本。价格是最容易调节的营销组合因素，同时也是企业产品或品牌同市场交流的纽带。价格通常是影响产品销售的关键因素，是营销成功与否的决定性因素之一，所以首先必须明确价格的内涵。

一、化妆品价格的内涵

（一）价格的定义

从狭义的角度来说，化妆品价格是对一种化妆品或服务的货币表现；从广义的角度来看，化妆品价格是消费者在交换中所获得的化妆品或服务的价值。历史上，价格是通过买卖双方的协商来确定的。价格并非一个数字或一种术语，它可以以许多名目出现。其内容大致可以分为商品的价格和服务的价格两大类。商品价格是各类有形产品和无形产品的价格，货物贸易中的商品价格称为价格；服务价格是各类有偿服务的收费，服务贸易中的商品价格称为费，如运输费或交通费、保险费、利息、学费、服务费、租金、特殊收费、贿赂、薪金、佣金、工资等。

（二）价格的构成

商品价格的形成要素及其组合，亦称价格组成。它反映商品在生产和流通过程中物质耗费的补偿，以及新创造价值的分配，一般包括生产成本、流通费用、税金和利润四个部分。

$$价格＝生产成本＋流通费用＋税金＋利润$$

1. 生产成本

生产成本和流通费用构成商品生产和销售中所耗费用的总和，即成本。这是商品价格的最低界限，是商品生产经营活动得以正常进行的必要条件。生产成本是商品价格的主要组成部分。构成商品价格的生产成本，不是个别企业的成本，而是行业（部门）的平均成本，即社会成本。

2. 流通费用

流通费用包括生产单位支出的销售费用和商业部门支出的商业费用。商品价格中的流通费用是以商品在正常经营条件下的平均费用为标准计算的。

3. 税金

税金和利润是构成商品价格中盈利的两个部分。税金是国家通过税法，按照一定标准，强制地向商品生产经营者征收的预算缴款。按照税金是否计入商品价格，可以分为价内税和价外税。

4. 利润

利润是商品价格减去生产成本、流通费用和税金后的余额。按照商品生产经营的流通环节，可以分为生产利润和商业利润。

不同类型的价格，其构成的要素及其组合状态也不完全相同。例如，工业品出厂价格是由产品的生产成本加利润、税金构成；工业品零售价格由工业品批发价格加零售企业的流通费用、利润、销售税金构成。这两种价格的各个要素所占的比重也略有不同，如工业品出厂价格中利润所占的比重一般要高于工业品零售价格中的利润比重。

（三）价格的作用

价格在营销管理上的角色作用有三点。

1. 有弹性的竞争武器与经营工具

快速应变竞争变化、清存货、创造人潮、调节供给需求等。

2. 影响营业额与利润

价格变更往往会直接影响销售额和利润。

3. 传达产品信息

消费者对产品认识有限时，常用价格推断品质等。

二、影响化妆品定价的因素

价格策略是企业营销组合中的重要因素之一，它直接地决定着企业市场份额的大小和盈利率高低。企业的定价决策受企业内部因素的影响，也受外部环境因素的影响（图 9-1）。随着营销环境的日益复杂，制定价格策略的难度越来越大，不仅要考虑成本补偿问题，还要考虑消费者接受能力和竞争状况。

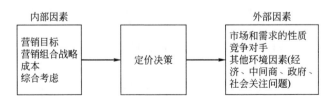

图 9-1　影响定价决策的因素

（一）影响定价决策的内部因素

1. 营销目标

化妆品的定价要遵循市场规律，讲究定价策略，而定价策略又是以企业的营销目标为转移的，不同的目标决定了不同的策略和不同的定价方法和技巧。企业在实施定价策略时，要结合企业内部情况、目标市场的经济、人文情况及竞争对手情况，根据对企业的生存和发展影响最大的战略因素来选择定价目标。

归结来讲，通常化妆品营销的目标有五个：

① 求生存；
② 求效益；
③ 求市场占有率；
④ 求领先地位；
⑤ 防竞争。

2. 营销组合战略

由于价格是市场营销组合因素之一，化妆品定价时要注意价格策略与化妆品的整体设计、分销和促销策略相匹配，形成一个协调的营销组合。如果产品是根据非价格图表来定位的，那么有关质量、促销和销售的决策就会极大地影响价格；如果价格是一个重要的定位因素，那么价格就会极大地影响其他营销组合因素的决策。因此，营销人员在定价时必须考虑到整个营销组合，不能脱离其他营销组合因素而单独决定。

3. 成本

化妆品从原材料到成品要经过一系列复杂的过程，在这个过程中必定要耗费一定的资金和劳动，这种在产品生产经营中所产生的实际耗费的货币表现就是成本，它是产品价值的基础，也是制定产品价格的最低界限。产品的价格必须能够补偿所有支出。

企业想扩大销售或增加利润，就必须降低成本，提高产品在市场上的竞争力。如果企业生产和销售产品的成本大于竞争对手，那么企业将处于竞争劣势。

成本是化妆品定价的最低界限，不过也有例外，就是其定价低于成本价，比如在打击竞争者、清存货、短期内取得现金（套现）、打开知名度等情况下。

4. 综合考虑

每个企业的规模不同、财务状况不同、经销指标不同，企业价值取向也不同。对于追求利润型企业，高价格是企业选择定价的方向；而对于追市场份额的企业来讲，中、低价格定位是企业定价方向。同时根据企业自身状况需考虑综合因素（品牌、市场地位、推广费用、渠道建设情况、产品的包装、产品规格）来制定价格。

（二）影响定价的外部因素

1. 市场与需求

与成本决定价格的下限相反，市场和需求决定价格的上限。在设定价格之前，营销人员必须理解产品价格与产品需求之间的关系。

在市场经济条件下，企业及其化妆品在市场上的竞争状况不同，企业的定价策略也不同。市场供求状况也是企业价格决策的主要依据之一。对化妆品的定价，一方面要考虑成本和利润；另一方面也必须适应市场对该化妆品的供求变化，其价格能够为消费者所接受。并且要明确该化妆品定位的目标群体，其是儿童、老人、男士、女性，还是用于家庭消费、团体消费，或是奢华型消费、普通消费。一般来讲用于儿童、女性、团体消费或奢华型消费的化妆品价格多采用高价位，反之亦然。

企业需考虑整体消费水平、消费习性、市场规模和容量以及市场发展趋势几个因素来对产品进行综合评价，制定价格。

2. 竞争因素

竞争因素包括化妆品质量及其价格，最直接表现为价格竞争。化妆品厂商面对的竞争者数量、规模、策略（包括产品特性、成本和价格）等，会影响自己的定价。可以分以下情况：

① 竞争者不构成威胁，消费者需求殷切，价格通常偏高；

② 在竞争激烈的环境中，价格通常会不相上下，而且不会太高。

3. 渠道因素

化妆品经销商的不同，化妆品的进价会因议价能力、地点、交易量、信用以及供货合同等因素而不同，因而导致化妆品售价的差异。化妆品企业在制定价格时应该能够给销售商带去可观的利润，鼓励他们支持自己的产品，以及帮助他们有效地销售化妆品。

4. 经济因素

在设定价格时，企业还必须考虑外部环境中的其他因素。经济条件对企业的定价策略有很大影响，如经济增长和衰退、通货膨胀和利率等因素会影响产品的生产成本以及消费者对化妆品价值的看法。

5. 政府因素

政府因素包括政府干预与政策法令。

政府干预通常是指单个国家政府颁布价格管制法规或以其他形式进行干预，或多个国家政府通过国际协定或利用国际组织，对某些产品的国际价格进行干预。

营销人员需要了解影响化妆品价格的政府法律法规，并确保自己的定价决策具有可辩护性。同时企业在制定化妆品价格时，企业的短期销售、市场份额和目标利润必须服从于整个社会的需要。

单个国家政府对市场价格干预主要有三种形式：

① 价格控制；

② 价格补贴；

③ 参与市场买卖。

多个国家政府对国际市场价格的干预，如 OPEC。

【政府与法令限制】

我国政府与法令规定国营事业单位以及关乎民生的行业，价格变动须向政府单位申请，经同意后才能实施。

《中华人民共和国价格法》

第十八条　下列商品和服务价格，政府在必要时可以实行政府指导价或者政府定价：

（一）与国民经济发展和人民生活关系重大的极少数商品价格；

（二）资源稀缺的少数商品价格；

（三）自然垄断经营的商品价格；

（四）重要的公用事业价格；

（五）重要的公益性服务价格。

第二节　化妆品定价的目标

化妆品企业定价目标是指企业对其化妆品定价时预先确定所要达到的目的和标准，是企业营销目标在价格决策上的反映，一般可分为利润目标、销售额目标、市场占有率目标、稳定价格目标、防止竞争目标等。企业定价时，应根据营销总目标、面临的市场环境、产品特点等多种因素来选择定价目标。定价目标是以满足市场需要和实现企业盈利为基础的，它是实现企业经营总目标的保证和手段。同时，又是企业定价策略和定价方法的依据。

一、生存导向定价目标

生存导向定价目标又称为维持生存的目标，是特定时期过渡性目标。当企业经营不善，或由于市场竞争激烈、顾客需求偏好突然变化时，其产品会销路不畅，大量积压，资金周转不灵，甚至面临破产危险，企业应以维持生存作为主要目标。短期而言，只要售价高过产品变动成本，就足以弥补部分固定成本支出，可继续经营。企业长期目标还是要获得发展。

二、利润导向定价目标

利润目标是企业定价目标的重要组成部分，获取利润是企业生存和发展的必要条件，是企业经营的直接动力和最终目的。因此，利润导向定价目标为大多数企业所采用。

（一）以利润最大化为定价目标

以利润最大化为定价目标是指企业在一定时期内综合考虑各种因素后，以总收入减去总成本的最大差额为基点，确定单位产品的价格，以获得最大利润总额。最大利润有长期和短期之分，还有单一产品最大利润和企业全部产品综合最大利润之别。

（二）以投资收益为定价目标

以投资收益为定价目标是指使企业实现在一定时期内能够收回投资并能获取预期投资报酬的一种定价目标。投资收益率又称投资报酬率，是衡量企业经营实力和经营成果的重要标志，它等于净利润与总投资之比，一般以一年为计算期，其值越高，企业的经营状况就越好。采用这种定价目标的企业，一般是根据投资额规定的收益率，计算出单位产品的利润额，加上产品成本作为销售价格。

但必须注意以下两个问题。

1. 要确定适度的投资收益率

一般来说，投资收益率应该高于同期的银行存款利息率。但不可过高，否则消费者难以接受。

2. 必须是畅销产品

企业生产经营的必须是畅销产品，与竞争对手相比，产品具有明显的优势。

（三）以合理利润为定价目标

以合理利润为定价目标是指企业为避免不必要的价格竞争，在补偿正常情况下的社会平均成本的基础上，适当地加上一定量的利润作为产品价格，是以适中、稳定的价格获得长期利润的一种定价目标。

对于求实、求廉心理很重的中国消费者，价格高低直接影响着他们的购买行为。所谓合理，一是化妆品的价位要得到目标消费群体大众的认同；二是化妆品的价值要与同类型化妆品的价位相当；三是在确定化妆品价格后，利润率要与经营同类化妆品的众多经营者相当。

三、销售导向定价目标

其又称市场占有率目标，是在保证一定利润水平的前提下，谋求某种水平的销售量或市场占有率而确定的目标。

因为某种化妆品在一定时期、一定市场状况下的销售额由该化妆品的销售量和价格共同决定，销售额的增加，并不必然带来利润的增加。因此，对于需求价格弹性较大的商品或化妆品，降低价格而导致的损失可以由销量的增加而得到补偿，因此企业宜采用薄利多销策略，保证在总利润不低于企业最低利润的条件下，尽量降低价格，促进销售，扩大盈利；反之，若商品的需求价格弹性较小时，降价会导致收入减少，而提价则使销售额增加，企业应该采用高价、厚利、限销的策略。

四、竞争导向定价目标

在化妆品的营销竞争中，价格竞争是最有效、最敏感的手段。企业在定价之前，一般要广泛搜集信息，把自己化妆品的质量、特点和成本与竞争者的化妆品进行比较，然后制定化妆品的价格。根据企业的不同条件，一般有以下决策目标可供选择。

（一）稳定价格目标

稳定的价格通常是大多数企业获得一定目标收益的必要条件。为达到稳定价格的目的，通常情况下是由那些拥有较高的市场占有率、经营实力较强或具有竞争力和影响力的领导者企业采用的定价目标，其他企业的价格则与之保持一定的距离或比例关系。这样，对大企业是稳妥的价格保护政策，中小企业也以此避免因价格竞争带来的风险。

（二）追随定价目标

企业有意识地通过给产品定价主动应付和避免市场竞争。企业价格的制定，主要以对市场价格有影响的竞争者的价格为依据，根据具体产品的情况稍高或稍低于竞争者。竞争者的价格不变，实行此目标的企业也维持原价，竞争者的价格变动，此类企业也相应地调整价格。一般情况下，中小企业的产品价格定得略低于行业中占主导地位的企业的价格。

（三）挑战定价目标

如果企业具备强大的实力和特殊优越的条件，可以主动出击，挑战竞争对手，获取更大的市场份额。

一般常用的策略目标如下。

1. 打击定价

实力较强的企业主动挑战竞争对手，扩大市场占有率，可采用低于竞争者的价格出售产品；

2. 特色定价

实力雄厚并拥有特殊技术或产品品质优良或能为消费者提供更多服务的企业，可采用高于竞争者的价格出售产品；

3. 阻截定价

为了防止其他竞争者加入同类产品的竞争行列，在一定条件下，往往采用低价入市，迫使弱小企业无利可图而退出市场或阻止竞争对手进入市场。

第三节　化妆品定价的程序

成功的化妆品定价并不是一个最终结果，其是一个持续不断的过程。它要经历以下三个步骤。

一、数据收集

化妆品定价策略常常因为没有考虑到所有关键因素而失败。例如，由于市场人员忽视成本，其定价决策仅仅是市场份额最大化，而不是利润最大；由于财务人员忽视消费者价值和购买动机，其定价忽略了分摊固定成本；没有收集到足够的有关竞争对手的信息而作出的定价决策，短期看起来不错，一旦竞争者采取出乎意料的行动就不行了。

好的定价决策需要成本、消费者和竞争者三方面的信息，这是定价成功与否的决定信息。因此，任何定价分析要从下面三点开始进行。

（一）成本核算

与特定的定价决策相关的增量成本。

（二）确认消费者

哪些是潜在的消费者，他们为什么购买这个化妆品？

（三）确认竞争对手

目前或潜在的能够影响该市场盈利能力的竞争对手是谁。而对竞争对手的分析又包括以下三点。

① 目前市场上，竞争对手的实际交易化妆品价格。

② 从竞争对手以往的行为、风格和组织结构看，他们的定价目标是什么，他们追求的是最大销售量还是最大利润率。

③ 与本企业相比，竞争者的优势和劣势是什么？声誉是好还是坏？产品是高档还是低档？产品线变化多还是少？

数据收集阶段的三个步骤要分别独立完成。

二、战略分析

战略分析阶段也包括成本、消费者和竞争三方面的内容。不过此时各种信息开始相互关联起来。财务分析通过价格、产品和目标市场的选择来更好地满足顾客需要或者创造竞争优势。公司选择目标市场要考虑为市场细分服务的增量成本以及公司比竞争者更有效的或者成本更低地服务于该市场的能力。竞争者分析一定程度上是为了预测竞争者对某个以深入到顾客细分为目的的价格变动的反映。将这些信息综合起来需要三个步骤。

（一）财务分析

对于潜在的价格、化妆品或促销变动，销售量需要变化多少才能增加利润？对于新化妆品或新市场，销量应至少达到多少才能回收增量成本？

（二）市场细分

不同细分市场的顾客的价格敏感度不同，购买动机不同，为他们服务的增量成本也不同，如何给不同的细分市场定价？如何能够最有效地向不同细分市场的顾客传达产品的价值信息？

（三）竞争分析

竞争者对公司将要采取的价格变动会作出什么反应？他们最可能采取什么行动？竞争者的反应和行动将如何影响公司的盈利和长期生存能力？

三、制定战略

财务分析阶段的最终结果是得到一个价格-价值战略（a price-value strategy），一个指导未来业务的规划。

决策过程不必非常程序化，但是决策过程要规范化。企业中，成本、消费者和竞争者的信息分别由不同的人掌握，只有规范的决策过程才能使管理当局确信所有的信息都体现在定价决策中。为了获得成功，任何一个定价的管理者必须要知道他想要达到的目的是什么，在充分地了解信息，进行客观、科学的分析后才能得出正确的决策。

第四节 化妆品的定价方法

定价方法是化妆品企业在特定的定价目标指导下，依据对成本、需求及竞争等状况的研究，运用价格决策理论，对产品价格进行计算的具体方法。定价方法主要包括以成本导向定价法、市场导向定价法和竞争导向定价法三种类型。

一、成本导向定价法

基于成本的定价法是以化妆品成本为基础，加上目标利润来确定产品价格的，其是企业最常用、最基本的定价方法。主要有总成本加成定价法、目标收益定价法、边际成本定价法、盈亏平衡定价法等几种具体的定价方法。

（一）成本加成定价法

成本加成定价法是指按照单位成本加上一定百分比的加成来制定化妆品的销售价格，即把所有为生产化妆品而发生的耗费均计入成本的范围，计算单位产品的变动成本，合理分摊相应的固定成本，再按一定的目标利润率来决定价格。其计算公式为：

单位化妆品的价格＝单位化妆品总成本×（1＋目标利润率）

$$P=(TC/Q)\times(1+R)$$

【例题】某化妆品厂生产1000盒化妆品，固定成本3000元，每盒化妆品的变动成本45元，企业确定的成本利润率为50%，请用成本加成定价法进行定价。

解：$P=(TC/Q)\times(1+R)$
　　$=(FC/Q+VC)\times(1+R)$
　　$=(3000/1000+45)\times(1+50\%)$
　　$=72(元)$

采用成本加成定价法，关键问题是确定合理的成本利润率。而成本利润率的确定，必须考虑市场环境、行业特点等多种因素。

这种方法的优点为：

① 价格能补偿成本并满足利润的要求；
② 简化计算，便于核算；
③ 协调交易双方利益，减少竞争。

这种方法的缺点：定价依据个别成本而非社会成本，忽视市场变化。

所以这种方法适合供求大体平衡的状况。

（二）目标收益定价法

其又称投资收益率定价法，是根据企业的总成本或投资总额、预期销量和投资收益率等因素来确定价格。目标收益定价法如图9-2所示。

企业试图确定能带来它正在追求的目标投资收益。它是根据估计的总销售收入（销售额）和估计的产量（销售量）来制定价格的一种方法。其公式为：

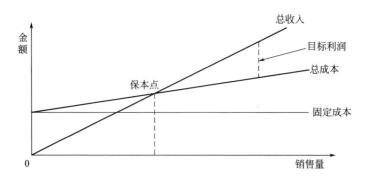

图 9-2 目标收益定价法

单位产品价格＝(总成本＋目标收益额)/预期销量

$$CP=(TC+TR)/Q$$

【例题】 某化妆品企业预计其化妆品的销量为10万件，总成本740万元，决定完成目标利润为160万元，求单位产品的价格是多少？

解：P＝(TC＋TR)/Q
　　　＝(740＋160)/10
　　　＝90(元)

其缺陷表现为：

(1) 忽略市场竞争和需求的情况，保证生产者利益；

(2) 颠倒价格与销量的因果关系，实际操作会有出入。

所以，这一定价法适合有专利权或者在竞争中处于主导地位的化妆品企业。

(三) 边际成本定价法

又称边际贡献法，其基本思想是只考虑变动成本，不考虑固定成本，以预期的边际贡献补偿固定成本并获得盈利。

采用边际成本定价法时是以单位产品变动成本作为定价依据和可接受价格的最低界限。在价格高于变动成本的情况下，企业出售产品的收入除完全补偿变动成本外，尚可用来补偿一部分固定成本，甚至可能提供利润。

其公式为：　　　价格＝边际成本＋边际贡献

边际成本：每增加或减少一单位产品所产生的成本变化量。

边际贡献：每增加或减少一单位产品销售所带来的收益。

边际贡献＝销售收入－变动成本

① 若边际贡献大于固定成本，企业就有盈利；

② 若边际贡献小于固定成本，企业就会亏本；

③ 若边际贡献等于固定成本，企业盈亏平衡。

只要边际贡献≥0，企业就可以考虑生产。

这种方法的优点为：

① 易于各化妆品之间合理分摊可变成本;
② 这种定价一般低于成本加成,提高化妆品的竞争力;
③ 根据各种化妆品边际贡献大小安排企业产品线,易于实现最佳产品组合。
这种定价方法适合卖方竞争激烈时采用。

(四)盈亏平衡定价法

其又称收支平衡法,以化妆品企业总成本与销售收入保持平衡的原则制定化妆品价格。其公式为:

盈亏平衡点价格=固定总成本÷销量+单位变动成本
$$P=FC/Q+VC$$

【例题】某化妆品厂生产的固定成本是 150000 元,单位变动成本为 15 元,若销量为 3000 件,则价格应定多少企业才不会亏损?若销售价格为 40 元,则企业必须销售多少件,才能保本?

解:$P=FC/Q+VC$
$=150000/3000+15$
$=65(元)$
$Q=FC/(P-VC)$
$=150000/(40-15)$
$=6000(件)$

① 这种定价法的实质就是总收入等于总支出时的价格,只能使企业的生产成本得到补偿,而不能得到收益,所以是一种保本经营。其在市场不景气时使用,因为保本总比停业损失小。但是在市场供求关系波动较大的时候慎用此法。

② 若实际价格超过收支平衡价格,企业就可盈利。

总之,从本质上说成本导向定价法是一种卖方定价导向。它忽视了市场需求、竞争和价格水平的变化,有时候与定价目标相脱节。此外,运用这一方法制定的价格均是建立在对销量主观预测的基础上,从而降低了价格制定的科学性。因此,在采用成本导向定价法时,还需要充分考虑需求和竞争状况,来确定最终的市场价格水平。

二、市场导向定价法

市场营销观念要求化妆品企业的一切生产经营必须以消费者需求为中心,并在产品、价格、分销和促销等方面予以充分体现。

基于需求定价方法是根据市场需求状况和消费者对产品的感觉差异来确定价格的方法,又称"市场导向定价法"。需求导向定价法主要包括认知价值定价法、需求差别定价法和逆向定价法。

(一)认知价值定价法

认知价值定价法(perceived value pricing)是根据顾客对产品价值的认知程度,即产品在顾客心目中的价值观念为定价依据,运用各种营销策略和手段,影响顾客对产品价值认知的定价方法。定价的关键不是卖方的成本,而是购买者对产品价值的认知。企业如果过高地估计认知价值，便会定出偏高的价格；相反，则会定出偏低的价格。

化妆品生产商通常设法强化化妆品的优良形象，以便提高化妆品的知觉价值与价格，炫耀性产品适合采取这种方法定价，尤其是化妆品的定价。运用这种方法的关键是正确的估计消费者对本化妆品价值的理解，前提是化妆品企业必须做好市场调查。

（二）需求差别定价法

需求差别定价法是指对同一化妆品或劳务，根据不同的市场、不同的顾客、不同的时间、不同的地点分别制定不同价格的方法。其优点是可以使企业定价灵活地符合市场需求，促进化妆品销售，有利于企业获取最佳的经济效益。

主要包括如下形式：顾客差别定价法、产品差别定价法、地点差别定价法、时间差别定价法、形象差别定价法。

1. 顾客差别定价法

它指对同一产品针对不同的用户或顾客，制定不同的价格。比如，对老客户和新客户、长期客户和短期客户、女性客户和男性客户、工业用户和居民用户等，分别采用不同的价格。例如广州市的阶梯电价、阶梯水费等。

2. 产品差别定价法

企业根据产品的不同型号、不同式样，制定不同的价格，但并不与各自的成本成比例。如：33英寸彩电比29英寸彩电的价格高出一大截，可其成本差额远没有这么大；一件裙子70元，成本50元，可是在裙子上绣一组花，追加成本5元，但价格却可定到100元。一般来说，新式样产品的价格会高一些。

3. 地点差别定价法

指对处于不同地点或场所的化妆品或服务制定不同的价格，即使每个地点的化妆品或服务的成本是相同的。比较典型的例子是影剧院、体育场、飞机等，其座位不同，票价也不一样。因为公众对不同座位的偏好不同，火车卧铺从上铺到中铺、下铺，价格逐渐增高；飞机头等舱，商务舱，经济舱的价格也有差别等。

4. 时间差别定价法

化妆品或服务的价格因季节、日期或时间的变化而变化。一些美容院根据用户来的不同时间（如一天中的不同时间，周末与工作日）按不同标准收费。美容院的差别定价如表9-1所示。

表9-1 美容院的差别定价

按顾客	老顾客、新顾客、长期顾客、短期顾客
按服务时间	早班、中班、晚班、节假日
按档次	贵宾卡、钻石卡、白金卡、时尚卡
按预存金额	终身卡、五年卡、三年卡、一年卡

采取差别定价法的前提是：

（1）市场可以细分，各个细分市场需求程度不同；

（2）细分市场间不会因价格差异而发生转手或转销行为，且各销售区域的市场秩序稳定；

（3）在以较高价销售的细分市场中，竞争者不可能低价竞销；

（4）推行这种定价法不会使顾客反感、不满和抵触。

5. 形象差别定价法

其主要是依据化妆品品牌和声望的价值来定价的方法，面向高消费人群，他们注重的是化妆品的品牌及价值。目前国内消费者最为熟悉的化妆品品牌要数雅诗兰黛、香奈儿等。这些品牌在消费者心目中的价格比较贵，无论是护肤系列还是彩妆系列，都是走高价策略路线。这些品牌的化妆品在整个化妆品市场范畴内被公认为质量和形象堪称优质，消费者信赖，再者，购买这些品牌的化妆品能够显示其档次和身份地位。

【案例】

雅诗兰黛和OLAY玉兰油同样都生产眼霜，雅诗兰黛ANR眼霜15毫升的市场价为480元；OLAY玉兰油多效修护眼霜15克，市场价只有99元。雅诗兰黛作为化妆品行业中的奢侈品牌，标价自然不能便宜，所以价值并不仅仅取决于质量、功能、效用和分销渠道，还有消费者对一个品牌内涵和公司形象的看法。

（三）逆向定价法

也称零售价格定价法，依据消费者能够接受的最终销售价格，考虑中间商的成本及正常利润后，逆向推算出中间商的批发价和生产企业的出产价格。"逆向"则是通过市场调查，先拟定出能为市场接受的销售价格，再估计销售量。也就是企业在产品生产之前，就已经把市场销售价格确定下来。这样的价格，消费者能够接受，生产商也会获得足够的利润。

逆向定价法的特点是：价格能反映市场需求情况，有利于加强与中间商的关系，保证中间商的正常利润，使产品迅速向市场渗透，并可根据市场供求情况及时调整，定价比较灵活。

【案例】

宜家的定价机制是"先设计价签，再定产品"。宜家的设计人员参考了所有宜家商店的销售记录，以及同类竞争产品的状况，按照"价格矩阵"设计产品，并且保证这个产品的价格是最有利于销售的，比如其价格低于市场价格的10%。

三、竞争导向定价法

就是指通过研究竞争对手同类化妆品的价格、生产条件、服务状况等，结合自身的发展需求，以竞争对手的价格为基础进行化妆品定价的一种方法。其特点是价格与成本和市场需求不发生直接关系。主要包括随行就市定价法、价格领袖定价法、竞争投标定价法和拍卖定价法。

（一）随行就市定价法

又称通行价格定价法，即依据化妆品行业平均现行价格水平定价的方法。通常在以下情况下采取随行就市定价法：

（1）难以估算成本；

（2）主要适合同质化妆品市场，避免激烈的竞争；

（3）很难把握消费者和竞争者对本企业的价格的反应。

【案例】

在现阶段，模仿性、同质性很强的产品，包括唇膏、腮红，其可列为普通化妆品。这类化妆品主要定位于大众，属于利润较低的化妆品，采用跟随市场定价是合理的。而如果开发美白淡斑套装，其价格便跟随整个美白补水系列。

（二）价格领袖定价法

又称主动竞争定价法或寡头定价法，是指在化妆品行业中，由一个或几个实力雄厚的大企业首先定价，其余企业参考定价或追随定价的方法。他们定价就是价格领袖，他们的价格变动会引起其他企业的价格随之变动。

（三）竞争投标定价法

又称密封投标定价法，是指一个企业根据招标方的条件，主要考虑竞争情况来确定标的价格的一种方法。

一般说来，招标方只有一个，而投标方有多个，处于相互竞争地位。一个企业能否中标，在很大程度上取决于该企业与竞争者投标报价水平的比较。标的物的价格是由参与投标的各个企业在相互独立的条件下确定，在买方招标的所有投标者中，报价最低的投标者通常中标。

（四）拍卖定价法

拍卖定价法是由卖方预先发表公告，展示拍卖物品，买方预先看货，在规定时间公开拍卖，由买方公开叫价，不再有人竞争的最高价格即为成交价格，卖方按此价格拍板成交。

拍卖式定价越来越被广泛地使用，其作用之一是处置积压商品或旧货。

第五节 化妆品的定价策略

化妆品的定价策略是企业根据化妆品市场生命周期中不同阶段的产销量、成本、供求关系、市场状况及化妆品的特点，采用不同的价格措施和定价方法，以增加化妆品的竞争能力，为企业求得最佳经济效益的定价策略。

好的化妆品定价策略是决定化妆品市场营销活动实施成功与否的关键性因素。定价策略就是要解决定价目标以及品牌价格战中的应对策略等问题。主要有六种定价策略：初次定价策略、产品组合定价策略、折扣定价策略、心理定价策略、促销定价策略、地理定价策略。

一、初次定价策略

初次定价策略（first-time pricing）关系到新产品能否顺利进入市场，能否取得较大的经济效益。常见的新产品定价策略主要有三种，即撇脂定价策略、渗透定价策略和满意定价策略。

（一）撇脂定价策略

又称取脂定价策略（market-skimming pricing），指新产品上市之初，将其价格定得较高，以便在短期内获取厚利，迅速收回投资，减少经营风险，待竞争者进入市场，再按正常价格水平定价。这一定价策略有如从鲜奶中撇取其奶油一样，取其精华，所以称为"撇脂定价"策略。例如，1992年飘柔定价24元，到2004年其价格为15.5元。

1. 优点

① 可以提高商品身价；
② 可以及时赚取利润；
③ 调整价格比较容易。

2. 缺点

① 不利于开拓市场、增加销量；
② 不利于占领和稳定市场，容易导致新产品开发失败；
③ 高价高利容易引来大量的竞争者，仿制品、替代品迅速出现，从而迫使价格急剧下降。

3. 先决条件

① 市场上有不对价格敏感的消费者；
② 产品新颖、独特；
③ 产品品质或形象能配合高价位；
④ 竞争者有进入障碍。

【案例】

雷诺公司在第二次世界大战结束后，为了迎合人们欢度战后第一个圣诞节的时机，从阿根廷引进了美国人从未见过的圆珠笔的生产技术，且在短期内投放市场。当时，研制和生产圆珠笔的成本为每支0.5美元，而卖给零售商的价格高达10美元，零售商又以20美元卖给顾客。尽管价格如此高昂，但由于圆珠笔奇特、新颖和高贵迅速风靡美国，在市场上十分畅销。当其他厂家都来生产圆珠笔的时候，成本降到每支0.1美元，零售价也仅卖0.7美元一支，但雷诺公司早已经大捞一把了。

（二）渗透定价策略

这是与取脂定价相反的一种定价策略，采取先低价投放、后涨价的策略，以微利或保本无利全力推出新品，用最快的速度渗透进入市场，扩大市场占有率，谋求较长时期的市场领先地位。当新产品没有显著特色，竞争激烈，需求弹性较大时宜采用渗透定价法。

1. 优点

① 低价开拓市场，借销量降低成本，扩大市场占有率；

② 微利可以阻止竞争者进入，减缓竞争。

2. 缺点

① 定价过低，不利于企业尽快收回资本；

② 价位低，使消费者怀疑产品质量；

③ 投资回收期较长，见效慢，风险大。

3. 先决条件

① 新产品的需求价格弹性较大、存在着规模经济效益；

② 低价低利润可以阻止竞争者在短期内跟进；

③ 积累经验而提高生产效率，销售量增加而分摊固定成本，使单位成本下降。

对于企业来说，采取撇脂定价还是渗透定价，需要综合考虑市场需求、竞争、供给、市场潜力、价格弹性、产品特性、企业发展战略等因素。

（三）满意定价策略

又称适中定价策略，是一种介于撇脂定价与渗透定价之间的定价策略，以获取社会平均利润为目标。它是一种较为公平、正常的定价策略。

1. 优点

① 较快地占有市场，且不会引起竞争者的对抗；

② 可以适当延长化妆品的生命周期；

③ 有利于企业树立信誉，稳步调价并使顾客满意。

2. 缺点

满意定价策略缺乏主动进攻性。

二、产品组合定价策略

化妆品组合定价是指企业为了实现整个化妆品组合（或整体）利润最大化，在充分考虑不同化妆品之间的关系，以及个别产品定价高低对企业总利润的影响等因素基础上，系统地调整化妆品组合中相关产品的价格。主要的策略有：产品线定价、任选品定价、连带品定价、分级定价、副产品定价、产品捆绑定价。

（一）产品线定价

产品线定价（产品大类定价）是指企业为追求整体收益的最大化，为同一产品线中不同的产品确立不同的角色，划分出不同档次，以不同档次制定不同价格。例如某品牌化妆品有100元、300元、600元三种价格。产品线定价策略的关键在于合理确定价格差距。

（二）任选品定价

任选品是指那些与主要产品密切相关的可任意选择的产品。

【案例】

专业线化妆品分保养型和功效型，目前的市场规律是：真正功效型的产品价格并不高，比如祛斑的产品价位在300元左右；而保养型的产品价格可以很高，一个套装价格上千元，单品价格都可以达到400元以上。因为通过专业市场这么多年的培育，大家都接受了保养出功效的消费观念。所以有的化妆品企业把保养型的化妆品定价高，功效型化妆品定价低。

（三）连带品定价

连带品（又称互补品）是指必须与主要产品配合使用的产品，如墨盒是打印机的连带品，隐形眼镜与护理液、美容院不同功效产品套装等。因而在定价上不能把主附产品分离考虑，而应组合考虑。通常，主附产品定价策略是将附属产品的价格定得很低，利用主产品的高额加成或大量消费来增加利润。

在美容院服务行业中，这种策略叫两部分定价，即将服务分成固定费用和可变的使用费。其定价策略是美容师免费服务，只是从化妆品这种可变的使用费中获取利润。

【案例】

在美容院，一个美白套装零售价为1800元，美容院进货价在200元，如果做8次，需要两个月，美容师和基本耗材成本在80元左右，如果计算水电等成本一共在100元左右。那么美容院销售一个套装，两个月的利润是1500元。

（四）分级定价

又称两段定价法。服务性企业经常收取一笔固定的费用，再加上可变的使用费。如游乐园一般收门票，如果游玩的地方不在规定内，就再交费。

（五）副产品定价

在生产加工肉类、石油产品和其他化工产品的过程中，经常有副产品。如果副产品价格过低，处理费用昂贵，就会影响主产品的定价。制造商确定的价格必须能够弥补副产品的处理费用。如果副产品对某一顾客群有价值，就应该按其价值定价。副产品如果能带来收入，将有助于公司在迫于竞争压力时制定较低的价格。

（六）产品捆绑定价

产品捆绑定价又称组合产品定价。企业经常将一些产品组合在一起定价销售。完全捆绑是指公司仅仅把它的产品捆绑在一起。在一个组合捆绑中，卖方经常比单件出售要少收很多钱，以此来推动顾客购买。如对于成套化妆品等，为鼓励顾客成套购买，以扩大企业销售，加快资金周转，可以使成套购买的价格低于单独购买其中每一产品的费用总和。

三、折扣定价策略

大多数企业为了鼓励顾客及早付清货款，或鼓励大量购买，抑或为了增加淡季销售量，常常需酌情给顾客一定的优惠，这种价格的调整叫作价格折扣和折让。折扣定价是指对基本价格作出一定的让步，直接或间接降低价格，使顾客购买，扩大销量。其中直接折扣的形式有数量折扣、现金折扣、功能折扣、季节折扣，间接折扣的形式有回扣和津贴。

（一）数量折扣

数量折扣指按购买数量的多少，分别给予不同的折扣，购买数量愈多，折扣愈大。其目的是企业给那些大量购买某种产品的顾客优惠，鼓励其大量购买或集中从本企业购买。数量折扣包括累计数量折扣和一次性数量折扣两种形式。

数量折扣的优点如下。

① 促销作用非常明显，企业因单位产品利润减少而产生的损失完全可以从销量的增加中得到补偿。

② 销售速度的加快，使企业资金周转灵活，流通费用下降，产品成本降低，从而使企业总盈利水平上升。

（二）现金折扣

现金折扣是给予在规定的时间内提前付款或用现金付款者的一种价格折扣，其目的是鼓励顾客尽早付款，加速资金周转，降低销售费用，减少财务风险。采用现金折扣一般要考虑三个因素：折扣比例、给予折扣的时间限制与付清全部货款的期限。例如"$2/10, n/30$"，表示付款期是 30 天，但如果在成交后 10 天内付款，给予 2% 的现金折扣。许多行业习惯采用此法以加速资金周转，减少收账费用和坏账。

（三）功能折扣

其也叫商业折扣，是制造商给予中间商的一种额外折扣，使中间商可以获得低于目录价格的价格。

其目的：

① 鼓励中间商大批量订货，扩大销售，争取顾客，并与生产企业建立长期、稳定、良好的合作关系；

② 对中间商经营的有关产品的成本和费用进行补偿，并让中间商有一定的盈利。

（四）季节折扣

有些化妆品的生产是连续的，而其消费却具有明显的季节性。为了调节供需矛盾，生产企业对在淡季购买商品的顾客给予一定的优惠，使企业的生产和销售在一年四季能保持相对稳定。

（五）回扣和津贴

回扣是间接折扣的一种形式，它是指购买者在按价格目录将货款全部付给销售者以后，销售者再按一定比例将货款的一部分返还给购买者。

津贴又称为折让，是根据价目表给顾客以价格折扣的另一种类型。津贴是企业为特殊目的，对特殊顾客以特定形式所给予的价格补贴或其他补贴。

四、心理定价策略

心理定价是根据消费者不同的消费心理而制定相应的产品价格，以引导和刺激购买的价格策略。常用的心理定价策略有尾数定价、整数定价、声望定价、招徕定价、习惯定价、最小单位定价等。

（一）尾数定价策略

尾数定价策略，又称零数定价、奇数定价、非整数定价，指企业利用消费者求廉的心理，制定非整数价格，而且常常以零数作尾数。

【案例】

资生堂的面部乳液一般没有直接标价 130 元，而是标价 128 元。心理学家的研究表明，价格尾数的微小差别，能够明显影响消费者的购买行为。使用尾数定价，可以使价格在消费者心中产生三种特殊的效应：便宜、精确、中意，一般适应于日常消费品等价格低廉的产品。

由于民族习惯、社会风俗、文化传统和价值观念的影响，某些数字常常会被赋予一些独特的含义，企业在定价时如能加以巧用，则其产品将因之而得到消费者的偏爱。例如，中国人喜欢数字 8，其代表吉利；当然，某些为消费者所忌讳的数字，如西方国家反感的"13"、日本厌恶的"4"，在定价时应避开，以免引起消费者的厌恶和反感。

（二）整数定价策略

与尾数定价正相反，整数定价针对的是消费者的求名、自豪心理，将产品价格有意定为整数。这是针对求名或自尊心强的顾客所采的定价策略。整数定价策略适用于需求的价格弹性小、价格高低不会对需求产生较大影响的中高档化妆品。

整数定价的好处是可以满足购买者显示地位、崇尚名牌、购买精品的心理；利用高价效应，在顾客心目中树立高档、高价、优质的产品形象。

（三）声望定价策略

声望定价策略指根据产品在顾客心中的声望、信任度和社会地位来确定价格的一种定价策略。消费者一般都有求名心理，根据这种心理行为，企业将有声望的产品，制定比市场中同类商品高的价格，即声望定价策略。这样可以满足某些顾客的特殊欲望，如地位、身份、财富、名望和自我形象，可以通过高价显示名贵优质。

（四）招徕定价策略

招徕定价又称特价商品定价，是指企业将某几种产品的价格定得非常高或者非常低，在引起顾客的好奇心理和观望行为之后，带动其他产品的销售，加速资金周转。这一定价策略常为综合性百货商店、超级市场，甚至高档商品的专卖店所采用。

值得企业注意的是，用于招徕的特价品应该与低劣、过时商品明显地区别开来，必须是品种新、质量优的适销产品，而不能是处理品。否则，不仅达不到招徕顾客的目的，反而可能使企业声誉受到影响。

【案例】

北京地铁有家每日商场，每逢节假日都要举办"一元拍卖活动"，所有拍卖商品均以一元起价，报价每次增加五元，直至最后定夺。但这种由每日商场举办的拍卖活动由于基价定得过低，最后的成交价要比市场价低得多。因此会给人们一种"卖得越多，赔得越多"的感觉。岂不知，该商场用的是招徕定价术。它以低廉的拍卖品活跃商场气氛，增大客流量，带动了整个商场的销售额上升。这里需要说明的是，应用此策略所选择的特价商品必须是顾客所需要，而且市价为人们所熟悉的才行。

（五）习惯定价策略

习惯定价策略是指根据消费市场长期形成的习惯性价格定价的策略。对于经常性、重复性购买的商品，尤其是家庭生活日常用品，在消费者心理上已经"定格"，其价格已成为习惯性价格，并且消费者只愿付出这么大的代价。降价易引起消费者对品质的怀疑，涨价则可能受到消费者的抵制。定价时常常要迎合消费者的这种习惯心理。

（六）最小单位定价策略

它是指企业同种产品按不同的数量包装，以最小包装单位量制基数定价，通常包装越小，实际单位数量产品价格越高，包装越大，实际单位数量产品价格越低。

【案例】

对于质量较好的化妆品，就可以采用这种定价方法，如果某种化妆品为500毫升1500元，消费者就会觉得价格太高而放弃购买。如果缩小定价单位，采用每50毫升为150元的定价方法，消费者就会觉得可以买来试一试。如果再将这种化妆品以15克来进行包装与定价，则消费者就会嫌麻烦而不愿意去换算出每500克应该是多少钱，从而也就无从比较这种化妆品的定价究竟是偏高还是偏低。

五、促销定价策略

促销定价指企业暂时地将其产品价格定得低于市场价格，有时甚至低于成本，从而达到促进销售的目的。促销定价有以下四种形式。

（一）牺牲品定价

一些超市和百货商店会用几个产品作为牺牲品招徕客户，希望他们购买其他有正常加成的产品。

（二）特殊事件定价

销售者在某些季节还可以用特殊事件定价来吸引更多的客户。例如企业在利用开业庆典或开业纪念日或节假日等时机，降低某些产品的价格，以吸引更多的顾客。

（三）现金回扣

制造商对在特定的时间内购买企业产品的顾客给予现金回扣，以清理存货，减少积压。例如，宝洁全场满200减50，第二瓶半价等。

（四）心理折扣

企业开始时给产品制定很高的价格，然后大幅度降价出售，刺激顾客购买。

六、地理定价策略

地理定价指由企业承担部分或全部运输费用的定价策略。它包含着公司如何针对国内不同地方和各国之间的顾客决定其产品定价。当市场竞争激烈或企业急于打开新市场时常采取这种做法。具体有以下五种方法。

（一）FOB 原产地定价策略（FOB-origin pricing）

顾客（买方）以产地价格或出厂价格为交货价格，企业（卖方）只负责将这种产品运到产地某种运输工具（如卡车、火车等）上交货，运杂费和运输风险全部由买方承担。这种做法适用于销路好、市场紧俏的商品，但不利于吸引路途较远的顾客。

（二）统一交货定价（uniform-delivered pricing）

其也称邮资定价法，和前者相反，企业对不同地区的顾客实行统一的价格，即按出厂价加平均运费制订统一交货价。这种方法简便易行，但实际上是由近处的顾客承担了部分远方顾客的运费，对近处的顾客不利，所以比较受远方顾客的欢迎。

（三）分区定价（zone pricing）

分区定价介于前二者之间，企业把销售市场划分为远近不同的区域，各区域因运距差异而实行不同的价格，同区域内实行统一价格。分区定价类似于邮政包裹、长途电话的收费。对企业来讲，可以较为简便地协调不同地理位置用户的运费负担问题，但对处于分界线两侧的顾客而言，还会存在一定的矛盾。

（四）基点定价（basingpoint pricing）

企业在产品销售的地理范围内选择某些城市作为定价基点，然后按照出厂价加上基点城市到顾客所在地的运费来定价。这种情况下，运杂费用等是以各基点城市为界由买卖双方分担。该策略适用于体积大、费用占成本比重较高、销售范围广、需求弹性小的产品。有些公司为了提高灵活性，选定许多个基点城市，按照顾客最近的基点计算运费。

（五）津贴运费定价（freight-absorption pricing）

其又称为减免运费定价，指由企业承担部分或全部运输费用的定价策略。有些企业因为急于和某些地区做生意，负担全部或部分实际运费。这些卖主认为，如果生意扩大，其平均成本就会降低，因此足以抵偿这些费用开支。此种定价方法有利于企业加深市场渗透。当市场竞争激烈或企业急于打开新市场时常采取这种做法。

本章小结

本章主要讲了化妆品的价格策略，首先介绍了化妆品价格的内涵和构成要素；然后明确影响制定化妆品价格的因素，随后介绍了化妆品定价目标、定价程序、定价的方法和策略，最后介绍了化妆品价格调整的方法和策略，以及反应和应对措施。

复习思考题

1. 影响化妆品企业定价的主要因素有哪些？
2. 化妆品企业定价目标策划有哪些？
3. 化妆品企业定价方法有哪些？
4. 化妆品企业常用的价格策略有哪些，各自的适用范围是什么？
5. 新产品定价策划的三种形式如何进行区别与比较？
6. 论企业发动降价与提价策划的原因及影响。
7. 详述市场领导者面对竞争者变价的反应。

课后思考

1. 某化妆品商店，经营某种品牌的化妆品，进货成本每件126元，加成率为50%，请以进货成本为基础，计算这种化妆品的零售价格是多少？
2. 请用需求价格弹性分析"薄利多销"与"谷贱伤农"的含义。

第十章
化妆品的销售渠道策略

学习目标

知识目标

1. 理解市场渠道的含义和作用
2. 了解渠道的类型
3. 明确影响化妆品分销渠道选择的因素
4. 掌握销售渠道流程设计与方案的评估
5. 掌握化妆品销售渠道管理决策
6. 了解渠道转型和网络销售渠道
7. 化妆品线上主要渠道的发展趋势

技能目标

1. 能够根据企业情况，正确制定渠道策略
2. 能够对渠道进行分析，进而进行调整和管理
3. 能对一些营销渠道方面的案例进行分析

案例导入

A 公司是上海的一家化妆品公司，通过 OEM 生产了一个品牌，品牌标榜自己是法国品牌，用的包材和原料都极其讲究，按公司老总的话说，要按照国际要求来打造品牌。

由于刚开始运作，单品只有 20 多个，价位在 98～300 元之间。产品面市后，先是在北京几个规格不大的商场里设了一些专柜，但销售得并不理想。随后公司招聘了一些销售人员，全国四处跑，结果差旅费和人工费花了一大堆，销售局面却迟迟没有打开。

最后有人建议开一个招商会，老板见到有的公司利用招商会一下子收回了几百万，便心动了。但不幸的是由于没有经验，一个会议下来，费用花了五十万，签单率几乎为零。这下子把老板愁坏了，不知道问题出在哪里。

营销启示：化妆品销售要设计好销售渠道才能取得成功。

引言：

渠道是产品从生产领域流向消费领域所经过的通道，是架接生产者与消费者之间的桥梁。渠道畅通，产品就能够顺利地从生产领域流入消费领域，从而使企业获得丰厚的利润；渠道阻塞，产品就会积压，甚至使企业破产倒闭。因此，一个企业要实现盈利目标，不仅要生产出符合目标市场消费者需要的产品，制定出目标消费者乐意接受的合理价格，而且还要使其产品让目标消费者在最方便购买的地点能够顺利地买到，即要制定出科学的渠道策略。

第一节 化妆品销售渠道的概述

一、销售渠道的概述

（一）销售渠道的含义

销售渠道是指某种货物或服务从生产者向消费者移动时，取得这种货物或服务所有权或帮助转移其所有权的所有企业或个人。简单地说，营销渠道就是商品和服务从生产者向消费者转移过程的具体通道或路径。

（二）销售渠道的组成

它是由一系列相互依赖的组织机构组成，一般由生产商、中间商、消费者和辅助商四个基本要素组成。其中中间商负责组织、收购、销售、运输、储存商品，把商品源源不断地从生产者销往消费者手中，各种类型的中间商是分销渠道中最重要的因素。

1. 生产商

生产商是指提供产品的生产企业，是销售渠道中最关键的因素。它不仅是销售渠道的源头和起点，而且是营销渠道的主要组织者和渠道创新的主要推动者。没有生产企业提供的产品，也就无所谓销售的渠道。生产企业提供的产品与市场需求的吻合程度，从根本上决定着营销渠道的效率和效益。同时，生产企业对自身产品与市场销售的关注，会促使生产企业致力于渠道的建设与管理工作，并根据市场的变化进行渠道的整合与创新。

2. 中间商

中间商指从事产品经销业务及代理业务的商业企业，在销售渠道中，起着穿针引线、牵线搭桥的重要作用，是生产商和消费者双边的传话筒。在市场营销实务中，中间商又可按照他们服务的对象、服务的内容、经营方式不同划分为批发商、代理商、经销商及零售商。中间商是渠道功能的重要承担者，是提高渠道效率与效益的重要因素，也是协调渠道关系的重要力量。为了增强渠道的竞争力，生产企业在对渠道进行变革时，往往需要中间商的积极参与和密切配合，有时甚至可以由中间商来主导完成相应的工作。

3. 消费者

消费者是销售渠道的最后一个环节，也是产品服务的对象。许多渠道之所以会陷入困境，其中一个重要的因素就是对消费者在渠道中的地位认识不清，甚至忽视消费者的地位。因为，消费者是商品的最终购买者，是渠道服务的最终受益者，尽可能地取悦和接近消费者是渠道成功的关键。因此，在选择销售渠道时必须要充分考虑消费者的地理分布、收入多少、购买特性等因素。对于厂家和商家而言将消费者地位置于渠道网络的中心绝对是一种明智的选择。

4. 辅助商

辅助商是指其他一些支持渠道业务的成员，如运输公司、仓储公司、保险公司、银行、咨询公司、广告公司等。他们不直接参与商品所有权的转移，只是为商品的交换提供便利，或为提高商品交换的效率提供帮助。

销售渠道中的生产商、经销商、批发商、零售商、仓储公司、运输公司、广告公司、银行等组织执行各自不同的职能，因销售商品的共同的经济利益而结成伙伴关系，同时他们也有各自独立的经济利益，甚至有时会发生各种矛盾和冲突，从而需要彼此协调和管理。

在销售渠道中，产品的运动是以其所有权转移为前提的。产品从生产领域流向消费领域时，至少要转移一次商品所有权，即生产者把产品直接卖给消费者或最终用户。但在大多数情况下生产者需要经过一系列中间商家机构转卖或代理其产品，即产品在从生产领域向消费领域转移时要多次转移其所有权。

（三）销售渠道的作用

从某种意义上讲，销售渠道安排的是否得当是市场营销活动成败的关键因素之一。销售渠道不仅直接影响产品能否有效地传递给目标顾客，在很大的程度上还影响到企业其他营销策略的运用和目标的实现程度。销售渠道的作用表现在以下方面。

1. 减少市场的交易次数

中间商参与产品的转移过程，可以减少市场交易的总次数，简化流通程序，是人类社会发展到市场经济过程中的一次社会分工。从整个社会角度来看，中间商的存在会大幅度降低产品总的流通费用。

2. 提高社会生产力的效率

由于流通领域工作日趋复杂化、专业化，生产企业不能完全兼顾生产与销售的全部工作。中间商拥有流通领域活动的专业知识，从事各种商业活动的效率比生产企业高。如果中间商承担了生产企业大部分产品的流通工作，生产企业就可以集中精力从事生产制造活动，从而使整个社会生产力的效率得到提高。

3. 为生产企业提供广泛的市场信息

中间商广泛分布于不同地区的市场之中，长期与顾客接触，对当地市场情况、顾客需求等情况有深入的了解，所以成为生产企业极其重要的市场信息反馈渠道。

4. 使产品得到合理的分布

中间商能根据市场的供求情况，对产品进行集中、平衡和分散等工作，按照市场规律使产品有合理的市场流向。

二、销售渠道的类型

（一）直接渠道与间接渠道

根据有无中间商的介入划分为：直接渠道与间接渠道。

1. 直接渠道

是指生产企业不通过中间商环节，直接将产品销售给消费者的渠道类型。比如：安利产品的直销、DHC网络销售等。

2. 间接渠道

是指生产企业通过中间商环节把产品销售到消费者手中的渠道形式。间接分销渠道是日用消费品分销的主要类型，化妆品企业多采用间接分销类型。

（二）长渠道与短渠道

根据流通环节的多少划分为：长渠道与短渠道。

1. 长渠道

是指商品从生产领域向消费领域转移过程中经过两道以上的中间商。企业采用长渠道销售方式能够使产品销售的市场覆盖面扩大，减轻企业的营销责任，市场风险也可以较早地得到转移。但长渠道的流通环节较多，流通费用高，产品最终售价可能会较高，并且还会增加产品的损耗，生产企业对市场的控制力很小。

2. 短渠道

是指商品从生产领域向消费领域转移过程中利用较少的中间商的分销形式。采用短渠道模式，可以加快商品流转速度，从而使产品迅速进入市场；可以减少中间商分割利润，从而维持相对较低的销售价格，有助于生产者和中间商建立直接、密切的合作关系。但短渠道模式不利于产品在大范围内大批量销售。部分专业线化妆品企业采用建立连锁美容机构的经营形式，利用品牌的连锁扩张有效地开拓了新的渠道模式。

（三）宽渠道与窄渠道

根据渠道的每个环节中使用同类型中间商数量的多少划分为：宽渠道与窄渠道。

1. 宽渠道

企业使用的同类中间商多，产品在市场上的分销面广，并称其为宽渠道。

2. 窄渠道

企业使用的同类中间商少，分销渠道窄，其为窄渠道。

随着市场的进一步发展，分销渠道也有了新的发展，如垂直渠道系统、水平渠道系统、多渠道营销系统等。目前化妆品行业在销售渠道方面也在进行探索和创新，传统销售渠道已不能完全满足企业的分销使命了，细分化的市场竞争要求渠道必须细密顺畅，扁平化的快速流通也是市场对渠道的进一步要求。

三、中间商的类型

（一）经销商和代理商

中间商按其是否拥有产品所有权，可分为拥有产品所有权的经销商和没有所有权的只是赚取佣金的代理商。

（二）批发商和零售商

按其在产品流通过程中的地位和作用，可分为批发商和零售商。

1. 批发商

批发商是专门从事批发业务的中间商。

（1）批发商的特点

① 销售的对象主要是零售商、工业用户或政府购买者；

② 一般来讲，买卖数量大；

③ 一般不作零星销售。

（2）批发商按其在流通中承担的不同职能划分的类型

① 按是否拥有商品所有权分为经销批发商和代理批发商。

② 按其在分销渠道中的地理位置分为产地批发商、中转地批发商和经销地批发商。

③ 按其活动区域范围分为全国批发商、区域批发商和地方批发商。

④ 按经营商品分为综合商品批发商、专业批发商和专用品批发商。

2. 零售商

零售商是指将商品售卖给最终消费者的经营者，零售商是营销渠道中形式多样、数量最多的营销组织。零售商的经营特点主要有以下两个方面：就单一商品来看，销售商品的数量较少，但销售频率很高；销售、服务的对象是商品的最终消费者，商品一旦成交后，便退出流通领域。

零售商按照有无实体店面可分为两类，即有门市的销售形式和无门市的销售形式。

（1）有门市的销售形式

① 百货商店。通常百货商店规模较大，经营范围较广，是零售商中的重要组成部分。对于化妆品来说，其是品牌表达的自由之地，百货商店几乎是化妆品市场中最高端的市场。各个品牌的专柜都集中于百货商场内，消费群体较为固定，消费档次较高，由于受商场的数量限制，在一级城市内此类专柜多为外资品牌所占有，在

二、三线城市多为国内著名品牌所占有。此类渠道的商品表现为定位高档、价格昂贵、功能功效明显。

② 超级市场。超级市场是一种大型、自选式商场。商品方面拥有完整的产品线，经营各种家庭日用品，以薄利多销为其竞争手段。此类渠道中的商品档次居中下，比较大众化。譬如玉兰油、美宝莲、大宝等，而且可以在超市卖场内做常规促销。

③ 连锁商店。连锁商店指属于某一家大公司所有，由这家大公司经营管理的某种零售商店集团。连锁商店的经营特点是统一进货，可以获得价格的最大优惠。连锁店在市场预测、运输、存货、定价和宣传推广技术、服务方式、经营管理等方面都有较科学的方法。目前许多化妆品专卖店、专营店、美容院都采取连锁经营的方式。

④ 专业商店。专业商店是专业化程度较高的零售商店，包括专卖店、专营店。这种商店专门经营某一类商品或某一类商品中的某种商品。如化妆品店、服装店、眼镜店等。

⑤ 特许专卖商店。国外的一些大公司掌握着某些产品的货源或拥有名牌及特色的产品，中小商店要经营这些商品，须向这些大公司购买经营这些商品的特许经营权，其也是连锁经营的一种。对某种商品购买到特许经营权的商店就是特许专卖商店。如美国麦当劳、肯德基的特许专卖店遍及世界许多地方。我们相信，国内美容院店的经营市场在不远的将来也会以类似大品牌的特许专卖形式出现。

⑥ 方便商店。这是一种小型的设在居民区附近的商店，补充超级市场的不足。方便商店可以在购买场所、购买时间、商品品种上为顾客提供方便，譬如 7-11 店、C-Store 店。

⑦ 仓库商店。这是一种服务很少，售价低廉的大型商店。其多设在郊区房租低廉的地段，主要经营一些大型笨重的家用设备，价格比一般商店低 10%～20%。顾客选中商品，付清货款，即可在仓库门前取货自行运走，比如宜家家居店。

⑧ 样本售货商店。这种商店通过展出商品目录和样品进行经营，主要经营毛利高、周转快的有品牌的商品。商店定期发行彩色目录，目录上印有实物照片，并标有货号、价格及折扣。顾客可根据目录册打电话订货，由商店送货上门，收取货款和运费。顾客也可到店里看样付款取货。譬如乐器的经营，旅游项目的销售等。

对于化妆品行业来说，还有其他的终端零售形式，如药店销售、美容院销售。

① 药店销售。薇姿是法国欧莱雅公司旗下一著名品牌，自 1998 年 7 月进入中国市场以来，经过短短的两年时间就在北京、上海、广州、深圳、南京、哈尔滨、昆明、成都等地的 200 多家大型药房开设了薇姿护肤专柜。其发展速度之快、销售业绩之好，引起了业内人士的极大关注。随后，四川可采开创了把国产化妆品卖到药店的成功先例。2000 年，可采推出眼贴膜，进军药店，2001 年就取得了巨大成就，仅上海市场就实现了 2000 万元的营销目标。

② 美容院销售。其是专业线化妆品的销售形式，美容的主要群体集中在年轻女性群体和中年女性群体，特别是 30～50 岁女性群体，她们的美容需求最为强烈，所占比例为 40%。在职业分布上，公务员群体比较突出，其次是白领群体，有相当强的购买力。连锁经营的美容院品牌管理意识强，在消费者的印象里，美容院是专业的代名词，是高档次的享受。美容院是专业线化妆品销售市场最基本的单元，是专业线化妆品与消费者的直接联系点。它不仅销售化妆品，同时提供专业的、有针对性的美容服务。

（2）无门市的销售形式

① 邮购。邮购是一种无店铺的零售业。邮购是购买者通过报刊、广播、电视和商品目录，看到或听到了商品广告，用信件或电话向邮购商订货，邮购商按要求，将商品通过邮局或快递寄给购买者。由于这销售方式使顾客不用出门就能买到所需商品，很方便，因而深受消费者欢迎，发展很快。

② 访问销售。这种销售方式是推销人员携带商品或样品到消费者工作单位或家庭进行销售，消费者可以当面选择商品。这在西方国家比邮购更加受欢迎。

③ 自动售货。利用自动售货机销售商品。在有售货机的地方，不论什么时间都能买到商品，而且售货机经营的商品范围在不断扩大。

④ 网络销售。厂家或商家通过互联网发布产品信息，介绍商品，顾客在电脑上就可以直接订购商品，付款（或者货到付款），物流送货上门。安全便捷，而且网上商品价格由于经销成本偏低而比实体店要便宜许多。

四、化妆品的销售渠道模式

从销售渠道结构上看，我国化妆品传统销售渠道主要存在以下五种模式。

（一）生产企业—总经销商—区域经销商—零售商

中低档大众化的化妆品多采用这一模式，国内大多日化线化妆品企业和部分专业线化妆品企业采取这一渠道形式。产品主要面对中低收入的消费者，要求有较宽的渠道，生产企业通常是先通过媒体或其他方式找到总经销商，与其建立合作关系，再由总经销商发展区域经销商。总经销商的规模、实力及声誉很大程度上就决定了该产品销售渠道的质量。

该模式充分利用了社会资源和行业资源，零售网络形成快，但路径长、环节多，供应商对流通过程的可控制性较弱。由于对各级经销商、分销商的依赖性较强，使得流通环节的可变因素增多，利润驱使下易导致窜货与价格混乱。同时，对品牌的知名度也有较高要求。

（二）生产企业—区域经销商—零售商

很多专业线化妆品企业采用这一模式，用于分散的目标消费者，如果企业完全采用自己的营销队伍，会导致营销队伍的规模过大，管理难度增加。因而企业一般将自己的营销队伍与中间商结合起来，一起做市场，譬如专业线化妆品企业的美容导师、区域经理，他们积极配合区域经销商的工作，共同开拓经营美容院线。这种模式比前一种模式少了一个中间环节，渠道长度较短，因而增加了对渠道的控制力度，价格体系相对比较稳定，可以使有些产品在消费者中树立起良好的形象。但由于采用这种渠道的企业，其渠道一般设置得比较密集，一些渠道冲突也时有发生。

（三）生产企业—批发市场—零售商

这是最复杂的渠道模式，其在行业中被称为"大流通"。该模式具有多年的历史，国内现在涉及化妆品的大规模批发市场主要有兴发、义乌、汉正街、五爱、荷花池、临沂、南三条、朝天门、美博城等。这一通路之所以最为复杂，主要是因为经营者大多是个体经营，大宗交易具有一定的隐蔽性，曾一度是假冒伪劣和证照不全的化妆品的主要据点，经过多次整顿，目前已有明显好转。

"大流通"对生产企业来说比较简单，通常采取款货两清或约期付款方式。生产企业与批发市场的客商交易后，以后的交易一般就与其无关了。由于渠道的可控性很低，对企业的持续发展极为不利，较适合阶段性的资金积累和抛售存货。低档的化妆品，尤其是小企业生产的不知名的化妆品常采用这种模式。

（四）生产企业—零售商

采用这种模式的产品主要有两种：一种是中高档化妆品。中高档化妆品的目标消费者收入较高，相对来说比较集中，主要分布在大中城市。他们在购买化妆品时比较在意化妆品与零售商的声誉与品牌。这类产品都是有实力的企业生产的，如跨国公司、国内知名企业。企业在销售这类产品时十分注重品牌建设，产品自身的品牌知名度很高，因而对这种产品，企业多采用与零售商直接合作的方式。另外一种是知名品牌中低档化妆品。生产企业会选择如家乐福、沃尔玛等大型连锁超市进行销售，这是由于知名品牌中低档化妆品在大型连锁超市中的销量较大。

该渠道环节最少，通路最短，流通过程的控制力强，零售网络稳固。

（五）生产企业—消费者

（1）人员直销　这种方式是指生产企业不设店铺、不经过中间商，而是通过企业的直销人员直接把本企业产品销售给消费者的经营方式。国内采用这种营销方式的主要有安利、雅芳等国际化妆品直销企业。这种方式受国家政策和法律影响较大。

（2）店铺直销　这种模式是指由生产企业自行设立化妆品品牌专卖店，专门经营本企业生产的化妆品品牌。譬如国内化妆品品牌李医生专卖店。

第二节　化妆品销售渠道的设计

一、影响化妆品分销渠道选择的因素

影响化妆品分销渠道选择的因素有很多，生产企业在选择分销渠道时，必须对下列六个方面的因素进行系统的分析和判断，才能作出合理的选择。

（一）产品因素

1. 产品价格

一般来说，化妆品出厂价格与销售价格相比较低，市场分布较广，所以企业通常采用传统的多环节间接分销渠道。这种渠道形式最终在化妆品价格的表现直接影响了消费者心目中对化妆品的价格判断，这种逐渐习惯了的价格判断又进一步巩固了现有的传统渠道形式。但是目前网络销售这一低成本的渠道形式对传统的渠道形式造成了威胁，它大大减去了复杂渠道中的利润，直接给消费者更加优惠的产品价格。

2. 产品的技术性

专业线化妆品具有很高的技术性和服务性，它强调产品的功效，从这个角度来看，生产企业直接销售给消费者为好，但是专业线化妆品企业又多是中小企业，没有足够的实力直接做市场，其必须依赖中间商，所以就产生了美容导师这一职业形式。大量的美容导师作为企业产品的培训促销人员活跃在市场的美容院终端，为消费者提供美容咨询、皮肤护理指导等服务。日化线化妆品技术性相对专业线不高，它更强调产品的大众化和安全性，所以其销售渠道相对专业线也较长较宽。

3. 产品的标准化程度

日化线化妆品标准化程度较高，相应批量大、种类较少，具有明确的质量标准、规格和式样，由于消费者分布广泛，宜由中间商间接销售。而专业线化妆品批量小、种类多，标准化程度没有日化线那么高，所以相对日化线来讲，渠道中较少的中间环节是比较明智的选择。

4. 产品生命周期的不同阶段

处于不同生命周期的产品，也要选择不同的分销渠道。处于进入期的新产品，其分销渠道短而窄，因为新产品初入市场，许多中间商往往不愿经销，生产者不得不直接销售，或者交给任何愿意经销、代销的中间商销售。有些新产品，要为消费者提供一些必要的服务，而中间商不能提供这种服务，生产者也必须直接销售。处于成熟期的产品，消费者需求迅速增加，生产者要提高市场占有率，就要选择长而宽的渠道，以扩大产品的市场覆盖面。

（二）市场因素

1. 购买批量

购买批量大，多采用直接销售；购买批量小，多采用间接销售。作为日用消费品的化妆品采用的是间接销售。

2. 消费者的分布

消费者的地区分布情况也会影响分销渠道的选择，如果某种产品的消费者分散在各个地区，生产者就要选择长而宽的渠道，通过一系列中间商将产品销售到众多消费者手中，这样可以节省销售费用；如果消费者集中在一定地区或少数几个地区，生产者就可采用短而窄的渠道，由生产者直接销售或通过少数几个零售商销售。

3. 消费者的数量

消费者的数量决定市场的大小。如果消费者数量少，市场就小，生产企业就可以直接销售，或者使用短而窄的渠道；如果消费者数量大，市场就大，生产者就要选择长而宽的渠道，通过批发商到零售商的买卖活动，最终把产品卖给消费者。

4. 消费者的购买习惯

消费者对不同的消费品有不同的购买习惯，这会影响分销渠道的选择。如洗发水、沐浴露、洗面奶等液洗类化妆品，其消费者很多，分布范围很广，消费者对这种消费品的购买次数频繁，希望随时随地买到这种消费品，因而其市场很大，所以，生产者只能通过批发商和为数众多的零售商转卖给广大消费者，因此，日化线化妆品的分销渠道是长而宽的。而安利的产品定位高档加以上乘的咨询服务和热情的销售方式赢得了许多消费者，他们往往更喜欢这种上门服务的销售形式，所以，安利产品采用了直销这种短而窄的渠道形式。

5. 市场上同行竞争者使用分销渠道的状态

从理论上来讲，生产者应尽量避免与竞争者对手使用相同的分销渠道。如果竞争者使用并控制传统的渠道，生产者就应开辟其他不同的渠道推销其产品，这样使得渠道不断发展壮大。但实际上由于消费者购买习惯的影响和行业发展的积淀，大多数生产企业不得不使用竞争者所使用的渠道，造成在同一渠道里激烈的竞争。比如同一经销商经营着几家相互竞争的化妆品品牌，尤其是日化线产品。

（三）生产企业本身的因素

1. 资金能力

企业本身资金雄厚，则可自由选择分销渠道，可建立自己的销售网点，采用产销合一的经营方式，也可以选择间接分销渠道。企业资金薄弱则必须依赖中间商进行销售和提供服务，只能选择间接分销渠道。

2. 销售能力

生产企业在销售力量、储存能力和销售经验等方面具备较好的条件，则应选择直接分销渠道。反之，则必须借助中间商，选择间接分销渠道。另外，企业如能和中间商进行良好的合作，或对中间商能进行有效地控制，则可选择间接分销渠道。若中间商不能很好地合作或不可靠，将影响产品的市场开拓和经济效益，则不如进行直接销售。

3. 可能提供的服务水平

中间商通常希望生产企业能尽多地提供广告、展览、维护、培训等服务项目，为销售产品创造条件。若生产企业无意或无力满足这方面的要求，就难以达成协议，迫使生产企业自行销售。反之，提供的服务水平高，中间商则乐于销售该产品，生产企业则选间接分销渠道。

（四）中间商的状况

一般说来，生产企业在选择中间商时，应综合考虑以下五个方面因素。

1. 信誉高低

包括在当地和业界的声誉及口碑、经营者的素质、信用状况等。

2. 分销能力强弱

包括管理水平、人员素质、历史和经验、地理位置等。分销能力强弱在很大程度上影响着产品的销售量,从而影响着产品在某地区的市场占有率。

3. 合作愿望

包括销售积极性、价值观、协作能力等。中间商与生产者的合作愿望决定着合作态度,从而进一步决定着分销渠道的稳定性。

4. 承担义务多少

包括合作广告、信息沟通、商品陈列、商品促销等。中间商承担义务多少在很大程度上影响着生产企业的分销费用和产品销量,同时也反映了中间商对所销售产品的信心,这些也是生产企业应考虑的重要因素之一。

5. 经营规模和实力

包括资金能力、商品的吞吐量、库存及运输能力、对本地区终端的控制力等。中间商的经营规模和实力在很大程度上影响着生产企业开拓市场、资金回收、承担风险等方面的内容。

(五)经济收益

不同分销途径带来的经济收益也是影响选择分销渠道的一个重要因素。对于经济收益的分析,主要考虑的是成本、利润和销售量等方面的因素。

(六)政策规定

企业选择分销渠道必须符合国家有关政策和法令的规定。某些按国家政策应严格管理的商品或计划分配的商品,企业无权自销和自行委托销售;某些商品在完成国家指令性计划任务后,企业可按规定比例自销,如专卖制度(如烟)、专控商品(控制社会集团购买力的少数商品)。另外,税收政策、价格政策、出口法、商品检验规定等也都影响企业分销途径的选择。

二、销售渠道的设计

销售渠道设计的目标就是选择最佳的销售渠道。即销售费用少、效率高,能够把企业的产品尽快地销售出去,并取得良好经济效益。商品的销售渠道错综复杂,它是长期市场发展的历史因素所形成的,而且又随着市场环境的变化而变化。

销售渠道的设计必须立足于长远,因为渠道模式一经形成,再想改变或替代原有渠道是比较困难的,常要付出较大的代价,所以在制定渠道方案时,应该谨慎从事,精心设计,严格评估。

一般来说,销售渠道的设计主要包括确定渠道模式、确定中间商数量(渠道长度与宽度)和规定渠道成员彼此的权利和责任等内容。

(一)确定渠道模式

企业销售渠道设计首先应决定采取什么类型的渠道,是派推销人员上门推销或以其他形式自销，还是通过中间环节分销。如果决定利用中间商分销，还要进一步决定选用什么类型和规模的中间商。这主要依据渠道目标——企业预期要达到的目标市场服务水平及由此规定的销售职责、现有中间商的状况、营销成本约束，参考同类产品生产者的经验，确定企业的分销渠道模式。

例如，某专业线化妆品公司欲销售其护肤类产品，其可选择下列四种销售渠道模式：

（1）建立企业自己的美容院网络，直接向顾客销售本公司的产品。

（2）寻求一些愿意经营本公司产品的美容院进行销售。

（3）借助通常使用的渠道，通过批发商或代理商将产品转售给美容院。

（4）网络销售，直接卖给消费者。

（二）确定中间商的数量

1. 确定渠道长度

确定渠道长度即决定采取什么类型的销售渠道，是采用直接销售还是间接分销。在采取间接销售时，是采用长渠道还是短渠道以及选用什么类型和规模的中间商。

2. 确定渠道宽度

企业采用间接渠道，还需确定是采取宽渠道还是采取窄渠道，即确定分销渠道中每一层中选用多少同种类型的中间商。渠道宽度设计主要有以下三种。

（1）密集型分销渠道 密集型分销渠道，即商品生产者广泛利用大量中间商经销本企业的商品，使消费者能够随时随处购买到企业的商品。日用品、方便商品、标准化程度较高的商品等常用这种策略。这种策略优点是利于中间商之间的竞争，促使其改善服务方式，提高服务质量和销售效率，以提高竞争能力和市场占有率；能够较便捷地把商品送到顾客手中；利于厂家选择效率高、声誉好的中间商经销。这种策略的缺点是生产者和中间商是一种松散的协作关系；中间商过多，经营能力、管理水平不一，厂家要花费很多时间和费用；中间商不愿分担广告费等一些促销费用，不利于利用发挥中间商的优势。

（2）选择型销售渠道 选择型销售渠道是指企业在同一目标市场上有选择地使用部分条件优越的批发商和零售商销售本企业产品，这种策略是企业较多使用的一种策略。优选能够同厂商配合的中间商，共担风险，分享利润；利于厂商对渠道成员的控制；厂商集中力量对产品进行整体促销。

（3）专营型销售渠道 专营型销售渠道又称独家分销，即在某一地区只选择一家中间商销售本企业产品，实行独家经营。独家分销是最极端的形式和最窄的分销渠道，这一策略的重心在于控制市场、控制货源，以便取得市场优势。通常产销双方要协商签订独家分销合同，规定承销方不得同时经营竞争者的品牌，生产方则承诺在该地区市场范围内只对该中间商独家供货。

专营型销售对于生产者的好处是：可以控制中间商，提高他们的经营水平，加强对顾客的服务，也有利于树立产品形象，增加利润，还可排斥竞争者利用此渠道。但其也存在一定风险，如果中间商经营不善或发生意外情况，生产者就要蒙受损失。

这种形式对于中间商的好处是：可获得生产者对产品营销与广告活动的支持，销售独家产品线也可提高威望，独家品牌不会面临价格竞争、能取得比较稳定的收益，但中间商也将受到生产者一定程度的制约，并且一旦生产者经营失败或取消合同，中间商将承担较大风险。

（三）确定各渠道成员的交易条件和责任

生产者在决定了渠道的长度和宽度之后，还必须规定各渠道成员参与交易的条件和应负的责任。

1. 价格政策

这是关系到生产者和中间商双方经济利益的一个重要因素。生产者必须制订出价格目录和折扣计划，该价格和折扣应是公平合理的，并且可以得到中间商的认可。

2. 销售条件

指付款条件和生产者保证。如对提前付款的分销商给予现金折扣、对产品质量的保证、对市场价格下降时的降价或不降价的承诺等，以消除中间商的后顾之忧，促使其大量进货。

3. 经销区域权

这是渠道关系的一个重要组成部分。一般来说，中间商都希望了解生产者将在何地利用其他何种中间商，还希望在其区域内所发生的销售实绩能获得生产者的完全信任，而无论这些销售实绩是否为他们努力的结果，生产者对此应一一加以明确。

4. 各方应承担的责任

通过双方合作协议中的服务与责任条款来明确各方责任。服务项目不明，责任不清，必然会影响双方的经济利益及合作关系，不利于双方的共同发展，尤其是在选择特许经营和独家代理中间商时，更要规定得尽量具体、明确。如某化妆品企业向其加盟美容院提供店面、促销支持、文件管理系统、培训和技术支持等。与此相对应，美容院必须达到有关物资设备标准，适应新的促销方案，提供所需信息及购买指定产品等。

三、评估选择分销方案

分销渠道方案确定后，生产厂家要对各种备选方案进行评价，找出最佳的渠道路线。通常渠道评估的标准有三个，即经济性、可控性和适应性，其中最重要的是经济标准。

（一）经济性的评估

这主要是比较每个方案可能达到的销售额及费用水平。企业经营追求的根本目标是利润，所以评判分销渠道方案的优劣，不是看其能否有较高的销售额或较低的成本费用，而是看其能否取得最大的利润。这需要综合比较各种方案的销售额和分销成本费用，企业对上述情况进行权衡，可从中选择最佳分销渠道。

（二）可控性的评估

一般来说，采用中间商可控性弱些，企业直接销售可控性强；其分销渠道长，可控性难度大，渠道短可控性较容易些，企业必须进行全面比较、权衡，选择最优方案。

（三）适应性的评估

如果生产企业同所选择的中间商的合约时间长，而在此期间，企业发现其他销售方法如网络销售更有效，但生产企业不能随便解除合同，这样，企业选择分销渠道便缺乏灵活性。因此，生产企业必须考虑选择策略的灵活性，不签订时间过长的合约，除非在经济或控制方面具有十分优越的条件。

第三节　化妆品销售渠道的管理

生产者在对分销渠道进行设计、评估后，最后就要具体确定通过哪种分销渠道，利用哪些中间商推销产品，而且实施过程中还要利用各种方式激励中间商，促进其不断提高销售业绩，调节厂商之间的冲突和矛盾，还要定期对中间商的销售业绩进行评估，进而进行调整。

一、选择渠道成员

生产企业在招募合适的中间商时，那些知名度高、享有盛誉、产品利润大的生产者可以毫不费力地选择到合适的中间商。而那些知名度较低或其产品利润不大的生产者，则必须费尽心机，才能找到合适的中间商。

不管是容易还是困难，生产者必须严格按照标准选择渠道成员，其标准主要有：
① 与目标市场接近程度；
② 产品组合状况；
③ 财务状况；
④ 储运能力；
⑤ 销售产品能力。

二、确定与渠道成员的关系

生产者与中间商的关系主要有三种不同的形式，即合作关系、合伙关系和分销规划。

（一）合作关系

其指生产者与中间商建立的合作关系。生产者可以利用特别优惠、价格折扣、信用条件等办法激励中间商努力推销，开拓市场；还可以利用降低中间商的利润率、推迟发货甚至终止合同关系等办法来惩治工作消极的中间商。在这种合作关系中，生产者与中间商的关系比较疏远。

（二）合伙关系

其指有些生产者通过签订协议与中间商建立合伙关系。在协议中确定双方的责任和权力，如规定中间商要达到的市场覆盖面，吸引潜在顾客，以及提供的销售服务、市场信息等，根据协议执行情况对中间商支付酬金。在这种合伙关系中，生产者与中间商的关系比较密切。

（三）分销规划

其指生产者与中间商建立的最密切的关系。生产者与中间商建立一个有计划、实行专业化管理的垂直市场营销系统，统一规划营销工作，如拟定销售目标、存货水平、商品陈列计划、广告和营业推广计划等，把生产者的需要和中间商的需要结合起来，在提高营销工作绩效中共同发展。

总之，产销双方是互相依存又互相对立的关系，生产者对中间商应贯彻"风险分担，利益均沾"的原则，尽量使之与自己站在同一卖方立场上，作为营销渠道的一员来考虑问题，而不要使他们站在对立的买方立场上。这样，就可减少与缓和产销之间的矛盾，双方密切协作，共同做好营销工作。

三、激励渠道成员

渠道成员的结合，是他们根据各自的利益和条件互相选择，并以合同形式规定应有的权利和义务的结果。一般说来，渠道成员都会为了各自的利益努力工作，但是由于中间商是独立的经济实体，与生产者所处的地位不同，考虑问题的角度也不同，其间必然会产生矛盾。生产者要善于从对方的角度考虑问题，要明白中间商不是受雇于自己，而是一个独立的经营者，有其自己的目标、利益和策略。因此，生产者要规定一些考核和奖励办法，对中间商的工作及时监督和激励，必要时也可给予惩罚。生产者可以采取以下方法鼓励中间商。

（一）广告支持

广告支持是产品营销中最重要的一种配合手段之一。

（二）促销支持

厂家派人协助中间商开展商品功效现场演示，赠送并布置销售点广告宣传，在销售点进行样品派送、赠送促销等。

（三）资金支持

对中间商店面装修、购买运输车辆提供部分资金资助，或允许中间商延期还款或分期付款。

（四）返利

例如中间商累计进货1万台，每件返利0.5元，其每年累计进货2万台，每件返利0.7元等。

生产者对中间商采取惩罚与奖励措施，以激励渠道成员具有良好的表现。要避免激励过分与激励不足，分寸的把握很重要。

四、评估渠道成员

对中间商的工作绩效要定期评估。

（一）评估标准

评估标准一般包括销售指标完成情况、平均存货水平、产品送达时间、服务水平、产品市场覆盖程度、对损耗品的处理情况、促销和培训计划的合作情况、货款返回情况及信息的反馈程度等。

（二）评估结果的处理

如果某一渠道成员的绩效低于既定标准太多，则需找出主要原因，同时还应考虑可能的补救方法。当放弃或更换中间商将会导致更坏的结果时，生产者应暂时容忍这种令人不满的局面。当不致出现更坏的结果时，生产者应要求工作成绩欠佳的中间商在一定时期内有所改进，否则，就应取消其渠道成员资格。

（三）评估注意事项

在一定时期内各中间商实现的销售额是一项重要的评估指标。生产者可将同类中间商的销售业绩列表排名。但是，由于中间商面临的环境有很大差异，有时销售额列表排名评估往往不够客观。

正确评估销售业绩，应在做上述横向比较的同时，辅之以另外两种比较：一是将中间商销售业绩与前期比较；二是根据每一中间商所处的市场环境及销售实力，分别定出其可能实现的销售定额，再将其销售实绩与定额进行比较。正确评估渠道成员的目的在于及时了解情况、发现问题，保证营销活动顺利而有效地进行。

五、渠道冲突的管理

冲突是渠道运作的常态，无论设计多么合理及管理如何先进的渠道，渠道成员之间的冲突都是不可避免的，企业必须采取措施降低渠道冲突的危害性。

（一）渠道冲突的基本类型

渠道冲突的基本类型有以下三种。

1. 垂直渠道冲突

垂直渠道冲突又叫纵向渠道冲突，它是指同一条渠道中不同层次之间的冲突，如制造商与经销商之间的冲突、批发商与零售商之间的冲突等。垂直渠道冲突通常是因为购销服务、价格高低、促销策略等原因引起的。

2. 水平渠道冲突

水平渠道冲突又叫横向渠道冲突，它是指渠道内同一层次成员之间的冲突，如特许经销商之间的区域市场冲突、零售商之间对同一品牌的价格冲突等。

3. 多渠道冲突

多渠道冲突是指同一制造商建立的两条或更多渠道之间的冲突，如某化妆品公司在同一地区通过个别美容院直接销售产品，就会引起当地经销这家公司产品的经销商的不满。

（二）渠道冲突的解决办法

一般来说，避免和解决渠道冲突的基本方法有以下六种。

① 管理者应该确立和强化共同目标，如提高市场份额、树立品牌形象、提高消费者满意度等，以引导他们紧密合作，特别是在受到外部竞争威胁时，渠道成员会更深刻地体会到实现这些共同目标的重要性。

② 在渠道成员之间互派人员，促进彼此之间的了解和从对方角度考虑问题。

③ 邀请渠道成员参加咨询会、董事会等，以使其感到他们的建议受到重视。

④ 加强渠道成员之间的业务沟通，如通过商会、工商联合会等，对工作中的一些热点问题广泛交换意见，促进各方做好工作。

⑤ 强化人际关系和进行充分的信息交流。

⑥ 制定明确的渠道政策和签订明晰的合同条款。

（三）渠道的调整

企业的分销渠道在经过一段时间的运作后，往往需要加以修改和调整。其原因主要有消费者购买方式的变化、市场扩大或缩小、新的分销渠道出现、产品生命周期的更替等；另外，现有渠道结构通常不可能总在既定成本下带来最高效的产出，随着渠道成本的递增，也需要对渠道结构加以调整。

1. 增减渠道成员

即对现有销售渠道里的中间商进行增减变动。进行这种调整，企业要分析增加或减少个别中间商，对产品分销、企业利润带来什么影响，影响的程度如何。

2. 增减销售渠道

当在同一渠道增减个别成员不解决问题时，企业可以考虑增减销售渠道。这么做需要对可能带来的直接、间接反应及效益进行广泛的分析。有时候，撤掉一条效率不高的渠道，比开辟一条新的渠道难度更大。

3. 变动分销系统

这是对企业现有分销体系、制度进行通盘调整，如变间接销售为直接销售。这类调整难度很大，因为它不是在原有渠道基础上的修补、完善，而是改变了企业的整个分销政策。它会带来市场营销组合有关因素的系列变动。

【案例】美妆新零售，完美日记的"完美营销"：线上流量＋线下门店的双驱动

2019年的"双十一"以全网销售额4101亿元落下帷幕，天猫的交易额也在当天的24点定格在了2684亿元，相较于2018年超出549亿元，天猫在本次的"双十一"中交出了一份满意的答卷，而首次作为国产品牌拿下天猫"双十一"彩妆类品牌第一名的完美日记则无疑是其中的尖子生。这家创立于2017年，至今不过短短两年时间的彩妆品牌以惊人的成长速度发展着。究其原因，与它的营销模式密不可分。

（一）利用线上渠道精准定位目标群体

据天猫美妆消费人群趋势报告显示：尤其是95后的消费理念对比其他年龄段的群体而言，更加注重个性化和便捷度，消费方式也从炫耀式转变为体验式，而是会选择更具有个性的产品。完美日记嗅到了这一转变：和国际一线大牌相比，它以更灵活的姿态针对90后消费群体量身打造新的彩妆形式。对便捷度的要求使得90后更愿意选择网络化的购买模式，因此，线上渠道便成了完美日记这一新兴国产彩妆品牌的首选。

（二）从微博、微信到小红书、B站的多元化升级玩法

随着移动社交的深入推进，用户群体主要为90后、95后新生代女性的小红书异军突起，成为国内美妆爱好者的聚集区。于是小红书成了完美日记的第一引流阵地。除了小红书之外，B站也成了完美日记营销的重要渠道之一。

（三）借助明星和KOL的影响力丰富产品线并打造爆款

在微博上，完美日记有一整套完整的粉丝经济打法：携手流量明星朱正廷推出小黑钻系列唇膏，利用撩粉、宠粉将粉丝经济最大化，粉丝的参与感和互动感非常强烈，小黑钻限量礼盒开卖三秒便全部售罄；签约歌手吴青峰作为护肤品系列中的安瓶能量大使，"能量满满"的产品slogan也与吴青峰的形象一致；在推出"浮光系列"香水的期间，完美日记又与日本知名导演岩井俊二合作拍摄广告片，并签约新生代演员文淇作为灵感大使，把香水和文艺少女巧妙地定位在一起。除了看到李佳琦在直播间力荐完美日记的产品之外，在今年的"双十一"，完美日记更是联手李佳琦推出了小粉钻口红，打开完美日记的首页便可以看到在明星单品中"李佳琦亲选色"的"缎色柔光粉钻唇膏"，其传播量达到了2.5万人次，为国货最高。

第四节 化妆品销售渠道的分化

社会经济的发展，每一次突变都是基于一连串非连续性的技术革命，进而引发一次次结构性的刷新，于是自然而然地显现出一个个迭代的风口。时至21世纪互联网＋时代，在大数据、AI、移动互联网的协同作用下，信息流得到前所未有的高速运转，海量的信息留存和颠覆运用，传统的商业模式、经营模式遭受到空前的挑战，在营销层面，既往的通过预设产品和预设模式去满足市场的时代，已经成为历史，特别是随着社交电商的兴起，社交＋时代的信息流的交互、融合与裂变，变得十分频繁和快捷，这为消费市场的价值崛起，线上线下渠道一次次分化裂变，提供了良好的市场条件。中国化妆品市场的渠道创变尤不例外，其创变的程度更加深刻，产生的影响更加典型，更具有长远的意义。

一、线上线下，两极分割

整体而言，互联网＋时代中国化妆品销售渠道，可以按线上线下来进行划分。

（一）线下渠道

主要包括百货商场、连锁超市、CS专营店、品牌专卖店、药房、母婴店等。

（二）线上渠道

主要包括以电子商务为基础发展起来的B2C、C2C等各类电商渠道，其中B2C渠道占据60%以上市场。新兴去中心化的社交电商S2B2C渠道发展势头迅猛，这点在社交电商一章重点阐述。

主要渠道品牌占位和营销策略对比见表10-1。

表10-1 主要渠道品牌占位和营销策略对比

对比科目	线下主要渠道			线上主要渠道
	百货商场	连锁超市	CS专营店	B2C、C2C
品牌数量	10～30个	30～100个	30～200个	所有品牌
商品定位	高端	中低端	中高端	全覆盖
价格区间	200～2000	20～200	50～300	树标杆，大折扣
主要品牌	国际一线品牌占据90%以上市场，国际大众品牌和国产品牌近年普遍被挤出	本土化的国际品牌如宝洁系、联合利华系、强生、妮维雅等，本土品牌如相宜本草、百雀羚、美肤宝、一叶子占据主要市场	除了国际品牌品类店丝芙兰、屈臣氏以及本土娇兰佳人等所谓百强连锁外，大多数店是自然堂、美肤宝、珀莱雅、欧诗漫等一批本土护肤品牌的发源地，近年来，受到互联网＋，特别是社交电商的冲击尤为严重	覆盖所有本土或外资品牌，特别是为进口品牌打开了一个又一个高效的畅通管道
渠道特点	当前为国际一线品牌集中占据，各品牌强化高水准的形象建设，是品牌文化、品牌价值和内容的输出窗口，通常配有专业服务	以货架占位、堆头促销为主，陆续也有一些品牌岛柜入场，一些店专设进口日化专区，对本土品牌挤压越来越严重	从以几个本土重要品牌专柜支撑整店形象，到品类化整店整改，CS渠道经历一系列迭代过程，当前行业集中度低下，竞争能力不足，过度依赖服务，成为普遍现象	从天猫发起的"双十一"到"双十二"，全网营销的电商红利时代已经过去，新型的社交电商，在流量获取、存量运营、新兴短视频营销等方面，影响着传统电商行业革命性突变

二、线上渠道变化趋势

（一）电商渠道销售占比提升

2010年以前，化妆品销售以实体渠道流通为主，在互联网＋强烈冲击下，化妆品电子商务市场巨大的消费潜能被释放出来，化妆品电商渠道市场份额从2011年的5.3%成长到当前的30%左右，电商渠道的替代效应明显，主要替代的是商超KA渠道和CS渠道。电商渠道在信息展示、信息传播、信息分享等方面的优势，打通了品牌在不同区域的渠道限制。比如国际品牌可以通过电子商务低成本开发三、四线城市，而国内品牌则有机会获取核心城市消费市场，线上市场是获取流量的重要渠道。以个护及化妆品市场为例，非实体店销售（直销、网络零售、电视购物）比重已达到33.5%，其中网络零售比重上升至23.2%。2018年2月个护及化妆品各销售渠道占比见图10-1。

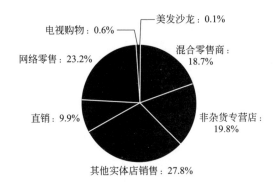

图10-1　2018年2月个护及化妆品各销售渠道占比

（二）电商渠道多元化呈现

目前国内电商渠道，包括海淘个人代购、品牌自营官网、垂直电商和综合电商类平台。其中，海淘和个人代购的发展，极大丰富了人们线上购买化妆品的渠道，且多以高端化妆品为主。但产品真伪性和安全性仍是顾客最为重视的关键，品牌自营官网2018年的销售规模占比在35.3%。此外，随着网络产品销售渠道的规范化发展以及人们对网上购物模式的认可，垂直电商及综合电商平台化妆品的销售规模也逐年提高，当前占比分别为40.9%和69.7%。2018年2月线上销售渠道分布见图10-2。

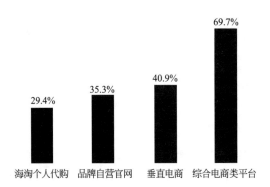

图10-2　2018年2月线上销售渠道分布

三、线下渠道变化趋势

（一）CS渠道分层明显

受电商渠道冲击，化妆品线下渠道变化巨大。其中，CS渠道出现城市分化，

一、二线城市渠道市占率下降,原因是部分中低收入者寻求价格更为低廉的线上渠道购买。以屈臣氏为例,虽然其门店数量保持着10%以上的拓展速度,但是其平均单店销售额和同店增速近三年内均为负值,单店盈利能力下降。2013~2017年屈臣氏门店数量增速及平均单店销售额增速对比见图10-3。

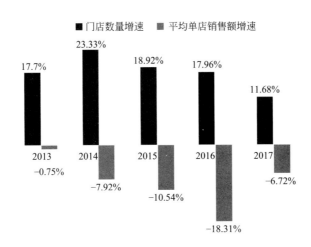

图10-3 2013~2017年屈臣氏门店数量增速及平均单店销售额增速对比

(二)单品牌店兴起

受韩国悦诗风吟的启发,从娇兰佳人布局婷美小屋,到植物医生开出2500余家店,以及重新崛起的以芦荟养肤为定位的荟宝单品牌店,深耕化妆品零售端,本土品牌不断尝试着新的突围。新兴化妆品单品牌店,对本土创新者在品牌定位、品牌背书、技术支撑、文化演绎、品类规划、产品创意、店装设计、体验服务,以及高效的店务运营管理和强大的后台支持系统等等方面,提供了全方位的考验和历练机遇。但是今天的市场,再完美的实体店模式,一旦不能高效融合社交电商的思维和手段,重塑人货场的全新业态,一样会陷入流量受限、存量僵化的泥塘。部分本土品牌单品牌店数量见表10-2。

表10-2 部分本土品牌单品牌店数量

品牌	品牌单品店数量	特点
老中医	3000+	门店数量最多,以功能诉求制胜
樊文花	2700+	专注美白细分领域,坚持美白产品+服务+股权激励的模式
植物医生	2500+	模式成熟,高山植物护肤定位打造强会员黏性
美丽小铺	2000+	19分钟体验模式开创者和智慧门店践行者
婷美小屋	1500+	背靠娇联集团,发展迅猛

续表

品牌	品牌单品店数量	特 点
薇妮	500+	会讲故事,兜售参与感,会卖萌的单品牌店
林清轩	400+	单品牌店业态中直营模式的佼佼者
蜜思肤	300+	根植江南文化,唯一登陆新三板的单品牌店
膜法世家	150+	中路拟以56亿元收购的单品牌店

(三)线下百货专柜持续走高

百货商场,以国际一线品牌作为集约军团呈现的美妆岛区,在一轮轮互联网的冲击下,反而逆势而上,持续走高。

当前正处于高端化&彩妆消费推升期,高端化消费趋势和彩妆意识的崛起,推动新一轮高增长,高端化消费推化妆品市场新规模。我国高端化妆品增速自2014年以来持续走高,2018年增速为29.64%,远高于大众化妆品增速7.11%;2019年以来,高端化妆品单月增速持续增长,6/7/8月增速超过200%,且高端化妆品单月增速均高于大众化妆品单月增速。随着人均可支配收入持续提升,化妆品消费意识觉醒,国家利税政策的引导,中国进口美博会的持续举办,高端化妆品迎来飞速发展期。从主攻高端化妆品的百货渠道规模也可以看出,2017～2019年百货渠道重启高增长,如图10-4所示。当然,高端化妆品的增长主要来自进口美妆品牌,近年来,韩系品牌逐渐衰退,日系品牌增长很快。

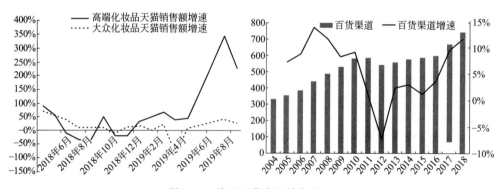

图10-4 线下百货专柜销售增速

四、社交电商迭代传统渠道模式

社交电商、社交app裂变式传播、短视频直播带货等等新的营销模式的出现,为中国化妆品市场发展提供最强大的引擎。

社交电商的发展不仅是对线下渠道传统营销系统的颠覆,也是对传统电商创变的一次革命性的助推,线上线下渠道的高度融合,从此走向可能。社交电商新模式的出现对于全渠道具有结构性的冲击和颠覆重构的意义。

本章小结

本章主要讲了市场渠道策略，介绍了渠道的含义和类型，渠道设计流程，明确了影响制定渠道策略的因素；同时介绍销售渠道管理决策，包括渠道成员的选择、激励、评估及管理；另外还介绍了营销渠道的转型和电子分销的发展趋势。

复习思考题

1. 如何理解分销渠道的含义？
2. 分销渠道的类型有哪些？
3. 选择商品分销渠道时应考虑哪些因素？
4. 如何选择和激励渠道成员？
5. 为什么国内多数化妆品企业尚未通过互联网渠道进行产品销售？
6. 通过一次线上主流销售平台、线下主流销售渠道的市场调查，系统了解中国市场主流化妆品渠道的构成和品牌占位的分布。

实训项目

参观化妆品批发市场及零售市场

（一）实训目标

1. 实地了解批发与零售的区别；
2. 了解化妆品批发与零售的各种渠道形式。

（二）实训内容与要求

1. 考察当地化妆品销售的超市、卖场、专卖店、专柜、美容院，了解化妆品的各种零售形式；
2. 参观当地化妆品批发市场，了解产品的批发环节；
3. 撰写市场分销渠道的调查报告，接受老师的指导。

（三）实训组织

6~8人为一小组，利用课下时间，集体考察市场，讨论撰写报告，最后每组派一个代表在课堂上总结本组的报告。

（四）实训评价

1. 学生对自己在实训过程的不足进行总结；
2. 专业老师根据实训报告进行评价；
3. 各组学生对本次实训进行总结。

第十一章
化妆品的促销策略

学习目标

知识目标

1. 理解促销的含义和作用
2. 明确影响制定促销组合的影响因素
3. 熟悉各种促销形式
4. 掌握广告、公共关系、营业推广、人员推销策略
5. 掌握各种促销活动的程序
6. 学会策划并实施促销活动

技能目标

1. 能够根据企业产品及市场情况,正确选择促销方式
2. 能够策划具体的促销方案
3. 能够对促销案例进行分析和思考

案例导入

母亲节,因其无可比拟的节日内涵,成为极具商业价值的营销节点。对于以女性消费者为主的化妆品品牌来说,自然也是一场"营销之战"。如何在母亲节拿出更好的广告文案、营销模式、产品组合,各大品牌线上营销"套路"不一。

2019年的母亲节,欧莱雅携手野兽派推出的焕白肌肤限量合作款奢华美白礼盒,正式在天猫发售,主推单品科研致白三重源白精华液。除了礼盒以外,欧莱雅还使用野兽派的明星单品水晶球和烫金马克杯作为购买礼盒的赠品。

从传奇花店成长为艺术生活品牌，野兽派以其精致、富有创意的形象吸引了许多粉丝，产品成为不少年轻人各类节日礼物的首选。母亲节将近，欧莱雅摒弃了传统的价格促销模式，与擅长礼品的野兽派跨界礼盒，可谓解锁了营销新手法。截至母亲节当天17时，该礼盒已售出1170件。

不同于欧莱雅，继去年推出母亲节定制语音礼盒后，OLAY今年仍主打"感情牌"，再次玩起了"专属定制"。消费者上传与母亲的合照到定制礼盒，并录制15秒的告白，然后输入母亲的手机号作为提示码，母亲收到礼盒后，扫码并输入自己的电话号码，就能听到对她的告白。

还有不少外资品牌，也加入到了母亲节的营销之战。诸如，雅诗兰黛推出定制爱意礼盒，提供写专属挚爱贺卡、唇膏刻字等服务；兰蔻则利用新晋代言人王俊凯的号召力，推出母亲节礼盒，加大赠品数量等。

相比外资品牌，国货的母亲节线上营销策略，则以打折促销居多。在天猫看到，温碧泉通过满减和参与店铺活动赠送优惠券的形式，百雀羚通过满减和赠送样品的方式，都开启了母亲节的动销活动。对此，品牌营销专家路胜贞在接受《化妆品财经在线》记者采访时表示："在节日节点，类似欧莱雅与野兽派这类合作，是通过时尚元素将各品牌的消费者串联在一起，形成品牌共振，产生良好的时尚晕轮效应。"

显然，相比简单的促销打折模式，这种跨界产品合作，能够让消费者感受到"化妆品"在节日氛围下更是一件礼品。"节假日具有特殊的购物氛围，借节发力符合消费者的购物特性。在特定的时间里，容易激发出消费者的潜在购物需求，使其感受到体验感。"路胜贞呼吁道："在化妆品领域，国货应该提升'制造时尚'的能力，哪怕是小而美的创新，都会促使我们进步。"

思考：对于企业和品牌来说，促销的作用是什么呢？

引言：

促销策略是市场营销组合策略的重要组成部分。在现代市场营销活动中，即使企业向消费者提供优质的产品，定出合理的价格，建立畅通的销售渠道，但如果不进行促销，也不可能使消费者认识和了解其产品，不可能激发消费者产生强烈的购买欲望，也就不能在激烈的市场竞争中有效地开拓和占领市场。

第一节 促销与促销组合

一、促销的含义与作用

（一）促销的含义

促销是指企业通过人员和非人员的方式将所经营的商品和提供服务的信息传递给目标市场，激发消费者的购买欲望，影响和促进顾客购买行为的一系列活动的统称。促销实质上是一种沟通活动，即企业（信息提供者或发送者）发出作为刺激物的各种信息，把信息传递到一个或更多的目标对象（即信息接收者，如听众、观众、读者、消费者或用户等），以影响其态度和行为。企业为了有效地与消费者沟通信息，可采用多种方式加强与消费者的信息沟通，以促进产品的销售。譬如，可通过广告传递有关企业及产品的信息；可通过各种营业推广方式加深顾客对产品的了解，进而促使其购买产品；可以通过各种公关手段改善企业或产品在公众心目中的形象；还可派遣推销员面对面地说服顾客购买其产品。

（二）促销的作用

1. 传递信息，沟通情报

促销能够把企业的产品、服务、价格等信息传递给目标公众，引起他们的注意。通过促销宣传，可以使顾客知道企业经营什么产品，有什么特点，到什么地方购买，购买的条件是什么等，引起顾客注意，激发其购买欲望，为实现销售和扩大销售做好舆论准备。

2. 突出特点，诱导需求

促销的目的在于通过各种有效的方式，解除目标公众对产品或服务的疑虑，说服目标公众坚定购买决心。通过促销活动，宣传本企业产品的特点，努力提高产品和企业的知名度，促使顾客加深对本企业产品的了解和喜爱，增强信任感，从而也就提高了企业和产品的竞争力。例如，在同类产品中，往往只有细致的差别，用户难以察觉。企业通过促销活动，宣传自己产品的特点，使用户认识到本企业的产品可能给他们带来的特殊效用和利益，进而乐于购买本企业的产品。

好的促销活动，不仅可以诱导需求，而且可以创造需求，发掘潜在的顾客，扩大销售量。当企业的某种商品处于潜伏状态时，促销可以起到催化作用，刺激需求；当处于低需求时，促销可以招徕更多的顾客，提升需求；当需求波动时，促销可以起导向作用，平衡需求；当处于衰退时，促销可以使之得到一定程度的反弹和恢复。

3. 增加销售，扩大市场

由于某种原因，一个企业的产品销售量可能时高时低，波动很大。这是产品市场地位不稳定的反应。企业通过适当的促销活动，树立良好的产品形象和企业形象，往往有可能改变用户对本企业产品的认识，使更多的用户形成对本企业产品的偏爱，达到稳定销售的目的，同时可以提高企业的声誉，巩固市场地位。

4. 优化竞争，增加利润

好的产品来自对顾客的观察聆听，促销能够及时地收集和汇总顾客的需求和意见，迅速反馈给企业管理层。由于所获得的信息基本上都是一手资料，信息准确，可靠性强，对企业经营决策具有较大的参考价值。

二、促销组合的含义与构成

常用的促销手段有人员推销、广告促销、营业推广和公共关系。企业可根据实际情况及市场、产品等因素选择一种或多种促销手段的组合，即促销组合，是把人员推销、广告促销、营业推广、公共关系等具体形式有机地结合起来，综合运用，形成一个整体的促销策略。

促销组合是一种组织促销活动的策略思路，按照这种思路，促销策略被视为一个系统化的整体策略，四种基本促销方式则构成这一整体策略的四个子系统，每一个子系统都包含了一些可变因素即具体促销手段或工具，某一因素的改变意味着组合关系的变化，也就意味着产生了一个新的促销策略。促销组合是一个重要概念。它体现了现代市场营销理论的核心思想——整体营销。

（一）人员推销

人员推销是指企业派出人员直接与消费者或客户接触，目的在于销售商品或服务和宣传企业的促销活动。人员推销由于直接沟通信息，反馈意见及时，可当面促成交易。它的作用不仅是出售现有货物，同时可以配合企业的整体营销活动来发现、满足顾客需求，把市场动向和顾客要求反馈回来，据此调整企业生产经营范围、结构，增强企业竞争力。

（二）广告促销

广告促销指由企业组织、非企业组织或个人支付费用的、旨在宣传构想、商品或者服务的任何大众传播行为。科学地运用广告宣传，对传播信息、促进生产、指导消费、扩大销售、加速商品流通和提高经济效益都有十分重要的作用。

（三）营业推广

营业推广是指为刺激需求而采取的、能够迅速激励消费者购买行为的促销方式。它是配合一定的营业任务而采取的特种推销方式，刺激需求效果显著，但不能长久使用。

（四）公共关系

公共关系是指企业为建立、传播和维护自身形象通过直接或间接的渠道，保持与企业内、外部的有关公众沟通的活动。它可以通过信息交流，促进相互了解，宣传企业的经营方针，提高企业的知名度和社会声誉，为企业争取一个良好的外部环境，以推动企业不断向前发展。

三、促销的基本方式

根据促销手段的出发点与作用的不同，促销可分为以下两种基本方式。

（一）推式策略

又称直接方式，即运用人员推销手段，把产品推向销售渠道。具体过程为，企业的推销员把产品或劳务推荐给批发商，再由批发商推荐给零售商，最后由零售商推荐给最终消费者。该策略适用于以下四种情况。

① 企业经营规模小，或无足够资金用以执行完善的广告计划；
② 市场较集中，分销渠道短，销售队伍大；
③ 产品具有很高的单位价值，如特殊品、选购品等；
④ 产品的使用、维修、保养方法需要进行示范。

"推式策略"是目前专业线化妆品企业主要采取的市场策略。

（二）拉式策略

又称间接方式，通过广告和公共宣传等措施吸引最终消费者，使消费者对企业的产品或劳务产生兴趣，从而引起需求，主动去购买商品。其路线为，企业通过广告等手段间接地将消费者引向零售商，将零售商引向批发商，将批发商引向生产企业，这种策略适用于：

① 市场广大，产品多属便利品；
② 商品信息必须以最快的速度告知广大消费者；
③ 对产品的初始需求已呈现出有利的趋势，市场需求日渐上升；
④ 产品具有独特性能，与其他产品的区别显而易见；
⑤ 能引起消费者某种特殊情感的产品；
⑥ 有充分资金用于广告。

"拉式策略"是目前日化线化妆品企业的主要市场策略，"推拉结合"也是日化线化妆品企业常用的策略。

【案例】巴黎欧莱雅小钢笔整合营销

巴黎欧莱雅推出全新产品 Rouge Signature 印迹唇釉（欧莱雅小钢笔）——大众彩妆市场第一款创新配方唇釉。但新品名称辨识度低、品牌形象老化、国外营销方式水土不服，面临的挑战也随之升级。

首先从其产品自身出发，根据其独特的外观形态取名"欧莱雅小钢笔"，并为每一个色号赋予卡路里、多巴胺等新奇、好听的名字和独特的色号故事。

线上邀请当红小生小花迪丽热巴、王源、关晓彤、奚梦瑶与品牌互动，初步带动粉丝关注产品；

同时在年轻人聚集的热门地标杭州西湖天幕投放新品宣传片，高调发布新品上市信息；

紧接着与抖音合作，独家定制胡萝卜特效妆容，并发起妆容挑战赛，更加场景化地展现其质感，进行产品教育；

情人节携手王源和张大鹏导演，将追梦过程与备受年轻消费者关注的恋爱心理相融合，心动呈现《爱·上瘾》系列微电影，进一步直戳年轻粉丝心理，将明星粉丝转化为产品潜在消费者；

最后借当下盛行的"打卡经济"，线下举办"上瘾"艺术展，设置高互动性 AR 装置，沉浸式体验进一步深化产品内涵，提高年轻消费者的参与度，并促进自发传播。

巴黎欧莱雅通过此次整合营销战役，吸引了大量年轻消费者参与品牌活动，逐渐打破品牌老化的固有印象。小钢笔微博相关话题总阅读量达 8.8 亿，讨论量达 492 万，获得年轻消费者的一致好评；在线上天猫超级品类日、情人节和欢聚日成为电商唇釉 NO.1；在线下门店，平均每店每天卖出 5.5 支小钢笔，销售战绩辉煌！

思考：欧莱雅新品唇釉的上市推广采取的是哪种促销策略？为什么？

四、确定促销组合时应考虑的因素

企业如何运用四种促销手段,有诸多因素影响企业的决策。在同行业中,各企业之间在分配人力、财力、物力于四种促销手段的差异很大。同是出售某一产品,有的企业比较多的使用人员销售,而有的企业则花巨资在广告上。四种促销方式既可互相替代,又可相互促进。企业在决定促销组合时要考虑许多因素的影响和制约,一般包括以下五个方面内容。

(一) 产品类型与特点

工业品(生产资料)与消费品(生活资料)在使用各类促销工具时,其效果有着明显的差别。一般对于消费品的经营,由于技术性不强,标准化程度高,市场面广,消费者人数多,适合采用非人员促销方式。譬如日化线化妆品主要采用这种方式。而人员销售的方式往往用于那些复杂程度高、单价价值高、风险程度高、市场上买主有限或者购买批量大的商品,比如推销生产资料最有效的方法是人员销售。

(二) 推或拉的策略

企业采取"推"或"拉"的方法去促进销售在很大程度上决定和影响着促销组合。"推"和"拉"两种策略正相反,"推"的策略要求用人员推销方法和各种商业促进手段通过营销渠道把商品由生产者"推"到批发商,批发商再"推"到零售商,零售商"推"到消费者那里。例如化妆品专业线市场多采取这种策略。"拉"的策略则是把主要精力用来做广告和消费者促进上,以图建立培植消费者的需求。这样,一旦活动卓有成效,消费者将到零售商处找商品,零售商再向批发商寻找,一直寻找到生产者那里。我国日化线化妆品市场多采用"拉"的策略。

(三) 现实和潜在顾客的状况

企业常按照购买商品的时间把顾客分为最早采用者、早期采用者、中期采用者、晚期采用者和最晚采用者,并对不同类型的顾客采用不同的促销方式。如对第一、第二类顾客常常以"激励"的方法,通过各种手段宣传商品的"新",以鼓励购买,同时,在分析中还应考虑作为消费者的心理变化过程。如处在"认识"阶段的消费者就比较多地接受广告和人员销售的影响。

(四) 产品的生命周期

在产品市场生命周期的不同阶段,企业的促销目标不同,因此对处于不同阶段的产品,所采用的促销方式也有所区别。当产品处于进入期时,需要扩大知名度,让顾客认识和了解产品,吸引顾客的注意力,故运用广告和公共关系的效果最佳,营业推广也有一定作用,可鼓励顾客试用。在成长期,如果企业想提高市场占有率,广告和宣传工作仍需加强,只是侧重点有所不同。在成熟期,应增加各种营业推广活动,降低广告投放,如果产品没有什么新的特点,只保留提示性的广告即可。衰退期,企业应把促销规模降到最低限度,某些营业推广措施仍可保持,用少量广告保持顾客记忆即可。

（五）促销费用

促销费用的高低，直接影响企业对促销方式的选择。因为有的促销方式费用较高，而有的则较低。一般说来，广告宣传和人员推销的费用较高，营业推广花费较小。企业在选择促销方式时，要根据企业的资金状况，以能否支持某一促销方式的顺利进行为标准，同时，投入的促销费用要符合经济效益原则。

总之，在充分了解促销组合的含义，并考虑影响促销方式各种因素的前提下，有计划地将各种促销方式适当搭配，形成一定的促销组合，就可取得最佳的促销效果。此外，影响促销策略的因素还有很多，如企业的自身情况、资金实力、竞争对手策略等，企业只有在客观地分析自己所处的内外部环境基础上，才能制订出切实可行的促销方案来。

第二节　广　告　促　销

广告是唤起大众对某事物的注意并进行诱导的一种手段。盈利性的商业广告对于宣传商品，树立商品和企业形象，强化顾客的商品信念，提高顾客对商品的忠诚度，激发顾客的购买欲望都有重要的作用。它是促销组合中一项重要的促销策略。

一、广告的含义及作用

（一）广告的概念

广告是广告主付出一定的费用，通过特定的媒体传播商品或劳务等有关信息，以达到增加目标受众的信任和扩大销售的目的的大众传播活动。从广告的概念可以看出，广告的内容是商品和劳务的信息；广告的传播对象是广大消费者；广告是通过特定媒介来实现的；广告的目的是为了促进商品销售，进而获得较好的经济效益；广告发起者必须付费。

广告作为一种传递信息的活动，它是企业在促销中普遍重视且应用最广的促销方式。广告是一门科学，同时又是一门艺术。首先，广告策略的制定必须符合商品在市场上的客观规律。其次，广告宣传又必须符合艺术规律才能取得良好的宣传效果。因此，商业广告一般都会涉及经济学、管理学、社会学、哲学、美学、心理学、新闻学、数学、文学、摄影、美术、表演艺术，以及出版、印刷和传播学等多门学科。所以，广告是一门多学科和艺术的综合性学科。

（二）广告的作用

1. 传播信息，沟通产销

通过广告，把产品和劳务的信息传递给可能的顾客，建立和加强企业与消费者之间的联系。

2. 刺激需求，促进销售

通过广告，可以刺激顾客产生购买欲望，进而促进顾客购买。

3. 指导消费，满足人们需求

通过广告，介绍产品知识、使用和维修方法，以指导消费者。

4. 加速商品流通，促进社会再生产

通过广告，促进产品销售，可以快速实现商品的价值，促进再生产顺利进行。

5. 鼓励竞争，促使企业不断地提高产品质量

通过广告，可以使企业间加强竞争或合作，不断地提高产品的质量。

6. 提高企业的知名度

通过广告，可以宣传企业，树立企业形象，扩大企业的社会影响。

【案例】多芬的"真美行动"

1957年，多芬（Dove）的第一块美容香皂在美国上市，就像所有护肤品的广告一样，它向女性们承诺"不会像普通香皂那样让她们的皮肤干燥"。不过从2004年开始，多芬在北美和欧洲市场的营销上做了一件不一样的事情，它不再向人们宣传产品，而是一种试图打动女性的价值观。

"如何从内而外保持自信？""面对同龄人中的霸凌现象怎么办？""如何练习更有效的沟通方式？"解决这些困扰女性的心理问题成了多芬的宣传计划。在2006年，多芬甚至还在内部建立了"多芬自信养成计划（Dove Self-Esteem Project）"，她们会在女性中做问卷调查，再挑选一些受访者拍摄视频，向成年女性及年轻的女孩儿们传达积极乐观的生活态度。

这个叫作"真美行动（Real Beauty Campaign）"的活动至今已经持续了超过十年。最近，多芬公布了新一期"真美活动"广告片"Change One Thing（改变一点）"中，一群尚处在青少年时期的女孩对着镜头说出了她们的心声——"我想变高一点""我想要卷发""我想要蓝色的眼睛"……，每当一个女孩说出了她想改变身上的某一处特质时，镜头就会切换到下一位具有该特质的女孩，如此循环下去，似乎再美丽的女孩也对自己有不满意的地方。

在拍摄该广告之前，多芬的一项调查显示：90%的女孩对自己的身体不够自信，以至于想作出改变。可即使通过外在手段真的在身体上实现变化，这对女孩们来说就是最好的选择吗？据多芬品牌总监介绍，"在广告中出现的人物都曾参与过我们的自信心问卷调查，他们的反应都是最真实的。"

为了创造更广的影响力，除了视频广告之外，多芬还首次与图片分享类社交网站Pinterest进行合作，让更多的女性参与到"多芬自信养成计划"的分享和讨论中，帮助女孩们解决青春期出现的种种困惑。某种程度上，多芬的"真美行动"看上去更像是公益广告，每一年发起的不同话题其实都有一个共同的宗旨——告诉所有女性："你本来就很美"。

2013年"真美行动"的宣传片甚至《真美素描》（Real Beauty Sketches）甚至成了一部著名的短片。多芬在短片中邀请了FBI素描肖像家吉尔·萨摩拉为参与测试的女性画出她自己描述的模样和别人描述她的模样，结果却显示后者看起来更美

丽。在这样的差异中多芬想告诉女性"你比想象中的自己更美"。

这则广告及相关创意活动帮助多芬一举囊括了当年戛纳创意节整合营销类、媒体类、影视创作类、公关以及设计等类别在内的共计23项大奖，而在视频网站YouTube为庆祝诞生十周年时评选的"最受欢迎的视频广告"中排名第四，在全球已有超过1.65亿次的观看记录。

思考：多芬的"真美行动"对企业、顾客起到了什么作用？为什么？

（三）确定广告主题

确定广告主题就是寻找目标受众购买产品的理由，即"买点"（非"卖点"）。广告信息的传播对象是一个个有着各自心理活动和行为特征的人，因此，广告主题必须把握目标消费者心理与行为产生及变化的一般规律。具体说来，一个优秀的广告主题应包含以下五个要点。

1. 区隔点

最有效的广告主题语来自对产品本身的清晰定位。产品的清晰定位就意味自身与其他产品有了明显的区隔效应，比如，宝洁海飞丝洗发水广告语"You never get a second chance leave a first impression!"（你不会有第二次机会给人留下第一印象！）道出了"区隔效应"对广告主题的重要意义。

2. 记忆点

目标受众从注意广告信息起到购买行为发生，往往要经历一段时间，因此好的广告主题应该能做到让消费者"过目不忘"。记忆在消费者心理活动中，起着极其重要的作用，它不但帮助发展、深化认识过程，而且能把认识过程与情感过程联系起来。盘点中国营销史上最让人记忆深刻的广告主题语，如"恒源祥，羊羊羊""保护嗓子，请选用金嗓子喉宝""农夫山泉有点甜"等，无一例外都是在记忆点上把握得极好的例子。

3. 利益点

英国学者塞缪约翰逊博士说过："大大的承诺，是广告的灵魂。"真正决定消费者是否购买的，不是广告的形式，而是广告的内容。一条好的广告主题语，应该承诺为消费者提供利益或帮助消费者解决问题。如白丽美容香皂的"今年二十，明年十八"就抓住了消费者追求"越活越漂亮，越活越年轻"的利益诉求。

4. 支持点

当广告向消费者作出承诺后，要最终打动其心，必须得有支持点。消费者不会轻易相信口头的承诺，他们需要你将所承诺的东西证明给他们看。如海飞丝的广告承诺其可以让消费者"免去头屑烦恼"，其产品特色的去屑配方和技术等事实证明它确实有这样的功效，否则将没有人再购买它的产品。

5. 沟通点

好的广告主题语不应是生硬的说教或苍白的劝说，而应该是与消费者建立有效的沟通。好的广告应该能与消费者建立心灵的沟通，或煽动消费者的好奇心，或鼓动其占有欲，或满足其虚荣心，或激发其感情欲……总之，广告快速有效的关键在于能否与目标消费群实现有效沟通。

【案例】化妆品的广告口号

利益许诺型：

肌肤与你，越变越美（玉兰油）；

能给肌肤最温和的呵护（妮维雅）；

告别敏感，重塑肌肤天然屏障（雅漾）。

优势展示型：

蕴天地之润，生肌肤之津（佰草集）；

我的皮肤护理专家（李医生）；

年轻在基因里，一触即发！（兰蔻）。

号召行动型：

欧莱雅，你值得拥有！（欧莱雅）；

停下来，享受美丽！（美即面膜）；

为了双手在明天洁白娇嫩，别忘了今夜抹一点达尔（达尔）；

请对你的皮肤更仁慈些（比弗）。

情感动人型：

因爱而生（强生）；

玫琳凯，丰富女性人生（玫琳凯）；

比女人更了解女人（雅芳）；

口红不是化妆品，我们让美流入人间（露华浓）。

（四）广告的分类

广告媒体是传递广告的工具，广告媒体形式多样，其中包括以下形式。

1. 印刷媒体

如报纸、杂志、挂历、书籍（包括电话簿、邮政编码簿、火车时刻表等）、海报、传单、票证、标签等。

2. 电子媒体

如广播、电影、电视、电话、传真机、录像、电子显示大屏幕、电动广告牌、幻灯、光导纤维等。

3. 户外媒体

如路牌、霓虹灯、交通车船、飞机、气球、飞艇、高层建筑、旗帜等。

4. 邮寄媒体

如销售信、明信片、订购单、商品目录等。

5. 销售现场媒体

如橱窗、招牌、门面、货架陈列、室内外装潢、模特等。

6. 流动媒体

如打火机外观、火柴盒外观、手提袋、包装纸、广告衫、购物袋、雨伞、书包等。

此外，还有网络媒体等。

（五）选择广告媒体应考虑的因素

1. 商品的特性

对于需要表现外观和质感的商品，譬如化妆品，应选用电视、杂志、互联网等具有强烈视觉效果的可视媒体，以增加美感和吸引力；对技术性要求较高的商品，譬如专业美容化妆品，可能要求选用专业杂志或目录邮寄方式；如果仅仅是一条促销活动的告知性信息的发布，广播或报纸可能是广告效益较高的媒体选择。

2. 目标顾客的特性

有针对性地选择能为广告拟沟通对象所易于接受并随手可得的媒体，其是增强广告效果的有效措施，也是实现广告效益最大化的必要手段。如果化妆品广告信息拟传播的对象是城市里悠闲的高收入家庭主妇，毫无疑问，《都市妇女》之类兴趣针对性强的时尚杂志是最佳的媒体选择，而专业性、学术性的杂志就不适宜选为该化妆品广告的媒体范围。

3. 媒体的影响力

企业所选媒体的影响力应尽可能到达企业拟定目标市场的每一个角落，而且所选媒体的信誉度越高，社会公众形象及口碑越好，其所发送信息的可信度就越强，对产品的推广越有利。报纸、杂志的发行量，广播、电视的听众、观众数量，以及各种媒体的覆盖范围和相对固定的顾客群等，是衡量媒体影响力的重要方面。

局部地区销售的产品，企业应根据所销产品的市场目标，有针对性地选择区域性的广告媒体；行销全国的品牌，则宜选择覆盖全国的印刷或视听媒体；如果想借助媒体的影响力来提升企业自身和产品的品位，就应选择权威性的媒体；假如财力有限，则可选择为公众所喜闻乐见的大众性媒体。

4. 媒体的成本

从一次性的广告投入总额看，电视是最贵的媒体，相比之下报纸比较便宜。但衡量某一媒体成本高低的指标，往往是指成本与目标对象的人数之间的比例，而不是成本的绝对数字，因此，若按每千人成本计算，电视广告又可能是最合算的媒体。企业应谨慎考虑广告效果与成本的关系，尽量实现广告投入产出效益的最大化。

5. 竞争状况

假如企业基本能够垄断某一市场，则完全可以根据自身实力较为自如地选择媒体的形式；如果企业竞争对手少，且不足以构成强大的威胁，则企业只需在交叉的媒体上予以重视；倘若企业被竞争对手重重包围，那么，在财力允许的情况下企业可以用更大的广告投入，通过类似地毯式的广告轰炸来进行正面交锋，以压倒众多现实或潜在的竞争对手；当然，如果财力无法支撑庞大、持久的广告投入，则可采取迂回战术。

（六）广告媒体的选择策略

在上述诸因素的综合作用下，最具成本效益的媒体将是最佳的广告媒体选择。一般情况下，广告媒体的选择策略通常有以下三种。

1. 无差别策略

无差别策略又称无选择策略，即在目标消费者所可能接触到的所有媒体同时展开立体广告攻势，而且不计时间段，甚至不计成本，旨在迅速地、全方位地打开和占领市场，这种广告策略也就是通常所说的地毯式广告轰炸。其投入之大、方式之多、覆盖面之广被形象地称为"烧钱"广告。广告媒体的无差别选择策略可以在一夜之间让一个完全陌生的商品或品牌迅速地"混个脸熟"，但成本极高，效率也不尽理想。

2. 差别策略

确定了符合企业的目标和任务、适合企业资源条件的细分目标市场后，企业有针对性地选择个别媒体做广告的媒体选择策略称为差别策略，最终的目的是提高广告媒体的成本效益。

3. 动态策略

即根据广告媒体的传播效果和企业到达目标市场的需求状态来灵活选用广告媒体的策略。一种选择是先采用较多媒体大范围地进行广告宣传，掌握了各种媒体的反馈情况后，再决定下一步的媒体选择目标，此为先宽后窄策略；另一种选择被称为先窄后宽策略，即先投入少量媒体广告以投石问路，然后再决定是否启用更多的媒体同时展开广告攻势。在时间许可而且竞争不足以构成致命威胁的前提下，这种策略有一定的灵活性，而且可以节省因盲目广告投入而增加的成本。

二、广告设计的原则

广告效果，不仅取决于广告媒体的选择，还取决于广告设计的质量。企业要将自身及其产品形象注入消费者心灵，广告设计必须遵循其基本原则。

（一）真实性

广告的真实性即广告宣传的内容要真实，广告主和广告商品必须真实。

2006年以前，SK-Ⅱ紧肤抗皱精华乳在广告中宣传，采用了当今最有效击退细纹及皮肤粗糙松弛的科技，使用后10分钟出现奇迹，连续使用28天，细纹及皱纹明显减少47%，肌肤年轻12年。但事实上，消费者使用该产品后，并未达到SK-Ⅱ广告宣称的肌肤状态。因此，SK-Ⅱ被多地工商局勒令修改广告，并因违反了《反不正当竞争法》的规定受到了高额罚款的处罚。

（二）科学性

科学性原则主要有两点，其一，广告创意应从消费者出发，以调查研究为基础，了解相关的自然、人文科学。其二，广告创意者应了解最新科技，学习和运用相关的科技成果。在21世纪，科技和广告的结合日益紧密。2011年，汤唯、李心洁代言 SK-Ⅱ护肤精华,其电视广告从消费者最关心的产品功效的五个角度,即紧致度、细滑度、光泽度、白皙度、抗皱度进行阐述,展示 SK-Ⅱ护肤精华的全效功能。

(三) 形象性

产品形象和企业形象是品牌和企业以外的心理价值,是人们对商品品质和企业品位感情反应的联想,现代广告设计要重视品牌和企业形象的创造。

化妆品广告铺天盖地,但真正有创意的广告却凤毛麟角。许多护肤品广告在展示其好皮肤的功效时,千篇一律地选用明星,运用近镜头展示完美皮肤的方式,来诉求产品的卖点,消费者很难记住这样的广告。而当广告中加入形象性的因素时,情况就不一样了。在一个润手霜、润唇膏、护足霜的平面系列广告中,广告画面的主体分别是一根形似干裂的唇、手、足的枯枝,而在右下角分别是广告产品润唇膏、润手霜、护足霜,传达了"即使干裂如枯枝,我们的产品仍能滋润和修复"的理念。

(四) 冲击性

冲击性原则是指广告要具有强烈的视觉冲击力和心理的影响力,深入到人性的深处,冲击消费者的心灵,使消费者留下深刻的印象。薇姿双重润白精华素在其拉链篇广告中,在一名女子脸部制作出一条逼真拉链,随着拉链的拉开,原本偏黑的"脸皮"被"撕开",渐渐露出女子内部一层焕然一新的"脸皮",以此来宣传其产品的美白效果。

(五) 幽默性

幽默是广告的国际通行证,戏剧性、幽默感营造的会心一笑的氛围,有助于广告信息的记忆。在化妆品广告中,合理运用这一原则也能取得很好的效果。香港李奥贝纳广告公司将一款瘦腹霜的瓶身加入平面广告画面,设计成腹部形状,并派发给长期顾客和会员试用。产品满载瘦腹霜,腹部看起来又圆又大,当产品用得越多,瓶身越扁平,肚子就越瘦,以幽默、生动地传达广告瘦腹的需求。

(六) 新奇性

新奇是广告作品引人注目的奥秘所在,也是一条不可忽视的广告创意规律。有了新奇,才能使广告作品波澜起伏,奇峰突起,引人入胜;有了新奇,才能使广告主题得到深化、升华;有了新奇,才能使广告创意远离自然主义向更高的境界飞翔。倩碧睫毛膏在一则杂志的平面广告中,直接将页面设计成睫毛形状,当消费者打开杂志时,看到的是一排立体的卷翘浓密的睫毛,巧妙地传达了"让每根睫毛享受独立的美"的广告含义。消费者在倍感新奇之余,一下子就记住了这款独具创意的睫毛膏。

三、广告费用预算

广告费用的预算是企业对广告活动费用的匡算,是企业投入广告活动的资金费用计划。它规定了在广告计划期内从事广告活动所需的经费总额、使用范围、使用方法,是企业广告活动得以顺利进行的保证。

(一) 广告预算的内容

广告预算的内容包括广告调查费用、广告制作费用、广告媒体费用和其他相关费用，如广告活动中的公共关系活动等费用。

（二）制定广告预算需要考虑的因素

1. 广告目标

不同目标的广告，需要投入的成本不同，所以制定广告预算时必须考虑广告目标。

2. 产品的生命周期

一般来说，进入期的产品需要较高的广告预算；成长期的广告活动可以适当地放慢频率，广告费用逐渐递减并有所侧重；成熟期的广告预算应按照销售比例有计划地削减。

3. 市场份额

占有较大市场份额产品的广告预算应较高；想扩大某种产品市场份额时，广告的预算应相应增加。

4. 产品竞争状况

竞争者的数量和实力对实现广告目标所需的广告费用影响较大。竞争越激烈，广告预算越高。

5. 广告频率的高低

企业多次重复地进行广告促销，广告预算就高。

除此以外，产品的差异性、广告媒体的选择、产品销量的大小、企业财力等因素都会影响广告费用的预算。

（三）制定广告预算的方法

1. 销售额百分率法

根据目前或预期的销售额来确定广告促销费用，使广告促销费用占销售额的一定比例。这是参照以往的销售记录乘以一个百分比而决定的。

销售额百分率法简单易行，并且费用支出的增减与企业销售收入的增减相一致。如果每个竞争者都以这种方式确定促销预算，可使竞争趋于缓和。但是这种方法颠倒了促销与销售之间的因果关系，不能满足企业实际发展的需要，不利于企业制订长远的发展规划。

2. 利润额百分率法

利润额百分率法可分为净利润百分率法和毛利润百分率法。利润额百分率法的计算方法和销售额百分率法相同，用净利润或毛利润代替销售额，也可得出上述四种方法。这种方法使广告费和利润挂钩，适用于不同产品之间的广告费的分配。但新产品在开拓期要做大量广告，就不适用于此方法。

3. 销售单位法

销售单位法以每单位产品分摊的广告费来计算。计算公式为：

广告预算＝（上年广告费/上年产品销售件数）×计划年度产品销售件数

这种方法计算简便，适用于以件数出售的商品，如高档家用电器等价值高而销量大的商品。

4. 量力支出法

这种方法是以企业本身的经济实力为基础来确定促销费用的绝对额。这种方法比较常用，并且简单易行，但完全忽略了促销与销售之间的因果关系，忽略了促销对销售的影响。并且每年的促销预算有较大的差异，不利于企业制订长期的市场拓展计划。

5. 目标任务法

首先确定促销目标，然后确定为达到目标所要完成的任务，最后再估算完成这些任务所需要的促销费用。目标任务法要求企业制定的促销目标必须正确，否则企业据此作出的促销预算也必然失误。

6. 竞争对抗法

企业在了解了竞争对手的基本促销预算后，据以确定自己促销预算的方法。竞争对抗法的预算方式有多种，最常见的方式有：市场占有率法、增减百分比法和夺标法，所以以竞争对手为依据测算促销预算不一定合理。

四、广告效果评估

广告效果是指广告信息通过广告媒体传播后所产生的社会影响和效应。这种影响和效应包括两个方面：一是企业与社会公众的有效沟通，称为沟通效果；二是对企业商品促销的效应，称为促销效果。测定广告效果，有利于企业更有效地制定广告策略，降低广告费用，提高广告效益。

（一）广告沟通效果的测定

测定广告的沟通效果，主要是测定消费者对广告信息的注意、兴趣、记忆等心理反应的程度。它可分为事前测定和事后测定。

1. 事前测定的方法

直接评分法，即邀请有经验的专家和部分消费者对各种广告的吸引程度、可理解性、影响力等进行预先评分和比较；调查测试法，即在广告播出前，将广告作品通过信件、明信片或以其他调查形式邮寄给消费者或用户，根据问卷调查情况判断准备推出的广告的效果；实验测试法，即选择有代表性的消费者进行广告的心理反应测试，从而判定广告的吸引力。

2. 事后测定方法

认知测定法，在广告播出后，借助有关指标了解视听者的认知程度，测定其注意力；回忆测试法，即通过邀请一部分消费者了解他们对广告的商品、品牌和企业等的追忆程度，从而判断广告的吸引程度和效果。

（二）广告促销效果的测定

广告销售效果，又称直接经济效果，反映在广告活动前后的销售额变化上，通常以广告费的支出和销售额的增加这两个指标为主要测量单位。通常可用两种方法进行广告销售效果的测定。

1. 历史资料分析法

其是将企业过去每年的销售额和广告费用进行分类整理，对二者数据进行相关分析，以考察每单位化妆品广告费用的促销效果。在发达国家，研究人员在应用多元回归法分析企业历史资料、测量广告的销售效果方面，取得了重大进展。

2. 实验设计分析法

企业把主要市场划分为若干小区，在不同小区进行不同强度的广告活动，然后计算分析销售额的变化对广告活动强度的影响，以确定最佳的广告费用水平。用这种方法可测量出广告对销售的影响程度。

实训项目

美肌颜面膜广告策划案

实训内容：以小组为单位，请根据以下美肌颜的品牌诉求，为美肌颜面膜设计一条广告宣传片，并阐述你的创意。

1. 品牌介绍

美肌颜于2009年8月正式入驻中国市场，2011年12月正式成立广州花肌粹化妆品有限公司，落至美丽的花城——广州，并成立美肌颜研究中心，将其独特的有机文化带到中国，以有机植物的自然、纯净能量，万物平衡之美为灵感源泉。

2. 品牌文化

（1）品牌经营理念　有机、自然、科学、健康、环保。

（2）品牌独特技术　植物瞬间低温萃取技术、生物定向赋活技术及微脂囊包裹技术。

（3）品牌创始人　埃姆特博士，是植物学专家和人类健康科学专家，毕生致力于植物和人类皮肤的研究，倡导完善、健康、严谨的科技理念。

3. 品牌诉求

培育种子成长的神秘时刻，蕴含新生营养爆发的巨大能量，打造自然主义绿色有机面膜专家第一品牌。

第三节　营 业 推 广

一、营业推广的概念和种类

（一）营业推广的概念

营业推广又称特种销售、销售促进，是多数属于短期性的刺激工具，用于刺激消费者和贸易商较迅速或较大量地购买某一特定产品或服务。如果说广告提供了购买的理由，营业推广则提供了购买的刺激。

营业推广适用于对消费者和中间商开展促销工作。由于具有针对性强、非连续性、灵活多样、见效迅速等特点,营业推广已成为企业竞争的有力工具,成为近年来企业营销活动中广泛运用的促销手段。营业推广的总投入也呈现出不断上升的趋势,而且增长的速度在加快。

(二)营业推广的作用

1. 有效刺激短期购买

对于未曾使用过本企业产品的潜在顾客,已经使用竞争品牌产品的现实顾客以及已使用过本企业产品的品牌忠诚度较弱的不稳定顾客,营业推广都容易对其产生效果。

从产品的生命周期看,处于进入期和成长期的产品,企业使用营业推广手段效果较好,而处于成熟期的产品,营业推广作用则会明显下降。

从产品的性质看,对高度标准化的日用消费品等产品市场,营业推广可以在短期内大幅度提高销售量,而在产品高度差异化的服装、艺术品等市场上,营业推广对提高销售量的作用相对较小。

2. 有效抵御竞争者

营业推广一般可以打破顾客对竞争产品的长期偏好。当竞争者发起大规模的促销活动时,营业推广往往是在市场竞争中抵御和反击竞争者的有效武器,比如使用免费赠送、试用等方式常常能够增强企业经营的同类产品对顾客的吸引力,从而稳定和扩大自己的顾客队伍,抵御竞争者的影响。

3. 有效影响中间商

生产企业常常通过折扣、馈赠等营业推广手段争取新的中间商,促使原有中间商更多地进货和配销新产品,与厂商保持稳定的合作关系,从而增强中间商的品牌忠诚度。

(三)营业推广的种类

营业推广主要作用于终端消费者和中间商。企业应根据市场情况、政策、法令、产品属性、产品特点等选择适当的营业推广方式。

1. 主要的消费者促销工具

(1) 赠送样品 即免费向消费者提供试用的产品,促使顾客在试用过程中了解效果、传递信息、产生兴趣、引起购买欲望,这种方式主要用于新产品推广阶段。样品可以通过邮寄发送、店内放送、与相关产品配送或随广告分发等方式送到拟定目标顾客手中。

(2) 优惠券 即持有者在特定的时间和地点购买某种指定产品时,可以享受一定程度的优惠待遇的一种凭证。优惠券可以促使消费者使用新产品,也可以有效地刺激成熟期产品的销售。优惠券可以寄、附在其他产品包装内,也可以刊登在杂志和报纸广告上。

(3) 现金折让退款 即消费者在购物完毕后凭一张指定的"购物证明"可获得厂家提供的按照约定折让给予的现金返还。这种方式一方面使消费者能够从中受益,另一方面企业往往也能捕捉到有价值的客户信息，并在一定程度上提高对中间商的控制力度。

（4）特价包装　特价包装又称廉价包装或小额折让交易，即以低于正常水平的价格，用特殊的包装方式向消费者销售产品的促销方法。可以采取小包装换成大包装的经济包、精美包装换成简单包装的简易包、原买一件商品的钱现可买两件的减价包、将相关商品捆绑销售的组合包等方式，通常的做法是在商品包装或标签上附以特价说明，以吸引经济型顾客。企业还可用多用途包装、系列包装等，不断吸引顾客，提高重复购买率。

（5）赠送礼品　即以较低的代价或免费向消费者提供某一物品，以刺激其购买某一特定产品，可以附在包装上或包装内赠送，也可以凭特定购物凭证获得免费邮寄赠品。

（6）有奖销售　即采用发给奖券或号码中奖的办法，使顾客在购买时不仅得到商品，而且可能有额外收获，以刺激消费者的购买欲望。这通常是一种刺激终端消费者比较有效的促销方法。另外，还可以通过特意设计与宣传产品有关的单纯的竞赛、游戏活动，以抽奖的方式来刺激消费者的参与欲望。

（7）累计购买奖励　即消费者在购买某商品累计达到一定量时，厂商可以给予一定比例的现金或其他形式的奖励。这通常是创造和维持忠诚顾客的一个有效手段。

（8）产品保证　是指企业对产品的质量作出达到一定标准的保证，并承诺在购买后的相当时间内负责产品的使用、效果等方面的咨询和服务。这是附加在实体商品上产品价值的延伸，是非价格竞争的有效手段。

（9）交叉推广　即两个或两个以上的非竞争品牌联合进行促销合作，共同把市场做大，各自品牌和产品的知名度和销售额从中都将相应地得到提高。

（10）售点陈列　即制造商提供极具感染力和说服力的售点陈列资料给零售商在销售现场张贴、悬挂、陈列，以宣传和促进有关商品的销售。

2. 主要的中间商促销工具

（1）交易会、展销会　交易会、展销会已经成为前景非常广阔的一个朝阳行业，每年都有各种各样、大大小小的交易会、展销会在全国和世界各地举行。参展的厂商可充分利用这一同行业产、供、销三方互通信息、互相交流的最佳场合，展示商品，宣传品牌，从展销会、交易会上找到新的分销线索，维持与老顾客的关系，介绍新产品，结识新顾客，向现有顾客推销更多的新产品等。比如广州每年两届的美容美发化妆品博览会，上海、成都、香港等地的美容化妆品展销会。

（2）销售竞赛　它是一种由中间商和推销员参加的竞赛，旨在刺激他们增加销售量，成功者将会获得各种形式的奖励。如今，越来越多的企业和组织纷纷慷慨出资，举行各种推销竞赛，胜出者可以赢得现金、礼品或免费旅游等奖励。这种奖励如能和销售目标较好地结合起来，往往可以使中间商以及推销员产生极大的销售积极性。

（3）价格折扣　即在某特定销售季节，一般在销售淡季，生产企业鼓励中间商更多地进货或配销新产品，达到一定的销售量，中间商可以获得具有相当诱惑力的价格折扣。

（4）促销资金　这是企业承担终端促销活动费用的一种支持市场的行为。比如各种欢迎加盟的广告中，一个诱人的招牌常常是"你开店，我掏钱""你选址，我付房租"等，对人们有着巨大的吸引力。

市场的竞争在一定程度上加重了中间商及零售商在谈判中的分量，给生产厂家增加了各种进入终端零售目标市场的难度。因此，尽管加大对中间商的资金扶持力度意味着促销成本的大幅度攀升，但企业只能顺应，况且建立与中间商的长期合作关系也是确保企业营销意图能够得到实现的根本途径。

二、营业推广的实施过程

企业在组织实施营业推广促销活动的过程中，应着重做好下述各项工作。

（一）确定目标

企业在自己的整体营销方案中常常包含有营业推广活动的内容，企业必须以在一定时间内应达到的总体目标为前提，准备设计每一项营业推广活动，明确营业推广的目标。如以消费者为营业推广目标；以中间商为营业推广目标；以抵制竞争者为营业推广目标；以巩固市场占有率为营业推广目标；以提高新产品市场渗透率和吸引早期消费者为营业推广目标；以扩大企业知名度和美化企业形象为营业推广目标等。为使目标管理真正实现，营业推广的目标应该做到细化、量化，以便检查和控制。需要特别注意的是每一次营业推广目标应为达到一定时间的总体目标服务，而且企业的营业推广目标必须是与企业的营销组合方案相匹配并为之服务的。

（二）选择营业推广的形式

营销人员在目标既定的情况下应综合考虑各种相关因素以选择适当的营业推广形式。其中应考虑的因素主要有市场的类型、企业期望得到的效果、竞争者的策略，特别应对准备采纳的每一种营业推广形式的成本效益进行深入的分析。根据目标市场要求以及市场类型、营销环境、消费者需求偏好、购买习惯、政策法规等因素，选择能最早、最好实现营业推广目标的方法，如赠送样品、赠送优惠券、有奖销售、附赠礼品、销售竞赛、现场演示销售、价格折扣、津贴销售、技术指导销售、全方位售后服务销售等。

（三）制订详细的实施方案

一个完整可行的营业推广方案至少须包括如下内容。

1. 刺激的力度

即确定通过营业推广对消费者进行刺激的力度大小。为消费者提供的额外利益太小，难以引发顾客的购买行为，达不到企业的目标；额外利益大，有时能立竿见影，但企业的财力承受压力较大，同时其产生的效应是递减的。

2. 刺激对象的范围

企业需要对促销对象的参加者作出明确的规定，即刺激哪些人。如规定对持某商品包装标志的顾客赠奖等。

3. 实施的途径

当确定了刺激的对象和力度后,要规定执行的时间、场合,并通过适当方式告知一定范围内的公众。

4. 持续时间

如果持续的时间太短,顾客来不及购买或重新购买而得不到应得的利益,因而影响企业的推广效果;如果持续的时间过长,不仅企业为此支付的成本过多,而且易失去推广活动的吸引力和刺激强度。

5. 制订预算

营业推广可以实现短期内销售量的提升,同时也增加了费用。企业要在推广费用和业绩提升之间作出权衡,努力实现业绩提升与费用投入的正相关。营业推广预算可以通过两种方式拟定。一种是根据所选用的促销方法来估算费用;另一种是按各种推广预算占总预算的百分比的经验来确定。同时还要考虑产品所处的不同市场、不同的生命周期阶段以及竞争者的营业推广支出和方式等因素。

(四)预试营业推广方案

为了保证大规模营业推广的安全性和有效性,对已经拟定的方案进行测试是必要的。测试的内容主要有:刺激力度对消费者的效力、顾客的反应、所选用营业推广形式的适当预算能否满足需要以及实施的途径等。对不适当的部分可及时作出调整,虽然营业推广方案是在经验基础上制定的,但仍应经过预试以求明确所选工具是否恰当,刺激力度是否最佳,实施方法效果如何。

(五)实施和控制营业推广方案

在预试调整了营业推广方案的基础上,对每一项营业推广方案应该确定其实施和控制计划,然后按照计划在一定市场范围内进行。

(六)营业推广效果的测定

营业推广效果的测定是营业推广活动的重要内容,准确测定有利于企业总结经验教训,对指导未来的营业推广具有重大意义。譬如用阶段比较法进行测定,阶段比较法是把促销前、促销中和促销后的数据进行比较,从中分析营业推广产生的效果。假设某企业在促销前有8%的市场占有率,在促销期间上升到12%,促销结束后又跌到7%,过些时间又回升到9%,并基本稳定在9%的市场占有率,那么这项营业推广活动就是很成功的。

第四节 公 共 关 系

一、公共关系的含义和特征

(一)公共关系的含义

企业的公共关系,是指企业利用各种传播手段,有意识、有计划地与内外公众进行信息的双向交流及行为互动，塑造良好的企业形象，为企业的生存与发展创造良好营销环境，是一门经营管理艺术。

企业公共关系活动的目的是树立企业形象，即通过公关活动打造有价值的企业形象，以影响潜在购买者，维护忠诚顾客，追求长远利益。这种致力于发展和强化与关键成员（客户、供应商、分销商）建立连续持久关系的长期战略被称为关系营销。

（二）公共关系的特征

公共关系作为促销策略的重要工具之一，与其他促销手段相比，突出的特征表现为以下六个方面。

1. 以公众为对象

企业是公共关系的主体，公众是客体。企业通过公共关系活动求得公众的信任和支持，就意味着企业必须把公众利益放在首位，通过信息交流和行为活动，与公众达到相互协调、共同发展的目的。

2. 以美誉为目标

追求美誉，塑造良好的企业形象，企业才能获得健康的生存和发展环境。

3. 以长远为方针

企业追求永续发展，公众对企业的认识与评价也是在长期的沟通中逐渐形成的。

4. 以真诚为本

公众对企业的理解、信任都是建立于企业以诚信为本的基础上的，不讲信用，不能赢得公众的信任与支持。

5. 以沟通为手段

沟通是形成和发展企业与公众关系的桥梁。企业想要更有效地开展与公众的种种联系，必须重视多元化沟通手段的研究和应用。

6. 以互惠为原则

企业公共关系的形成是以一定的利益关系为基础的。在市场经济中，互惠互利是企业与社会共同发展的基本保证，企业只有实现和增进公众与企业互惠互利，形成"双赢"的相互依存、相互促进的局面，才能推动经济的长久发展，企业也才能获得一定的生存和发展空间。

二、公共关系的作用

企业开展公共关系活动的目的是为其获得并维护良好的社会环境，争取社会舆论和公众的了解、好感和接纳，以求得较好的生存和发展的空间。企业公共关系作用是多方面的，但重要的是以下三点。

（一）树立企业形象，增强企业信誉

从现代企业公共关系的要求出发，树立企业形象，增强企业信誉。企业要在竞争中拼搏，要传播信息，要应用象征性的标记，要组织各种有宣传影响的文化娱乐活动，要开展和赞助各种社会公益事业。企业职工还要有高度的事业心、责任心、荣誉感、积极性和创造性，要长期贯彻公共关系政策，形成良好的店风、厂风，形

成珍视信誉、维护形象的观念。

（二）内外团结，提高形象

企业必须增强自律观念，对于自身的行为，要经常进行监督检查，及时发现有危害社会，危害消费者、公众以及影响企业声誉的活动，认真处理及时纠正，同时，企业还应重视和尊重社会舆论。

（三）提高效益，服务社会

增进社会的整体效益，就要求企业在开展各项营销活动时，要着眼于长期的、社会的利益。企业可以发起建立各种"基金会"，开展社会福利事业，组织或参与各项文娱体育活动，"功在社会"，而最终"利在企业"。公共关系工作是把企业的经济效益同社会的整体效益结合统一起来。

三、公共关系的原则与实施步骤

（一）公共关系的原则

围绕树立良好的企业形象，开展公共关系活动必须遵循两条基本原则。

1. 以诚取信的真实性

企业都企盼获得良好的形象，然而良好的形象需要企业本着诚实的态度向社会公众介绍自身的客观情况，以获得社会公众的信任。以诚实对公众，最终也将得到公众信任的回报。如果凭一时的虚妄吹嘘来树立企业的形象，最终必然为公众所唾弃，陷于"画虎不成反类犬"的被动局面，失去公众的信任和支持，企业终将难成大器。

2. 利益协调的一致性

企业生存发展依赖于社会，其既为社会公众提供消费品，同时也依靠社会提供原料、贷款等。企业与社会公众互相依存，两者的利益在根本上应该是一致的。因此，开展公关活动，也应本着两者利益协调一致的原则，把社会公众的利益同企业利益结合起来，通过为社会作出贡献来赢得公众的好感，建立良好的企业形象。

（二）公共关系的实施步骤

塑造企业形象，创造有利于企业发展的环境，是一个有计划、有步骤的整体决策过程，它不是公关活动产生之后的事后总结，而是公关活动实施之前的事前谋划。作为一个完整的工作过程，应包括四个相互衔接的步骤。

1. 调查研究

调查研究是做好公共关系的基础。企业公共关系工作要做到有的放矢，应先了解与企业及其所实施的策略有关的公众的意见和反映。公共关系要把企业的意图告知公众，也要把公众的意见和要求反映到企业。因此，公关部门必须收集整理信息交流所必需的各种材料。

2. 确定目标

在调查分析的基础上，根据企业总目标的要求和各方面的情况，确定具体的公共关系的目标。一般来说，企业公共关系的直接目标是：促成企业与公众的相互理解，影响和改变公众的态度和行为，建立良好的企业形象。

3. 交流信息

公关工作是以有说服力的传播去影响公众，因而公关工作过程也是交流信息的过程。企业面对社会公众，必须学会运用大众传播媒介及其他交流信息的方式，从而达到良好的公关效果。

4. 评价结果

对公共关系活动是否实现了既定目标要及时评价，公关工作的成效可从定性和定量两方面评价。信息传播可以强化或改变受传者固有的观念与态度，但人们对信息的接受、理解和记忆都具有选择性。传播成效的取得，是一个潜移默化的过程，在一定时期难以用统计数据衡量。而还有些公关活动的成效可以进行数量统计，如理解程度、抱怨者数量、传媒宣传次数、赞助活动等。评价结果的目的主要在于为今后公关工作提供资料和经验。

四、公共关系的活动方式

（一）发现和创造新闻

发现和创造新闻是企业进行新闻宣传最重要也是最困难的手段，新闻创造有术，可以达到一石激起千层浪的宣传效果，而创造乏术，就可能门前冷落。对公关人员来讲主要任务是善于发现或创造对企业及其产品有利的新闻，达到扩大企业知名度的目的。

（二）发表演讲

企业可以选用具有人格魅力和语言表达力强的企业发言人，经常通过宣传工具介绍企业及其产品的情况，回答公众关心的问题，或者在有关业务会议上发表演讲，这也是提高企业及其产品知名度的一种有效形式。

（三）参与社会活动

企业积极参与社会活动和支持公益事业。如赞助文化、体育活动、捐资助学、扶贫、救灾等。企业参与这些活动能够向公众表明自己的社会责任感，从而赢得公众的好感和信任。

（四）策划特殊事件

企业可以通过安排一些特殊的事件来吸引公众对自己和产品的注意。例如，召开新闻发布会、研讨会或展览会，举行某种庆典活动，主办有奖竞赛等。

（五）散发宣传资料

企业可以制作各种宣传资料广为散发或传播，向公众传递有关企业及产品的信息。宣传资料可以是印刷资料，如企业宣传册、年度报告、企业刊物等，也可以是音像资料，如幻灯片、录音带、录像带、光盘等。音像资料比印刷资料更为生动形象，传播信息的效果更好。

（六）设立热线电话

通过设立热线电话，可以在消费者与企业之间建立一条方便、快捷和便宜的信息沟通渠道。顾客可以通过这条渠道咨询、投诉、提供意见和建议等，而企业则可借助于这条渠道处理顾客提出的问题，听取顾客的意见和建议，提供顾客所需的信息和服务等。这样，既能提高顾客的满意度，又能密切企业与公众的关系。

五、企业形象设计

CIS（Corporate Identify System）即企业识别系统，是指一个企业（社会组织）为了塑造自身的形象，通过统一的视觉设计，运用整体传播沟通系统，将企业的经营理念、企业文化和经营活动传递出去，以凸显企业的个性和精神，与社会公众建立双向沟通的关系，从而使得社会公众产生认同感和共同价值观的一种战略性活动。作为一个传播美丽，创造美丽的化妆品企业更是要注重自己企业的识别系统，不仅仅要有自己独特的形象，有自己的个性，还要有自己的文化，经营理念等。

企业识别系统 CIS 主要由企业的理念识别系统（Mind Identify，MI）、行为识别系统（Behavior Identify，BI）和视觉识别系统（Visual Identify，VI）三个部分构成，CIS 是这三个子系统相互协调运作的整合性结果。

（一）理念识别系统

企业的经营理念，又称为企业之"心"。它是 CIS 的核心内容，因而是建立和实施 CIS 的原动力和基础。作为一个完整的观念体系，它具体包括以下内容。

1. 企业价值观

是指企业及员工对其行为的意义所作的价值判断与取向，它回答涉及企业使命与存在的"为什么"的问题。

2. 经营哲学

是指企业以怎样的指导思想去经营企业，它解决"怎样做"的问题。

3. 企业精神

是指企业以经营哲学为指导，建立在共同价值观基础上的，并为全体员工广泛认同的一种群体意识。

4. 行为准则

是指企业员工在经营与管理活动中，必须要严格遵守的一系列行为标准与规则。

5. 活动领域

也称事业领域，是指企业擅长的专业领域，表明了企业的发展方向。

（二）行为识别系统

它是 CIS 的动态识别形式，是企业经营理念的动态化体现，又被称为企业之"手"。企业行为识别包括对内行为识别和对外行为识别。企业对内行为识别包括员工教育、福利制度、管理规范与制度、工作环境、文体活动等，企业对外行为识别包括公共关系、社会公益活动、产品推广与促销、市场调查、信息沟通等。企业对内行为识别和对外行为识别是相互联系的，对内行为识别是对外行为识别的前提和保障，对外行为识别是对内行为识别的延伸和扩展。

(三) 视觉识别系统

它是企业的静态识别形式。它将企业经营理念等抽象内容，转换成具体化、视觉化的符号，以标准化、系统化的手法体现企业特征，塑造企业形象，又被称为企业之"脸"。视觉识别的构成要素包括企业名称、名牌标志、标准字体、标准色、象征图形、吉祥物、企业造型、宣传标语与口号等，视觉识别因其表现形式的多样性、生动性和形象性而为社会公众所喜闻乐见，所以是企业识别系统中最有传播效果和感染力的。

可见，MI、BI、VI共同构成了CIS，其中理念识别系统是CIS的灵魂，是企业的基本精神所在，是建立其他子系统的基础和依据，也是整个系统运作的原动力，它影响着企业内部的动态、活力和制度、组织的管理和教育，并扩展到对社会的公益活动，即影响BI，VI则是配合行为识别系统，传达企业的外在信息，易于直接塑造企业形象，达到企业识别目标的外在体现。

第五节 人员推销

一、人员推销的概念和特点

(一) 人员推销的概念

人员推销，是指企业通过派出销售人员与一个或一个以上可能成为购买者的人交谈，作口头陈述，以推销商品，促进和扩大销售。人员销售是销售人员帮助和说明购买者购买某种商品或服务的过程。

人员推销的核心问题是说服，即说服目标顾客，使其接受其推销的产品或服务。

人员推销的基本要素有推销人员、推销品、推销对象。

人员推销是一项专业性很强的工作，是一种互惠互利的推销活动，它必须同时满足买卖双方的不同需求，解决各自不同的问题，而不能只注意片面的产品推销。推销员只有将推销工作理解为顾客的购买工作，才能使推销工作进行得卓有成效，达到双方满意的目的。

(二) 人员推销的种类

1. 生产厂家的人员推销

生产厂家雇佣推销员向中间商或其他厂家推销产品。化妆品生产厂家的推销员往往将中间商作为他们的推销对象。

2. 批发商的人员推销

批发商往往也雇佣成百上千名推销员在指定区域向零售商推销产品。零售商也常常依靠这些推销员来对商店的货物需求、货源、进货量和库存量等进行评估。

3. 零售店的人员推销

这类推销往往是顾客上门，而不是推销员拜访顾客。

4. 直接针对消费者的人员推销

这类推销在零售推销中所占比重不大,但却是推销力量中的一个重要部分,有其特殊优点和作用。

(三)人员推销的特点

与其他促销方式相比,人员推销在选择目标顾客、掌握顾客需求、提供服务的过程以及与客户建立关系等方面具有明显的优势和特点。

1. 信息传递的双向性

人员推销不仅是卖的过程,而且是买的过程,即帮助顾客购买的过程。

2. 推销过程的灵活性

人员推销是一种具有很强人性因素的、独特的促销手段,每一个消费者都有独立的个性和特点,推销员要依据不同的人,灵活地给予不同的接待方式和方法。

3. 满足需求的多样性

人员推销可满足推销员和潜在顾客的特定需要,针对不同类型的顾客,推销员可采取不同的、有针对性的推销手段和策略。

4. 推销目的的双重性

人员推销不仅是卖的过程,而且是买的过程,即帮助顾客购买的过程。推销员只有将推销工作理解为顾客的购买工作,才能使推销工作进行得卓有成效,达到双方满意的目的。

(1)买卖双方面对面交谈　人员推销一般是两个或两个以上的人面对面交谈,在融洽活跃的交谈中,推销人员可以很清楚地观察到对方的态度和特点,掌握对方的情绪变化,随机应变调整自己的劝说行为。

(2)可以促进买卖双方形成良好的关系　因为人员推销采取的是双向沟通方式,交谈中伴随着情感的交流,就可能建立友谊,并形成融洽的关系。

(3)能及时得到买主的反应　推销人员要善于让买主感到有义务听完推销人员的谈话,并且作出反应。

二、推销人员应具备的素质

"如果销售是龙头的话,那么推销人员就是龙角!"因此,推销人员的素质是非常重要的。总的来说,推销人员的基本素质是"德才兼备"。一般来说,一名合格的销售人员,应具备品质素质、身体素质、心理素质、业务素质等四个方面的基本素质。

(一)品质素质

凡事要以德为先。德,用人先用德,道德不好的人所造成的影响和破坏将是加速度或是毁灭性的,德体现在具有责任心、真诚、诚信等良好的个人品德,同时还要遵纪守法。

对销售人员来说,不道德的销售行为或许在一次交易中会侥幸得逞,但要建立与发展真正的合作伙伴关系需要百分百的诚实和真挚。

（二）身体素质

销售人员要有健壮的体格，旺盛的精力，才能够胜任销售的繁重工作，没有强大的身体素质做后盾，很难完成销售任务。

（三）心理素质

推销人员每天面对很多不同类型的客户，要面对无数次的拒绝，有些客户可能很粗暴，有些客户可能多次沟通都对推销人员置之不理，所以推销人员的心理素质至关重要。

1. 信心

信心是每个人都有的，也是每个人都容易失去的，对于一个行走于市场一线的销售人员来说信心更为重要。如果对自己或所销售的产品没有信心，还能指望客户相信你和你的产品吗？当你要去说服一个客户前，先彻底说服自己，否则结果只能是失败。

2. 执着

99℃＋1℃才是开水，但有很多人往往是功败垂成，在努力到80％、90％甚至99％时放弃了，其实离成功仅一步之遥，这时就是看谁坚持到最后，谁更执着。在市场销售领域更是如此，执着是一个优秀销售人员首先应该具备的心理素质之一。

3. 热情

一个销售人员如果没有对工作的热情，可以断定结果会以100％失败告终。因为市场开发不仅是单纯的理性说服，更需要一种感染力，优秀的销售人员会把自己高涨的情绪感染给客户，这对达成交易很有帮助。反之，没有工作热情，只是把这份工作当一份苦差事来做，板着面孔或疲惫的样子，这些消极的情绪同样会传染给顾客。

4. 敏锐的嗅觉

和客户沟通时只从客户表面的反应做判断，往往正确率很低，而成功的可能性自然也低。必须要听得出客户话外之音，发觉客户表面背后真正的意图与想法，往往成功的关键就在这里。这就要锻炼出能够洞察细节，逆向思考的能力。

（四）业务素质

销售人员是否具备良好的业务素质，直接关系到他们的工作业绩。因此，优秀的销售人员需要具备多方面的专业知识，并且要把多种专业知识内容内化为自己头脑的知识体系和知识结构。

1. 知识

知识（Knowledge）是头脑中的经验系统，它是以思想内容的形式为人们所掌握，知识是个人能力形成的理论基础。销售人员需要的知识，既包括宽泛的营销理念、法律知识以及社会交往中的人际关系、社会角色等；也包括销售业务所涉及的专业知识、专业理论等。

2. 专业技能

专业技能（Skill）是操作技术，是对具体动作的理解，它以行动方法的形式为人们所掌握，专业技能是个人能力形成的实践基础。销售人员需要的专业技能，既包括对销售业务中涉及的产品的演示、操作技能，也包括处理销售业务中涉及的错综复杂的人际关系等社会技能。

3. 社交技能

销售人员要有良好的人际交往能力和很强的沟通能力，能够通过语言引导说服你的客户或者是上级。有理有据，让听者认同你。说话就是为了办事，良好的沟通能力会让你省时省力。

三、人员推销的步骤和技巧

（一）推销步骤

人员推销是销售人员向客户介绍、展示产品并说服其购买的活动过程。这一过程包括七个步骤。

1. 寻找顾客

寻找合格的潜在顾客。这些潜在顾客必须具备两个基本条件：一是愿意购买；二是有支付能力。如果只满足一个条件，就不是潜在的顾客。寻找潜在顾客的主要途径有很多，可以通过朋友、熟人、广告、邮寄信件和电话等方式。在这个阶段，销售人员应努力收集尽量多的信息。

2. 访前准备

收集相关资料，推销人员需要熟悉本企业产品特点，掌握潜在顾客的信息资料以及竞争对手的情况，为顺利转入推销面谈做好准备。

3. 接近顾客

首次约见是推销人员与潜在顾客推销沟通过程的前奏，许多专家称它是推销过程中最重要的 30 秒，这一过程往往决定推销的成败。推销人员必须设法激发客户对推销员的关注和兴趣，为顺利转入推销面谈做好准备。

4. 推销面谈

推销人员向顾客介绍相关产品的特征和优点时，要针对顾客的需求，告知顾客可以从产品或服务中得到的利益和效用。这是推销过程的核心步骤，其目的是激发客户的购买欲望，赢得信任。

5. 处理异议

推销人员必须学会处理客户提出的各种异议，回答客户所提出的各种疑问。要解决有关顾客购买产品的一切问题，以促成交易。

6. 达成交易

顾客作出购买决定，这是推销活动的最终目的，在推销过程中具有决定意义，但也是多数推销人员认为最困难的一个步骤，在洽谈过程中推销人员要抓住机会促成交易。

  7. 跟踪服务

  交易达成后继续与客户保持联系，及时为顾客解决产品使用中存在的问题，赢得顾客的信任，对于重复销售和更大市场的开拓具有重要的意义。

  （二）推销技巧

  推销不仅是一种技术，而且是一种艺术。因此，推销员人员必须掌握一定的推销技巧。这里介绍一些推销的基本技巧。

  1. 注意推销自己

  在现代推销环境中，生产同样产品的厂家很多，顾客可以从不同的厂家或不同的推销员那里购买产品。在这种情况下，顾客接受产品，往往是从接受推销员开始的。因此，推销员要注意塑造自己的推销形象，让顾客信赖你、接受你，从而接受你所推销的产品。

  2. 想顾客之所想

  推销员不应立足于推销自己的产品，而应立足于满足顾客的需要，想顾客之所想，为顾客当好参谋，注意说明产品功能与顾客需要的一致性，促使顾客购买其"需要的东西"。

  3. 熟悉所推销的产品

  推销员对自己所推销的产品必须了如指掌，熟知其特性和优点，这样才能在推销洽谈中有针对性地进行推销说明，有效地处理异议，促使顾客采取购买行动。

  4. 让顾客动手操作或试用

  顾客动手操作和试用产品可以获得亲身体验，它比只听推销员口头介绍所获得的印象要强得多。因此，在推销过程中，凡有可能都应让顾客亲自动手操作或试用产品，摸一摸，尝一尝，用一用，使之准确地了解产品的质量和性能，这样更具有说服力。

  5. 要突出重点

  推销说明无需面面俱到，而应突出重点。一方面，产品介绍要突出重点，如产品的功能、品质、价格等必须介绍清楚，使顾客对产品的主要情况有深入的了解；另一方面，要着重介绍顾客感兴趣的问题，有利于刺激顾客的购买欲望。

  6. 注意倾听顾客的意见

  注意倾听顾客对产品的意见是十分重要的。这样做可以使顾客感到你对他的尊重，更重要的是可以从与顾客的谈话中获得有价值的行动提示。倾听顾客谈话时要聚精会神，注意理解顾客表达的意思，抓住其谈话的精神实质。

  四、推销人员的管理

  （一）招聘和挑选销售人员

  推销人员素质的高低直接关系到企业促销活动的成功与失败，企业的销售工作要想获得成功，就必须认真挑选销售人员。这不仅是因为普通销售人员和高效率销售人员在业务水平上有很大差异，而且用错人将给企业造成巨大的浪费。

企业挑选销售人员的主要标准如下。

1. 感同力

即善于从顾客角度考虑问题。

2. 自信力

让顾客感到自己的购买决策是正确的。

3. 挑战力

即具有视各种异议、拒绝或障碍为挑战的心理。

4. 自我驱动力

即具有完成销售任务的强烈欲望。

企业选择销售人员的标准确定之后，就可着手招聘，人力资源部门可通过各种途径寻找应聘者，包括利用职业介绍所、刊登广告招聘、由现有销售代表引荐以及在学生中挑选等。挑选过程可以是一次非正式的单独面谈，也可以是长时间的测验和面谈。许多企业对推销员应聘者进行正式的测验，采用申报、笔试和面试相结合的方法。由报名者自己填写申请，借此掌握报名者的性别、年龄、受教育程度及工作经历等基本情况；通过笔试和面试可了解报名者的仪态风度、工作态度、知识广度和深度、语言表达能力、理解能力、分析能力和应变能力等。

（二）销售人员的培训与指导

培训推销人员的方法很多，常采用的方法有三种。

1. **讲授培训**

通过短期培训或进修等形式，由职业培训师、专家、市场人员和有丰富推销经验的优秀推销员来讲授基础理论和专业知识，介绍推销方法和技巧。

2. **模拟培训**

由受训人员扮演推销人员向由有经验的优秀推销员扮演的顾客进行推销，或由受训人员分析推销实例等。

3. **实践培训**

推销人员直接上岗，与有经验的推销人员建立师徒关系，通过传、帮、带，使受训人员逐渐熟悉业务，成为合格的推销人员。

（三）销售人员的激励与评价

1. **销售人员的激励**

激励是任何组织成员都需要的，推销人员也不例外。激励的措施包括薪金、提职、个人的发展和成就感等。企业必须建立激励制度来促使销售人员努力工作。譬如销售定额，即规定销售人员在一定时间内应销售多少数额产品，然后把报酬与定额完成情况挂勾。佣金制度，企业按销售额或利润额的大小给予销售人员一定的或根据情况可调整比率的报酬。佣金制度能鼓励销售人员尽最大努力工作，并使销售费用与现期收益紧密相关。另外企业还可采用销售竞赛、旅游奖励等激励措施。

2. 销售人员的评价

销售人员的评价是企业对销售人员工作业绩考核与评估的反馈过程。推销人员业绩的考评结果，既可作为分配报酬的依据，又可以作为企业人事决策的重要参考指标。

（1）考评资料的收集　收集推销人员的资料是考评推销人员的基础性工作。全面、准确地收集考评所需资料是做好考评工作的客观要求。考评资料主要从推销人员销售工作报告、企业销售记录、顾客及社会公众的评价以及企业内部员工的意见等四个途径获得。

（2）要建立评估的指标　评估指标要基本上能反映销售人员的销售绩效。其主要绩效指标有：销售量增长情况；每天平均访问次数及每次访问的平均时间；每次访问的平均费用；每百次访问收到订单的百分比；一定时期内新顾客的增加数量及失去的顾客数量；销售费用占总成本的百分比。

（3）实施正式评估　企业在有了足够的资料、确立了科学的标准之后，就可以正式评估。评估的方式主要有将各个销售人员的绩效进行比较和排队、将销售人员目前的绩效同过去绩效相比较、顾客满意评价以及销售人员品质评价等。

本章小结

本章主要讲解了促销与促销组合策略，介绍了广告的含义、作用、功能，广告媒体的选择，广告的设计，广告费用预算，广告效果的评估；公共关系的含义和特征，公共关系的原则与实施步骤，活动方式，企业公共形象设计；营业推广的概念、种类和特点及实施过程；人员推销的概念、特点，人员推销的步骤技巧，推销人员的管理。

复习思考题

1. 什么是促销和促销组合？
2. 影响促销组合的因素有哪些？
3. 广告的概念和作用？
4. 如何选择广告媒体？
5. 营业推广的概念、作用和特点？
6. 公共关系的含义和特征？
7. 人员推销的概念和特点？

实训项目

企业产品（校内超市商品）校园促销

（一）实训目标

1. 培养学生策划促销活动的能力；
2. 培养学生促销活动的实施操作能力；
3. 培养学生的产品销售能力及团队协作意识。

（二）实训内容及步骤

1. 组织货源。与实习基地企业或校内超市洽商，取得对方的支持，最好售后付款。

2. 联系场地。经学校批准，在学校客流量大的地方，至少申请三个销售位置，譬如食堂、公寓门口。

3. 促销方案策划。包括美容健康讲座（公共关系）；产品广告制作（最好利用企业、超市现成的一些宣传资料）；优惠折扣券、赠品等营业推广手段。

4. 人员培训。充分利用企业或超市销售人员对学生进行销售产品的培训和技巧训练。

5. 促销活动实施。分好组，各组人员分工明确；做好整体协调管理；每天销售后，货品清点及账务整理，都要认真进行。

6. 收尾工作。与企业或超市结算账务，清点货品。

7. 活动总结。分享活动心得，适当奖励最佳小组。总结报告（字数为3000字，包括促销推广活动策划、活动实施总结）。

（三）实训组织

全班分为四组，实施促销活动中，适当轮岗。其中三个小组户外搞销售活动（校区三个不同位置）。一个小组总体管理协调，总经理一名，副总经理两名（负责仓储、财务），部门经理三名（各组小组长），适当分工，尤其是实施活动时，协调好各组工作。

（四）实训评价

1. 学生对自己在实训过程中的表现进行总结；
2. 专业老师根据促销活动实施过程中学生的综合表现进行评价；
3. 教师总结本次促销活动的成功之处与不足之处。

第十二章
化妆品的创新营销

 学习目标

知识目标

1. 掌握整合营销传播的概念,理解整合营销传播的步骤
2. 掌握直接营销的含义,了解直接营销的一般方法
3. 掌握网络营销的概念,了解网络营销常用的工具和方法
4. 掌握绿色营销的概念,理解绿色营销的相关内容
5. 了解社交电商的概念、类型及特征

技能目标

1. 运用整合营销传播理论初步分析化妆品企业正在采用的营销策略
2. 运用网络营销的技巧和工具等,初步设计具体化妆品品牌的网络营销策略

案例导入

香奈儿开咖啡店?游戏厅?快闪店广受大牌追捧

快闪店是一种不在同一地久留、俗称 Pop-up shop 或 Temporary store 的品牌游击店(Guerrilla Store),指在商业发达的地区设置临时性的铺位,供零售商在比较短的时间内推销其品牌,抓住一些季节性的消费者。快闪店近几年广受大牌追捧,一般模式就是开短暂几天到几个月的快闪店,制造话题营销宣传自己,打响知名度后马上消失。

2017 年,香奈儿就在全球多个城市开了"coco cafe"咖啡快闪店。香奈儿开咖啡店当然不是为了卖咖啡,是为了宣传自己新上市的彩妆新品,店内提供免费摄影师帮拍照、专业彩妆师帮化妆,所以短短几天吸引了几万人次的客流量。

2018 年,香奈儿又不务正业的搞事情了,这次不是咖啡店而是开起了游戏。3月在东京开设限时游戏厅开放 COCO GAME CENTER(图 12-1),4 月来到了上海,预计 5 月会开在成都。在游戏厅内,虚拟赛车游戏机看起来非常的酷炫。娃娃机里的不是娃娃,全部变成了香奈儿的小样。游戏厅也只是一个噱头,重要的是借机推广宣传自己的新品。游戏机旁边摆放着一排小样,就连摇杆都是唇釉,细节做的也是很到位。这么高大上的游戏厅,吸引了不少明星网红前来打卡,各种拍照发微博、朋友圈等。

图 12-1 香奈儿快闪店

当然,不仅仅是香奈儿这么会玩,其他大牌也不甘落后。YSL 圣罗兰直接在北京三里屯开设了全球首家摇滚电玩城。现场有电玩城常见的弹珠机,空气曲棍球,以及塞满了口红的抓口红机!在摇滚电玩城里,还可以体验全新的 18 种唇釉色号,以及免费的现场试妆。

早在 16 年,Hermès 也搞出了很有趣的一家快闪店,你绝对想不到,Hermès 开设了一系列名为 Hermès Matic 的自助洗衣的 Pop up 空间。鼓励客户把他们的丝巾拿去店内进行清洗和修复,整个过程包括烘干共需 48 个小时,能恢复丝巾原来的柔软性。

案例思考:为什么大牌都选择快闪店?

营销启示:创意是广告的灵魂

彩妆和游戏的结合,两个看似毫不相干的内容,通过精心设计,视觉上带来的震撼效果不容小觑。通过新鲜有趣的创意,制造话题,吸引用户的注意力,主动参与到线下活动中。线下通过一系列明星 KOL 的传播,吸引粉丝的好奇心和探索欲,扩大传播力度。

快闪店短期的属性容易刺激用户的期待感,迷恋转瞬即逝的新鲜体验会让用户进行主动传播与分享,而接地气的活动也拉近了品牌与用户之间的距离,香奈儿等品牌不再是人们心中高高在上的奢侈品,而是大家触手可及的商品。

第十二章 化妆品的创新营销

当然，如何牢牢抓住用户的眼球就是品牌做快闪店要考虑的最大因素。

引言：

无论是化妆品制造商还是化妆品销售商，都不能把营销的理念和策略仅仅停留在20世纪60年代菲利普科特勒所提出的4Ps营销策略上，因为时代在不断进步，化妆品企业也必须不断提升自身的营销理念和营销技术，从而适应今天消费者的需求和竞争的需要。20世纪90年代以来，营销理念和策略的不断创新主要表现为：整合营销（Integrated Marketing Communications）、数据库营销和关系营销（第六章已有涉及）、网络营销、直销营销、绿色营销等。本章将对这些新型的营销理念和工具进行简要的分析。

第一节　营销理论的演变

从营销组合策略的角度讲，市场营销理论经历了 4Ps→4Cs→4Rs→4Vs 发展阶段。

一、4Ps 营销理论

由密西根大学教授杰罗姆·麦卡锡（E. Jerome Mccarthy）1960年提出，在其《基础营销》（Basic Marketing）一书中将这些要素一般地概括为4类：产品（Product）、价格（Price）、渠道（Place）、促销（Promotion），即著名的4Ps。"它的伟大在于它把营销简化并便于记忆和传播"此为他的重要思想。

（一）4Ps 理论的四个要素

即产品、价格、渠道、促销四要素。

1. 产品

产品包含核心产品、实体产品和延伸产品。广义的产品可以是有形的实体，也可以是无形的服务、技术、知识或智慧等。注重产品开发的功能，要求产品有独特的卖点，把产品的功能诉求放在第一位。

2. 价格

根据不同的市场定位，制定不同的价格策略，产品的定价依据是企业的品牌战略，注重品牌的含金量。价格的制定手段很多，竞争比较法、成本加成法、目标利润法、市场空隙法，这些方法的目标是使产品成为可交换的商品。

3. 渠道

渠道是产品从生产方到消费者终端所经历的销售路径。企业并不直接面对消费者，而是注重经销商的培育和销售网络的建立，企业与消费者的联系是通过分销商来进行的。普通消费品一般会经过代理商、批发商、商场或零售店的环节。

4. 促销

传统意义的促销是人员推广、广告、公关活动和销售促进。这些方式在营销过程中有着非常广泛的应用。企业注重销售行为的改变来刺激消费者，以短期的行为促成消费的增长，吸引其他品牌的消费者或导致提前消费来促进销售的增长。

20世纪70年代,"营销管理之父"科特勒在强调"大营销"的时候,又提出了两个"P",即公共关系(Publications)和政治(Politics)。但4Ps依然作为营销基础工具,依然发挥着非常重要的作用。

(二) 4Ps营销理论的理论框架

4Ps的提出奠定了市场营销的基础理论框架。该理论以单个企业作为分析单位,认为影响企业营销活动效果的因素有两种,见表12-1。

表12-1 影响企业营销活动效果的因素

可控因素	不可控因素
产品、价格、分销、促销	社会/人口、技术、经济、环境/自然、政治、法律、道德、地理
内部环境	外部环境

1. 外部环境

外部环境是企业不能够控制的,如社会/人口(Social/Demographic)、技术(Technological)、经济(Economic)、环境/自然(Environmental/Natural)、政治(Political)、法律(Legal)、道德(Ethical)、地理因素(Geographical Factor)等环境因素,称为不可控因素,这也是企业所面临的外部环境。

2. 内部环境

内部环境是企业可以控制的,如产品、价格、分销、促销等营销因素,称为企业可控因素。企业营销活动的实质是一个利用内部可控因素适应外部环境的过程,即通过对产品、价格、分销、促销的计划和实施,对外部不可控因素作出积极动态的反应,从而促成交易的实现和满足个人与组织的目标,用科特勒的话说就是"如果公司生产出适当的产品,定出适当的价格,利用适当的分销渠道,并辅之以适当的促销活动,那么该公司就会获得成功"(科特勒,2001)。所以市场营销活动的核心就在于制定并实施有效的市场营销组合。如图12-2所示。

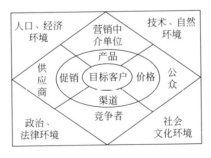

图12-2 营销组合模型

此模型优势是显而易见的:它把企业营销活动这样一个错综复杂的经济现象,概括为三个圆圈,把企业营销过程中可以利用的成千上万的因素概括成四个大的因素，即 4Ps 理论——产品、价格、渠道和促销，非常简明、易于把握。得益于这一优势，它不胫而走，很快成为营销界和营销实践者普遍接受的一个营销组合模型。

（三）4Ps 营销理论的优劣

1. 优势

① 4Ps 理论重视产品导向而非消费者导向，以满足市场需求为目标。

② 4Ps 理论是营销学的基本理论，它最早将复杂的市场营销活动加以简单化、抽象化和体系化，构建了营销学的基本框架，促进了市场营销理论的发展与普及。

2. 劣势

① 营销活动着重企业内部，对营销过程中的外部不可控变量考虑较少，难以适应市场变化。

② 随着产品、价格和促销等手段在企业间相互模仿，在实际运用中很难起到出奇制胜的作用。

③ 营销是交换关系的相互满足，而 4Ps 模型忽略了交换关系中大量因素的影响作用。

二、4Cs 营销理论

虽然 4Ps 横扫近半个世纪，但到 20 世纪 90 年代，随着消费者个性化日益突出，加之媒体分化，信息过载，传统 4Ps 渐被 4Cs 所挑战。从本质上讲，4Ps 理论是以产品为导向，其中忽略了顾客作为购买者的利益特征；以顾客为中心的新型营销思路的出现，以需求为导向的 4Cs 理论应运而生。

1990 年，美国学者劳特朋（Lauteborn）教授提出了与 4Ps 相对应的 4Cs 理论。

（一）4Cs 营销理论的内容

4Cs 分别指顾客（Customer）、成本（Cost）、便利（Convenience）和沟通（Communication）四个因素。

1. 顾客

顾客主要指顾客的需求。企业必须首先了解和研究顾客，根据顾客的需求来提供产品。同时，企业提供的不仅仅是产品和服务，更重要的是由此产生的客户价值（Customer Value）。

2. 成本

成本不单是企业的生产成本，或者说 4Ps 中的价格，它还包括顾客的购买成本，同时也意味着产品定价的理想情况，应该是既低于顾客的心理价格，也能够让企业有所盈利。此外，其中的顾客购买成本不仅包括其货币支出，还包括其为此耗费的时间、体力和精力消耗，以及购买风险。

3. 便利

便利概述的说是通过多种渠道向顾客提供详尽的信息、为顾客提供良好的售后服务，减少顾客精神和体力的耗费。例如，可口可乐随处皆可买到，房地产的售楼专车，驾校提供上门接送服务，快餐店送餐上门……这些都是在通路设计上实现产品到达的便利性。顾客便利的目标是通过缩短顾客与产品的物理距离和心理距离，提升产品被选择的概率。

4. 沟通

沟通则被用以取代 4Ps 中对应的促销。4Cs 营销理论认为，企业应通过同顾客进行积极有效的双向沟通，建立基于共同利益的新型企业和顾客关系。这不再是企业单向的促销和劝导顾客，而是在双方的沟通中找到能同时实现各自目标的通途。

（二）4Cs 营销理论的优劣

1. 优势

① 4Cs 理论瞄准消费者需求，满足消费者的需求不能仅表现在一时，而应始终贯穿于产品开发的全过程。

② 4Cs 理论重视顾客导向，以追求顾客满意为目标，这实际上是当今消费者在营销中越来越居主动地位的市场对企业的必然要求。

2. 劣势

① 4Cs 理论是顾客导向，而市场经济要求的是竞争导向。企业不仅要看到需求，而且还需要更多地注意到竞争对手。

② 不同企业至多是个程度的差距问题，并不能形成营销个性或营销特色，不能形成营销优势，保证企业顾客份额的稳定性、积累性和发展性。

③ 在 4Cs 理论的引导下，企业往往失之于被动适应顾客的需求，为被动地满足消费者需求付出更大的成本，如何将消费者需求与企业长期获得利润结合起来，是 4Cs 理论有待解决的问题。

三、4Ps 理论与 4Cs 理论的相互关系

从 4Ps 理论到 4Cs 理论的演变，并不意味着 4Cs 理论完全取代了 4Ps 理论，两者之间还是存在联系的，有转变关系与互补关系。

（一）转变关系

4Ps 营销组合向 4Cs 营销组合的转变，具体表现为产品向顾客转变，价格向成本转变，分销渠道向方便转变，促销向沟通转变。

（二）互补关系

4Ps 与 4Cs 是互补关系而非替代关系，即 Customer，是指用"客户"补充了"产品"，要先研究顾客的需求与欲望，然后再去生产、经营和顾客确定想要买的服务产品；Cost，是指用"成本"完善了"价格"，了解顾客要满足其需要与欲求所愿意付出的成本，再去制定定价策略；Convenience，是指用"便利"拓展了"地点"，意味着制定分销策略时要尽可能让顾客方便；Communication，是指用"沟通"深化了"促销""沟通"是双向的，"促销"无论是推动策略还是拉动战略，都是线性传播方式。

总之，就是从顾客需求的角度思考如何设计和研发产品，从顾客成本的角度考虑如何制定最合理的价格。顾客需求本身对于产品价格也有着直接的影响，从与顾客如何实现沟通的角度思考促销和推广的方式，从客户购买的便利性的角度来确定企业通路的选择。

4Ps 与 4Cs 二者之间的关系参见表 12-2。

表 12-2　4Ps 与 4Cs 的相互关系对照

类别		4Ps		4Cs
解释	产品	服务范围、项目,服务产品定位和服务品牌等	客户	研究客户需求欲望,并提供相应产品或服务
	价格	基本价格,支付方式,佣金折扣等	成本	考虑客户愿意付出的成本、代价是多少
	渠道	直接渠道和间接渠道	便利	考虑让客户享受第三方物流带来的便利
	促销	广告,人员推销,营业推广和公共关系等	沟通	积极主动与客户沟通,寻找双赢的认同感
时间	20 世纪 60 年代中期(麦卡锡)		20 世纪 90 年代初期(劳特朗)	

四、4Rs 营销理论

以顾客需求为导向的 4Cs 理论，随着时代的发展，也显现了其局限性。当顾客需求与社会原则相冲突时，顾客战略也是不适应的。于是 2001 年，美国的唐·E·舒尔茨（Don E Schultz）又提出了 4Rs 新说："侧重于用更有效的方式在企业和客户之间建立起有别于传统的新型关系。"

4Rs 理论以关系营销为核心，重在建立顾客忠诚。它既从厂商的利益出发又兼顾消费者的需求，是一个更为实际、有效的营销制胜术。

（一）4Rs 理论的内容

4Rs 理论的营销四要素如下。

1. 关联（Relevance）

即认为企业与顾客是一个命运共同体。建立并发展与顾客之间的长期关系是企业经营的核心理念和最重要的内容。

2. 反应（Reaction）

在相互影响的市场中，对经营者来说最现实的问题不在于如何控制、制订和实施计划，而在于如何站在顾客的角度及时地倾听和从推测性商业模式转移成为高度回应需求的商业模式。

3. 关系（Relationship）

在企业与客户的关系发生了本质性变化的市场环境中，抢占市场的关键已转变为与顾客建立长期而稳固的关系。与此相适应产生了 5 个转向：从一次性交易转向强调建立长期友好合作关系；从着眼于短期利益转向重视长期利益；从顾客被动适应企业单一销售转向顾客主动参与到生产过程中来；从相互的利益冲突转向共同的和谐发展；从管理营销组合转向管理企业与顾客的互动关系。

4. 回报（Reward）

任何交易与合作关系的巩固和发展，都是经济利益问题。因此，一定的合理回报既是正确处理营销活动中各种矛盾的出发点，也是营销的落脚点。

4Rs 理论模型如图 12-3 所示。

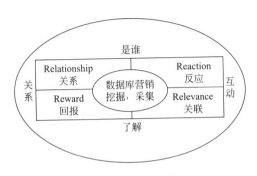

图 12-3　4Rs 理论模型

（二）4Rs 理论的优劣

4Rs 营销理论的最大特点是以竞争为导向，在新的层次上概括了营销的新框架，根据市场不断成熟和竞争日趋激烈的形势，着眼于企业与顾客的互动与双赢，不仅积极地适应顾客的需求，而且主动地创造需求，运用优化和系统的思想去整合营销，通过关联、关系、反应等形式与客户形成独特的关系，把企业与客户联系在一起，形成竞争优势。

1. 优势

（1）4Rs 以竞争为导向，在新的层次上提出了营销新思路　根据市场日趋激烈的竞争形势，4Rs 营销着眼于企业与顾客建立互动与双赢的关系，不仅积极地满足顾客的需求，而且主动地创造需求，通过关联、关系、反应等形式建立与它独特的关系，把企业与顾客联系在一起，形成了独特竞争优势。

（2）4Rs 营销真正体现并落实了关系营销的思想　4Rs 营销提出了如何建立关系、长期拥有客户、保证长期利益的具体操作方式，这是关系营销史上的一个很大的进步。

（3）4Rs 营销是实现互动与双赢的保证　4Rs 营销的反应机制为建立企业与顾客关联、互动与双赢的关系提供了基础和保证，同时也延伸和升华了营销便利性。

（4）4Rs 营销的回报使企业兼顾到成本和双赢两方面的内容　为了追求利润，企业必然实施低成本战略，充分考虑顾客愿意支付的成本，实现成本的最小化，并在此基础上获得更多的顾客份额，形成规模效益。这样一来，企业为顾客提供的产品和追求回报就会最终融合，相互促进，从而达到双赢的目的。

2. 劣势

4Rs 营销同任何理论一样，也有其不足和缺陷。

（1）与顾客建立关联、关系，需要实力基础或某些特殊条件，并不是任何企业可以轻易做到的。但不管怎样，4Rs 营销提供了很好的思路，是经营者和营销人员应该了解和掌握的。

（2）4Rs 之外的 +0.5Rs，几乎所有的市场营销理论都是在强调如何强占市场和争取客户，夺取利润为最大目标。但市场行为本身就是一种风险博弈，也可以说在市场上什么都是可变的，只有利润和风险是永恒的。所以建议学习该理论时候能再加上 0.5Rs，即 risk control，相信能够把握好风险控制的管理者才能拥有更长久的发展动力和空间。

五、4Ps、4Cs、4Rs 三者的关系

（一）4Ps 营销理论

4Ps 营销理论是营销的一个基础框架，4Ps 营销理论是营销理论中最基本的理论。它以企业本身为导向的营销理论。

（二）4Cs 营销理论

4Cs 营销理论也是很有价值的理论和思路。因而，两种理论仍具适用性和可借鉴性。4Cs 营销理论是以消费者为导向的营销理论。

（三）4Rs 营销理论

4Rs 营销理论不是取代 4Ps 和 4Cs 营销理论，而是在它们的基础上的创新与发展，所以不可把三者割裂开甚至对立开。4Rs 营销理论是以竞争为导向的营销理论。

（四）三者关系

三者相辅相成，合作下来可以达到相得益彰的效果。

六、4Vs 营销理论

进入 20 世纪 80 年代之后，随着高科技产业的迅速崛起，高科技企业、高技术产品与服务不断涌现，营销观念、方式也不断丰富与发展，并形成独具风格的新型理念，在此基础上，国内的学者（吴金明等）综合性地提出了 4Vs 的营销哲学观。

所谓"4Vs"是指"差异化（Variation）""功能化（Versatility）""附加价值（Value）"和"共鸣（Vibration）"的营销组合理论。

（一）差异化

对于一般商品来说，差异总是存在的，只是大小强弱不同而已。而差异化营销所追求的"差异"是产品的"不完全替代性"，即在产品功能、质量、服务、营销等方面，本企业为顾客所提供的是部分对手不可替代的。为了形成"鹤立鸡群"，差异化营销一般分为产品差异化、市场差异化和形象差异化 3 个方面。

（二）功能化

功能化是指根据消费者消费要求的不同，提供不同功能的系列化产品供给，增加一些功能就变成豪华奢侈品（或高档品），减掉一些功能就变成中、低档消费品。消费者根据自己的习惯与承受能力选择其具有相应功能的产品。

（三）附加价值

从当代企业产品的价值构成来分析，其价值包括基本价值与附加价值两个组成部分，前者是由生产和销售某产品所付出物化劳动和活劳动的消耗所决定，即产品价值构成中的"$C+V+m$"。后者则由技术附加、营销或服务附加和企业文化与品牌附加三部分所构成。从当代发展趋势来分析，围绕产品物耗和社会必要劳动时间的活劳动消耗在价值构成中的比重将逐步下降；而高技术附加价值、品牌（含"名品""名人""名企"）或企业文化附加价值与营销附加价值在价值构成中的比重却显著而且将进一步上升。

（四）共鸣

共鸣是企业持续占领市场并保持竞争力的价值创新给消费者或顾客所带来的"价值最大化"，以及由此所带来的企业的"利润极大化"，强调的是将企业的创新能力与消费者所珍视的价值联系起来，通过为消费者提供价值创新使其获得最大程度的满足。

七、4S营销理论

4S市场营销策略则主要强调从消费者需求出发，建立起一种"消费者占有"的导向。它要求企业针对消费者的满意程度对产品、服务、品牌不断进行改进，从而达到企业服务品质最优化，使消费者满意度最大化，进而使消费者达到对企业产品产生一种忠诚。

（一）4S理论的内容

1. 满意（Satisfaction）

顾客满意，强调企业要以顾客需求为导向，以顾客满意为中心，企业要站在顾客立场上考虑和解决问题，要把顾客的需要和满意放在一切考虑因素之首。

2. 服务（Service）

为顾客营造一个温馨的服务环境；在整个服务过程中最重要的是服务人员用眼神表达对顾客的关心，用眼睛去观察，用头脑去分析，真正做到对顾客体贴入微关怀的服务。

3. 速度（Speed）

不让顾客久等，而能迅速地接待、办理，有最快的速度才能迎来最多的顾客。

4. 诚意（Sincerity）

以他人利益为重的真诚来服务客人。要想赢得顾客的人，必先投之以情，用真情服务感化顾客，以有情服务赢得无情的竞争。

（二）4S 理论的优劣

1. 4S 理论优势

建立起一种"消费者占有"的导向，要求企业针对消费者的满意程度对产品、服务、品牌不断进行改进，从而达到企业服务品质最优化，使消费者满意度最大化，进而使消费者达到对企业产品产生一种忠诚。

2. 4S 理论劣势

对于一个企业来说要达到是消费者满意，并且树立起企业的独特品牌却有相当大的难度。这不仅关系到企业的决策层，更关系到企业上上下下的每一个员工的态度，更要求要树立起一定的企业文化，这才能达到对于顾客的服务最好最精，才能使得顾客达到满意，对于企业的品牌产生认可。

总之，从营销组合策略的角度讲，市场营销理论经历了 4Ps、4Cs、4Rs、4Vs、4S 五个阶段，其构成、背景、目标、内容有其各自的优缺点。

4Ps、4Cs、4Rs、4Vs、4S 五者之间不是取代关系而是完善、发展的关系。由于企业层次不同，情况千差万别，市场、企业营销还处于发展之中，所以至少在一个时期内，4Ps 还是营销的一个基础框架，4Cs 也是很有价值的理论和思路。因而，两种理论仍具有适用性和可借鉴性。4Rs 与 4Vs 不是取代 4Ps、4Cs，而是在 4Ps、4Cs 基础上的创新与发展，所以不可把它们割裂甚至对立起来。在实际应用中，根据企业的不同情况，把它们结合起来指导营销实践，可能会取得更好的效果。

> 课后思考

哪种理论最合适化妆品行业？

不能完全倡导某一种营销组合理念，不同行业不同发展阶段不同区域不同市场下的企业，其应用的营销组合没有最好，只有不合适，所以并非最先进的理念就是最合适的，反之，就西方最先进的营销理念而言，相对滞后的理念反而是相对合适的。

比如化妆品制造业，还停留在相对合理的 4Ps，它们其实不直接面对消费者，只是被动地接受订单，或有意识地山寨知名或流行的产品；

而低端服务业则更多采用 4Cs，强调方便易获取还满意呢；

中端服务业需要 4Rs，强调与市场的交互感知与作用；

高端服务业则需要更多的 4S，质量高交付快满意度高；

对于巨无霸型的企业，可以用 4Vs 理念，因为它们有动力、能力，有实力去架构 4Vs 的管理体系。

第二节　整合营销

整合营销理论产生和流行于 20 世纪 90 年代，是由美国西北大学市场营销学舒尔茨教授提出的。

一、整合营销的概述

(一) 整合营销的内涵

1. 整合营销传播

整合营销概念最初是以整合营销传播（Integrated Marketing Communication，简称 IMC）形式出现的。1991 年，美国市场营销学舒尔茨教授提出了"整合营销"传播的新概念。舒尔茨认为，整合营销传播的核心思想是：以整合企业内外部所有资源为手段，再造企业的生产行为与市场行为，充分调动一切积极因素以实现企业统一的传播目标。随后，整合营销传播开始扩展为整合营销。

2. 整合营销

1995 年，Paustian Chude 首次提出了整合营销概念，他给整合营销下了一个简单的定义：整合营销就是"根据目标设计（企业的）战略，并支配（企业各种）资源以达到企业目标"。

菲利普·科特勒在《营销管理》一书中从实用主义角度揭示了整合营销实施的方式，即企业里所有部门都为了顾客利益而共同工作；这样，整合营销就包括两个层次的内容：一是不同营销功能——销售、广告、产品管理、售后服务、市场调研等必须协调；二是营销部门与企业其他部门，如生产部门、研究开发部门等职能部门之间的协同。

整合营销是一种对各种营销工具和手段的系统化结合，根据环境进行即时性的动态修正，以使交换双方在交互中实现价值增值的营销理念与方法；整合就是把各个独立的营销综合成一个整体，以产生协同效应。这些独立的营销工作包括广告、直接营销、销售促进、人员推销、包装、事件、赞助和客户服务等。战略性地审视整合营销体系、行业、产品及客户，从而制定出符合企业实际情况的整合营销策略。

尽管对于整合营销的概念仍存在很大争议，但它们的基本思想是一致的，即以顾客需求为中心，变单向诉求和灌输，为双向沟通。树立产品品牌在消费者心目中的地位，建立长期关系，达到消费者和厂家的双赢（Win-Win）。

(二) 整合营销的内容

一般来说，整合营销包含两个层次的整合，即水平整合和垂直整合。

1. 水平整合

（1）信息内容的整合　企业的所有与消费者有接触的活动，无论其方式是媒体传播还是其他的营销活动，都是在向消费者传播一定的信息。企业必须对所有这些信息内容进行整合，根据企业所想要的传播目标，对消费者传播一致的信息。

（2）传播工具的整合　为达到信息传播效果的最大化，节省企业的传播成本，企业有必要对各种传播工具进行整合。所以企业要根据不同类型顾客接受信息的途径，衡量各个传播工具的传播成本和传播效果，找出最有效的传播组合。

（3）传播要素资源的整合　企业的一举一动、一言一行都是在向消费者传播信息，应该说传播不仅仅是营销部门的任务，也是整个企业所要担负的责任。所以有必要对企业的所有与传播有关联的资源（人力、物力、财力）进行整合，这种整合也可以说是对接触管理的整合。

2. 垂直整合

（1）市场定位整合　任何一个产品都有自己的市场定位，这种定位是在基于市场细分和企业的产品特征的基础上制定的。企业营销的任何活动都不能有损企业的市场定位。

（2）传播目标的整合　有了确定的市场定位以后，就应该确定传播目标了，想要达到什么样的效果？多高的知名度？传播什么样的信息？这些都要进行整合，有了确定的目标才能更好地开展后面的工作。其主要任务是根据产品的市场定位设计统一的产品形象。各个营销组合之间要协调一致，避免互相冲突、矛盾。

（3）品牌形象整合　主要是品牌识别的整合和传播媒体的整合。名称、标志、基本色是品牌识别的三大要素，它们是形成品牌形象与资产的中心要素。品牌识别的整合就是对品牌名称、标志和基本色的整合，以建立统一的品牌形象。传播媒体的整合主要是对传播信息内容的整合和对传播途径的整合，以最小的成本获得最好的效果。

（三）整合营销特征

整合就是把各个独立地营销综合成一个整体，以产生协同效应，具有以下特征：

① 在整合营销传播中，消费者处于核心地位；

② 对消费者深刻全面地了解，是以建立资料库为基础的；

③ 整合营销传播的核心工作是培养真正的"消费者价值"观，与那些最有价值的消费者保持长期的紧密联系；

④ 以本质上一致的信息为支撑点进行传播，企业不管利用什么媒体，其产品或服务的信息一定得清楚一致；

⑤ 以各种传播媒介的整合运用作手段进行传播；

⑥ 紧跟移动互联网发展的趋势，尤其是互联网向移动互联网延伸、手机终端智能化以后，新技术对原有 PC 互联带来了前所未有的颠覆和冲击，在这个过程当中应当紧盯市场需求，整合现有的资源，包括横向和纵向的资源。

二、整合营销的操作思路

（一）以整合为中心

着重以消费者为中心并把企业所有资源综合利用，实现企业的高度一体化营销。整合既包括企业营销过程、营销方式以及营销管理等方面的整合，也包括企业内部的商流、物流和信息流的整合。

(二)追求系统化管理

整体配置企业所有资源,企业中各层次、各部门和各岗位,以及总公司、子公司,产品供应商与经销商及相关合作伙伴协调行动,形成竞争优势。

(三)强调协调与统一

企业营销活动的协调性,不仅仅是企业内部各环节、各部门的协调一致,而且也强调企业与外部环境协调一致,共同努力以实现整合营销。

(四)注重规模化与现代化

整合营销十分注重企业的规模化与现代化经营。规模化不仅能使企业获得规模经济效益,还为企业有效地实施整合营销提供了客观基础。整合营销同样也依赖于现代科学技术、现代化的管理手段,现代化可为企业实施整合营销提供有效保障。

三、整合营销的步骤

(一)建立数据库(识别客户和潜在客户)

整合营销规划的起点是建立数据库。数据库是记录顾客信息的名单,含有有关每个顾客或潜在顾客的营销数据,包括历史数据和预测数据。其中,历史数据记录了姓名、地址、最新购买产品、购买次数、对优惠措施的回应、购买价值等信息;预测数据则通过对顾客属性进行打分,用以鉴别哪个群体更可能对某项特定优惠作出回应,它有助于说明顾客未来的行为。

数据库是企业最有价值的资产。成功的营销依赖于重复营销,企业的营销挑战来自如何有效地吸引和保持有价值的终身客户,数据库营销是解决这一问题的最好途径之一。当前,市场营销已经由客户采集(赢得新客户)阶段,经过客户保持(终身客户)阶段,转向客户淘汰阶段(放弃没有赢利价值的客户,仔细挑选和维护有更高收益的客户群体),企业建立数据库的目的在于通过对数据库的管理,确定有价值的终身客户,并与之发展良好的客户关系。

数据库管理的主要内容包括数据库的建立、数据储存、数据挖掘、数据处理、数据维护等,通过上述工作,企业可以更好地了解消费者和潜在消费者。建立数据库的初衷是获得顾客,终极目标则是确定和保留有价值的顾客;通过对数据库中储存的大量顾客信息进行分析挖掘,可以揭示出隐藏在数据中的顾客价值;数据库的处理为更准确地确定目标顾客创造了更多机会;数据库的维护则能增加顾客名单的准确性,并提高顾客回应的成本效益。

(二)选择目标市场(对客户和潜在客户进行评估)

这是第二个重要的步骤。根据数据库资料,企业要尽可能使用消费者及潜在消费者的行为方面的资料作为市场划分的依据,相信消费者"行为"资讯比起其他资料如"态度与意想"测量结果更能清楚地显现消费者在未来将会采取什么行动,因为用过去的行为推论未来的行为更为直接有效。企业首先进行市场细分,在此基础上,选择企业拟进入的目标市场,并进行相应的市场定位。同时,在特定的目标市场,还要根据消费者及潜在消费者的行为信息将其分为三类:本品牌的忠诚消费者、其他品牌的忠诚消费者、游移消费者,并依据他们在品牌认知、信息接收方式及渠道偏好等方面的差异,有针对性地开展各项营销活动。

(三)接触管理(信息和诱因的创造和传递)

所谓接触管理就是企业可以在某一时间、某一地点或某一场合与消费者进行沟通。

整合营销的起点和终点都是消费者,无论是企业的价值供应活动(产品开发、价格制定、分销),还是营销传播活动(广告、人员推销、公共关系)均需以 4Cs 理论为基础。需要注意的是,在买卖双方之间存在着界面,必须通过某种接触通道将两者联系在一起,才能实现价值共享。消费者和企业只有通过接触通道才能发生联系,因此必须对其进行管理。

舒尔茨认为,每个接触通道都应该是营销沟通工具。接触管理就是要强化可控的正面传播,减缓不可控的或不利于产品与服务的负面传播,从而使接触信息有助于建立或强化消费者对品牌的感觉、态度与行为。

具体地说,接触管理要解决的问题是合理选择与消费者进行沟通的时间、地点、方式,具体做法如下。

① 要确定目标消费者所有可能接触的通道,列出影响消费者购买或使用产品的接触渠道清单。

② 要对清单进行分析,找出能够诱发消费者联想到产品和品牌的重要接触点,从而确定最能影响消费者购买决策的关键通道和最能影响潜在消费者信息传递的关键通道。

③ 要根据不同类别的消费者分别确定明确的营销沟通目标。

(四)制定营销战略

这意味着什么样的接触管理之下,该传播什么样的信息,而后,为整合营销传播计划制定明确的营销目标,并将其与企业战略及企业的其他业务相结合,实现企业层次的营销整合。对大多数的企业来说,营销目标必须非常准确,同时在本质上也必须是数字化的目标。例如,对一个擅长竞争的品牌来说,营销目标就可能是以下三个方面:激发消费者试用该品牌产品;消费者试用过后积极鼓励继续使用并增加用量;促使其他品牌的忠诚消费者转换品牌并建立起该品牌的忠诚度。

(五)选择营销工具

营销目标一旦确定之后,第五步就是决定要用什么营销工具来完成此目标,显而易见,如果将产品、价格、通路都视为是和消费者沟通的要素,整合营销传播企划人将拥有更多样、广泛的营销工具来完成企划,其关键在于哪些工具、哪种结合最能有效协助企业达成传播目标。

在营销战略目标的指导下,根据消费者的需求和欲望、消费者愿意付出的成本、消费者对购买便利的需求，以及消费者的沟通方式确定具体的营销工具，并找出最关键的工具，将其与其他营销工具予以整合。

（六）进行沟通整合

沟通整合是整合营销的最后一步，其也是非常重要的一个步骤。依据顾客信息，对不同行为类型的消费者分别确定不同的传播目标，使用不同的传播工具，如广告、营业推广、公共关系、人员推销等，并根据实际情况的需要将多种工具结合使用，以整合成协同力量。

第三节 直接营销

直销（Direct Selling），也叫直接营销或直复营销。直销产生于20世纪50年代的美国。直销实际上是最古老的商品销售方式之一，早在远古时期人们进行商品交换之后，首先学会的就是直销。

按世界直销联盟的定义，直销指以面对面且非定点之方式，销售商品和服务，直销者绕过传统批发商或零售通路，直接从顾客接收订单。

一、直接营销的概念

直接营销起源于邮购活动。文德曼（Wunderman）先生在1967年首先提出直接营销的概念。他认为人类社会开始的交易就是直接的，那种古典的一对一销售（服务）方式是最符合并能最大限度地满足人们需要的方式。直接营销强调在任何时间、任何地点都可以实现企业与顾客的"信息双向交流"。

直销也可以简称为厂家直接销售，是不经过代理可以直接销售的，指直销企业招募直销员直接向最终消费者进行销售的一种经营销售方式。

世界直销协会对于直销的概念是如此定义的：直销是指在固定零售店铺以外的地方（例如个人住所、工作地点或者其他场所），由独立的营销人员以面对面的方式，通过讲解和示范方式将产品和服务直接介绍给消费者，进行消费品的行销。

（一）狭义直销

所谓狭义直销（Direct Selling）就是产品生产商、制造商、进口商通过直销商（兼消费者）以面对面的方式将产品销售给消费者，含单层直销和多层直销。

1. 单层直销

单层直销有20%的直销公司使用。单层次直销即介绍提成模式，例如保险公司、期货公司的经纪人都是无工资的，靠自己人际关系销售产品并获得提成，但开发的顾客没有成为销售人员，没形成层级结构，因此这是合法的。

2. 多层直销

多层直销则有80%的直销公司在使用。多层直销是根据公司的奖励制度，直销商（兼消费者）除了将公司的产品或服务销售给消费者之外，还可以吸收、辅导、培训消费者成为他的下级直销商，他则成为上级直销商，上级直销商可以根据下级直销商的人数、代数、业绩晋升阶级，并获得不同比例的奖金（解释：直销员开发出的顾客又能成为销售人员，组成了一个层次网络，从而实现团队计酬）。

（二）广义直销

这种模式也叫多层次直复营销或多层次直销，产品生产商、制造商、进口商通过媒体（邮寄DM、电视购物频道、因特网）将产品或者资讯传递给消费者。多层次直销中的"直"，是指不通过分销商直接销售给消费者，"复"字是指企业与顾客之间的交互，顾客对企业营销努力有一个明确的回复（买与不买），企业由可统计到的明确的回复数据，对以往的营销效果作出评价。

二、直接营销的要素

直销有以下三方面的要素。

（一）公众消费意识

由于直销直接面对客户，减少了仓储面积并杜绝了呆账，没有经销商和相应的库存带来的额外成本，因而可以保障企业及客户利益，加快成长步伐。

（二）一对一关系的建立与形成

直销就是产品不通过各种商场、超市等传统公众的销售渠道进行分销，而是直接由生产商或者经销商组织产品销售的一种营销方式。

（三）现场展示与焦点促销

世界上流行的直销，是直销员通过举办各种产品推介活动，向顾客介绍产品，演示产品用途的一种促进销售的形式。

三、直接营销的种类

自从安利、雅芳等国外直销企业登陆中国市场以后，那种国外流行的通过举办各种活动吸引顾客、讲解产品、实现销售的形式，已经被中国的直销员们在应用中加以改造，形成了具有中国特色的几种直销形式。

（一）邮递直销

邮递直销是营销人员把信函、样品或者广告直接寄给目标顾客的营销活动。目标顾客的名单可以租用、购买或者与无竞争关系的其他企业相互交换。使用这些名单的时候，应注意名单的重复，以免同一份邮寄品两次以上寄给同一顾客，引起反感。

（二）电话直销

营销人员通过电话向目标顾客进行营销活动。电话的普及，尤其是800免费电话的开通使消费者更愿意接受这一形式。现在许多消费者通过电话询问有关产品或服务的信息，并进行购买活动。

（三）电视直销

营销人员通过在电视上介绍产品，或赞助某个推销商品的专题节目，开展营销活动。在我国，电视是最普及的媒体，电视频道也较多，许多企业在电视上进行营销活动。

（四）直接反应印刷媒介

直接反应印刷媒介通常是指在杂志、报纸和其他印刷媒介上做直接反应广告，鼓励目标成员通过电话或回函订购，从而达到提高销售的目的，并为顾客提供知识等服务。

（五）直接反应广播

广播既可作为直接反应的主导媒体，也可以与其他媒体配合，使顾客对广播进行反馈。随着广播行业的发展，广播电台的数量越来越多，专业性越来越全，有些电台甚至针对某个特别的或高度的细分小群体，为直复营销者寻求精确目标指向提供了机会。

（六）网络营销

营销人员通过互联网、传真等电子通信手段开展营销活动。目前，像书籍、计算机软硬件、旅游服务等已普遍在网上开始了其营销业务。除此之外，营销人员还利用报纸、杂志、广播电台等媒体进行营销活动。

（七）专营店铺

专门销售自己生产的或厂家生产的产品的直销形式。

（八）专卖店＋直销员营销

专卖店＋直销员上下呼应的直销形式。

（九）层层营销

经销商招聘直销员层层推销、层层购买、层层分享的直销方式。

上述几种直接营销方式可以单一运用，也可以结合运用。

四、直接营销的特点

直接营销区别于其他营销方式的主要特点如下。

（一）目标顾客选择更精确

直接营销的人员可以从顾客名单和数据库中的有关信息中，挑选出有可能成为自己顾客的人作为目标顾客，然后与单个目标顾客或特定的商业用户进行直接的信息交流。从而使目标顾客准确，沟通有针对性。

（二）强调与顾客的关系

直接营销活动中，直接营销人员可根据每一个顾客的不同需求和消费习惯进行有针对性的营销活动。这将与顾客形成一对一的双向沟通，与顾客形成并保持良好的关系。各种研究表明，消费者大部分购买行为属于有计划的购买。直接营销人员深知，顾客们不会被动地待在家中等着广告的到来。所以，他们总是集中全力刺激消费者的无计划购买或冲动型购买，为消费者立即反应提供一切尽可能的方便。

（三）激励顾客立即反应

通过激励性广告使接受者立即采取某种特定行动，并为顾客立即反应提供了尽可能的方便，使人性化的直接沟通即刻实现。

（四）营销战略的隐蔽性

直接营销战略不是大张旗鼓进行的，因此不易被竞争对手察觉，即使竞争对手有所察觉营销战略也为时已晚，因为直接营销广告和销售是同时进行的。

（五）关注顾客终生价值和长期沟通

直接营销将企业的客户（包括最终客户、分销商和合作伙伴）作为最重要的企业资源，通过完善的客户服务和深入的客户分析来满足客户的需求，关注和帮助顾客实现终生价值。

五、直接营销的优劣

（一）直接营销的优势

传统营销涉及推销费用、广告媒体费用、仓储费用、渠道费用等，管理和销售成本十分高，而直接营销的费用在一定程度上降低了，效率提高了。

1. 符合营销业向服务业转变的方向

直接营销剔除了中间商加价环节，从而降低了商品价格；同时让顾客无需出门就可购物，使他们的时间、体力和精神成本几乎降为零。

2. 符合个性化服务的发展方向

相比较逛街购物，现代人更愿意把宝贵的时间投入到工作、学习、交际、运动、休闲等更有意义的事情中，而直接营销电话（或网络）订货、送货上门的优点为顾客的购物提供了极大的便利。

3. 符合企业虚拟化发展的方向

媒体是直接营销成功的关键。今天，发达的通信设施特别是网络技术的运用（据统计，目前我国已有16亿部移动电话，1.9亿部固定电话；互联网用户超过8.5亿户）正使电子购物成为一种趋势。

4. 符合企业以销定产的发展方向

通过直接营销，生产商可根据每位顾客的特殊需要定制产品，从而为顾客提供完全满意的商品。

（二）直接营销的劣势

1. 产品局限性

每个直销企业都有自己的核心产品，但一般品牌单一。

2. 产品价格高

虽然直销省去了传统流通渠道的中间环节，但是直销公司的产品一点都不便宜。企业要保证直销商的利润，才能调动直销商的积极性。这样就必须把产品的价格拉高。而直销商要把高价的产品推销出去，就要把产品神化，甚至把公司和直销都要神化。

3. 销售的"压迫性"

世界上95%的人不喜欢推销，而99%的人不喜欢被人推销。这是直销的"销字致命的缺点。直销商在向顾客推销产品或事业机会的时候,很多人都会有防备心理,先放一堵墙,以免受伤害。

第四节　网　络　营　销

互联网为营销人员提供了一种为顾客创造价值和建立客户关系的全新方法。互联网已经从根本上改变了消费者对便利、速度、价格、产品信息和服务的看法。

一、网络营销的概念

网络营销是以现代营销理论为基础,借助网络、通信和数字媒体技术实现营销目标的商务活动;是科技进步、顾客价值变革、市场竞争等综合因素促成;是信息化社会的必然产物。

网络营销指基于互联网、移动互联网平台,利用信息技术与软件工程,满足商家与客户之间交换概念、交易产品、提供服务的过程;通过在线活动创造、宣传和传递客户价值,并对客户关系进行管理,以达到一定营销目的的新型营销活动。

冯英健教授的观点:"网络营销是企业整体营销战略的一个组成部分,是为实现企业总体经营目标所进行的、以互联网为基本手段营造网上经营环境的各种活动[1]。"

网络营销根据其实现方式有狭义和广义之分。

(一) 狭义网络营销

狭义的网络营销专指国际互联网营销(国际互联网,全球最大的计算机网络系统)。就是指组织或个人基于开发便捷的互联网络,对产品、服务所做的一系列经营活动,从而达到满足组织或个人需求的全过程,网络营销是企业整体营销战略的一个组成部分,是建立在互联网基础之上借助于互联网特性来实现一定营销目标的营销手段。

(二) 广义网络营销

广义网络营销指企业利用一切计算机网络(包括 Intranet 企业内部网、EDI 行业系统专线及 Internet 国际互联网)进行的营销活动。

与许多新兴学科一样,"网络营销"同样也没有一个公认的、完善的定义,网络营销贯穿于企业开展网上经营的整个过程,网络营销一直都是一项重要内容。

二、网络营销的特点

网络营销具有整合性、交互性、成长性和经济性等特征,网络营销已成为营销方式中必不可少的营销手段。

---

[1] 冯英健. 网络营销基础与实践(第四版). 清华大学出版社,2013.6,P14.

（一）交易成本的节省性

交易成本的节省性体现在企业和客户两个方面。对企业来说，尽管企业上网需要一定的投资，但与其他销售渠道相比，交易成本已经大大降低了，其交易成本的降低主要包括通信费用、促销成本和采购成本的降低。

（二）交易的特殊性

交易的特殊性包括交易主体和交易对象的特殊性。从交易主体来看，随着网民的增加和电子商务的发展，网上购物的人数在不断增加。但是网上购物者的主体依然是具有以下共同特征的顾客群体：年轻、比较富裕、比较有知识的人；个性化明显、需求广泛、知识广博、头脑冷静、擅长理智分析和理性化选择的人；求新颖、求方便、惜时如金的人。从销售对象的特征性来看，并不是所有的商品都适合在网上销售。

三、网络营销的工具

（一）构建企业官方网络营销信息源的常用工具

1. 企业官方网站

无论企业规模多大，企业的官方网站是必不可少的，企业网站是最重要的网络营销工具之一，是综合性网络营销工具。企业网站的网络营销功能包含网络品牌、信息发布、产品展示、顾客服务、顾客关系、资源合作、网上调研、网上销售等八个方面。企业网站的网络营销功能只是为开展网络营销提供的技术支撑平台所应具备的功能。

2. 企业官方博客

博客自2002年引入中国，得到了快速发展。常见的企业官方博客模式如下。

① 建立于企业官方网站的博客频道或企业自主运营的独立博客网站；

② 在第三方个人博客网站平台（如新浪博客）以企业名义注册博客账号发布信息；

③ 在提供企业博客服务的网站平台租用企业博客服务等。

3. 关联网站

关联网站是以网络推广为目的而特别规划设计的，区别于企业官方网站的一种独立网站形式。关联网站营销是以关联网站为主要网络推广工具，为实现企业网络营销的总体目标而采用的各种网络营销方法。

① 关联网站有品牌关联型：适用于多品牌企业，如宝洁公司；

② 产品关联型：适用于多产品系列或多种业务的企业；

③ 服务关联型：如联想、三星、索尼等；

④ 营销关联型：如专题活动网站、独立博客网站、合作伙伴网站等。

（二）第三方信息发布平台

企业自主运营管理的网络信息源在网络营销中处于至关重要的地位，同时也需要重视企业的外部网络信息源——企业自行发布在第三方网站平台的各种信息。

常见的第三方信息发布平台包括 B2B（Business to Business）电子商务平台、B2C（Business to Customer）网上商店平台、开放式在线百科（WIKI）、第三方博客平台、微博平台等用户可自行发布信息的网站。

1. B2B 电子商务平台

如百度搜索引擎、阿里巴巴网站、中国小商品城网等。可以实现多渠道信息发布，增加企业信息的网络可见度；实现企业信息在 B2B 内部的可见度；提高中小企业网络可信度等。

2. B2C 网上商店平台

目前有超过一半的企业除了有自己的 B2C 网站之外，还在淘宝、拍拍等大型网上商店平台开设有自己的旗舰店或专卖店。B2C 快速实现从网络推广到网上销售的飞跃；扩大了产品的网络可见度，发挥了网络推广的作用；增加产品的可信度；增加与消费者的沟通等。

3. 开放式在线百科

即由网络用户共同参与编写的网络百科全书，为了保持词条的权威性和独立性，本不应该以网络推广平台的面目出现，但由于词条编写者可能有某种网络推广的目的。影响力较大的在线百科网站有维基百科、百度百科等。通过百科词条内容直接展示企业的信息、进行产品或企业推广、添加网址链接等。

4. 第三方博客平台

如新浪提供的博客服务，或企业员工或其他人员开设的与企业或产品信息有关的个人博客等。合理利用第三方博客，可以实现博客文章通过博客平台内部用户之间的传播以及通过其他网络工具向博客平台之外传播的效果。

5. 微博平台

即微型博客（micro blog）。全球第一个真正的微博是 2006 年 3 月推出的 twitter.com，2009 年 8 月新浪微博在国内强势推出。新浪微博和腾讯微博是国内用户最多的微博平台。微博发布信息更便捷、传播信息速度更快、微博用户之间的交互性更强、微博平台具有行业集中的特点。微博的网络营销价值必将进一步得以体现和扩展。

（三）第三方互联网服务

第三方互联网服务及资源，如搜索引擎、网络新闻、展示类网络广告资源、网络分类广告、网站联盟平台等都属于第三方互联网服务。其中搜索引擎和网站联盟更具有举足轻重的作用。

1. 搜索引擎

从早期的分类目录登录，到搜索引擎优化、搜索引擎关键词广告等，搜索引擎都是网站推广必不可少的互联网工具。其功能大体分为三类：网络信息传递功能、网络营销管理功能和网络营销竞争功能。

2. 网站联盟平台

即网络会员制程序，通过搜索引擎检索"网站联盟"会看到很多提供这种网站联盟服务的网站，如当当联盟、百度联盟、携程网站联盟、亚马逊网站联盟等。网络会员制营销起源并成功应用于在线零售网站，由亚马逊公司首创。基本形式是：一个网站注册为亚马逊的会员，然后在自己的网站放置各类产品广告或标志广告的链接，以及亚马逊提供的商品搜索功能，当该网站的访问者单机这些链接进入亚马逊网站并购买某些商品后，根据销售额的多少，亚马逊会付给这些网站一定比例的佣金，最高的可达15%。

（四）实现直接信息传递的网络营销工具

直接信息传递，即A用户发出的信息可以直接到达B用户的信息接收端，实现一对一的信息交流传递，当有多个用户时，用户A发出的信息就可以分别到达多个用户，实现一对多的信息交流。电子邮件是最典型的直接信息传递工具。其他工具如即时信息工具、手机短信或彩信等。

（五）在线顾客交互工具与资源

即时信息（Instant Messaging，IM）指可以在线即时交流的工具，即在线聊天工具。现在国内用户应用最多的即时通信工具是腾讯微信或QQ，在淘宝平台上则使用淘宝旺旺作为在线交流工具。实时交流增进顾客感情，实现在线顾客服务，它是一种高效率的病毒性营销信息传播工具。

四、网络营销方法

目前常用的一些网络营销方法包括：网站运营及其优化、网站内部资源营销、关联网站营销、搜索引擎营销、网络广告、网站资源合作、B2B网上商店平台营销、B2C网上商店平台营销、WIKI平台营销、WEB2.0网络社区营销、许可E-mail营销、博客营销、SNS营销/微博营销、网络会员制营销和病毒性营销等。这里对部分营销方法进行简单介绍。

（一）网站运营及其优化方法

网站优化方法通常是指对企业官方网站的系统优化，是从网站策划建设到运营、改版升级等所有环节都要重视的问题。网站优化的基本方法是通过对网站功能、网站结构、网页布局、网站内容和服务等关键要素的合理设计，使得网站的功能和表现形式达到最优结果，充分表现出网站营销的功能，为实现顾客价值发挥积极作用。

（二）网站内部资源营销方法

从企业网站内部推广资源的表现形式划分，网站内部推广资源包括三类：网站内容资源、站内广告资源和站内链接资源。网站内容资源可以表现为一个个网页，如企业新闻、重点推广的产品、专题活动等。站内广告资源如右侧图片、文字广告、内容推广区、站内链接等。站内链接资源形式比较广泛，如导航菜单、站内文章列表、专题文章及文章标题衔接等。

（三）关联网站营销方法

当企业拥有一个或多个关联网站时，就为开展关联网站营销打下了基础。企业关联网站营销需要经过系统策划、优化建设和运营管理等，重点考虑关联网站的数量、关联网站的关联模式选择和关联网站的运营管理。

（四）搜索引擎营销方法

即当用户利用搜索引擎进行信息搜索时，在搜索结果中展示的信息获得用户的关注，并且希望用户通过单击搜索结果的链接来到网站获取更详细的信息，从而实现网站或产品的推广。

（五）网络广告方法

网络广告通常并不依赖于某种独立的网络营销工具，而是通过各种形式的网络媒体（如网站、电子邮件、搜索引擎、客户端软件等）进行信息传播，实现网络推广的目的，在网络品牌、网站推广、网上促销等方面发挥着积极作用。

（六）B2B 电子商务平台营销方法

B2B 电子商务网站是常见的供求信息发布平台，由于平台上集聚了大量供应商和采购商，因而具有网络营销信息在平台内部及外部传播的双重价值。

在 B2B 平台上实现信息发布和传播时需要重视一些细节，如产品描述应尽可能详细、网站信息发布之后需定期维护，持续关注同行的网络推广动向和掌握与潜在客户的网络沟通技巧。

（七）B2C 网上商店平台营销方法

利用网上商店平台开设商店并持续运营是网上商店营销最基本的途径。不过在网上开店容易，但经营却难。网上开店营销的基本流程包括：选择网上商店平台，进行网上商店的布置和建设及网上商店的运营推广。

（八）许可 E-mail 营销方法

利用电子邮件实现网络营销信息传递就是 E-mail 营销。不过由于大量垃圾邮件的出现，使得 E-mail 营销也逐渐形成了一些被广泛认可的行业规范。许可营销的主要方法是通过邮件列表、新闻邮件、电子刊物等形式，在向用户提供有价值信息的同时附带一定数量的商业广告。

（九）博客营销方法

利用博客向用户传递有价值的信息就是博客营销。开展博客营销的基础问题是对某个领域知识的掌握、学习和有效利用，并通过对知识的传播达到营销信息传递的目的。

（十）SNS/微博营销方法

社会化网络营销是利用社会化网络进行信息传递和交互的一种网络营销方法，其核心是通过人的社会关系网络资源的拓展，实现信息分享和传播，实际上是一种网络口碑营销与传统信息发布方式相结合的综合网络营销模式。微博营销是发展最快、应用最广的 SNS 网络营销模式之一。

微博营销包括如下六个基本步骤：

① 选择用户数量大、有影响力、集中了目标用户群体的微博平台，开设企业微博账号，获得发布信息的基本资格；

② 完善微博账户设置，体现企业的基本信息，如品牌名称、核心产品、独特优势、与品牌相关的个性网页地址（URL）等；

③ 获得尽可能多的关注者；

④ 微博信息源创作及发布；

⑤ 充分利用微博平台的各种网络推广机会营销企业微博，如关注并参与各种热点活动，发起各种活动与微博用户进行互动等；

⑥ 将病毒性营销的原理应用于微博活动中，通过微博用户网络资源放大微博传播效应，如获得影响力较大的用户转发、引发多数用户的共鸣而自愿转发等。

（十一）病毒性营销方法

病毒性营销并非真的以传播病毒的方式开展营销，而是通过用户的口碑宣传营销，信息像病毒一样扩散和传播，利用快速复制的方式传向数以千计、数以百万计的受众。如微博中的用户资源转发，就是病毒性营销模式的体现。

第五节　绿 色 营 销

一、绿色营销（Green Marketing）的概念

英国威尔斯大学肯·毕提（Kenpeattie）教授在其所著的《绿色营销——化危机为商机的经营趋势》一书中指出："绿色营销是一种能辨识、预期及符合消费的社会需求，并且是可带来利润及永续经营的管理过程。"

绿色营销是指企业以环境保护为经营指导思想，以绿色文化为价值观念，以消费者的绿色消费为中心和出发点的营销观念、营销方式和营销策略。它要求企业在经营中贯彻自身利益、消费者利益和环境利益相结合的原则。

从这些界定中可知，绿色营销是以满足消费者和经营者的共同利益为目的的社会绿色需求管理，以保护生态环境为宗旨的绿色市场营销模式。

绿色营销不是一种诱导顾客消费的手段，也不是企业塑造公众形象的"美容法"，它是一个导向持续发展、永续经营的过程，其最终目的是在化解环境危机的过程中获得商业机会，在实现企业利润和消费者满意的同时，达成人与自然的和谐相处，共存共荣。

绿色营销只是适应 21 世纪的消费需求而产生的一种新型营销理念，也就是说，绿色营销还不可能脱离原有的营销理论基础。因此，绿色营销模式的制定和方案的选择及相关资源的整合还无法也不能脱离原有的营销理论基础，可以说绿色营销是在人们追求健康（health）、安全（safe）、环保（enviroment）的意识形态下所发展

起来的新的营销方式和方法。

二、绿色需求

目前，西方发达国家对于绿色产品的需求非常广泛，而发展中国家由于资金和消费导向上和消费质量等原因，还无法真正实现对所有消费需求的绿化。

发达国家已经通过各种途径和手段，包括立法等，来推行和实现全部产品的绿色消费。从而培养了极为广泛的市场需求基础，为绿色营销活动的开展打下了坚实的根基。以绿色食品为例，英国、德国绿色食品的需求完全不能自给，英国每年要进口该食品消费总量的80%，德国则高达98%。这表明，绿色产品的市场潜力非常巨大，市场需求非常广泛。

（一）绿色需求是人类社会发展的产物

人类的工业文明仅仅经历了一百多年，就已经让地球付出了沉重的代价，同时也是人类应该承受的代价。随着资源短缺、环境进一步恶化、淡水枯竭、大气层被破坏、地球变暖等生态及环保问题的加剧，人们开始将生态观念，健康、安全、环保三位一体的观念扎根于人类的思维理念中继而形成习惯，也就是绿色习惯，从而由绿色习惯催生出绿色需求。

（二）绿色需求是人类追求高品质及高品位生活的必然结果

马斯洛的需求理论讲述了人类社会需求的层次性。当人们已经不再为基本需求而奔波的时候，人们开始追求生存质量和生活质量，生存质量的追求表现在更加注重社会生态环保问题，生活质量的追求表现在倾向于消费无公害产品、绿色产品。由于这些产品本身所包含的特性和特点，使人们在消费过程中得到品质的满足和品位的提升。

（三）绿色需求是新型消费观念形成的产物

新的消费观念讲究满足基本消费的同时，开始考虑基本消费所带来的附加值。比如，人们在购买汽车时已经在考虑排放标准，无氟冰箱已经进入千家万户，人们开始关注服装对人体健康等方面的安全性，这些都是新兴消费观念对于传统需求的冲击。事实上，随着人们对于生态环保观念的认知加强，也促使人们改变原有的消费观念，许多人已经自愿拒绝非绿色产品，这些人心甘情愿地站在绿色消费立场上，为人类社会的可持续发展买单，具有高度的前瞻性。

（四）绿色需求法制化和广泛的社会宣传

为了更好地推行绿色消费，培育绿色需求，一些国家特别是发达国家已经制定和颁布了相关法规，来规范和推行绿色需求，实现绿色消费。乌拉圭回合的《技术性贸易壁垒协议》中规定："不得阻碍任何国家采取措施来保护人类、动物或植物的生命健康、保护环境。"这实际上就为国际间进出口的"产品绿化"提供了法制基础。

三、绿色营销策略的计划与实施

绿色营销经历了以下的发展过程：经济发达国家的绿色营销发展过程已经基本

上形成了绿色需求——绿色研发——绿色生产——绿色产品——绿色价格——绿色市场开发——绿色消费为主线的消费链条。

（一）绿色营销理念

绿色营销观念是在绿色营销环境条件下企业生产经营的指导思想。传统营销观念认为，企业在市场经济条件下的生产经营，应当时刻关注与研究的中心问题是消费者需求、企业自身条件和竞争者状况三个方面，并且认为满足消费需求、改善企业条件、创造比竞争者更有利的优势，便能取得市场营销的成效。而绿色营销观念却在传统营销观念的基础上增添了新的思想内容。

绿色营销要求企业深入地进行目标市场调研的基础之上，将企业产品和品牌进行合理的市场定位，分析潜在市场容量和潜在顾客购买能力，对绿色营销资源有效整合，发挥绿色营销独特的作用，扬长避短，实现绿色营销的综合效益最大化。

（二）绿色产品策略

绿色产品是指对社会、对环境改善有利的产品，或称无公害产品。这种绿色产品与传统同类产品相比，至少具有下列特征。

① 产品的核心功能既能满足消费者的传统需要，符合相应的技术和质量标准，更要满足对社会、自然环境和人类身心健康有利的绿色需求，符合有关环保和安全卫生的标准。

② 产品的实体部分应减少资源的消耗，尽可能利用再生资源。产品实体中不应添加危害环境和人体健康的原料、辅料。在产品制造过程中应消除或减少"三废"对环境的污染。

③ 产品的包装应减少对资源的消耗，包装的废弃物和产品报废后的残物应尽可能成为新的资源。

④ 产品生产和销售的着眼点，不在于引导消费者大量消费而大量生产，而是指导消费者正确消费而适量生产，建立全新的生产美学观念。

（三）绿色价格策略

首先，绿色产品具有较高附加值，拥有优良的品质，从健康、安全、环保等诸多方面都具有普通产品无法比拟的优势。

在价格策略上，绿色产品由于支付了相当昂贵的环保成本，在产品选材及设计上的独特性和高要求，使其具有普通产品无法比拟的高附加值，因此其价格比普通产品高是极为正常的。绿色产品成本中应计入产品环保的成本，主要包括以下四方面。

① 在产品开发中，因增加或改善环保功能而支付的研制经费。

② 在产品制造中，因研制对环境和人体无污染、无伤害而增加的工艺成本。

③ 使用新的绿色原料、辅料而可能增加的资源成本。

④ 由于实施绿色营销而可能增加的管理成本、销售费用。

但是，产品价格的上升会是暂时的，随着科学技术的发展和各种环保措施的完善，绿色产品的制造成本会逐步下降，趋向稳定。企业制订绿色产品价格，一方面当然应考虑上述因素，另一方面应注意到，随着人们环保意识的增强，消费者经济收入的增加，消费者对商品可接受的价格观念会逐步与消费观念相协调。

另外，企业在对绿色产品进行定价时，应该遵循一般产品定价策略。根据市场需求、竞争情况、市场潜力、生产能力和成本、仿制的难易程度等因素综合考虑。企业要注重市场信息收集和分析，分析消费者的绿色消费心理，制订合理可行的绿色价格方案。

（四）绿色渠道策略

企业开展绿色营销，其绿色营销渠道的畅通是关键。绿色营销渠道是绿色产品从生产者转移到消费者所经过的通道。企业只有充分保障绿色产品物流、商流、价值流、信息流在渠道中畅通无阻，才能最终实现绿色消费。

企业实施绿色营销必须从以下四方面努力。

（1）启发和引导中间商的绿色意识，与中间商建立恰当的利益关系，不断发现和选择热心的营销伙伴，逐步建立稳定的营销网络。

（2）注重营销渠道有关环节的工作。为了真正实施绿色营销，从绿色交通工具的选择，绿色仓库的建立，到绿色装卸、运输、储存、管理办法的制定与实施，认真做好绿色营销渠道的一系列基础工作。

（3）尽可能建立短渠道、宽渠道，减少渠道资源消耗，降低渠道费用。

（4）企业可以开设一些绿色专营店作为辅助，确保专营店"纯绿色经营"，对于建立产品良好的绿色信誉，确保消费者对于绿色产品的认知，都将发挥较大作用。

（五）绿色促销策略

绿色促销就是围绕绿色产品而开展的各项促销活动的总称。其核心是通过相关活动树立企业绿色健康形象，丰富企业绿色营销内涵，促进绿色产品推广和消费。

绿色促销的主要手段有以下三种方式。

1. 绿色广告

通过广告对产品的绿色功能定位，引导消费者理解并接受广告诉求。在绿色产品的市场投入期和成长期，通过量大、面广的绿色广告，营造市场营销的绿色氛围，激发消费者的购买欲望。

2. 绿色推广

通过绿色营销人员的绿色推销和营业推广，从销售现场到推销实地，直接向消费者宣传、推广产品绿色信息，讲解、示范产品的绿色功能，回答消费者绿色咨询，宣讲绿色营销的各种环境现状和发展趋势，刺激消费者的消费欲望。同时，通过试用、馈赠、竞赛、优惠等策略，引起消费兴趣，促成购买行为。

3. 绿色公关

通过企业公关人员参与一系列公关活动，诸如发表文章、公开演讲、播放影视资料、社交联谊、参与环保公益活动、赞助等，广泛与社会公众进行接触，增强公众的绿色意识，树立企业的绿色形象，为绿色营销建立广泛的社会基础，促进绿色营销业的发展。

（六）绿色服务

随着经济的不断发展，服务已经由原来的营销辅助功能转为创造营销价值的主要营销功能。而针对绿色营销而开展的绿色服务更是必不可少，它将为绿色营销最终价值的实现发挥极其重要的作用。

绿色营销更应该建立绿色服务通道。这一通道的建立将执行如下功能。

（1）传播绿色消费观念，减少绿色消费误区；

（2）真正从专业化的角度解决消费者在绿色消费中出现的问题，指导消费者进行纯绿色消费；

（3）实现绿色产品价值再造。通过绿色服务，减少资源浪费、节约物质消耗、减少环保成本、综合利用资源，实现绿色产品在绿色服务中价值最大化。

（七）绿色管理

企业在对外推行绿色观念的过程中，也要将绿色观念融入企业的生产经营管理活动中。目前，国际企业比较通行的做法是依据"5R"原则：研究（Research），就是把环保纳入企业的管理决策中来，重视对于环保的研究及相关的环境对策；减消（Reduce），通过采用新技术、新工艺、新材料，减少或消除有害废弃物的排放；再开发（Rediscover），积极进行科研活动，变普通产品为绿色产品，积极创造绿色品牌；循环（Recycle），对废旧产品进行回收处理，循环利用；保护（Rescue），积极参与环境整治活动，培养员工环保意识，树立企业绿色形象。

企业通过绿色管理原则，建立绿色发展战略，实施绿色经营管理策略，制订绿色营销方案，才能加快绿色企业文化的形成，推动企业绿色技术、绿色生产，生产出满足公众绿色需求的产品，实现社会和企业经济的可持续发展。

绿色营销观要求企业家要有全局、长远的发展意识。企业在制定企业发展规划和进行生产、营销决策和管理时，必须时刻注意绿色意识的渗透，从"末端治理"这种被动的、高代价的对付环境问题的途径转向积极的、主动的、精细的环境治理。在可持续发展目标下，调整自身行为，从单纯追求短期最优化目标转向追求长期持续最优化目标，将可持续性目标作为企业的基本目标。

技术进步创造了一个全新的数字化时代，互联网的广泛使用以及其他一些强有力的技术对营销人员和消费者都产生了很大的影响。许多过去通用的营销战略——大众化营销、产品标准化、媒体广告、商店零售以及其他战略都非常适合过去的情况。然而营销人员还需要开发新的营销战略，使营销能够适应全新的环境。整合营销、直复营销、关系营销、数据库营销、网络营销和绿色营销等就是企业为了适应新时代营销环境而进行的营销理念和实践的改变。

 案例分析

创新营销模式——彩妆跨界联名迎热潮

面对化妆品行业庞大的市场份额和快节奏的发展速度,为迎合迅速崛起的千禧一代消费者,更多品牌选择以新兴的联名手段借势营销,以求借助其他人物或品牌的影响力提升自身商业价值、提高产品渗透率从而更快占领市场,而联名款往往一经推出便会遭到哄抢,但风光背后,除了高额成本,也正面临着消费者愈发理性、审美疲劳和联名契合度的考验,能否持续受到青睐,还需拭目以待。

1. 市场竞争激烈,传统营销模式受阻

随着国内化妆品市场不断扩大,品牌之间的竞争日益激烈,想单纯依靠明星代言、广告宣传、节目冠名等传统营销模式占据市场的难度也随之增大。在这样的背景下,作为新型营销模式的化妆品联名越来越受到品牌和消费者青睐,其意义在于借助其他品牌或人物形象的影响力,通过与自身品牌之间的良性互动产生市场效应,并提升商业价值。对于消费者来说,消费结构升级带来的转变,使他们的考量已不单纯局限于品牌和产品,创新的营销手段成为吸引消费者的关键。

对品牌而言,联名的方式有助于打破营销僵局,从而更快速地占领市场。首先,联名合作可以有效增加产品差异性,在丰富品牌自身产品线的同时与市面同类产品作出区分,同时联名合作更多以形式创新为主,很少涉及研发层面,是有效控制创新成本的手段之一。

2. 联名打破僵局,催化创新合作形式

化妆品联名合作及其背后潜在的商业价值和利益是推动这个营销热潮持续升温的关键。雅诗兰黛与设计师 Victoria Beckham 的联名款彩妆就是很好的范例。该系列首批联名彩妆于 2016 年 9 月面世,据悉在 Victoria Beckham 品牌网站上架后很快就脱销,并且带动该网站同月访问量同比增长 400%,转化率上升 735%,不同资源合作产生的同向合力,使其仅在试水阶段就录得佳绩。"Victoria 具有的企业家精神,与品牌创始人不谋而合",雅诗兰黛集团高层表示,"她们都深谙女性消费者需求,致力于帮助女性蜕变为最美丽自信的自己。"

2017 年 10 月美宝莲与超模 Gigi Hadid 联名合作推出的 Gigi x Maybelline 彩妆盘于英国 Boots 药妆店正式开售,这款包含遮瑕膏、高光粉、眼线笔等产品的彩妆盘由于 Gigi 的超高人气在正式开售后的 90 分钟便火速售罄。而歌手 Rihanna 与 LVMH 集团旗下美妆孵化器 Kendo 合作的彩妆系列 Fenty Beauty by Rihanna 同样受到热烈追捧。

除了与明星、设计师联名,品牌与艺术家合作带来的影响力也同样不容小觑。

在2017年的圣诞节，欧莱雅集团旗下品牌科颜氏就与英国插画艺术家Kate Moross联名推出节日限量版，赋予了其中每个单品想象力及创造力，对于此次联名合作，科颜氏全球创意高级副总裁Maria Gustafson表示，Kate Moross的加入使此次产品与传统的节日系列截然不同，"这是迄今为止推出的单品最多的产品系列，设计风格散发出节日的欢乐与美好。"记者从科颜氏方面获悉，此次KIEHL'S X Kate Moross联名系列产品在2017年11月、12月双月的销售额占比，预计将达到整个品牌所有产品在这两个月销量的24%左右。

3. 发展瓶颈尚存，未来偏向精准定位

虽然目前化妆品联名合作态势渐盛，但是依然存在着发展瓶颈。对于品牌方面而言，联名合作门槛较高，需要足够强大的基础实力。此外，化妆品品牌与其他品牌或人物间的联合性也较难统一，导致品牌之间出现高低之别，两者寻求互利的统一性难度较大，不好协调。

从消费环境来看，大量的同质化联名会使消费市场出现审美疲劳的现象，如何把握联名热潮，并将其发挥出最大化的市场价值，仍是品牌在选择联名合作时需要周全考虑的问题。

对于化妆品联名合作的发展趋势，将来化妆品联名的范围和幅度会更加准确和精细，品牌会根据产品的不同，预估出受众消费群体的集中兴趣特征，并针对此特征进行相对应联名对象的筛选，以便更加精准定向给品牌消费者。

化妆品联名合作已不单是品牌竞争间的小打小闹，其背后潜在的商业价值和利益才是推动这个营销热潮持续升温的关键。

案例思考：针对彩妆联名热潮，有哪些品牌令你印象深刻，试举例说明。

第六节　社交电商

一、社交电商产生背景

① 传统线下渠道正经受着业态严重滞后、获客越来越难、费用越来越大等多重考验，这已是不争的事实，对于化妆品行业，尤其如此，特别是零售渠道，中国化妆品行业的集中度严重低下，不足5%，缺乏抗击传统电商，特别以社交电商为代表的新型电商的冲击。

② 传统线上渠道正面临寡头垄断、获客成本越来越高、商家经营越来越难、增长趋势放缓的挑战，亟待新型创新模式出世，以期拉动新的增长。

③ 以微信为代表的新的沟通技术的问世，改变了大众社交的习惯，便捷、有趣、乐活、分享，成为现实。低成本获取互相信任的新型社交业态已经形成，基于这样的社交关系基础、以社群活动、内容分享、最终实现商业变现的社交电商模式，越演越烈，成为零售新风口。

④ 中国社交电商的初始发端是化妆品面膜为切入点俏十岁和黛莱美两大微商，

当前依然以化妆品行业表现最为活跃。

社交电商模式百花齐放，在经历了较长的探索期后，有玩家已经走向 IPO 上市道路，模式相对清晰成熟，行业整合概率增大。社交电商的发展过程见图 12-4。

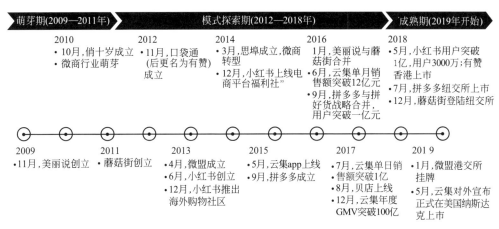

图 12-4 社交电商的发展过程

二、社交电商概述

（一）社交电商的定义

今天，社交行为充分渗透到消费者的生活行为中，社交刺激购买动因的概率成为大基数，社交电商以各种形态大规模爆发。拆解消费者购买行为的影响因素，不难发现：

① 社交行为，成为刺激购买行为重要因素；

② 社交赋能，信任机制加速购买决策效率；

③ 社交属性，高效快速低成本的传播推广。

这里，将社交电商定义为：基于社交媒介的功能、建立在社会关系基础上、通过社交活动、内容分享等方式，低成本获取流量，最终实现商业变现的电商模式。关联要素：社交媒介、社交关系、社群活动 & 内容分享、获取流量、商业变现。

（二）社交电商的类型

社交电商的典型见图 12-5。

当前社交电商主要分为：拼购型、分销型、内容分享型、社区团购型四种模式，每一种模式影响商业变现的要素各有不同，其中：

（1）拼购型　影响着力点在于分享传播。

（2）分销型　影响着力点在于分润模式。

（3）内容分享型　影响着力点在于影响决策。

（4）社区团购型　影响着力点在于需求获取。

其中内容分享型和拼购型，逐渐转化为具有长效价值的分销型、社区团购型以及传统电商的技术手段,本章重点讨论与化妆品销售相关的分销型社交电商模式。

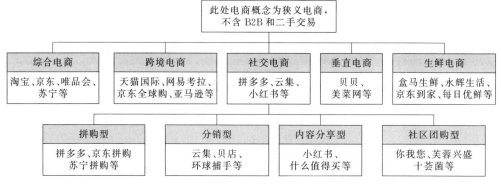

图 12-5　社交电商的类型

(三) 社交电商的价值特征

社交电商的核心价值在于低成本获取高流量。传统电商寡头竞争格局形成,引流成本高,以产品为中心传统销售模式,延续贩卖思维的逻辑,不能满足消费者对于购物的想象。社交电商借助社交分发的分享方式,以人为经营核心,以内容和社交留住人,进而实现变现,在模式构建上,由搜索式向发现式转变,重构人、货场的关系,具有去中心化、客户主动、场景丰富的特点,实现引流、变现、留存全闭环,获客成本低,购物转化高,打破传统电商的垄断。

(四) 社交电商和传统电商的差异特征

社交即商品,社交即成交。社交电商替代传统货架式电商的最大动因,解决了一系列痛点。传统电商痛点与社交电商优势见表12-3。

表 12-3　传统电商痛点与社交电商优势

传统电商痛点	标识	社交电商优势
消费者:信息源缺乏信任感 传统电商货架式陈列已经成为痛点,消费者需要长时间筛选比对和信息甄别来作出消费决策,并且很难找到相关产品。		消费者:可信任的信息源 社交电商以分享、推荐模式为特征,建立在可信任的社群基础关系上,更加针对消费者的需求。相比于传统电商单向且陌生的信息传递,消费者更倾向于相信来自社群、朋友、KOL的意见传达。
品牌商:获客成本高昂 传统电商获客成本居高不下,面对激烈的竞争环境,获客成本挤压利润空间。众多品牌需求更加高效低廉的获客方式,以应对电商的激烈竞争。		品牌商:降低获客成本 以社交为基础的互动模式成为首选。通过分享机制,社交电商集合了移动互联网和社交媒介的属性,收割大量流量从而降低获客成本。

续表

传统电商痛点	标识	社交电商优势
新客进入者：无力与品牌商竞争 在传统电商上做品牌建设是一个低效的投入，一方面，消费者倾向于搜索大品牌商的产品，而非小品牌甚至名不见经传的产品。另一方面，大品牌上在市场和营销投入是新进入者无法抗衡的。		新进入者：迅速建立品牌知名度 社交电商成为新进入者的首选，通过社群、朋友、KOL 的推荐，能够迅速接近用户与产品的距离，建立品牌知名度，并且在使用过程中及时反馈产品意见，反向 C2M 定制。社交电商对于新进入者更加友好，也是目前主流的发展趋势。

（五）社交电商的流量转化特征

社交电商的流量转化特征见图 12-6。

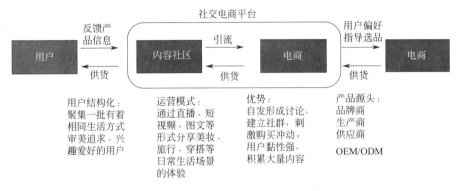

图 12-6　社交电商的流量转化特征

① 社交电商依托社交裂变关系和内容标签化，完成用户结构化，实现高效精准引流。

② 社交流量的运营，依托社群标签将用户结构化分类，触达用户效率更高、成本更低。

③ 通过内容的输出，客户可以依靠社交裂变实现增长。

④ 客户生命周期比传统电商长，客户不仅是购买者，还可以是推广者。

⑤ 客观上可以重塑流量价格洼地，同时让客户在二次营销中实现更多的客户留存。

⑥ 拉新留存，实现裂变。

（六）社交电商价值变现机制

社交电商通过完成顾客标签化结构分类，提供一个兴趣圈子，为输出内容的导向精准定位，在此基础上通过产品和内容供应链的协同，最终实现商业价值的变现，其中持续优质的内容输出、留住顾客、抢占顾客时间，成为关键。

社交电商的价值变现机制见图 12-7。

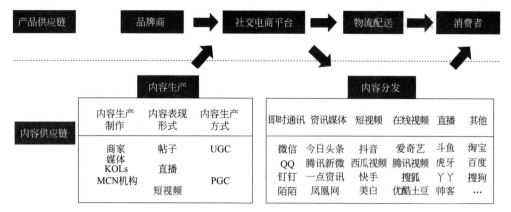

图 12-7　社交电商的价值变现机制

三、分销型社交电商

分销型社交电商，上一阶段形态是微商模式，随着微商的分化，替代的新模式在摸索中呈现。随着社交渗透融合消费者生活，成功刺激潜在消费需求，社交潜能得到释放，电商行业去中心化的时代、新型社交电商模式终于到来。处于被分化的微商，发现分销型社交电商中小 B 角色与微商重合，分销型社交电商模式供应链思维和中后台服务体系更加高效，因此后微商时代大量从业人员涌入社交电商，原有成熟的微商体系快速转化为生产力。

分销型社交电商的分销模式见图 12-8。

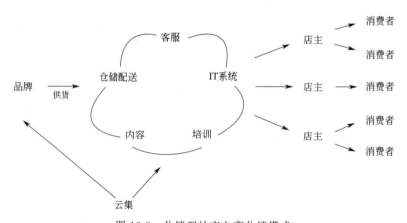

图 12-8　分销型社交电商分销模式

（一）分销型社交电商的定义

分销型社交电商定义是社交电商的一个细分领域，是通过 S2B2C 运营模式，实现商品流通的新零售模式。云集就是典型的 S2B2C 分销型社交电商模式。

S 是云集的一张大服务网络，即精选式采购和平台化支持，通过上述网络服务支持，赋能小 B（即个人店主），个人店主利用社交工具传播商品信息，并进行售前和售后服务，借助个人信用，服务于 C（即消费者）。

云集通过控制商品供应链、物流、IT、客服等资源，将其开放给店主，实现云端资源共享，将店主生意成本降至最低。

云集的商业模式优势之处就在于去中心化：它产生于真实的店主（小 B）需求，而非传统平台决策中心的分析结果。店主对自己店铺中放什么有更大的决定权，他们会让平台供应链更加灵活和丰富。

（二）分销型社交电商的商业模式

分销型社交电商的商业模式核心在于整合供应链。

平台提供标准化中后台服务并赋能小 B，小 B 辅助前端引流和 C 端客情维护，形成信任关系背书的社交销售情景，创造价值，省略经销商等中间环节，将 S 和 C 直接链接，如图 12-9 所示。

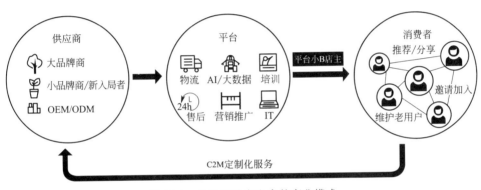

图 12-9　分销型社交电商的商业模式

（三）分销型社交电商和传统分销模式的效能对比

分销型社交电商和传统分销模式的效能对比见图 12-10。

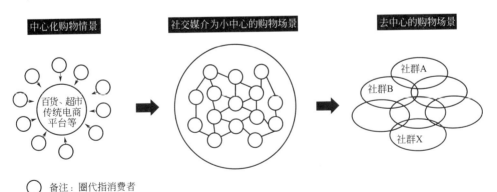

图 12-10　分销型社交电商和传统分销模式的效能对比

分销型社交电商在顾客 C 端构筑去中心化消费场景。初始以社交媒介为中心，依靠社交关系传播,完成以中心化购物场景向微信等社交媒介为中心的小中心场景转变。这一过程中,社交人群在社交输出的内容或价值影响下,完成初步结构化聚集。人群之间分享、推荐是以节点型网络形态呈现,继而裂变,人人都是消费者,个个都是分享者。进而,S端B端C端形成更紧密的社群关系网络,社群结构化特征明显,形成网络化社交裂变,社群触达需求效率更高。

分销型社交电商在顾客C端构筑去中心化消费场景见图12-11。

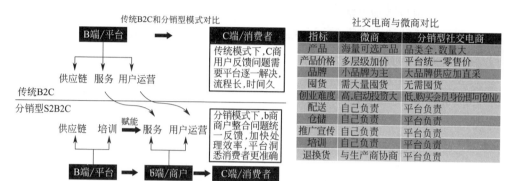

图12-11 分销型社交电商在顾客C端构筑去中心化消费场景

社交电商发力路径:以社交为发力点,小B承担获客和运营C端责任,S端平台分配的利润持续激发小B的动力,这一分销的逻辑重构了传统B端和C端的关系,S端平台更加专注供应链的优化和升级,同时输出标准化的内容和模式赋能小B,小B专注C端开发和运营。

(四)分销型社交电商几种典型的制度设计

分销型社交电商几种典型的制度设计见表12-4。

表12-4 分销型社交电商几种典型的制度设计

类型	会员制	缴纳会费	邀请制度	被邀请者销售与邀请者收入是否强关系	分销层级>3
云集	√	√	×	×	×
贝店	×	×	√	×	×
环球捕手	√	√	√	√	×
花生日记	√	√	√	√	×
达令家	√	√	√	√	×
楚楚推	√	√	√	√	×
每日拼拼	√	×	×	×	×

① 分销型社交电商深受微商影响,多级分销成为很多平台标配,存在监管风险。

② 三级以上分销代理模式广受质疑。

③ 无脑刷屏、假冒伪劣产品泛滥,透支公众的好感和信任,如微商井喷后迅速归零。

④ 社交电商由微商演变而来，只有通过标准化的全链服务，把控上游产品供应链和内容输出链，提供优质的高性价比产品和高价值服务，才能修复脏乱差的杀粉伤害，收割流量。

（五）分销型社交电商面临的挑战

多层级摊薄毛利，社交营销泛滥，消耗信任，模式和产品同质化严重，竞争加剧，先期红利衰退，模式可持续性受到威胁，如图 12-12 所示。

多级分销导致毛利摊薄
分销型社交电商快速获取流量，依赖于分销层级带来的社交裂变，然而层层分销体系中，每层的用户不断在抽取毛利作为返佣，使得即使具备高毛利的产品在最终交付用户时，只剩下微薄的毛利。反推整个过程，产品的性价比成为这一模式的牺牲品。

社交营销泛滥消耗信任值
在社交电商兴起的同时，用户既是消费者，又是营销者，一方面拉高了流量的规模，另一方面也因为逐利的原因使得社交营销行为毫无节制，社交营销的泛滥不断降低消费者的容忍度，一旦出现产品质量或传播误区，将会消耗用户之间的信任值。

同质化严重
在社交电商市场扩张，模式趋于稳定的情况下，巨头纷纷入场，瓜分市场红利，淘宝直播app独立运营，京东上线享橙app、国美上线国美美店、小米推出有品推手、360金融内部孵化社交电商，行业竞争加剧，产品同质化严重问题凸显，极易陷入恶性竞争，对于行业持续发展造成了不小的困扰。

图 12-12 分销型社交电商面临的挑战

分销型社交电商普遍存在着：
① 流量受制于社交媒介，碎片化趋势、递弱趋势明显；
② 对商户天生管控不力；
③ 层级问题风险争议；
④ 信心品类面临挑战；
⑤ 第三方支付和外包，体验感不足等方面的问题。

因此，未来根本的方向在于供应链生态的优化和顾客价值需求的满足，这取决于以下因素。

① 在粗放式收割流量之后，将注意力放到精细化价值输出和促进复购上来。
② 绑定上游制造，根据需求定制精品，超高性价比的引流品类，超高价值感的利润品类，为平台连接 B 端和 C 端创造增量价值。
③ 会员制成为趋势，绑定消费者，挖掘 BC 价值，提高 BC 黏性，强化消费者购买习惯，从而挖掘用户价值。

以云集为例，GMV 高速增长主要来自会员购买，会员一方面享受身份折扣，另一方面通过分销裂变形式获取返佣。截至 2018 年 12 月 31 日，云集共有会员 740 万人。平台完成交易的会员从 2016 年 60 万左右，增长到 2018 年 610 万。

④ 以社群的形态重塑场景，重塑流量逻辑，优化社交关系，更高效率获客黏客和锁客。

⑤ 强化后台建设，提高履约能力。

（六）分销型社交电商对智慧零售的未来意义

依照现有成熟的分销型社交电商的运营体系，如图 12-13 所示，不难归纳推理出这样一条清晰的逻辑路径：社群基础—KOL 意见主导—需求归纳—创意提报—群体参与—研讨改进—数据驱动—产品研发—生产测试—柔性生产—投放市场。这为未来打开一条柔性定制的智慧零售模式，做足铺垫，也可以说分销型社交电商为新零售打开了一扇智慧之门。

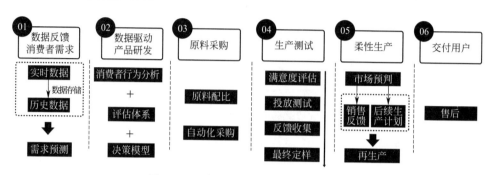

图 12-13　分销型社交电商的运营体系

四、社交电商未来发展趋势

（一）四项优势长期并存

① 以社群标签为边界，趋同的价值易挖掘和深度运营，社群基础相对更加牢固，获客成本低，黏性高。

② B 端和 C 端双向沟通效率高，信息反馈迅速，需求驱动的 C2M 模式容易实现。

③ 从业门槛低，迭代速度快。现代社交电商平台逐渐向全服务提供商方向发展，从业者只需要面对消费者，产品、内容、沟通和传播的技术手段、物流、支付、售后全方位交由平台支持，商业模式逐渐完善，最大化缩短全价值链的信息反馈距离，催生社交电商新模式迭代落地。

④ IT 基础设施先进，数字化程度提高，订单处理、销售预测、产品管理、售后服务等全方位水平的提高，为社交电商迭代发展提供了极大的保障。

（二）四项挑战普遍存在

① 同业竞争激烈，拉新留存成本上升。社群资源的争夺和更迭，随着越来越多的同业加入，这种竞争势必加剧。

② 专业运营成为核心竞争力。产品价值、内容价值的塑造和传播，社群的向心力维护，都是当前普遍的短板。

③ 供应链和品控能力不足。缺乏强有力的供应链保障和完善的品控体系，将严重影响平台的健康发展。

④ 缺乏高效的物流和后台支持。特别表现在后台体系的规划和搭建上，这需要

从起盘策划、模式布局、专业设计、资金投入、人才配置上做足功课，才足以应对未来的迭代竞争。

（三）市场仍将持续放量

① 主导市场仍然为淘宝、京东寡头们占据。在资本推进下，拼多多、微盟、有赞、云集等社交电商已经打破传统电商割据的局面。

② 社交电商已经成为一个清晰可见发展方向。

③ 社交潜能释放空间大。当前中国社交潜能，还没有真正的有效释放，去中心化、私域化的趋势成为必然，以社群兴趣需求为指向价值塑造、输出机制亟待精心研究，迭代创新的市场机遇大有可为。

④ 碎片化离散化的社交市场未来可期。随着竞争的加剧，快速裂变、整合、洗牌，洗掉杂质，洗出强大。更多更大规模化的平台会应运而生，市场持续放量的基数十分可观。

（四）模式变革不断创变

① 拼购型电商在未来更多是一种社交玩法，而不是长期的商业模式。

流量规模形成后，拼团模式逐渐呈现，传统电商的优化模式成为转型趋势，当前拼多多的布局和转型趋势逐渐明朗。

② 分销型社交电商从社交裂变拉新获客，将向高度关注用户的运营、提升用户活跃度、提高复购率转型和实现利润目标转型。

③ 内容型社交电商将内容和社交融合赋能的逻辑得到充分的验证，为其他类型普遍采用。

电商业务为初步阶段，内容变现能力已崭露锋芒，从抖音短视频与淘宝合作，到独立购物板块，从更多的如小红书、十点读书、同道大叔等主题平台购物板块的表现看，内容与电商高度融合，将催生出更加新颖的模式，十分值得期待。

④ 社团电商未来发展更大基数取决于标准化的建立和输出。供应链的整合、标准化的体系、核心前端资源稳定、流量思维向价值思维转化，等等，都将成为更多更具规模的社团电商的关注重点。

（五）社交电商未来格局

1. 统一社交化

社交红利对于任何一种电商都是值得争夺的资源，未来电商的社交化势在必然。

2. 竞争回归零售本质

从流量逻辑向价值逻辑转型是必然趋势，电商本质是零售，零售本质是提供消费者价值，满足消费者多维度的预期满足，成为高低强弱的分水岭。

3. 赛道更多，独角兽更多

特别分销型、内容型、社团型领域一定会催生更加专业更具规模的平台，或融合创新的新型平台。

本章小结

1. 整合营销传播是一个业务战略过程，它用于计划、制订、执行和评估可衡量的、协调一致的、有说服力的品牌传播方案；它以消费者、顾客、潜在顾客以及其他内部和外部的相关目标为受众。

2. 直接营销是指企业同精确细分的个体消费者进行直接联系以获得他们的迅速响应，并培养持久的客户关系。直接营销的种类很多。

3. 网络营销是企业整体营销战略的一个组成部分，是为实现企业总体经营目标所进行的、以互联网为基本手段营造网上经营环境的各种活动。

4. 绿色营销，是指社会和企业在充分意识到消费者日益提高的环保意识和由此产生的对清洁型无公害产品需要的基础上，发现、创造并选择市场机会，通过一系列理性化的营销手段来满足消费者以及社会生态环境发展的需要，实现可持续发展的过程。

复习思考题

1. 市场营销理论经历了几个发展阶段？每个阶段都有什么内容和特点？
2. 什么是整合营销？整合营销传播的内容和操作思路是什么？
3. 什么是直接营销？直接营销为什么会快速发展？直接营销的常用方法是什么？
4. 什么是网络营销？网络营销常用的工具和方法有哪些？
5. 什么是绿色营销？企业如何开展绿色营销？

实训项目

化妆品 T 品牌的新产品微营销策划方案

（一）实训目的

学会运用微营销手段进行新产品推广，掌握微营销策划的相关技巧。

（二）实训内容

品牌背景：T 品牌是一个校园品牌，产品由全国顶级的化妆品技术专家团队经多年测试并研发上市，产品性质温和，具有抗初老、保湿、去皱等功效。产品主要针对 18～25 岁女性，尤其是女大学生，有熬夜生活习惯。请为该品牌新产品制定微营销策划案。

（三）实训要求

1. 学生以小组为单位组建微营销团队，设立营销总监、文案、广告主管、平面设计、活动策划等五个相应职位。

2. 化妆品 T 品牌最新推出的一套补水修护面膜，价格在 59 元/一盒（6 片），请为该品牌新产品制定详细的微营销策划方案。

3. 微营销方案内容应包括创意主题、活动策划、执行计划、人员分工、经费预算等。

4. 微营销方案推广工具应包括微信、微博、短视频、二维码等，也可投放在抖音、快手、小红书等其他 app。

（四）实训实施与评分标准

1. 每组选派一名代表在课堂进行项目 PPT 汇报；

2. 根据微营销工具的综合运用、方案的创意性、互动性、对销售的促进性、可操作性等现场评分；

3. 教师点评，小组互评，并评选出最佳方案。

第四篇
营销管理

第十三章
化妆品服务营销

学习目标

知识目标

1. 化妆品服务营销的概述
2. 化妆品服务营销的作用和类型
3. 化妆品服务营销有形展示
4. 化妆品营销的流程
5. 正确认识顾客异议
6. 正确处理顾客异议的原则、方法

技能目标

1. 掌握化妆品营销的流程

2. 学会美容院服务营销
3. 能够分辨出顾客各种类型的异议
4. 能够运用常见顾客异议的处理技巧解决实际问题

> **案例导入**

HER & SHELLEY——告别专柜时代，美妆社区式体验平台

空气中弥漫着一抹淡淡的香气，开放式的门店用精致层叠的大面积雅白衬底；居店中而落的大型美妆体验台，沿墙壁发光的二维码商品陈列台，间或点缀着淡绿的自然花艺，都体现着艺术的巧妙心思；宽敞雅致的空间，让你很愿意留下来，点一杯咖啡，静静地在这里消磨一个独享的下午。

虽说是美妆店，但在这间 200 多平方米的 HER & SHELLEY 美妆体验店里（图 13-1），只有 30% 的面积是用于美妆品试用体验的，另外 70% 的空间则被规划用于社交活动和生活方式体验。这里有免费提供的咖啡店的现磨现煮的各类咖啡；有精美艺术收藏和各类时尚生活图书的展示，客人来到这里除了美妆以外，还可以讨论各种话题；宽敞的空间环境，亦可以方便客人在这里举办各类活动。当你来到 HER & SHELLEY，你也许看到这里三三两两的女士正在讨论插花的技艺，或者在举办自己的聚会派对，或者在私密的 SPA 房内享受一小时的放松时光。

图 13-1　HER & SHELLY 美妆体验店

引言：

长期以来，化妆品行业因行业壁垒过低、产品同质化严重，以产品品质为核心竞争力将完成向提升产品附加值为核心竞争力的转变。而提升产品附加值的重要方式就是服务营销。优质的服务营销，可在消费者心中树立较高的品牌美誉度与认同度，从而使企业形成可持续性发展的核心竞争力。化妆品销售服务中心，就是化妆品行业深度服务营销的产物，是化妆品行业新兴的持久赢利的销售平台。

第一节　化妆品服务营销的概述

销售化妆品，不仅仅是销售一种有形的产品，更是一种无形的服务，一种产品的附加值。化妆品销售应注重服务营销，服务作为一种营销组合要素，真正引起人

们重视的是20世纪80年代后期。

一、化妆品服务营销概念

（一）化妆品服务营销的内涵

"服务营销"是一种通过关注顾客，进而提供服务，最终实现有利交换的营销手段，作为服务营销的重要环节，"顾客关注"工作质量的高低，将决定后续环节的成功与否，影响服务整体方案的效果。

化妆品服务营销是通过专业的美容顾问向消费者提供专业美容与化妆的咨询、购买方便、使用指导、使用价值跟踪等营销行为，其目的就是增加化妆品的使用价值。

（二）化妆品服务营销的理念

实施服务营销首先必须明确服务对象，即"谁是顾客"。像化妆品行业的顾客可分为两个层次：分销商和消费者。对于企业来说，应该把所有分销商和消费者看作上帝，提供优质的服务。通过服务，提高顾客满意度和建立顾客忠诚。

所以化妆品服务营销的理念必须要以客户为中心，以服务为导向，通过标准化服务，为客户创造良好的消费感觉，从而让客户对自己、对企业产生信赖，带来更多营销机会。

服务营销是以顾客服务为目的而开展的营销活动，它更关注的是消费者接受服务的满意度，它贯穿于企业的生产经营活动中，是售前、售中、售后的全程的服务，可以说，服务营销不只是一种营销手段，而是一种经营理念。所以，企业要把经营思想放在其产品的服务上，通过"服务为导向"，"以顾客为中心"的经营思想，以优质的服务真正为消费者解决问题，而达到其经营的目的。

二、化妆品服务营销的功能

化妆品服务营销不仅包括针对消费者个人体质推荐合适的化妆品营销过程，还包括对在产品使用过程中出现的各种问题，进行跟踪服务与解决，并对他们实行专业的美容咨询。同时，对于消费者在使用过程中出现的各种问题及意见，进行及时整理，并进行科学的数据分析，以改进产品质量及渠道策略等。

（一）对企业的增值

通过服务，让客户满意，树立企业的品牌、形象及口碑，建立客户影响力中心，使销售成为一种良性循环，让客户成为企业的销售团队，提高获利，同时可以扩大产品的知名度，提高销售营业额。

（二）对客户的增值

新产品、新概念层出不穷，诱惑着消费者去尝试新的产品。如果产品和服务不能满足顾客的多样化需求，势必会导致顾客流失。而化妆品售后服务中心的建立，既可以通过产品让顾客享受到超值的服务，又可以通过服务让顾客更好地认同产品，从而使之成为忠实顾客。

通过服务，创造良好感觉，获取客户信任，借以贴近客户，了解客户需求才有机会创造销售机会，提高客户"认知价值"，满足感性需求，感受到物超所值。

（三）体现个人价值

服务最终的获益者，还是自己（服务者本身），营销者应善用"服务"来为自己带来无限的增值（营销技能、忠实客户群）。俗话说："金杯、银杯，都不如老百姓的口碑！"通过服务提高自己的业务技巧和专业技能。

三、化妆品服务营销的特点

化妆品服务营销具有以下特点。

（一）不可感知性

服务的特质及组成服务的元素，很多都是无形无质，让人不能触摸或凭肉眼看见其存在。同时，服务产品不仅其特质是无形无质甚至使用服务后的利益，也很难被察觉，或是要等一段时间后，享用服务的人才能感觉到"利益"的存在。

（二）不可分离性

不可分离性的特征，即服务的生产过程与消费过程同时进行，也就是说服务人员提供服务于顾客时，也正是顾客消费服务的时刻，两者在时间上不可分离。服务的这种特性表明，顾客只有而且必须加入到服务的生产过程中才能最终消费到服务。

（三）差异性

差异性是指服务产品的构成成分及其质量水平经常变化，很难统一界定。

服务行业是以"人"为中心的产业，由于人类个性的存在，使得对于服务产品的质量检验很难采用统一的标准。一方面，由于服务人员自身因素和心理状态的影响，即使由同一服务人员所提供的服务也可能会有不同的水准；另一方面，由于顾客直接参与服务的生产和消费过程，于是顾客本身的因素（如知识水平、兴趣和爱好）也直接影响服务产品的质量和效果。

（四）不可储存性

服务产品不可能像有形的消费品和工业品一样被储存起来，以备未来出售；提供服务的各种设备可能会提前准备好。不可储存性的特征要求服务企业必须解决由缺乏库存所导致的产品供求不平衡问题、如何有效地弹性处理被动的服务需求等。

（五）缺乏所有权

缺乏所有权是指在服务的生产和消费过程中不涉及任何东西的所有权转移。缺乏所有权会使消费者在购买服务时感受到较大的风险，如何克服此种消费心理，促进服务销售，是营销管理人员所要面对的问题。

目前，服务产业发达的国家，很多服务企业逐渐采用"会员制度"的方法维持企业与顾客的关系。当顾客成为企业的会员后，他们可享受某些特殊优惠，让他们从心理上感觉到就某种意义而言他们确实拥有企业提供的服务。

四、服务营销的发展过程

西方学者从20世纪60年代就开始研究服务营销问题。直到20世纪70年代中后期，美国及北欧才陆续有市场营销学者正式开展服务市场营销学的研究工作，并逐步创立了较为独立的服务营销学。服务营销学的发展大致经历了以下三个阶段。

（一）起步阶段（1980年以前）

此阶段的研究主要是探讨服务与有形产品的异同，并试图界定大多数服务所共有的特征——不可感知性、不可分离性、差异性、不可储存性和缺乏所有权。

（二）探索阶段（1980～1985年）

此阶段的研究主要包括两个方面。

① 探讨服务的特征如何影响消费者的购买行为，尤其是集中于消费者对服务的特征、优缺点以及潜在的购买风险的评估；

② 探讨如何根据服务的特征将其划分为不同的种类，不同种类的服务需要市场营销人员运用不同的市场营销战略和技巧来进行推广。

（三）挺进阶段（1986年至今）

此阶段研究的成果如下：

① 探讨服务营销组合应包括哪些因素；

② 对服务质量进行了深入的研究；

③ 提出了有关"服务接触"的理论；

④ 服务营销的一些特殊领域的专题研究，如服务的出口战略，现代信息技术对服务产生、管理以及市场营销过程的影响等。

五、服务营销的要素

服务营销，早在20世纪70年代，营销理论界对服务营销的特性开始予以越来越多的关注。1981年布姆斯和比特纳（Booms and Bitner）建议在传统市场营销理论4Ps的基础上增加三个"服务性的P"，即：人员（People）、过程（Process）、有形展示（Physical Evidence），即所谓的7Ps营销理论。

服务营销组合包括七个要素，即服务产品、服务定价、服务渠道或网点、服务沟通或促销、服务人员与顾客、服务的有形展示、服务过程。

在制定营销战略时，营销人员需要熟悉各个要素并结合实际情况认真分析，确定各个要素之间的联系及如何有效运行，制定确切营销方案。七要素可以说是营销方案的核心，忽略了任何一个要素都会关系到整体方案的成败。

营销理论4Ps前面已经做了详细的介绍，这里不重复，重点介绍新增加的增加三个"服务性的P"。

（一）服务人员

服务人员是指提供化妆品美容服务并将服务以持续不断的、可接受的形式传递给顾客，服务人员为顾客提供非实物形态劳动的过程。消费者也是通过企业员工提供的服务来评价其好坏的。例如，一个暴躁的美容导师、一个粗心的美容师或者一个马虎的接待人员等都可能严重地影响一个美容院形象。

在营销组合里意指人为元素，扮演着传递与接受服务的角色。在服务企业担任生产或操作性角色的人，在顾客看来其实就是服务产品的一部分，其贡献也和其他销售人员相同。大多数化妆品营销人员担任服务表现和服务销售的双重工作。

（二）有形展示

指服务环境、美容服务与顾客互动的场所以及促使服务实现或服务沟通的任何有形的物品。有形展示会影响消费者和客户对一家服务企业的评价。

有形展示包括的要素有：实体环境（装潢、颜色、陈设、声音）以及服务提供时所需要的装备实物（比如美容产品），还有其他的实体性线索，如美容企业所使用的标志或产品"包装"、说明书等实物展示。

（三）服务过程

指实际服务过程、服务手段和服务流程，人的行为在服务企业很重要，而过程（即服务的递送过程）也同样重要。表情愉悦、专注和关切的工作人员，可以减轻顾客必须排队等待服务的不耐烦感觉，或者平息顾客在技术上出问题时的怨言或不满。整个体系的运作政策和程序方法的采用、服务供应标准化程度、员工话语权的适用范围、顾客参与服务操作过程的程度、咨询与服务的流动、定约与待候制度等，都是市场营销管理者要特别注意的事情。

以上三个新组合因素不但影响顾客最初的购买决定，而且影响着顾客的满意度和再购买决定。同时，这三个 P 又是服务提供商所能控制的。从商品营销到服务营销，营销的职能扩大到了整个企业，4Ps 也扩充到 7Ps，如表 13-1 所示。

表 13-1　服务营销组合 7Ps

产品	分销	促销	定价	人员	有形展示	过程
货物的物理特征	渠道类型	促销混合	适应性	雇员	性能设计	活动流程
质量水平	陈列	推销员	价格水平	招聘	美学	标准化
备件	中介	数量	期限	培训	周围条件	客户化
包装	销售点	挑选	差异	激励	设备	步骤数目
保修期	运输	培训	折扣	报酬	标识	简单
生产线	仓储	激励广告	补贴	合作	雇员制服	复杂
品牌	渠道管理	目标市场		沟通	其他有形物品	顾客的水平
		媒体类型		文化	报表	卷入程度
		广告类型		价值观	业务名片	
		复制信任			说明书	
		促销宣传			保证书	

六、4Ps 理论与 7Ps 理论的区别

（一）从总体上看

4Ps 侧重于早期营销对产品的关注上，是实物营销的基础；而 7Ps 理论则侧重

于后来所提倡的服务营销对于除了产品之外服务的关注上,是服务营销的基础。

(二)从营销过程上看

4Ps 注重的是宏观层面上的过程,它从产品的诞生到价格的制定,然后通过营销渠道和促销手段使产品最终到达消费者手中,这样的过程是粗略的,并没有考虑到营销过程中的细节。相比较而言,7Ps 则是在这些宏观的层面上,增加了微观的元素,它开始注重营销过程中的一些细节,因此它比 4Ps 更加细致,也更加具体。

(三)从所站立的立场上看

4Ps 可以说是站在了企业者的角度所提出的,而 7Ps 则更倾向于消费者的一面。站在企业者的这一面,往往会忽略掉顾客的一些需求,有时候这种忽略是致命的。7Ps 完善了企业者的这种忽略,虽然不是完整的,但起码给企业者一个提醒:顾客的需求是不容忽视的。

(四)从营销对象上看

4Ps 组合侧重于对产品的推销,而 7Ps 组合则侧重于对顾客的说服。4Ps 讲究推的营销策略,而 7Ps 则更加注重拉的策略。

第二节　化妆品服务营销的人员

一、化妆品服务人员概述

(一)化妆品服务人员内涵

化妆品服务人员,是指提供化妆品美容服务并将服务以持续不断的、可接受的形式传递给顾客,服务人员为顾客提供非实物形态劳动的过程。

在营销组合里意指人为元素,扮演着传递与接受服务的角色。在化妆品美容服务企业担任销售或操作性角色的人,大多数化妆品营销人员担任服务表现和服务销售的双重工作。有狭义和广义之分。

1. 狭义的化妆品服务人员

指在化妆品营销过程中的服务营销人员。

2. 广义的化妆品服务人员

指包含在化妆品美容服务流程中的所有人。包括服务人员、消费服务的顾客以及在服务环境中的其他顾客的活动。在服务环境中的其他顾客的活动也会影响购买者的感知。

(二)化妆品服务人员的分类

1. 接触者

即一线的化妆品美容服务销售人员。

2. 改善者

即一线的辅助服务人员,如接待或登记人员、财务人员、电话总机话务员等。

3. 影响者
即二线的营销策划人员,如服务产品开发、市场研究人员等。

4. 隔离者
即二线的非营销策划人员,如采购部门、人事部门和数据处理部门等的人员。

二、化妆品服务营销的目标

化妆品服务营销的目的是培育忠诚的宾客,忠诚的宾客相信企业最尊重他们,能为他们提供最大的消费价值,从而成为企业谋求最大利润的主要群体。从某种意义上来讲,服务营销是人本主义的精神在服务业的体现。主要表现在两个方面。

(一)以顾客为核心

体现在营销中的"人本",应高度尊重信任客人,提供使顾客偏爱的产品、服务和承诺,让客人享受到满意加惊喜的服务,最终成为美容院的忠诚消费者。

顾客满意强调企业以顾客需求为导向,以顾客满意为中心,企业要站在顾客立场上考虑和解决问题,要把顾客的需要和满意放在一切考虑因素之首,要以他人利益为重的真诚。古人云:"感人心者,莫先乎情。"要想赢得顾客的人,必先投之以情,用真情服务感化顾客,以有情服务赢得无情的竞争。

(二)以员工为根本

具体说是以服务员工为根本,正确地激励人、培育人、选拔人、留住人,调动服务员工创造力和积极性,为美容院的整体营销创造最大合力。

化妆品服务营销人员素质参差不齐,服务表现的质量就无法达到一致的要求,所以,市场营销管理者还必须重视雇佣人员的筛选、训练、激励和控制。

三、服务营销人员的素质

服务营销人员的基本素质是"德才兼备"。一般来说,一名合格的服务营销人员,应具备良好的品质素质和业务素质,具体表现如下。

(一)品质素养

1. 执着的行动力

服务营销人员销售工作的特点不在于能够想到多少,而在于做了多少。行动力的强弱决定了销售人员成绩的好坏。完美无缺的行动计划在现实工作中几乎不存在,具有竞争性、执着性、灵动性的行动力,才是销售的关键。销售人员必须培养立刻行动,不懈行动的观念。

2. 坚强的自信力

自信是通向成功的金钥匙。初入销售行业,服务营销人员工作的失败多是源于对失败的恐惧,来源于个人自信心的不足。

销售人员要培养自己坚强的自信力。一方面要拥有正确看待失败的含义,知道销售是从拒绝开始的观点;另一方面,不断总结工作的经验,提高工作的效率和自身的信心。

销售前做好充分的拜访计划、拜访安排，可能出现问题的演练；事后根据实际状况，分析差距产生的原因，这都是提高自信力的方法。

3. 敏锐的洞察力

敏是敏感的意思，锐是锐利的意思。洞察力是观察问题、分析问题、解决问题的能力。销售人员的洞察力必须感性和理性结合起来才能减少误差。

销售人员提高洞察力的方法，除了不断总结工作的经验，还要不断加强对市场信息的收集和分析。对市场了解越多，对销售敏感度越高，其洞察力也越强。

（二）业务素养

1. 专业知识储备

（1）丰富的专业知识　包括在学校学习的专业理论知识和美容技能、化妆技能等，还包括化妆品基础知识、企业文化，以及竞争产品的产品知识和企业文化，这是一个服务营销人员必须具备的基本点。

（2）灵通的业界信息　一个服务营销人员既要知道一些产业内大环境信息，更要知道自己的企业、自己的客户信息，以及自己管辖区域内每个商业客户的动作信息。

（3）娴熟的营销技能　知晓 4Ps、4Rs、4Cs 营销理论，知道 AIDA 营销应用模型，精通 SWOT、PEST 分析法，以及 STP 理论等。随销售经验和营销技能加深，服务营销人员要不停地学习充电，深化自己营销知识。

2. 严格的服务力

服务营销人员服务说服他人，达到双赢才是根本。客户行为是建立在信任和友谊的基础上的。服务好客户才能获得信任；提高客户的满意度，才能取得更好业绩。

3. 圆润的交往力

做人处事圆润与否决定了服务营销人员工作开展是否顺畅，是否阻碍较多。一个好汉三个帮，朋友多了好办事，这都是体现交往能力强的好处。多结识同自己有关系的和没关系的人群，这些人群在某个时刻都可能为自己工作的开展添加力量。

4. 适可的沟通力

适可的沟通力是指服务营销人员讲话要注意分寸，同时也要不断培养自己的讲故事和讲笑话的能力，许多销售可能在讲故事和讲笑话的过程中达成协议。一个人会讲故事和笑话，就容易形成人缘。但万事有个度不可过火，过了容易造成别人错觉空话连篇。

5. 良好的适应力

销售工作唯一不变的就是变化。没有一招打遍天下的必杀技了，销售人员要紧跟社会的发展、公司的发展、客户的变化，不断提升自身的业务知识（包括技能和经验），避免被淘汰。

变，是进步的象征。若能做到以变带变，不但去发展了自身，而且帮助了企业的进步，才是最完美的"适应力"。

6. 灵活的创造力

市场的规律永远没有定式，经验成为阻碍成长的短板，因地制宜，因人而异，根据现实情况养成创造性解决问题的能力，是当前服务人员必备的素质。只要不违反企业的原则，灵活的创新，是会带来工作顺畅，业绩提升的。

营销有式，出招无形。你的出招时间、速度、力量、方式、方位，才是制敌制胜的关键所在，高手出招无定式，创新总在无形中。

四、顾客分析

有经验的销售人员，一眼就能看出顾客是属于哪一种类型的顾客，然后再根据其特点进行有针对性的推销。只有这样，才能有效地进行推销工作，不然的话不但不能成交，反而浪费销售人员时间和口舌，还让顾客有种不悦之感。

（一）左顾右盼的顾客

1. 表现形态

"我先看一下，今天暂时不买，下个月再说。"在接受销售人员介绍时，首先就做好了提什么问题做什么回答的准备。

2. 心理分析

顾客虽然采取了否定的态度，但其内心其实清楚一旦这道防线被攻破就无法对付了，这类顾客对销售人员来说比较容易突破，因为这类顾客说出理由后就会无所约束和不由自主地进入了解的状态。

3. 沟通方法

这类顾客发出的信号就是告诉销售人员："你不用讲了，让我认真了解一下，我满意就会买。"销售人员只需根据其关心的问题加以解释，就比较容易成交。

4. 接待技巧

一般来说，应付这类顾客的难度最大，此时销售员的耐心就显得十分重要，如果销售人员能坚持到最后，其成交的可能性就很大。除了耐心之外，还需要较强的说服力来帮助其选购产品。虽然他们容易采取否定的态度，但他们对条件好的交易不会抵抗。只要销售员提出能打动顾客的购买诱因，就可以成交。

（二）紧张胆怯的顾客

1. 表现形态

这类顾客比较害怕销售员，不敢与销售员对视，经常无法安静地将目光停在什么地方。若销售员在场，就认为其陷于痛苦的或必须回答一些私人问题的提问当中，因而心里害怕。

2. 心理分析

担心推销人员问起私事，不愿回答个人问题，其实是担心会被说服。

3. 沟通方法

接触时,目光要柔和、亲切,言语上多称赞,尽量使其放松,寻求相互之间的共同点,排除顾客的紧张,做他们的好朋友。

4. 接待技巧

对于此类顾客,必须亲切、慎重地对待。细心观察并称赞所发现的优点。不要深入探听其私人问题,使他们保持轻松。这样,可以解除他们的紧张感,把你当朋友,从而进行购买。

(三) 有好奇心的顾客

1. 表现状态

没有购买障碍,大部分较易接受推销人员,同时希望能将资料带回家阅读,如有机会,会耐心地听取介绍,并会认真地提一些恰当的问题。

2. 心理分析

性格偏外向型,大多比较冲动,只要激起购买欲望就会马上成交。能刺激其购买欲的有三个方面:喜欢产品、喜欢销售员、两者都喜欢。

3. 沟通方法

在介绍过程中,销售人员要懂得运用气氛,突出产品的新奇,让顾客兴奋起来,便能轻易成交。

4. 接待技巧

对于此类顾客,接待比较容易,重点介绍产品的功能、新奇、特别的地方,容易吸引此类顾客,促成交易。

(四) 人缘较好的顾客

1. 表现状态

文化素质和道德修养较高,对人对事谦和有礼,对销售人员不会有任何偏见或看法,甚至有时会站在对方立场上说:"你们也挺辛苦的。"

2. 心理分析

顾客不随便说谎,同时很认真地听介绍,也会提一些问题,但对强制性的推销很反感。

3. 沟通方法

销售人员应有一定的气质风度,对这类顾客要有礼貌,推荐产品要条理分明,解说得体,不能漫无边际地夸赞产品,也不必太过小心、紧张。

4. 接待技巧

对于此类顾客,接待比较困难,顾客比较理性,要真诚,有耐心,解说要有条理性。

(五) 表现型的顾客

1. 表现状态

讲究包装自己,以证明自己富有,在讲话中会时常显示自己。

2. 心理分析

这类型顾客大部分爱讲话,喜欢显示自己,有虚荣心,同时也容易恼羞成怒,但如果引导得体,可以带来极好的现场气氛。

3. 沟通方法

多附和、多称赞或多表示认可,并向其请教成功的经验,尽力顾全对方面子,来刺激其购买欲。比如"我一看您就知道您非常成功,所以特别向您推荐,这对您是没有任何问题的。"

4. 接待技巧

对于此类型顾客,接待比较容易,满足顾客虚荣心,多多称赞对方,达成交易。

(六)谦虚谨慎的顾客

1. 表现状态

不论对他说任何事物,介绍任何产品,他都会说:"是"以表示非常认同销售人员的介绍,即便是怀疑的产品也一样。

2. 心理分析

其实已下定决心不买了,只是随意回答你,他认为只要随便点头说是,就会让销售人员自行停止介绍。

3. 沟通方法

停止介绍,改变话题,然后把握机会具体对待,或者干脆直接反问"为什么不买",对方也许会因为心理被看穿而失去辩解能力,反而有可能导致其讲出真话,然后再根据实际情况对待。

4. 接待技巧

对待这样的顾客,不仅要诚恳、礼貌地介绍产品的优点,而且连缺点也要介绍,这样更能取得其信任。

(七)自认为内行的顾客

1. 表现状态

"这些我知道""你讲的我早就知道"等一类话是这类顾客的第一表现,他(她)认为自己比销售人员知道得多。

2. 心理分析

不愿让销售人员占优势或控制,更希望在众人面前显示,为了使自己能更好地对付销售人员,常说"我知道",突出了担心被控制的心理弱点。

3. 沟通方法

销售人员要沉住气,认真聆听对方讲述,让顾客畅所欲言,随时点头表示赞同,并鼓励其多说。顾客在得意时不知所措,此时销售人员应抓住机会幽默地说:"看来你对这些产品很了解""你讲得非常棒!"等,然后问"你打算买多少呢?"。

4. 接待技巧

对待这样的顾客,服务营销人员要沉着冷静,认真聆听对方的讲解,发现其兴奋点有针对地推销。

（八）蛮横疑心的顾客

1. 表现状态

心态偏激，把所有问题都集中在某产品上，与销售员的关系也很容易恶化（如说产品不好），他完全不相信你，对产品怀疑，任何人和他都难以相处。

2. 心理分析

其总要抱怨，发泄内心不满，原因有可能在于家庭、生活、工作、经济等方面有问题，造成个人的心理困扰，所以常与销售人员吵闹。

3. 沟通方法

不要与他争论，尽量用亲切的态度与其交流，避免给对方造成心理压力，多注意观察其反应，选择时机进行推荐，言语不宜重，语速不宜快，始终以关心的讲话方式为主，主动与他交朋友。

4. 接待技巧

不要加以反驳，不应对其反感，更不能带"气"来对待顾客。而要耐心地和他沟通，这是最好的办法。

（九）稳健思考的顾客

1. 表现状态

在销售人员介绍产品时只听并思考，不停地看着销售人员，或翻看资料等，但不说话。

2. 心理分析

对于稳健思考型顾客，他们想全面了解该产品，更想在介绍过程中摸清销售人员是否具备专业能力和知识，从而摸清产品是否值得信赖。这类顾客想从销售人员身上得到第一手资料，从而确定是否购买。

3. 沟通方法

销售人员首先应具备十足的信心，认为自己是一个专家，对其介绍时一定要注意所说的第一句话，态度要诚恳认真，但应理智，不要过于兴奋，可以适当提及自己的一些生活或家庭等问题，缓和一下气氛，让对方有所松懈，再有礼节性地进行推销。

4. 接待技巧

对这类顾客，销售员应让其在轻松自由的气氛下随意浏览，只在他对某个产品发生兴趣，表露出中意的神情时才接触。注意不要用眼睛老盯着他，以免使其产生紧张戒备心理，也不要过早地与其接触，以免惊扰他。在适当情况下，可主动热情地介绍和推荐适合产品、新产品、畅销品或降价产品。

（十）冷漠型的顾客

1. 表现状态

生活中比较独来独往，以自我为中心，对销售人员冷眼看待，而且难接近，因为此类顾客都采取无所谓的态度。无论产品的好与坏，或自己喜欢与否都不轻易介入其中。

2. 心理分析

这类顾客几乎不喜欢销售人员介绍产品，主张通过自己调查了解，然后再决定购买，喜欢按照自己的想法办事，外表看起来似乎不在乎什么，但是内心却是什么都在乎。

3. 沟通方法

不要急于推销，一定要掌握好对方的想法，使其好奇、感兴趣，然后进行简要的产品介绍，让他自己仔细了解。

4. 接待技巧

对于此类顾客，普通的产品介绍不能奏效，必须设法让他们情不自禁地想买产品。因此，销售员必须引起顾客的好奇心，使他对产品发生兴趣。然后，他就会乐于倾听产品的介绍，销售员才可以展开最后进攻。

第三节 化妆品服务营销的有形展示

服务营销有利于丰富市场营销的核心，充分满足消费者需要的内涵，有利于增强企业的竞争能力，有利于提高产品的附加价值。服务营销的兴起，对增强企业的营销优势，丰富企业营销活动内涵有着重要的意义。

一、化妆品服务营销的有形展示的概念

化妆品服务营销的有形展示是在服务市场营销管理的范畴内，一切可传达服务特色及优点、暗示企业提供服务的能力、可让顾客产生期待或记忆的有形组成部分。

企业借助美容服务过程中的各种有形要素，把看不见摸不着的服务产品尽可能地实体化、有形化，让消费者感知到服务产品的存在、提高享用服务产品的利益过程。

二、化妆品服务营销的有形展示的作用

（一）通过对消费者的感官刺激，让顾客感受到服务给自己带来的利益

美容院张贴一些宣传海报、美容前后的对比，引导顾客进行消费。

（二）引导顾客对服务产品产生合理的期望

如化妆品消费者通过专卖店的外部设计，让顾客感受到自己在这样的店铺里应该接受到什么样的服务。

（三）影响顾客对服务产品的第一印象

因服务的无形性，顾客购买服务多凭经验，因此有形展示对老顾客影响较小，它主要作用于新顾客。

（四）成为顾客回忆其曾经接受过的服务的有形线索

顾客回忆服务质量想到的都是有形的因素，如化妆品的味道、美容院的环境、

服务营销人员的形象，服务企业通过有形地展示，生动地宣传自己的形象，例如，麦当劳大叔和肯德基大叔的鲜活形象已深入人心。

（五）协助培训服务员工

服务有形化后，更易被员工理解和掌握。

三、化妆品服务营销有形展示的类型

（一）根据有形展示是否被顾客拥有分类

1. 边缘展示

是指顾客在购买过程中能够实际拥有的展示，例如，美容卡、会员卡等。

2. 核心展示

是指在购买和享用美容服务的过程中不能为顾客所拥有。例如，美容院的优雅环境和良好美容效果、美的享受和服务。

（二）根据有形展示的性质分类

1. 与服务工作有关的有形展示

在服务过程中使用的各种服务工具、服务设备和服务结果都会在一定程度上影响顾客对服务质量的感知。例如，美容产品、美容器材、广告设计作品。

2. 与服务人员有关的有形展示

美容服务人员的一举一动、一言一行以及与服务人员有关的各种有形展示（外貌、服装、服务技能）都在无形间影响着企业的服务质量。例如，美容院员工仪容仪表规范示意图等。

四、化妆品服务营销有形展示的构成要素

化妆品服务营销有形化包括三个方面的内容：服务环境的有形化、服务产品有形化和服务提供者的"有形化"。

（一）化妆品服务营销环境的有形化

整洁、优雅的环境，能吸引顾客，让顾客感受到舒适和被尊重的感觉，无形中接近了与顾客之间的关系，提升了产品和服务的品质感。

服务环境是企业提供服务和消费者享受服务的具体场所和气氛，它虽不构成服务产品的核心内容，但它能给企业带来"先入为主"的效应，是服务产品存在的不可缺少的条件。

服务的物质环境又由周围因素、设计因素、社会因素构成，具体而言如空气质量、环境清洁度、员工服饰礼仪、企业形象标识设计等。

营销环境应包括：温度、湿度、通风、气味、声音、色调、清洁度、有序性等环境要素。化妆品服务营销环境的有形展示包括服务场景和其他有形物两个方面，如表13-2所示。

表 13-2　服务环境有形展示的构成要素

服务场景		其他有形物
外部设施	内部设施	
建筑设计 标志 停车场地 景观设计 周围环境	内部装潢 配套设施 指示标志 形态布局 内部环境	名片 会员卡 收费单 员工着装 宣传册 网页

1. 服务场景

服务场景包括外部设施和内部设施两部分。

（1）外部设施　外部设施包括营销中心的选址、建筑设计、标志、停车场地、景观设计、周围环境等，美容院最好选在商业圈，客流量比较大的地方，店面的坐向应以位于街道的阳面，且交通便利为宜，最好有停车场、购物广场、美食广场等。

（2）内部设施　内部设施包括内部装潢、配套设施、指示标志、形态布局、内部环境等。整齐有序的化妆品摆放、暖色调的灯光、精致可爱的竹篮可能在第一时间没有引起顾客的注意，但是没有它们，顾客的购买欲望将会大打折扣。

① 化妆品服务营销环境的装修。店面与店内的装修特色、形象与风格、店内服务区域的设置与布局等，要统一、高雅、体现出品牌的品质和档次感。

② 服务营销环境的色彩和氛围的装饰。化妆品服务营销中心要因时调整气氛，如促销时的气氛要热烈冲动诱人，正常经营时的气氛要温馨浪漫宜人，整体气氛要给人轻松愉悦亲切的感觉。例如圣诞节美容院营造节日氛围，圣诞树、吹雪机等。

店外店招、门槛、橱窗的广告、招贴画、饰物装饰，美容院店内各区域的点缀性装饰，各装饰品的品位，饰物的内容与美容院要保持协调性，并因季节性有所变化，让顾客时刻保持新鲜感和舒适感。

③ 服务环境防噪声设备。美容院的消费者需要一个安静、舒适的环境，所以美容院应该有环境防噪声的设备等。

④ 服务营销的设施和用品。改善服务设施，美化服务环境，使消费者在等待期间过得充实舒服，如设置座椅、放置书报杂志、张贴有关材料等，为消费者等待和接受服务提供良好条件。

店内各种生活性设备（如空调、音响等）和专业设备（如美容美体器械）应具备齐全，能很好地满足周围商圈消费者的需求，并随时保持整洁。

2. 其他有形物

其他有形物包括服务品牌、名片、会员卡、收费单、员工着装、宣传册、网页等。

（1）服务品牌　服务品牌是指企业用来区别于其他企业服务产品的名称、符号、象征或设计，它由服务品牌名称和展示品牌的标识语、颜色、图案、符号、制服、设备等可见性要素构成。

创服务名牌，是服务企业提高规模经济效益的一项重要措施。因而，企业应注意服务品牌的研究，通过创名牌来树立自己独特的形象，以建立和巩固企业特殊的市场地位，在竞争中保持领先的优势。

（2）宣传资料　美容院创造了自己的服务品牌，从名片、会员卡、宣传手册、网页上都统一标识，统一风格做好形象的设计等。

（3）统一着装　美容院内的员工应统一着装，并一定要注意保持干净。

（二）化妆品服务营销产品有形化

1. 服务有形化

不断强调与服务相联系的有形物，这些有形物成了服务的载体，是企业进行信息沟通的重要工具。例如，提到的"桔子酒店"，整个酒店以桔子为核心，从外墙到内部的房间，都以橘色为主色调，活泼可爱的橘子形象也随处可见。让顾客看到橘子，就会联想到酒店的特色服务，建立顾客忠诚度。

2. 信息有形化

主要体现在口碑传播和广告宣传。

（1）口碑传播　例如选择美容师时，乐于听取他人建议；

（2）广告宣传　联邦快递广告之婚礼使命必达篇，不超过30秒的广告，将联邦快递"联邦快递，使命必达"的特点展露无遗，更好赢得顾客的信任。

3. 价格透明化

价格也是一种对服务的展示，加强对价格的有形展示，也是实施有形展示策略的重要内容，除了价格高低与价值相符外，关键还要增强价位透明度，增加宾客对店铺的信任。当价格过低时，往往使顾客怀疑廉价的服务不会带来更多的价值含量；如果价格过高，会给顾客感觉价值贫乏，同时有一种"宰客"的形象。

使用价格杠杆，明码实价地标明不同档次、不同质量的服务水平，满足不同层次的消费者的需求。同时，在不同时期，不同状态下，通过价格的上下浮动调节消费者的需求，以保持供需平衡，稳定服务质量。

4. 顾客行为规范

顾客参与实施一项服务工作就是对实物设施、脑力和体力劳动这三者的某种组合的产出结果进行装配和传递。通常顾客在创造这个服务产品的过程中会积极参与，如美容院。制定要求消费者遵守的内容合理、语言文明的规章制度，以引导、规范消费者接受服务的行为，使之与企业服务生产的规范相吻合。

（三）化妆品服务营销提供者的有形化

化妆品服务营销提供者的有形化包括：服务人员形象、技能、有序性、服务人员与顾客互动都会影响顾客购买。

服务提供者是指直接与消费者接触的企业员工，其所具备的服务素质和性格、言行以及与消费者接触的方式、方法、态度等，会直接影响到服务营销的实现，为了保证服务营销的有效性，企业应对员工进行服务标准化的培训，让员工了解企业所提供的服务内容和要求，掌握进行服务的必备技术和技巧，以保证他们所提供的服务与企业的服务目标相一致。

1. 接待礼仪

微笑、主动、大方、热情的接待礼仪，语言专业，朴素而毫不夸张接待，接待程序规范统一而又严谨。规范服务提供者的言行举止，营造宾至如归的服务环境和气氛，使服务生产和消费能够在轻松、愉快的环境中完成。

2. 服务内容

服务项目要具有特色，内容丰富，项目卡的设计精致精巧，服务项目体现专业品质的特征。

3. 专业手法

美容师的手法一定专业、娴熟、细致，给客人一种舒服放松的感觉享受。

4. 注重细节

打造服务力关键在于细节，细节之处才能显现服务的力度与力量，同时，细节之处更凸现服务的精度。

5. 美容沙龙

对于特定消费者，还可举办美容沙龙，为客户提供专业美容咨询、化妆时尚信息、专业护肤服务等，促进了解与信赖，美容沙龙要定期举办，一季度至少一次，要建立客户档案，进行一对一的资料库行销。

服务营销是企业营销管理深化的内在要求，也是企业在新的市场形势下竞争优势的新要素。服务营销的运用不仅丰富了市场营销的内涵，而且也提高了面对市场经济的综合素质。针对企业竞争的新特点，注重产品服务市场细分、服务差异化、有形化、标准化以及服务品牌、公关等问题的研究，是当前企业竞争制胜的重要保证。

第四节　化妆品服务营销的过程

化妆品的销售同其他产品的销售在理论上都是相通的，归纳为三个阶段：售前的准备工作、售中的灵活应变及售后的服务跟踪。

很多销售员在产品促销方面过多追求解决具体推销难题的方法，却往往忽略了一些基础性的因素，如：对化妆品推销事业潜力和挑战的认识、对推销事业于个人发展锤炼的意义，以及个人是否具备投身推销事业的素质等。正是由于没有充分考虑以上诸多因素，所以在其产品销售方面总是存在着软肋和不足。

一、售前的准备工作

（一）对产品的准备阶段

作为销售人员首先要熟悉公司的历史、规模、组织、人事、财务及运作模式、销售政策、规章制度。

其次销售人员更要真正熟悉公司产品规格、包装、价格、促销、性能、定位、卖点，做到烂熟于胸。这样才能回答顾客可能提出的有关问题，对答如流可以消除顾客疑虑，使客户对企业产生信任感。

（二）销售人员的准备阶段

销售人员形象要求是给人一种专业、亲切、柔和、端庄、整洁、优雅等美好感觉，整体上给人一种舒服并值得信赖的感觉。同时还应口齿清楚，语言委婉动听。

1. 信心是前提

（1）面对顾客时，声音不要发抖，腿脚不要哆嗦，语言要有力度，具有震慑力。

（2）眼睛正视顾客，这不仅是对顾客的尊重，更是自信的表现，换句话说就是"销售等于销售你的自信"。

（3）自信建立在你的专业知识上，对产品性能、使用方式等细则了如指掌。

2. 微笑是态度

销售人员要微笑服务，尽量保持亲切大方的微笑，态度热情，切忌以貌取人。销售人员的语言、行为、眼神及肢体语言都必须传递给顾客一种快乐的感觉，服务周到体贴。

3. 主动是本能

销售人员要主动为顾客服务，为顾客考虑等，而且要思维敏捷，通过细心观察顾客行为的一切细节，来了解顾客需要什么。

4. 耐心是基础

对于大多数销售员而言，成交失败的关键问题在于其与顾客的交往上，自己要推销的产品未能被足够的人看到、读到或听到。严格来讲，这其实算不上什么问题，只是说明这些销售员在推销过程中不够耐心。研究表明，行销人员在使顾客成交之前，至少出现有被顾客否定过6次，在被拒绝时美容师要学会坚持，具有足够的耐心。

5. 创新是关键

产品和品牌的推销极具挑战性，这就需要销售员最大限度地发挥其个人的创造性。销售员越期望成功，其投入越多，她的产品推销业绩必定就越出色。

二、售中的灵活应变

人们普遍认为会笑会说就能完成销售，实际上，"太会说"反而让顾客跑得更快，只有以丰富的专业知识做保证，事先了解顾客的需求，以亲切和关心的态度与顾客建立信任关系，才能实现成功的销售。我们将销售过程具体分解为八个步骤：获取信任——了解需求——洞察动机——试用效果——强化功效——促成成交——专业服务——利益最大化。

（一）获取信任

销售人员既不能省略对客户的称呼，也不要忘记介绍自己，用礼貌建立平等的人际关系。要仔细倾听顾客讲话，适时对其进行赞美或点头微笑表示认同。

（二）了解需求

就化妆品推销来说，销售人员可对顾客进行皮肤诊断，就皮肤问题讲解皮肤知识，并把问题放大，了解顾客生活习惯等问题，推荐本企业产品。

销售人员要问出需求，问出问题，不要先入为主，更不要只讲不问。要牢记猜测不等于客户的需求。了解顾客需求的方法如下。

1. 观察法

仔细观察顾客的动作、表情、眼神，切忌以貌取人。

2. 询问法

简洁明了地询问一两个问题，如：你看了这么久，不知道你想用在哪个方面呢？这样就可以了解顾客的需求，然后有针对性地进行讲解。

3. 倾听法

仔细倾听顾客讲话，适时对其进行赞美或点头微笑表示认同，在了解顾客的需求后对症下药，不要盲目地进行销售。通过察言观色了解顾客对产品的关注点及购买动机，针对不同层次的顾客，需要采用的方式也不同，总之对顾客的态度要热情诚恳、耐心细致、全面具体。

（三）洞察动机

把握不同顾客的购买动机和心理特征，并采取不同的接待技巧，这样可以有效提高成功率，其是每一位销售员必须掌握的基本功能。

销售人员要向顾客咨询其使用的化妆品和方法，以关心的口气讨论良好的生活习惯等。

销售人员要在询问顾客需要之后立即作出解释，既不要避而不答，也不要绕弯子。客户说想减肥，销售人员就应该立刻回应其在瘦身方面很有经验。然后询问客人想改善身体的哪一部位，这时候销售人员就会听到客户的声音！

（四）试用效果

销售人员要根据顾客的皮肤状况推荐产品，在这个环节应重视演示和解说的有效结合，注意宣传物品的辅助作用，并多渲染顾客能得到的功效或实惠。

其要求销售人员提供解决方案。例如客人想美白，销售人员就可以向顾客介绍通过美白系列产品的超强美白组合可以使皮肤有极大改观，预计一个疗程后，客人面色将由黄变白，肌理也将变得细腻透明。这里的介绍要以对皮肤和产品的深入了解为基础,客观清楚的介绍为前提,以专业技术为核心,形象化描述为重点,忌假大空。

(五)强化功效

顾客如果对产品不信任及对价格不满意,销售人员一般可以从以下几方面说明见表13-3。

表13-3 产品及其对顾客的好处说明

产品的好处	产品本身好	成分、包装、原料等
	产品生产工艺好	技术等
对顾客的好处	效果好	效果展望
	价格合算	通过计算说明

销售人员要为顾客设计省钱超值的价格套餐。即使再有钱的人也需要超值的感觉,如果销售人员给顾客提供的条件足以令她心动,那么将会促成交易。

① 使用好处(再次)。
② 优惠形式:例如,特价、优惠时间段;利用协助销售上升的工具。
③ 赠品:在某时间段限量供应,要展示赠品的特点,以此进一步介绍公司产品,连带销售,分析价值。

(六)促成成交

成交时机有时是稍纵即逝的,我们需看准成交信号,及时抓住机会。

1. 成交信号

包括顾客询问价格、用法、效果,认真聆听,眼神注视销售员或产品等,有时说"不"也是潜在的成交信号。

2. 迅速促成成交

销售人员在收到成交信号时应当机立断,以肯定的语气结束推荐过程,但应注意自己的角色是专业人员,必须要持自信、友好的态度。如:

① 我来给你开票;
② 我帮你包上吧;
③ 遇上了就别错过了。

3. 语言、数据

① 在销售过程中,语言应使用二选一法则。
② 帮顾客算账,以数据证明其产品划算。

(七)专业服务

销售人员要满足顾客心理。销售人员在顾客买单后应该指导顾客试用,告知客人注意事项和询问效果,不要犯收钱就认为万事大吉的错误,那样会降低专业形象,也会令顾客看低服务者的素质。

① 在服务过程中,向顾客解释公司独特的手法和手法的作用。
② 不断询问顾客是否满意。

③ 强调顾客的肤质，所以护肤程序有些什么不同。

（八）利益最大化

① 销售人员要帮顾客分析肤质，并针对其肤质给她提供护肤建议，把顾客没有接受的产品选出一些再推荐，并利用好公司的促销活动。

② 帮助顾客梳头，整理衣物，并再次夸奖她，要求美容师集体赞美顾客。如"你看现在皮肤多有光泽，回家你老公肯定要大吃一惊。"

③ 为顾客设计护肤计划。

三、售后的服务跟踪

销售人员不要认为成交后，自己的任务就完成了，从另一个角度来说，成交是另一次成交的开始，要做到：

① 礼貌送别，留下联系方式。

② 详细记录顾客的名字、电话、喜好、皮肤状况、购买产品记录等。

③ 最少每月打一个电话，寒暄问候，确认产品使用情况及效果，简单教一些美容护理的小窍门。

④ 适当的时候约她来见面，如"好久没见，很想念你"等，她来了后可以补配产品。

⑤ 有新产品或促销活动应及时电话邀请。如"你快来吧，我给你留了份赠品"等。

四、AIDA 模式

（一）AIDA 模式的概念

AIDA 模式也称"爱达"公式，是国际推销专家海英兹·姆·戈得曼（Heinz M Goldmann）总结的推销模式，是西方推销学中一个重要的公式，它的具体含义是指一个成功的推销员必须把顾客的注意力吸引或转变到产品上，使顾客对推销人员所推销的产品产生兴趣，这样顾客欲望也就随之产生，而后再促使采取购买行为，达成交易。AIDA 是四个英文单词的首字母：A 为 Attention，即引起注意；I 为 Interest，即诱发兴趣；D 为 Desire，即刺激欲望；最后一个字母 A 为 Action，即促成购买。

（二）操作技巧

AIDA 模式代表传统推销过程中的四个发展阶段，它们是相互关联的，缺一不可。应用"爱达"公式，对推销员的要求如下：

① 设计好推销的开场白或引起顾客注意；

② 继续诱导顾客，想办法激发顾客的兴趣，有时采用"示范"方式，也会很有效；

③ 刺激顾客购买欲望时，重要一点是要顾客相信，他想购买这种商品是因为他需要，而他需要的商品正是推销员向他推荐购买的商品；

④ 购买决定最好由顾客自己作出，推销员只要不失时机地帮助顾客确认，他的购买动机是正确的，他的购买决定是明智的选择，就已经基本完成了交易。

"AIDA"模式的魅力在于"吸引注意，诱导兴趣和刺激购买欲望"，三个阶段充满了推销员的智慧和才华。

（三） AIDA 模式应用的四个阶段

1. 集中顾客的注意力

推销员面对顾客开始推销时，首先要引起顾客的注意，即要将顾客的注意力"集中到你所说的每一句话和你所做的每一个动作上"。有时，表面上看，顾客显得很专注，其实，顾客心理正想着其他的事情，推销员所做的努力注定是白忙一场。如何才能集中顾客的注意力呢？

（1）保持与顾客的目光接触　"眼睛看着对方讲话"，不只是一种礼貌，也是推销成功的要诀。让顾客从你的眼神上感受你的真诚。只要顾客注意了你的眼神，他的整个心一定放在你的身上。

（2）利用"实物"或"证物"　如果能随身携带样品，推销时一定要展示样品。

（3）让顾客参与推销过程　方法一是向顾客提问题，如"布朗先生，你的办公室令人觉得亮丽、和谐，这是你创业的地方吧？"所问的问题要能使顾客容易回答、容易发挥，而不仅仅回答"是"或"不"。方法二是促使顾客做些简单的事情，如让顾客念出标价上的价格、写下产品的型号等。值得注意的是，要在很自然的情况下促使顾客做些简单的事情，使顾客不会觉得"很窘"。

2. 引起顾客的兴趣和认同

假如顾客能够满怀"兴趣"地听你的说明，无疑顾客一定"认同"你所推销的商品或服务。而你的推销努力也向成功的目标迈进了一步。推销时，要选对顾客。向不需要你的产品的顾客推销，你所做的努力必然没有结果。有时，碰到主动前来问价的顾客，显然，这类顾客对你所推销的产品已经有了"需要"。而你最急需做的事是，找出他的"需要"到底是什么，然后强化他的需要，引起他对产品的兴趣和认同。

许多顾客的"需要"必须靠推销员自己发觉。发觉顾客"需要"的最好方法是向顾客问问题。

"引起顾客的兴趣和认同"，属于推销的第二个阶段，它与第一个阶段"集中顾客的注意力"相互依赖；先要集中顾客的注意力，才能引起顾客的兴趣；顾客有了兴趣，他的注意力将越来越集中。

3. 激发顾客的购买欲望

当顾客觉得购买产品所获得的利益大于所付出的费用时，顾客就会产生"购买的欲望"。

一位推销员唯有具备丰富的产品知识和了解顾客的行业规矩及作业方式，才能在推销中成功地激发顾客的"购买欲望"。

所谓"具备丰富的产品知识",指的是对产品的各种特色有相当的了解。而"产品的特色"的含意是:与同类产品相比,有明显不同的地方。

推销产品特色包括四个步骤:引出顾客的需要并确认,确认产品的特色,推销产品的特色,说明"产品的特色可以为顾客带来什么好处",使顾客确认这些"好处"。

4. 促使顾客采取购买行动

推销的最终目的是要顾客"购买"商品。如何促使顾客采取购买行动呢?

(1)采取"假定顾客要买"的说话心态;

(2)问些小问题;

(3)在小问题上提出多种可行的办法,让顾客自己做决定。

第五节　顾客异议及处理

顾客异议是客观存在的,它的产生受多方面因素的影响。每一个异议之中有可能是单一的因素,也可能是复合的因素。这其实是一个矛盾体,需要我们用辩证思维来分析和把握各种因素之间的关系以及其中的规律性,才能永远主动地驾驭整个推销活动。

一、顾客异议概念及类型

据统计,推销员吸引一位新顾客的难度是留住一位老顾客的6倍。由此可见,处理顾客异议,管理好客户关系是每一个推销员必备的素质。

(一)顾客异议的内涵

顾客异议就是顾客对推销人员或其推销的产品、推销活动所作出的一种形式上表现为怀疑、否定或持反面意见的反应。

"褒贬是买主,喝彩是闲人。"这句老话对我们看待顾客异议有积极意义。表面上,顾客有异议是成交的障碍,而实际上,顾客提出异议,就表明他们对所推销的产品感兴趣,推销已进入双向沟通阶段,整个推销活动有了进一步发展的基础。而那些对推销人员的介绍没有表示出异议,甚至是没有反应的顾客,可能是对推销不感兴趣的顾客。

(二)顾客异议的类型

具体问题具体分析,这是哲学最基本的原理,推销活动也不例外。在实际推销中,顾客异议的表现形式是多种多样的,归纳起来主要有以下三种。

1. 产品异议

产品异议是指顾客对推销人员所推销产品的内在素质、外观形态等方面提出不同看法和意见而形成的一种异议。具体表现为对产品质量、式样、设计、结构、规格等方面提出异议。例如,"你的产品质量太差。""这东西用久了要变形。""这款式不时兴,没人买。""这东西太复杂了,用起来不方便。"

产品异议表明顾客对这种产品不够了解或有一定的认识，具有比较充分的购买条件，却存在自身的购买习惯或偏见，而不能形成购买。

2. 价格异议

价格异议是顾客以所推销产品的价格过高而拒绝购买的一种异议。价格异议是十分普遍的，例如，"太贵了，我买不起。""别人卖的价格比较便宜。""虽然不贵，但我还是付不起。"

顾客对产品价格最敏感，因为与顾客的利益有直接关系。当顾客提出价格异议时，往往表明顾客对推销产品产生了购买兴趣和购买倾向，只是价格高了，要千方百计通过讨价还价迫使推销员降价。

3. 服务异议

服务异议也是产品异议的一种，它是指顾客对推销人员或其所代表的企业提供的服务不满，而拒绝购买其产品的异议。例如："我不想买它，我的一个朋友买过，但他说这个东西很不好。""这一产品的售后服务不行。""你们在这一领域的信誉不佳。"

现代产品在品质接近、价格接近的情况下，其竞争力就取决于服务了。产品的品质与价格都存在一定的限度，但服务却没有限度，服务的项目越多、花样越新，就越受顾客欢迎，销售情况就越好。

二、顾客异议的成因

了解顾客异议只是第一步，重要的是找出产生异议的深层次原因，以便于探寻其中的规律，为开展推销工作提供正确的发展方向。认真分析顾客异议产生的根源，将有助于推销人员施展推销技巧，采用正确有效的方法，转化顾客异议。

形成顾客异议的原因既有必然因素，又有偶然因素；既有可控因素，又有不可控因素；既有主观因素，又有客观因素。各种引起顾客异议的原因之间互相联系、互相影响，有时也可以相互转化。形成顾客异议的主要原因有以下三种。

（一）来自顾客方面的原因

在顾客方面，其异议的主要根源是顾客的心理，即来自其心理上所产生的推销障碍。如顾客的偏见、习惯、经验、知识面的宽窄等，都可能导致推销障碍。

1. 顾客需求

顾客的需求是发生购买行为的根本动力，也是形成顾客异议的最基本原因。虽然顾客的需求受到其货币支付能力的制约，但是，顾客只有产生了需求，才会产生购买欲望，进而产生购买行为；反之，如果顾客没有这方面的需求，或者还没有认识到自己有这方面的需求，就会拒绝购买推销产品，因而就形成了顾客异议。

2. 顾客认知

顾客认知原因主要表现为推销人员所推销的产品和建议与顾客所持的观点相距太远，以致双方明显对立，使说服遭到拒绝。主要包括以下情况：顾客的知识结构不同、受教育程度不同、固有经验和习惯不同，不愿创新等。

3. 顾客支付能力

顾客实现购买的重要物质条件是支付能力。如果顾客缺乏支付能力，就会拒绝购买或可能希望以延期付款、分期付款或者赊销等付款方式购买推销品。

（二）来自产品方面的原因

产生推销异议除顾客方面的原因外，另一个产生异议的重要方面就是来自产品方面的原因。如果产品的质量、价格、服务等方面存在某种问题，就可能引起顾客异议。

1. 产品质量

"购买一个没有价值的东西，即使其价格非常便宜，但也是浪费。"这是生活中最简单的道理。可以说，顾客购买产品，最关心的是推销品的实用性和适用性。推销人员在推销过程中，应该把推销品能够满足顾客某种需要的实用性和适用性放在首位。如果推销物品没有顾客所需要的效用，或效用还未能被顾客所认识，顾客就会提出各种异议，从而形成推销障碍。

2. 产品价格

如果顾客认为推销品的价格太高，不是物有所值，便总是希望通过讨价还价争取到能够接受的价格后才进行交易，这在一定程度上阻碍了交易。

3. 产品服务

顾客购买某种推销品，其实质已不是购买产品本身，而是购买推销品的效用和利益。服务是推销整体概念的重要组成部分，服务能够为顾客带来有形和无形的利益。如果企业或推销人员不能给顾客更多的附加利益，顾客会提出异议。例如，产品售出后不退不换；产品没有售后服务；产品不可以进行升级服务；推销人员的态度不好；不能提供比竞争对手更好的服务等。

（三）来自推销员方面的原因

在市场竞争中，可能其产品和服务不相上下，但推销员的业绩有很大差别。这说明，推销成功与否受推销员因素的影响。

1. 推销员素质

一位训练有素的推销员，不仅推销业绩好，他还会为企业争得荣誉，树立企业形象；相反，则损坏企业名声，给企业造成不利的影响。对此，推销人员只有不断地努力提高自身的素质，才有可能加强与顾客的交流和沟通，进而做好推销工作。

2. 推销信誉

实际推销活动中，一位受顾客欢迎的推销员，顾客自然愿意购买他所推销的产品；所以，在实际推销工作中，推销人员除了做好产品推销工作，更重要的是以实际行动争取顾客的信任。

3. 推销信息

一位掌握各种信息的推销人员，不仅应以诚挚的态度赢得顾客的信任，而且更在推销过程中，帮助顾客克服信息不足的困难，为顾客当好购买决策的参谋，顺利完成推销工作。

三、处理顾客异议的原则

顾客异议是指潜在顾客拒绝推销产品的理由，推销人员必须妥善地处理顾客异议，才有希望取得成功。为了高效而顺利地完成这一任务，推销人员在处理顾客异议时必须遵循一些基本原则，并灵活地运用处理异议的方法与策略。

推销人员处理异议时可以掌握一些原则，再对症下药，就能产生较好的效果。

1. 充分准备

推销人员要"不打无准备之仗"，这是推销人员战胜顾客异议应遵循的一个基本原则。推销人员在接见顾客之前，就要列出顾客可能会提出的各种异议，并作出解决预案，真正做到"有备而来"。面对顾客的拒绝，若是预料之中的，应及时处理；若是预料之外的，也应从容应对。

2. 百折不挠

推销大师克莱门·史东说："一个人要成为推销高手，不是靠学历、声望和地位，而是靠自信、耐力和雄辩。"推销的成功者，他们之所以能冲破来自客户的障碍，获得成功，也就是凭借这种百折不挠的精神。

3. 适时处理

对于顾客提出的异议，在什么时候给予答复或解释，这是推销人员对时机的处理问题，一般需要根据顾客的个性特点、异议的性质、答复的可信度以及双方洽谈的状况来决定。有以下四种方式：

（1）立即答复的异议　当遇到比较明显、易于回答的异议时，应立即答复。这样可以显示对顾客异议的尊重，使顾客感受到推销人员没有回避问题，也易于烘托双方洽谈气氛。

（2）拖延答复的异议　当遇到含义费解、无关大局或一时难以解释的异议时，应拖延一段时间再答复，以免造成曲解或不能自圆其说。

（3）不必答复的异议　对于顾客的一些借口、明知故问的发难，或善意的玩笑、戏言，则可以不必答复。

（4）提前解释的异议　对于经验丰富的推销人员而言，可以在觉察到顾客准备提出异议前进行解释，从而按自己的措辞婉转地表达顾客异议，避免了纠正顾客看法的过程和不必要的误解。

四、处理顾客异议的方法

一般说来，处理顾客的异议有如下五种方法。

（一）预防法

预防法是指推销人员在预知顾客将要提出某些异议时，抢先替顾客提出并进行主动处理的方法。这样可以使推销人员争取主动，先发制人，避免纠正顾客看法的过程，也可避免与之发生争论，是一种十分有效的推销方法。例如，顾客说："今天没有时间了，况且我也没带那么多现金。"说话的同时，也没离开的意思。推销员说:"真是不凑巧,这是产品让利的最后一天,明天将返回原价。"接着推销员放低声音说:"如果您觉得这种产品比较适合,我这还有几个小包装,价格更划算不妨先买一些试用,用好了再买大包装。您看怎么样?"说着推销员从袋子里小心翼翼地拿出一个小包装产品。顾客说:"啊,小包装真漂亮!我得带回几个送给朋友,来两个吧。"

在运用预防法处理顾客异议的过程中,首先,推销人员要密切注意观察顾客的心理变化和行为反应并加以分析。其次,使用预防法要看准时机和注意自己的态度,将劝说与产品信息传递有机地结合在一起,使顾客感觉自然合理,机会难得。最后,推销人员还必须淡化自己提出的问题,以防止顾客提出新的购买异议。

应当注意的是,预防法是一种十分有效的推销方法,推销人员应及时观察顾客的心理变化与行为反应,要看准时机使用预防法,将说服与产品信息传递有机地结合在一起,使顾客感觉自然合理。

(二)询问法

询问法是指推销人员对顾客不明确、不好理解的异议,进一步向顾客询问,以了解顾客真正需要的异议处理方法。

1. 追求真相

面对顾客可能道听途说的问题,要冷静思考,追根寻源,弄清事实真相。

2. 澄清问题

推销人员不要急着去处理客户的反对意见,而是要先弄清问题所在。这样,在顾客进一步的答复中,推销人员便可了解顾客异议的具体内容。

3. 适度安抚

询问要合理,要适可而止,并注意尊重顾客,安抚顾客情绪。

(三)直接反驳法

直接反驳法是指推销人员根据较明显的事实与理由,直接否定顾客异议的一种处理方法。

在实际推销活动中,正确、灵活地应用反驳法来处理顾客异议,不仅可以增强推销的说服力,还可以给顾客一个简单明了、不容置疑的解答。因此,直接反驳法能有效地节省时间,提高推销效率。

直接反驳法只适用于处理因顾客的无知、误解、成见、信息不足而引起的有明显错误、漏洞、自相矛盾的有效异议;不适用于处理无效异议,也不适用于处理因情感或个性问题引起的顾客异议。

永不争辩是推销人员应遵守的人际关系原则,但它并不排除对顾客异议的否定或反驳。所以运用直接反驳法时还要注意:

第一,用以反驳顾客异议的根据必须是合理的、科学的,而且是有据可查的事实。还要特别注意给顾客提供更多的信息,使顾客了解情况、了解产品。第二,在用词与态度方面要诚恳,不能伤害了顾客的自尊心,随时注意顾客的行为及表情变化，要让顾客感受到推销员的诚恳友好，维持良好的人际关系与买卖合作气氛。

（四）但是法

但是法也称间接处理法，是指推销人员根据有关事实与理由间接否定顾客异议的一种处理方法。这种方法对顾客异议不直接提出反对的意见，在表达不同意见时，尽量用"但是"或"如果"的句法，先对顾客的异议表示同情、理解，或者仅仅是简单地重复，使顾客心理有暂时的平衡感，然后用转折词"但是""如果"把话锋一转，再对顾客异议进行婉转的反驳。

（五）补偿法

补偿法又称抵消处理法、比较法，是指推销人员利用顾客异议以外的产品或服务的优点来抵消顾客异议的处理方法。如果顾客提出合理的异议，补偿法就是有效的解决方法。

本章小结

本章主要介绍了服务营销的内涵、目标、作用及其如何运营；化妆品营销的流程及其沟通服务技巧，针对顾客的不同类型，如何进行接待；最后是顾客异议的含义，顾客异议的类型、成因，及其如何处理顾客异议的原则和方法，针对不同的异议，对症下药。

复习思考题

1. 化妆品服务营销的概述及要素？
2. 化妆品服务营销的有形展示包括哪些？
3. 化妆品服务营销的流程是什么？
4. 顾客异议有哪些类型及其成因？
5. 处理顾客异议的原则和方法？

案例分析

买 香 水

一位推销员向一位女士推荐一种高级香水，这位女士很喜欢这种香水的味道，但始终说："太贵了！"这位推销员说："这可是高级香水啊！而且现在是该产品的促销期，买一瓶赠送一张××美容店美容卡，机会难得呀！"这位女士最终没有在价格上再争执，购买了这种香水。

这一异议的处理运用了补偿技巧,由于产品能够给顾客自己带来地位与荣誉的象征及利益,并且赠送了赠品,使顾客获得附加利益,所以顾客容易接受。

实训项目

模拟实训——美容院服务营销实训

(一) 实训目标

1. 模拟美容院接待顾客的各个阶段,变理论为实践操作;
2. 模拟接待顾客的工作内容,程序和方法;
3. 掌握接待顾客的技巧,提高营销能力。

(二) 实训内容

1. 布置一个美容院场所,设立一个接待柜台;
2. 学生分别扮演美容师和准顾客,根据需要确定每组人数;
3. 模拟结束,要分角色进行认真总结,其推销与接待技巧运用得是否得当,是否有更好的方法或技巧。

(三) 实训步骤

1. 准备工作:准备好美容院接待的各种道具;扮演着做好角色准备。
2. 实际模拟:

获取信任——了解需求——洞察动机——试用效果——强化功效——促成成交——专业服务——利益最大化。

3. 总结:表演的好坏,处理的是否恰当,是否有更好的方式方法,轮换角色后再进行模拟演示。
4. 小组进行讨论汇总、整理和归纳。

(四) 实训评价

1. 学生对自己在实训过程中的不足之处进行总结;
2. 专业老师根据模拟销售过程中学生的综合表现进行评价;
3. 教师总结应注意的事项。

第十四章
化妆品营销管理

学习目标

知识目标

1. 了解化妆品营销组织的内涵
2. 掌握化妆品营销组织的类型
3. 理解化妆品营销计划概念
4. 了解化妆品营销计划的类型
5. 掌握化妆品营销控制的步骤

技能目标

学会如何设计化妆品营销组织

案例导入

蚂蚁的故事

每一个蚁窝只由一只蚁后（有时会多于一只）、若干工蚁、雄蚁及兵蚁共同组成，它们各司其职、分工明细：如蚁后的任务是产卵、繁殖，同时受到工蚁的服侍；工蚁负责建造、觅食、运粮、育幼等；而雄蚁负责与蚁后繁殖后代，兵蚁则负责抵御外侵、保护家园，大家各尽所长、团结合作、配合默契，共赴成功。

营销启示：营销要有良好的组织，组织要有良好的分工和合作，才能协调发展。

第一节　化妆品营销组织

一、化妆品营销组织的含义

化妆品营销组织是企业为了实现预定的营销目的而使全体营销人员通力协作的科学系统，是指企业内部涉及营销活动的各个职位及其结构。化妆品市场营销组织是企业为了实现营销目标，制订和实施市场营销计划的职能部门。

二、化妆品营销组织的功能和职责

化妆品营销组织能够对企业与外部环境，尤其是市场、顾客之间关系的协调，发挥积极作用。满足市场的需要，创造满意的顾客，是企业最基本的宗旨和责任。

（一）市场部的职责

主要负责市场营销策划、促销策划、广告宣传等工作。

（二）销售部的职责

主要负责具体的产品销售、产品卖场的促销和批发促销、中间商的选择和渠道的落实等工作。

（三）客服部的职责

售后服务及产品的维护、更换，或者是处理客户投诉、进行客户关系的管理工作等。

总之，三个部门是一个有机统一的整体。

三、化妆品营销组织的类型

为了实现企业的营销目标，企业必须建立适合企业自身特点的营销组织。化妆品营销组织具有五种基本模式，企业可以选择其中一种或者综合几种模式来组织自己的营销部门。

（一）职能型

企业的市场营销活动包括市场调研、销售计划、广告推销、新产品开发等。职能式组织形式的主要优点如下。

① 专业分工，提高效率；
② 职责分明，落实责任；
③ 集中管理、统一指挥。

（二）区域型

地区式组织形式，一个在全国范围内销售产品的企业通常按地理区域设置营销机构。地区式组织形式的主要特点如下。

① 管理幅度与管理层次相对增加，这样便于高层管理者授权，充分调动各级营销部门的积极性；
② 发挥该地区部门熟悉该地区情况的优势，发展特定市场；

③ 主要缺点是：各地区的营销部门自成体系，容易造成人力资源的浪费，地区销售经理更多的只考虑本地区的利益。

（三）产品管理型

产品管理组织形式，生产多种产品或品牌的企业常常建立一个产品或品牌管理组织形式，这种形式并没有取代职能式组织形式，只不过是增加一个管理层次而已。产品管理组织形式由一名产品主管经理负责，下设几个产品大类经理，产品大类经理又监督管理某些具体产品经理。产品经理的主要任务是制订发展产品的长期经营和竞争策略，编制年度营销计划，并负责全面实施计划和控制执行结果。

1. 产品管理组织形式的优点

① 产品经理能够将产品营销组合的各种要素较好地协调起来；
② 能对市场上出现的问题迅速作出反应；
③ 较小的品种或品牌由于有专人负责而不致遭忽视；
④ 由于涉及企业经营的各个领域，是年轻经理经受锻炼的好机会。

2. 产品管理组织形式的缺点

① 产品经理未能获得足够的权威，以有效履行自己的职责，只有靠劝说的方法取得广告、销售、生产等部门的配合；
② 只能成为本产品的专家，很难成为职能专家；
③ 这种管理形式的费用常常高出原先的预料；
④ 产品经理的任职期限较短，故使市场营销计划缺乏长期连续性。

（四）市场/顾客管理型

市场细分化理论要求公司根据顾客特有的购买习惯和产品偏好等细分和区别对待不同的市场，针对不同购买行为和特点的市场，建立市场/顾客管理型营销组织是公司的一种理想选择。这种组织结构的特点是由一个总市场经理管辖若干个子市场经理，各子市场经理负责自己所管辖市场的年度计划和长期计划，他们开展工作所需要的功能性服务由其他功能性组织提供。

（五）产品/市场管理型

其中产品经理负责产品的销售利润和计划，市场经理则负责开发现有和潜在的市场，适于多角度经营的公司，其缺点是冲突多、费用大，有权力和责任界限不清的问题。

第二节　化妆品营销计划

一、化妆品营销计划概念

化妆品营销计划是在对化妆品营销环境分析的基础上，按年度拟订的企业营销目标以及实现目标所采取的策略、措施和步骤的明确规定及详细说明。

化妆品营销计划大致包括以下六个方面的内容：企业整体战略计划、部门计划、产品线计划、产品计划、品牌计划和市场计划。

二、化妆品营销计划的类型

从不同的角度划分，化妆品营销计划分为以下四种类型。

（一）按功能划分

按功能划分为总体营销计划和项目营销计划。

总体营销计划是企业针对所有营销活动所制定的计划，涵盖范围广、内容全面。项目营销计划针对营销工作的某个层面、某个对象，内容集中度高。一般包括以下项目类型：新产品计划、品牌形象计划、市场推广计划、促销计划、公关计划、渠道计划等。

（二）按时间划分

按时间划分为长期营销计划和短期营销计划。

长期营销计划是企业对营销活动在相当一个时期内的活动安排，更侧重于对企业的营销战略思考，层次高，涉及面广。

短期营销计划指企业对眼前的经营活动制订更具体的行动措施，比如某公司的年度营销计划、某企业的年度知名度促进计划、某企业的季度促销计划。

（三）化妆品营销计划的内容

虽然根据计划的部门和范围不同，化妆品营销计划可以分为各个不同方面的计划，但是作为整体，营销计划具有大致相同的基本内容（表14-1）。

表14-1　化妆品营销计划的内容

组成部分	内　　容
概要	简述市场营销计划的目标及建议
营销环境现状	提供与市场、产品、竞争、分销以及现实环境有关的背景资料
机会和威胁	概述主要的机会和威胁、优势和劣势，以及产品面临的问题
目标	确定财务目标和营销目标
营销策略	描述为实现计划目标而采用的主要营销方法
行动方案	说明每个营销环节做什么？谁来做？什么时候做？需要多少成本？即将营销战略具体化
预算	描述计划所预期的财务收益情况
控制	说明如何对计划进行监控

化妆品市场营销策划书形式上由封面、目录、策划内容、封底组成。其中策划内容包括以下八个部分。

1. 策划书提要

化妆品营销策划书的开头需要概括说明本计划主要的策划背景、总体目标、任务对象和建议事项。提要对整份策划书起统领和介绍作用，目的是让计划审议者能够迅速把握本策划的要点。

2. 营销现状分析

营销现状分析是对企业所处的社会客观环境、市场环境、产品状况、竞争状况、分销状况等方面的调查研究。

（1）社会客观环境　这部分描述社会宏观环境现状和发展趋势，涉及人口、经济、技术、政治法律、社会文化等方面对企业营销活动的影响。

（2）市场环境　化妆品营销计划需要了解一系列市场背景，包括市场规模和容量、市场增长状况、过去几年市场总销量、细分市场状况，以及顾客需求、品牌认知、购买行为等内容。

（3）产品状况　产品状况分析需要考虑近几年有关产品的价格、销售、边际收益和净利润等方面的内容。

（4）竞争状况　分析本企业及产品的主要竞争对手，了解对手的产品特征、生产规模、发展目标、市场占有率，并且分析其营销战略和策略，了解其发展意图、方向和行为。为本企业制订对应策略打好基础。

（5）分销状况　阐述企业分销渠道的销售规模、地位、策略、管理能力等内容。这部分是对所有形态的分销渠道进行总体对比研究，从管理能力上还要了解一个具体分销实体激励方案的科学性、有效性、费用等方面内容。

3. 机会和问题分析

营销策划者在进行上述现状的分析后，找出关于企业营销或者生产、产品、品牌、分销等方面的形式，然后进行 SWOT 分析，从而提出下一步的目标和对应策略。

4. 营销目标设定

化妆品营销策划的目标是计划中最基本的要素，是企业营销活动所要达到的最终结果。营销目标一般包括以下内容：销售量、销售利润率、市场占有率、市场增长率、产品/品牌知名度和美誉度等。注意：

① 目标是不含糊的，以可以测定的方式表达，如数据和指标；

② 如果是双目标，目标之间应该彼此协调，具有一定的层次关系；

③ 设置一定的期限；

④ 目标具有挑战性，但必须可达。

5. 营销战略

化妆品营销战略是企业实现营销策划目标的途径和方法，主要包括"目标市场的选择""产品市场定位""市场营销组合"等主要决策。形式上可以建立表格，也可以用文字说明。

6. 行动方案

行动方案主要指营销活动"要做什么""什么时候做""怎样做""什么时间做"。行动方案必须是具体的、细节化的，全面考虑时间、空间、步骤、责任、项目费用等要素。一般需要使用表格或者图形，把各个要素的实际表现描述和陈列出来，使整个方案条理清晰，一目了然。

7. 预期损益

损益报告根据目标、战略和行动方案来编写，包括收入和支出两个模块。收入栏涉及预估的销售数量和平均可实现价格；支出栏反映研发成本、生产成本、实体分销、物流成本和各项营销活动的费用。收入与支出之差额就是预估利润。损益预期是企业营销部门进行采购、生产、人力资源分配以及营销管理的依据。

8. 组织实施和控制

组织实施和控制是营销策划的最后一个环节，是对执行整个营销计划过程的管理。组织实施的内容有：

（1）建立灵活而适应性强的组织架构；
（2）制定相应的激励制度，形成规章制度；
（3）强化企业文化的营销理念，并协调企业各部门和营销计划执行部门的关系；
（4）设定实施提示和监督的表格，确保计划的实施有条不紊地进行。

企业往往给计划执行设定阶段性和长期考核指标，并给方案设立应急和备选方案，以确保预期目标能够顺利实现。市场营销计划控制包括年度控制、盈利控制和效率控制等。

第三节　化妆品营销控制

化妆品市场环境和企业内部环境都处于动态发展的过程中，任何策划完备的计划都可能因环境变化导致实施结果偏离预期甚至完全失败。同时由于执行人员对计划的理解不同或者执行力度不均也将使策划的营销目标不能很好地实现，因而营销管理者对营销活动的监督和控制十分必要。

一、化妆品营销控制的内涵

所谓营销计划控制，就是企业营销管理部门为了营销目标的实现，保证营销计划的执行取得最佳效果而对实施过程中各营销要素进行监督、考察、评价和修正。

二、化妆品营销控制的步骤

化妆品营销计划控制的步骤如下。

（一）确定控制对象

确定控制对象，即确定对哪些营销活动进行控制。

（二）设置控制目标

如果计划中已经认真设立了目标，可以直接借用。

（三）建立衡量尺度

一般情况下，企业的营销目标就可以作为营销控制的衡量标准，如销售额指标、销售增长率、利润率、市场占有率等。

(四) 确定控制标准

控制标准是对衡量标准定量化,即以某种衡量尺度表示控制对象的预期活动范围或可接受的活动范围。

(五) 比较绩效与标准

确立了控制标准后,就要把控制标准与实际结果进行比较。检查的方法有很多种,如直接观察法、统计法、访问法、问卷调查法等等,可根据实际需要选择。

(六) 分析偏差原因

执行结果与计划发生偏差的情况是经常出现的。原因不外乎两种:一种是实施过程中的问题,这种偏差较容易分析;另一种是计划本身的问题。而这两种原因通常是交织在一起的,加大了问题的复杂性,致使分析偏差原因成为营销控制的一个难点。

(七) 采取改正措施

针对存在的问题,应提出相应的改进措施。提高工作效率是营销控制的最后一个步骤。采取改正措施宜抓紧时间。有的企业在制订计划的同时还提出了应急措施,这在实施过程中,一旦发生偏差可以及时补救。

具体而言,控制方式有:年度控制、盈利控制和效率控制。

本章小结

本章主要介绍了化妆品营销组织的含义、功能和职责,以及化妆品营销组织的五大类型;其后又对化妆品营销计划的含义、类型和内容进行了讲解;最后整理了化妆品营销计划控制的七个步骤,本章系统地对化妆品营销管理进行了梳理,使之充分理解其内容。

复习思考题

1. 化妆品营销组织的内涵是什么?
2. 化妆品营销组织的类型有哪些?
3. 化妆品营销计划概念是什么?
4. 化妆品营销计划的类型有哪些?
5. 化妆品营销控制的步骤有哪些?
6. 如何设计化妆品营销组织?
7. 化妆品市场营销策划书怎么写?

实训项目

模拟实训——模拟顾客退货场景

（一）实训目标

1. 模拟在营销过程中倾听顾客的抱怨、并找到不满的原因；

2. 在模拟中学会正确处理顾客的抱怨，对顾客作出合理的解释的实践操作；

3. 学习分析顾客的真正需求，在不损害公司信誉的前提下，满足顾客的要求，维系好客户的关系。

（二）实训内容

1. 事先设计一个导致顾客抱怨的场合；

2. 学生分别扮演营销人员和顾客，根据需要确定每组人数，其中一人扮演营销人员，其他学生轮流扮演顾客，不扮演的学生作为观察员；

3. 模拟结束，要分角色进行认真总结，其内容包括表演的好坏，处理得是否得当，是否有更好的处理方法或技巧。

（三）实训步骤

1. 准备工作：扮演者要写好顾客抱怨的原因和营销者解释的内容；

2. 实际模拟：扮演顾客的学生设计场合并进行抱怨，扮演营销人员的学生对顾客作出解释；组内其他成员作为观察员，参与评判；

3. 营销人员在不损害公司信誉的前提下，平息了顾客的抱怨，满足顾客的要求，维系与顾客的关系；

4. 总结：表演得好坏，处理得是否恰当，是否有更好的方式方法，轮换角色后进行模拟演示。

（四）实训评价

1. 学生对自己在实训过程中的不足之处进行总结；

2. 专业老师根据模拟销售的过程中学生的综合表现进行评价；

3. 教师总结应注意的事项。

拓展阅读材料
流量突变时代的营销关键

【案例】

"oh my god!"

"我的妈呀,好好看哦!"

"买,买买买,这个一定要买!"

在"OMG"的轰炸下,超级网红带货王创造出了直播带货战绩:1 分钟售罄 14000 支唇膏、打破"30 秒涂口红"吉尼斯纪录、5 个半小时带货 353 万元……他的卖货能力,秒杀马云。

2019 年 616 当天,百雀羚邀请超级网红进行现场直播,一分钟卖掉了 41700 瓶精华水,又一次创造直播带货奇迹!

不只是该超级网红,还有这个流量时代催生许许多多的超级网红,更是创造出一个个线上销售的奇迹,他们直播带货的超级能力来自哪里?

个人 IP 的打造?品牌的强大背书?他们背后千万级的粉丝支撑?合作平台的超级流量池?

这些都是十分重要的因素,其中海量级粉丝是什么?表象的背后,粉丝就是巨大的流量,就是大数据运用支持。

时至互联化的今天,流量的争夺,已经进入白热化,流量红利时代已经成为过去式,流量争夺、存量经营的"创变"变成为主旋律。

一、流量之争白热化

中国移动互联网月活跃用户规模趋势见图 1。

中国 11 亿网民的网络体系里,流量逐渐被固化,巨大的流量分散在各个分众化的圈层里,或聚集在 BAT 等巨头公司的流量围墙中。

报告显示:中国移动互联网活跃用户在 2019 年春节触达 11.38 亿,并且进入长达一年的稳态波动之后,在 2020 年 3 月,成功突破 11.56 亿用户,增长超过 1700

万用户。另一方面，在 2019 年一度基本停滞的移动互联网人均单日使用时长，也由 2019 年的 5.6 小时增加到 7.2 小时，存量厮杀变得激烈。

1. 三种争夺方式

流量争夺持续白热化，各大平台开启多种流量争夺方式，其中以布局生态流量、市场下沉和布局生态内容为主要方式。流量抢夺方式及具体策略方式见表 1。

表 1　流量抢夺方式及具体策略方式

流量抢夺方式	典型代表	具体策略方式
布局生态流量		通过小程序等公共流量入口和与终端厂商合作、H5 等独有流量入口，多渠道获取用户
市场下沉		通过现金补贴或者提供下沉市场用户偏爱的内容，来获取下沉市场流量
布局生态内容		通过全方面布局内容，形成内容生态、以获取流量

2. 流量生态体系

依托 app、小程序为主体的入口，结合 Web、H5 等多样化的流量矩阵，布局公共流量和私域流量的全景生态体系，如图 1 所示。

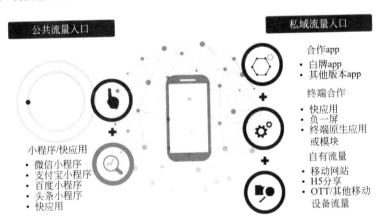

图 1　移动生态体系

后流量红利时代，通过生态布局，迭代创变，一批新的独角兽横空出世：

① 拼多多不到 5 年时间，构建起一个 GMV 过千亿，仅次于阿里和京东的中国第三大电商平台。

② 趣头条不到 4 年时间，累计注册用户超过 7000 万，月活用户近 3000 万，日

活用户超过 1000 万，成为资讯类 app 的黑马。

3. 两大巨头的布局之争

（1）腾讯布局小程序　腾讯微信作为移动互联最大的流量池，小程序的增速布局让"社交电商"有了更具玩味的平台。"礼物说""靠谱好物""海盗来了"等电商以及游戏类小程序融资金额一路走高，持续破亿。

（2）阿里布局社交＋　阿里通过密集投资社交类产品获取流量：2018 年 6 月阿里密集重投"小红书""宝宝树"、微博"U 微计划"。

"小红书"和"宝宝树"都是社区＋电商模式，通过社区内容对精准用户产生社交黏性，并引导用户的消费决策。

"U 微计划"主打社交＋消费全域解决方案，以广告主需求为核心，阿里 Uni Marketing（全域营销）和微博共同推进社交场景和消费场景的融合。

二、微信 app 和小程序

微信 app 凭借其强大的用户覆盖量为中小企业提供流量入口；同时微信 app 通过布局小程序，开启平台化升级，提升流量的二次分发效能，形成良性循环，如图 2 所示。

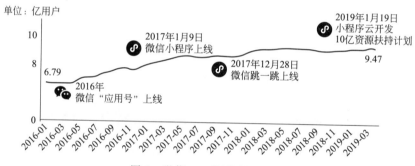

图 2　微信 app 月活跃用户数

1. app 和小程序的发展轨迹

app 和小程序的发展轨迹见图 3

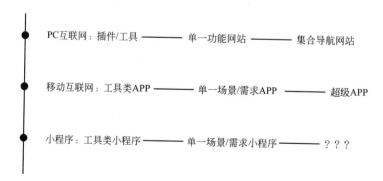

图 3　app 和小程序的发展轨迹

其中：小程序的发展从工具应用到场景应用路径：第一波都是工具类小程序，如名片、答题、赞赏、便签，接下来是基于场景的小程序，例如，电商、O2O、st-btc、知识付费等。

2. app和小程序的差异对比

app和小程序的差异对比见表2。

表2 app和小程序的差异对比

对比方面	app	小程序
面向用户群	面向所有的智能手机用户,约23亿台	面向微信用户,约9亿用户
功能的实现	app可以实现完整功能,灵活性强	小程序仅限微信提供的接口功能
	高频刚需,交互体验的系统必须靠app	小程序低频、非刚需、轻量级、功能单一
	丰富个性化的功能,需要更大容量来实现,必须在app上去承载 app可以呈现绚丽视觉效果,以及复合的管理功能,开发难度高	小程序提供框架和API,基于HTML5进行开发,对接开发者现有的app后台的用户数据,其开发难度比app低
	app能够实现大量计算功能应用,如图片处理或文档编辑,小程序无法实现,小程序更贴近于生活中的吃喝玩乐	小程序能够实现诸如消息通知、线下扫码、公众号关联、附近商业应用,十分便利
自主性	app内部的功能、内容由运营者全权把控	小程序的优势就是依托微信,引流效果好。微信对小程序设置诸多限制,特别是流量获取方面,违规的如三级分销营销策略在小程序被腾讯禁止,易被封号
发布展现	app需要向十几个应用商店提交资料,流程烦琐	小程序只需要提交到微信公众平台审核
	app可根据自己需求放置手机屏幕位置,随手可点击打开	小程序只有一个基于使用顺序排列的列表,不能直接点击,需要打开微信－发现－小程序,过程相对长
下载安装	app需要用户主动下载,对网络环境依赖性强	小程序通过二维码、微信搜索等方式直接获得
	app可以在app Store,Android市场,360手机助手、百度应用、安全管家等应用市场进行下载安装,下载渠道多	微信是一个集中展示小程序的商店,只能通过二维码或者搜索小程序的名称,以及微信群或好友分享来使用小程序
	app需要独立下载,占用内存较多	小程序是与微信一同占用手机空间,内存较小
互通共赢	小程序和app的互通,对于app来说,通过小程序打通了微信的流量,更加容易引流获客,降低了用户体验核心功能的门槛	小程序拥有优秀的社交分享拉新能力,小程序并不是app的革命者,更像是一个助手,通过在微信内的延伸,帮助企业打通app和微信,以老带新,以高频带低频

3. 小程序的营销价值

零成本裂变流量,这是小程序的最大价值。

传统意义上的零售行业,均以商品为核心,用户在产生购买需求后才会去寻找商品，无论渠道是在线上还是在线下，用户既不融合也不互通。基于微信社交生态的小程序，打破了这一局面。

用户具备天然的社交关系网络，小程序电商的特点是以人和内容为核心，引发消费需求，帮助商家把商品和用户连接起来，把产品推送到用户面前，借助社交网络的裂变效应，在短时间引爆产品，触达众多用户。

三、5G时代短视频营销

未来已来，新的技术革命，必将产生新的商业格局，第五代移动通信网络—5G网络，峰值理论传输速度可达每8秒1GB，比4G网络的传输速度快100倍，一部1G的电影可在8秒之内下载完成。正是5G提供了最通畅的信息管道，短视频得以成为获得用户注意力的最有效方式，短视频成为拉新流量新战场。

通信网络的发展过程见图4。

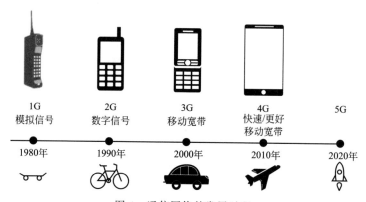

图4 通信网络的发展过程

1. 短视频发展趋势

无论是用户的暴增趋势，各大平台的进场，内容生产机构的进入，商业化成熟带来的资本的积累，还是技术智能化的不断升级，这一切标志着短视频正成为移动互联网的重要入口。

① 短视频成为移动互联网第三大流量入口。
② 用户头部平台聚集，观看短视频方式集中。
③ 大量UGC＋PGC构建完整的短视频内容生态。
④ 人工智能短视频，更好地服务创作者和观看者。
⑤ 短视频赋能品牌营销，打开品牌和消费者链接的新途径。几款社交短视频应用的月活跃用户见图5。

2. 短视频规模预测

未来3年内，短视频平台将出现大量商业机会，短视频流量变现将出现较大的市场规模增长，短视频内容营销效果不断提升，消费者通过短视频直接消费将成为主流。2018年中国短视频市场规模116.9亿元，2019年达到233.5亿元，预计

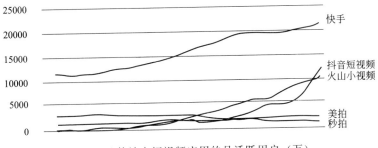

图 5 几款社交短视频应用的月活跃用户（万）

2020 年的产值将达到 380.8 亿元如图 6 所示。

图 6 2016～2020 年中国短视频市场规模、增长率情况及预测

3. 抖音和快手差异化表现

社交视频市场北抖音南快手的初步格局已经形成，但未来变数很大，在资本市场的驱动下，越来越多的竞争对手将参与其中，当前，快手始终保持领先增长趋势，2019 年春节期间，抖音通过各大传统主流媒体的广告运作，取得了突破性增长。下面重点分析快手和抖音在市场定位、布局路径、运营模式的差异特征。就整体而言，两者在如下几点表现出一致性的趋同和相对的差异：

① 抖音和快手在用户黏性方面表现出色和趋同。
② 在用户消费广泛度和时间上，抖音的活跃用户高于快手。
③ 抖音和快手重合用户占比呈现相反趋势，抖音获得了更多非快手用户和离开快手的用户。
④ 抖音在女性用户、年轻用户、高收入用户，以及一二线城市用户高于快手，但没有形成明显的用户画像对立。
⑤ 两者的主要用户粮仓依然在非一线城市。

(1) 抖音和快手发展的生态历程见图 7。
(2) 抖音和快手布局路径差异图 8。

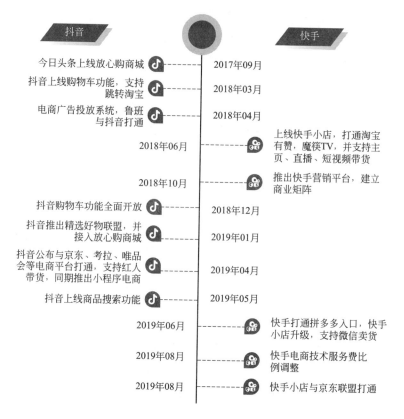

图 7　抖音和快手发展的生态历程

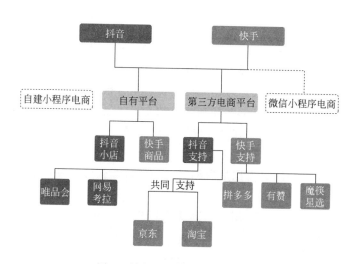

图 8　抖音和快手布局路径差异

（3）抖音和快手商家入驻分成模式差异见图9。

抖音

【特点】
入驻审核严格，流程较长，
收费制度严谨

【支持第三方平台】
淘宝、天猫、京东

【收费规则】
按商品曝光流量渠道：分为中心化流量
订单/非中心化流量订单/精选联盟订单/
广告流量订单四种，收取订单额1%～
10%为技术服务费

【特色】
自建小程序电商生态

快手

【特点】
入驻门槛低，操作简单，
收费模式简单

【支持第三方平台】
魔筷星选、有赞、淘宝、京东

【收费规则】
普通商品：收取成效额5%技术服务费
靠谱货（需认证）：技术服务费2%
此外，快手还设置有完善的
商户奖励政策

【特色】
打通微信小程序带货功能

图9 抖音和快手商家入驻分成模式差异

（4）抖音和快手带货主播分成模式差异见图10。

四、网红KOL节点效应

在社交化的场景里卖东西，实际上是在做一件改变用户心智的事情。短视频将虚拟的社交化场景可视化、生动化，更具传播力和穿透力。社交流量把中心化平台的品牌价值进行了置换，平台品牌的价值被转移移植到亿万人际关系中。

另一方面，依托平台蹿红起来的网红或KOL的影响力十分震撼，火起来的网红也会开自己的店铺，平台普遍担心的是用户从身边KOL那里买到自己合适的东西之后，逐渐养成了在KOL店铺中搜索商品的习惯。

这是一对相生相克的矛盾，流量在店主或者KOL那里，对于平台而言，帮助平台分发商品的人才是平台最有价值的资产。

平台需要做的就是留着他们，留住他们的社交链，留住他们的流量，留住他们的社交价值。

因此，平台销售的品类，并不是最核心的关键，最核心的关键是对KOL提供变现服务的综合能力，包括帮助KOL们自身IP的提升、价值的提高、影响力的提

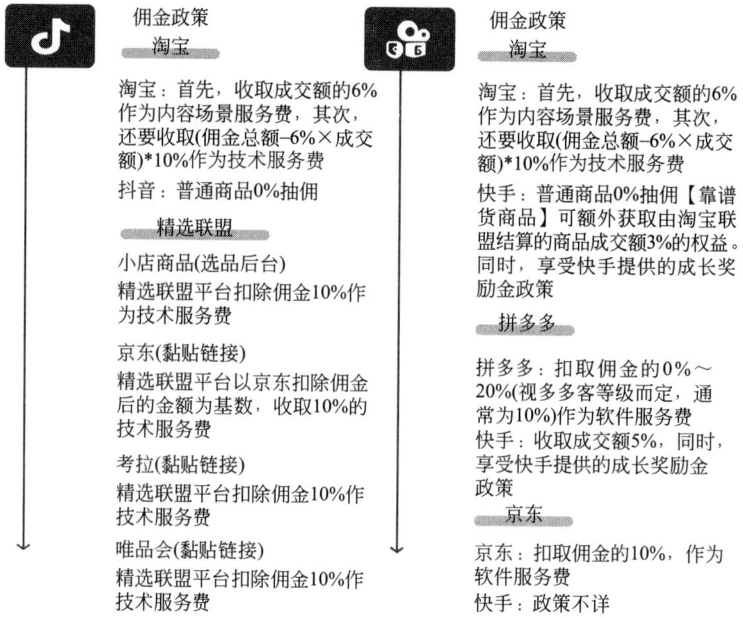

```
佣金政策                                    佣金政策
  淘宝                                        淘宝

淘宝：首先，收取成交额的6%              淘宝：首先，收取成交额的6%
作为内容场景服务费，其次，              作为内容场景服务费，其次，
还要收取(佣金总额-6%×成交                还要收取(佣金总额-6%×成交
额)*10%作为技术服务费                     额)*10%作为技术服务费
抖音：普通商品0%抽佣                     快手：普通商品0%抽佣【靠谱
                                         货商品】可额外获取由淘宝联
  精选联盟                                 盟结算的商品成交额3%的权益。
                                         同时，享受快手提供的成长奖
小店商品(选品后台)                        励金政策
精选联盟平台扣除佣金10%作                  拼多多
为技术服务费
                                         拼多多：扣取佣金的0%～
京东(黏贴链接)                            20%(视多多客等级而定，通
精选联盟平台以京东扣除佣金                 常为10%)作为软件服务费
后的金额为基数，收取10%的                 快手：收取成交额5%，同时，
技术服务费                                 享受快手提供的成长奖励金
                                         政策
考拉(黏贴链接)
精选联盟平台扣除佣金10%作                  京东
技术服务费
                                         京东：扣取佣金的10%，作为
唯品会(黏贴链接)                          软件服务费
精选联盟平台扣除佣金10%作                 快手：政策不详
技术服务费
```

图 10 抖音和快手带货主播分成模式差异

振，形成 KOL 对于平台的依赖和依附效应是关键。

这是流量突变时代、特别是短视频大行其道的时代，网红营销的一个重要节点。

五、短视频的社会价值和营销意义

以抖音为代表性的短视频正在聚合社会，打开大众对世界的想象，正如张颐武教授指出"在未来，人们将通过短视频来创造新的社会认同，创造凝聚，创造积极的知识。社会创新里面所具有的重大功能，都可以在短视频平台上得到充分的展开，更多正能量将得到更广泛的传递，人们所想象的那个美好的社会将有更多的可能性。"

短视频的出现将碎片化、不完整、零散性等观念结合在一起，能迅速将庞大的内容体系解构成简洁明了、生动有趣的段落，完成最有效的传播，既可以把三五线城市、乃至于乡村山区与都市连接，又可以将中国与世界进行连接，不断重塑造着传播者观看者的想象和理解方式，延展至线下具有重新塑造社会结构的能力。

在营销传播层面，短视频更具有颠覆性的创变效应，或许互联网＋传媒碎片化的现象，会随着短视频的专业化发展，得到新的一次分化或整合，实现矛盾的统一。在营销渠道的整合层面，短视频为进一步完成线上线下的融合提高条件。在品牌塑造层面也将打开一个又一个别开生面的创意和表达的窗口。

【案例】

2019 年 520，国产美妆欧诗漫品牌联合抖音，以粉丝对明星的 520 线上应援活动，打造了一场引发全民助力的营销事件。

借势520热点，2019年抖音商业化推出首个情感社交IP：DOU LOVE。在5.19~5.21期间，欧诗漫联合抖音平台发起#点亮你的爱 话题挑战赛，号召用户使用定制贴纸、带话题#点亮你的爱 拍摄对爱豆表白的视频，为爱豆助力。同时，活动综合点赞量、创意及相关度，选出幸运粉丝，送出欧诗漫牵手抖音商业化联合定制的DOU LOVE小白灯礼盒。

伴随着用户注意力从线下向线上的迁移，人们倾向于在线上社交平台表达爱意，也正是基于这种用户社交方式的变化，DOU LOVE活动收获了超15亿的曝光量。参与其中的欧诗漫，以IP思维打造营销方案，与抖音商业化实现了深度的平台联动，凭借在活动中的实力抢镜，明星单品小白灯狠狠刷了一波存在感，收获了产品曝光和品牌传播的双诉求。

参 考 文 献

[1] 车慈慧. 市场营销. 3版. 北京：高等教育出版社，2018.
[2] 罗农. 市场营销实训. 北京：对外经济贸易大学出版社，2004.
[3] 李文国，王秀娥. 市场营销. 上海：上海交通大学出版社，2005.
[4] 吕化周. 市场营销学教程. 上海：立信会计出版社，2005.
[5] 戢守峰，邓德胜，赵浩兴. 现代市场营销学. 北京：北京工业大学出版社，2004.
[6] 孙全治. 市场营销案例分析. 南京：东南大学出版社，2004.
[7] 彭代武．，李亚林市场营销学. 2版. 北京：高等教育出版社，2016.
[8] 龙璇. 市场营销学. 北京：对外经济贸易大学出版社，2002.
[9] 林文杰. 市场营销原理与实训. 北京：北京理工大学出版社，2009.
[10] 王方. 市场营销原理与实务. 大连：东北财经大学出版社，2005.
[11] 安贺新. 推销与谈判技巧. 4版. 北京：中国人民大学出版社，2018.
[12] 权锡鉴. 营销管理创新研究. 北京：经济管理出版社，2004.
[13] 杨晶. 张建军. 市场分析. 广州：暨南大学出版社，2004.
[14] 周海波. 营销管理教程. 北京：北京大学出版社，2003.
[15] 张良. 营销训练营. 深圳：海天出版社，2004.
[16] 明山. 推销与口才. 成都：四川科学技术出版社，1992.
[17] 赵宁. 吴丽旋. 化工产品营销实务. 北京：科学出版社，2009.
[18] 周小柳，等. 化工市场营销. 北京：化学工业出版社，2009.
[19] 李纲. 化妆品营销知识和技能. 北京：中国劳动社会保障出版社，2007.
[20] 陈阳. 市场营销学. 3版. 北京：北京大学出版社，2016.
[21] 熊远钦. 化工产品市场营销. 北京：化学工业出版社，2012.
[22] 孙永明. 会务营销利弊分析. 农产品市场周刊，2004（7）：30-31.
[23] 铂策划，李延龙. 如何用指标体系提升会务营销的效果. 中国商贸，2004（11）：31-34.
[24] 肖瑞海. 化妆品渠道变革与应对措施. 日用化学品科学，2004（5）：13-14.
[25] 孟繁荣，孔祥习，彭益福. 化妆品网络营销渠道与传统渠道的冲突管理. 经济师，2010（3）：81-82.
[26] 汪丽丽. 化妆品营销渠道模式分析. 河南农业，2011（12）：60-61.
[27] 李如妍. 把握终端：化妆品营销新渠道. 决策 & 信息，2009（2）：121-124.